新世纪高职高专实用规划教材 经管系列

质量管理学
(第3版)

陈 岩 主 编

尹明远 董跃进 副主编

清华大学出版社

北 京

内 容 简 介

本书系统地介绍了质量管理的有关理论、方法和在实践中的应用。全书共包含 4 篇 12 章,基础篇阐述了质量管理理论、质量管理理念与基本模式、质量管理体系;标准篇介绍了质量管理体系的基础和术语、质量管理体系要求、卓越绩效评价准则;方法篇推介了开展质量管理活动时常用的收集整理数字资料的方法、常用的收集整理非数字资料的方法;应用篇根据国内近年来质量管理的实际设置了质量经济性分析与质量成本管理、产品(服务)质量产生、形成和实现过程的控制、内审与管理评审、QC 小组活动。

本书遵循理论够用、贴近教学实际的原则,按照知识概述、标准依据、常用方法、主要方式的逻辑进行阐述,具有贴近性、实操性、应用性、时效性的特点。

本书可作为高职高专经管学院(专业)学生的专业课教材,也可作为各行各业质量管理工作者的参考读物或培训用书。

图书在版编目(CIP)数据

质量管理学/陈岩主编. —3 版. —北京:清华大学出版社,2018(2024.8重印)
(新世纪高职高专实用规划教材　经管系列)
ISBN 978-7-302-48667-1

Ⅰ. ①质… Ⅱ. ①陈… Ⅲ. ①质量管理学—高等职业教育—教材 Ⅳ. ①F273.2

中国版本图书馆 CIP 数据核字(2017)第 266052 号

责任编辑:梁媛媛
装帧设计:刘孝琼
责任校对:周剑云
责任印制:丛怀宇

出版发行:清华大学出版社
　　　　网　　　址:https://www.tup.com.cn, https://www.wqxuetang.com
　　　　地　　　址:北京清华大学学研大厦 A 座　　　邮　　编:100084
　　　　社 总 机:010-83470000　　　　邮　　购:010-62786544
　　　　投稿与读者服务:010-62776969, c-service@tup.tsinghua.edu.cn
　　　　质量反馈:010-62772015, zhiliang@tup.tsinghua.edu.cn
　　　　课件下载:https://www.tup.com.cn, 010-62791865
印 装 者:北京同文印刷有限责任公司
经　　销:全国新华书店
开　　本:185mm×260mm　　　印　张:22　　　字　数:532 千字
版　　次:2016 年 2 月第 1 版　2018 年 1 月第 3 版　　印　次:2024 年 8 月第 9 次印刷
定　　价:59.00 元

产品编号:073130-02

再 版 前 言

经济新常态下，支撑我国经济增长的传统优势正在减弱，新的动力、新的优势亟待培育，质量的地位和作用进一步凸显。习近平总书记高瞻远瞩，就质量问题发表了一系列重要论述，深刻指出要"切实把推动发展的立足点转到提高质量和效益上来"，强调"以提高发展质量和效益为中心"；要"推动中国制造向中国创造转变、中国速度向中国质量转变、中国产品向中国品牌转变"，强调"能不能在食品安全上给老百姓一个满意的交代，是对我们执政能力的重大考验"，把质量安全摆到了特别突出的位置。这些重要论述指明了我国质量发展的方向、目标、任务和路径，是经济新常态下做好质量工作、建设质量强国的基本遵循和行动指南。

质量反映一个国家的综合实力，既是企业和产业核心竞争力的体现，又是国家文明程度的体现；既是科技创新、资源配置、劳动者素质等因素的集成，又是法治环境、文化教育、诚信建设等方面的综合反映。质量问题是经济社会发展的战略问题，关系可持续发展，关系人民群众切身利益，关系国家形象。我国正处于全面建设小康社会、加快推进社会主义现代化的关键时期和深化改革开放、加快转变经济发展方式的攻坚时期。在这一重要历史时期，坚持以质取胜，建设质量强国，是保障和改善民生的迫切需要，是调整经济结构和转变发展方式的内在要求，是实现科学发展和全面建设小康社会的战略选择，是增强综合国力和实现中华民族伟大复兴的必由之路。

目前，我国国民经济已进入第十三个五年计划(2016—2020年)，企业界必将面临崭新的竞争形势和强大的市场压力，提高员工质量意识和基本素质，走质量效益型道路已成为我国企业生存发展的必然选择。国务院在《质量振兴纲要(2011—2020)》中指出："通过质量知识普及教育、职业教育和专业人才培养等措施，提升全民质量素养。建立中小学质量教育社会实践基地，普及质量知识。鼓励有条件的高等学校设立质量管理相关专业，培养质量专业人才。建立和规范各类质量教育培训机构，广泛开展面向企业的质量教育培训，重点加强对企业经营者的质量管理培训，加强对一线工人的工艺规程和操作技术培训，提高企业全员质量意识和质量技能。"这充分体现了培养从事质量管理工作人才的迫切性和重要性。

本书是编者在多年教学和实践经验的基础上，参考其他相关书籍编撰而成的。全书围绕高等职业教育的培养目标和教学的实际，设计了基础篇、标准篇、方法篇和应用篇共4篇12章。本书适用于高等职业教育教学，也可作为广大质量管理工作者的参考书。

本书在编写过程中，遵循理论够用、注重实践技能的原则，突出以下特点。

1. 贴近性

本书按照高职高专的培养目标，贴近我国高职高专教学实际情况，在兼顾高职高专学生的理解力和对知识的吸收率的基础上，吸收主要的、先进的、成熟的质量管理理念，深入浅出地介绍质量管理相关理论和标准要求，在合乎事实的基础上，阐明质量管理发展的必然性与必要性。

2. 实操性

本书按照高职高专教学的实际情况，推介了近年来开展质量管理活动时使用比较普遍的、常用的收集整理数字资料和非数字资料的方法，详细介绍了这些方法的具体运用过程，为学生掌握这些方法奠定了良好的基础。

3. 应用性

为达到"学以致用"的目的，本书结合我国质量管理的现实，从质量成本管理方法、产品和服务质量产生、形成和实现过程控制，内审与管理评审，QC小组活动几个方面，系统地介绍了它在实践中的应用与注意事项。各章之后均附有近年的具体案例和相关学术研讨性案例，以增强学生的真实感受。同时，各章均附有模拟试卷，以使学生验证学习后的效果。

4. 时效性

本书突出时代背景，引入最新版 ISO9000：2015 质量管理体系基础和术语、ISO9001：2015 质量管理体系要求和 GB/T 19580—2012 卓越绩效评价准则，以增强学生对新标准的掌握与理解。同时，本书对案例进行了更新，编录了近年来质量管理等方面的具体案例和部分学术性案例，以供教师教学时引用，为学生提供参考。

本书由天津商务职业学院陈岩副教授担任主编，他按照质量—质量管理—全面质量管理—质量管理理念—质量管理体系—质量管理体系标准—质量管理应用的方法—质量管理主要实际应用的知识规律，为本书重新设计了总体编写思路；天津商务职业学院尹明远副教授、董跃进副教授担任副主编；天津商务职业学院唐妍副教授、纪新霞老师也参与了本书的编写。具体分工为：第一章、第三章、第四章由尹明远编写；第二章由唐妍编写；第五章由纪新霞编写；第六章、第九章、第十一章、第十二章由陈岩编写；第七章、第八章和第十章由董跃进编写；全书由陈岩总纂。本书建议安排60学时。

本书在编写过程中参考和引用了国内出版的部分质量管理著作、前版部分内容和中国知网、百度百科、MBA智库百科等的学术观点，并得到了天津商务职业学院和清华大学出版社等单位领导的大力支持。在此，衷心感谢董文尧副教授、所有作者、媒体和鼎力支持者，感谢编写团队的辛苦付出。

由于编者水平有限，不当之处在所难免，敬请广大读者批评指正。

编　者

目　　录

第一篇　基　础　篇

第二篇 标 准 篇

第三篇 方 法 篇

第四篇 应 用 篇

第一篇 基 础 篇

第一章 质量管理理论

通过对本章的学习，要求了解和掌握以下内容。
- 质量与质量特性。
- 提高产品质量的意义。
- 质量管理、质量职能和质量职责。
- 全面质量管理的概念和要求。

质量是实体的若干固有特性满足要求的程度。产品质量取决于工作质量和过程质量，工作质量是保证产品质量和过程质量的前提条件，产品质量是企业各部门、各环节工作质量的综合反映。因此，实施质量管理，既要搞好产品质量，又要搞好工作质量和过程质量，而且应该把重点放在工作质量上，通过保证和提高工作质量、过程质量来保证产品质量。质量管理是在质量方面指挥和控制组织协调的活动，美国质量管理专家约瑟夫·朱兰博士将质量策划、质量控制、质量改进称为质量管理的"三部曲"。

第一节 质 量

一、质量概述

(一)质量的定义

ISO 9000：2015 标准对质量的定义为：实体的若干固有特性满足要求的程度。上述定义可以从以下四个方面去理解。

1. 质量的概念是广义的

质量的新概念简练而完整地明确了质量的内涵。"实体"是很重要的新定义，其他术语都是基于"实体"概念的。实体是可以被感知的对象，也是可以想象的对象，一般是指行动或思考时作为对象的事物。实体是人们与社会和环境接触中的对象，是可感知或可想象的事物。实体可以是物质的，如一台发动机、一张纸、一次培训服务，是具体的产品、过程、个人、组织、资源。实体也可以是非物质的。非物质的实体体现在意识中，如风险意识、质量意识、管理意识、质量文化、创新力、策略等。非物质的实体不单指意识，它广泛存在于一切物质(如转换率、一个项目计划)中，思维属于意识的一种。质量管理的对象是实体，各项活动的对象也是实体。管理始于实体、终于实体。

顾客和其他相关方对产品、服务、体系或过程的质量要求是动态的、发展的和相对的，它将随着时间、地点、环境的变化而变化，即质量具有"广义性""时效性"和"相对性"。

2. 固有特性是指可区分的特征

质量是若干固有特性(通常不止一个)的表现，这些表现的符合性是人们的关注点，通过满足要求的程度，确定其好坏、优劣。质量不仅可以指产品的质量，也可以指服务、过程或体系的质量。质量是针对实体的质量，即质量是包括针对产品、服务、过程、个人、组织、体系、资源等以及非物质形态在内的实体的固有特性满足要求的程度。

对质量的要求既可以是明示的，也可以是通常隐含的(组织和相关方的惯例或一般做法，所考虑的需求或期望是不言而喻的)或必须履行的需求和期望(如安全)。

固有特性是通过产品、过程或体系设计和开发及其以后的实现过程所形成的属性。例如，物质特性(如机械、电气、化学或生物特性)，感官特性(如用嗅觉、触觉、味觉、视觉等感觉控制的特性)，行为特性(如礼貌、诚实、正直)，时间特性(如准时性、可靠性、可用性)，人体功效特性(如语言或生理特性、人身安全特性)，功能特性(如飞机最高速度)等。这些固有特性大多是可区分的，而赋予的特性(如某一产品的价格)则并非是产品、体系或过程的固有特性。

3. 满足要求是多方面的

满足要求就是应满足明示的(如标准、协议中明确规定的)，通常隐含的(如不言而喻的、国际惯例等)或必须履行的(如法律法规、行业规则)需要和期望。只有全面满足这些要求，才能评定为好的质量或优秀的质量。

4. 质量的要求是动态的

顾客和其他相关方对产品、体系或过程的质量要求是发展的和相对的，它将随着时间、地点、环境的变化而变化。因此，应定期地对质量进行评审，按照变化的需要和期望，相应地改进产品、体系或过程质量，确保持续地满足顾客和其他相关方的要求。

(二)提高产品质量的意义

1. 社会意义

提高质量的社会意义强调质量管理对社会有着深远影响。阿曼德·费根鲍姆(A.V.Feigenbaum)博士用"没有选择余地"来刻画质量的社会意义。他指出："人们的日常生活和日程安排，完全取决于产品的性能或服务运转是否令人满意……这相当大地提高了顾客对产品或服务在持久性和可靠性方面的要求。"

强调"质量的社会意义"还在于，质量和安全性的费用额占国民生产总值的比重越来越高。这笔费用以质量成本的形式增加了制造上的负担，大约占其总销售额的 10%。质量问题对于购买者和商人也有强烈的影响，购买者维护和使用产品的费用可能等于或大于利润率。

"生存环境恶化"是现代社会面临的又一个迫切问题。工业"三废"及其他因素造成的环境污染、生态环境损害、生活环境恶化，很大程度上与产品和服务的质量有关。

"质量的社会意义"的另一个重要含义是，质量同整个国家生产率水平的关联。产品或服务质量不仅是决定企业素质、企业发展、企业经济实力和企业竞争优势的主要因素，也是决定一个国家竞争能力和经济实力的主要因素。

2. 经济意义

在注重质量绩效的当代市场中，质量是组织成败的关键环节，质量是组织的主要战略。质量作为组织新的主要战略的重要意义，已经得到了人们的注意和重视。

约瑟夫·朱兰博士提出了"质量和综合生产率"的概念，用来说明质量的经济意义。他认为，现代工厂企业和办公室中新的工作形式，以及现代市场对质量的要求，日益扩大着生产率概念的范围。传统的生产率概念主要是以工厂为主，着重注意"单位资源的投入得到更多、更适销、更好的产品或服务的产出"。这二者在经营管理目标、衡量经营管理绩效的单位，以及生产率规划的重点等方面都有根本的差别。

3. 提高竞争优势的意义

提高质量的市场意义是指这一事实：决定组织竞争优势最重要的因素是质量。质量是争夺市场战略中最关键的项目。谁能用灵活、快捷的方式提供用户(区域性和全球范围内)满意的产品或服务，谁就能赢得市场的竞争优势。

研究发现，市场占有率是利润的主要来源。但是，持续的市场占有率主要来自"顾客可感觉到的产品或服务的相对质量"的领先地位。"相对"的意思是指和竞争者比较，"可感觉"的意思是站在用户的立场上而不是站在生产厂商的立场上看问题。相对质量是影响一个经营单位(长期)成就的最重要因素，并且，当研究采取何种方法来维持价值的领先地位时会发现，对市场占有率来说，相对质量的变化比价格的变化具有更大的影响。

质量的市场意义最突出的表现是：市场竞争已经决定性地从"价格竞争"转向"质量竞争"。影响用户购买的三个因素：价格、质量、交货方式(交货期和地点)，其排列次序已经变为质量、交货方式、价格。质量已成为决定用户购买的首要因素，"质量竞争"在某种程度上正在取代"价格竞争"。

如果说未来世界还会发生全球性大战的话，将不再是以摧毁生命为目标的战争，而是争夺世界市场的全球性经济大战，这场经济大战最锐利的武器就是质量。事实上，这场战争早已开始，且是"质量的市场意义"核心之所在。

(三)产品质量与过程质量、工作质量的关系

在全面质量管理中，"质量"的含义是广义的，除了产品质量之外，还包括过程质量和工作质量。全面质量管理不仅要管好产品本身的质量，还要管好产品质量赖以产生和形成的过程质量和工作质量，并以过程质量和工作质量为着眼点。

产品质量是反映产品或服务满足明确或隐含需要能力的特征和特性的总和。产品的使用适宜性，可以从性能、寿命、可靠性、安全性和经济性等几个方面的质量特性来进行衡量。过程质量则通常从质量形成的全过程予以考虑。过程质量可分为开发设计过程质量、制造过程质量、使用过程质量与服务过程质量四个子过程质量。工作质量是指同产品质量

直接有关的各项工作的好坏，如经营管理工作、技术工作和行政工作等，是组织或部门的组织工作、技术工作和管理工作对保证产品质量起到的作用程度。

工作质量涉及组织各个层次、各个部门、各个岗位工作的有效性。工作质量取决于员工的素质，包括员工的质量意识、责任心、业务水平等。决策层(以最高管理者为代表)的工作质量起主导作用，管理层和执行层的工作质量起保证和落实作用。对工作可以通过建立健全工作程序、工作标准和一些直接或间接的定量化指标，使其有章可循，易于考核。实际上，工作质量一般难以定量，通常是通过产品质量的高低、不合格品率的多少来间接反映和定量的。在质量指标中，当全数检查时，有一部分质量指标属于工作质量指标，如不合格品率、废品率等，另一部分指标则属于产品质量指标。

产品质量与过程质量、工作质量有着密切的联系。产品质量取决于过程质量和工作质量，工作质量是保证产品质量和过程质量的前提条件，产品质量是企业各部门、各环节工作质量的综合反映。因此，实施质量管理，既要搞好产品质量，又要搞好过程质量和工作质量。而且，应该把着眼点放在过程质量和工作质量上，通过保证和提高过程质量和工作质量来保证产品质量。

二、质量特性

ISO 9000：2015 标准对特性的定义为：可区分的特征。特性可以是固有的或赋予的；也可以是定性的或定量的；即有各种类别的特性。特性就是特有的性质，能够与其他的对象区分开的性质。质量特性主要包括产品质量特性和服务质量特性两大类。

(一)产品质量特性

产品质量特性含义很广泛，它可以是技术的、经济的、社会的、心理的和生理的。产品质量特性大体可分为以下七个方面。

(1) 物质方面，如物理性能、化学成分等。

(2) 操作运行方面，如操作是否轻便，是否便于加工、维护保养和修理等。

(3) 结构方面，如结构是否合理，是否便于加工、维护保养和修理等。

(4) 时间方面，如耐用性(使用寿命)、精度保持性、可靠性等。

(5) 经济方面，如效率、制造成本、使用费用(油耗、电耗、煤耗)等。

(6) 外观方面，如外形、包装质量等。

(7) 心理、生理方面，如汽车座位的舒适程度、机器开动后的噪音大小等。

这些质量特性区分了不同产品的不同用途，满足了人们的不同需要。人们就是根据产品的这些特性能满足社会和人们需要的程度来衡量工业产品质量的好坏和优劣的。

产品质量特性有些是可以直接定量的，如钢材的强度、化学成分、硬度、寿命等。它们反映的是产品的真正质量特性。有些情况下，产品质量特性是难以定量的，如容易操作、轻便、舒适、口感、手感、美观大方等。这就要对产品进行综合的和个别的实验研究，确定某些技术参数，以间接反映产品质量特性，称之为代用质量特性。不论是直接定量的还是间接定性的质量特性，都应准确地反映社会和顾客对产品质量特性的客观要求。

(二)服务质量特性

服务质量是指服务满足明确和隐含需要的能力的特性的总和。

提供的服务作为无形产品，往往与有形产品相伴相随，在提供服务的过程中又往往以有形产品为载体。反映服务质量要求的质量特性主要有功能性、时间性、安全性、经济性、舒适性等。

(1) 功能性是指服务实现的效能和作用。

(2) 时间性是指服务能否及时、准时、省时地满足服务需求的能力。

(3) 安全性是指服务的提供方在对顾客进行服务的过程中，保证顾客人身不受伤害、财物不受损害的能力和水平。

(4) 经济性是指顾客为了得到相应服务所需费用的合理程度。

(5) 舒适性是指服务对象在接受服务的过程中感受到的舒适程度。

三、质量职能和质量职责

所谓质量职能(quality function)，是指在质量形成的全过程中，为实现质量目标而必须发挥的质量管理功能及其相应的质量活动。组织的质量管理是通过对质量形成全过程所有质量职能的管理来实现的。组织中质量职能的划分对于质量管理体系的建立和实施具有重要的影响。

一般来说，质量职能和质量职责既有联系又有区别。质量职能是针对全过程控制需要提出来的质量活动属性与功能，是质量形成客观规律的反映，具有科学性和相对稳定性；而质量职责则是为了实现质量职能，对部门、岗位与个人提出的具体质量工作进行分工，其任务通过责、权、利予以落实，因而具有人为规定性。可以说，质量职能是制定质量职责的依据，质量职责是落实质量职能的方式或手段。

组织职能部门的设置和组织的产品的特点、组织体制、规模、运作方式及市场环境有关，质量职能和职能部门及其承担的质量职责并非简单的对应关系。一个职能部门可以承担几项职能部门中的质量职能活动。质量管理的主要任务就是要把散布在各个职能部门中的质量职能通过质量职责有机地联结起来，协同一致地实现组织的质量目标。

此外，也不应把质量职能与质量职能管理的方法或手段相混淆。在一个组织的质量管理中，这些方法或手段(如质量策划、质量信息管理、质量成本、质量审核等)起着计划、组织、协调、控制与改进的作用，其功能是更加有效和高效地实现质量职能。

正确认识质量职能的含义是认识并理解质量形成全过程及其规律的必要前提，对于产品质量的形成而言，直接影响产品质量的质量职能可以有不同的表述，但本质上都是一致的。一般认为有下列主要质量职能：市场研究，产品实现的策划、设计和开发，采购、生产和服务提供，营销、服务、测量分析和改进等。

第二节 质量管理

一、质量管理概述

ISO 9000:2015 标准中明确定义,质量管理是在质量方面指挥和控制组织的协调的活动。

在质量方面指挥和控制的活动,通常包括制定质量方针和质量目标、质量策划、质量控制、质量保证和质量改进。

质量管理工程是在质量管理实践发展中逐步形成的,它是研究各种质量管理职能如何协调地进行,各项质量要素如何有效地控制,以达到产品、工程、服务质量最佳的有关理论、概念、方法、工具、技术等知识整体。它也是一项综合性管理的系统工程。

质量管理是对达到质量要求所必需的职能和活动的管理。这种管理活动不仅只在工业生产领域,而且已扩大到农业生产、工程建设、交通运输、教育卫生、商业服务等领域。无论是行业的质量管理,还是具体的企业、事业单位的质量管理,客观上都存在着一个系统对象——质量管理体系。

二、质量环与质量管理工作程序

产品质量是经过生产的全过程而产生、形成和实现的。好的产品质量,首先是设计和生产出来的,不是单纯检验出来的。一般来说,产品质量产生和形成的过程,大致经过市场调查研究、新产品设计和开发、工艺策划和开发、采购、生产制造、检验、包装和储存、产品销售及售后服务等重要环节,其详细过程可以用一个螺旋形上升循环示意图来表示,如图 1.1 所示。此螺旋形上升循环称为朱兰质量螺旋(quality spiral)或质量环(quality loop)。

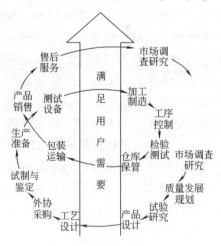

图 1.1 产品质量螺旋上升循环示意图

从图 1.1 中可以看到，产品质量在产生、形成和实现的过程中，各个环节之间存在着相互依存、相互制约、相互促进的关系，并不断循环，周而复始。每经过一次循环，产品质量就提高一步。

从产品质量的产生、形成和实现的过程出发，可以把质量进一步分为以下四类。

(1) 市场调研质量，即确定和完善满足市场需要的产品质量。

(2) 设计质量，即把市场需要转化为在规定等级内的产品设计特性，最终都通过图样和技术文件的质量来体现。

(3) 制造质量，即确保为顾客所提供的产品同所设计的特性相一致。换句话说，它是指按设计规定制造产品时实际达到的实物质量(即符合性质量)。

(4) 使用质量，即在产品寿命周期内按需要提供服务保障的质量。

朱兰质量螺旋的内涵相当丰富，就其实质而言，产品质量的全过程管理可以概括为三个管理环节，即质量策划、质量控制和质量改进，通常称为"朱兰三部曲"。

(1) 质量策划。质量管理中的质量策划工作，是指为达到质量目标而进行筹划的过程。策划的结果所形成的文件称为质量计划。

(2) 质量控制。质量计划制订之后，一旦付诸实施就必须进行质量控制，使其不越出规定的范围。

(3) 质量改进。质量螺旋表明，产品或服务质量是不断上升、不断提高的。通过质量改进，使组织的质量管理水平和体系素质得到提升，产品或服务的质量竞争力得到增强，以更好地满足顾客明确和隐含的质量要求。

三、质量管理在我国的发展概况

(一)初始阶段的质量形势

改革开放以来，我国的质量工作取得了很大进步。这主要体现在：企业依靠技术进步，改善技术设备水平，加强管理，推行科学管理方法，为提高质量打下了一定的物质基础；加强规章制度和职业道德建设，普遍开展质量宣传教育，全民质量意识和职工素质有了较大提高；质量法律、法规不断完善，质量工作逐步走上了法制化轨道，促使企业提高质量的外部环境正在逐步形成。

但是，我国产品质量、工程质量和服务质量总体水平还不能满足人民生活日益提高和社会不断发展的需要，与经济发达国家相比仍有较大差距。这主要表现在：一些原材料、基础元器件等产品质量不高，生产过程中不良产品损失严重；一些工程质量达不到国家标准或规范要求，有的工程设计及设备选型不合理，施工质量不高，甚至存在结构隐患；服务质量波动较大，商品售后服务跟不上；不少企业质量管理水平不高，规章制度不健全，自我约束力不强；质量管理有效手段不足，法制建设有待进一步完善和加强。

当前，我国的质量状况大致可以概括为下列五个方面。

1. 质量问题令人担忧

20 世纪 90 年代的后几年，国家监督抽查产品合格率经常在 75%～78%之间徘徊。1999

年第二季度略有上升，在监督抽查的 1 882 家企业的 56 类 2 132 种产品中，合格的有 1 692 种，抽样合格率为 79.4%。这就是说，按保守估计，大约有 20%的产品不合格。更令人不安的是，这些产品都是经工厂检验认为合格后入库待销或是已经进入市场正在销售的产品。

几年来的监督抽查结果表明，大型企业产品抽样合格率远高于小型企业，国有、集体、民营(含个体)企业产品抽样合格率依次递减。

特别令人担忧的是，一些直接关系人身安全健康的产品合格率低，存在着严重的安全隐患，部分行业的产品质量还出现下降趋势。一些重大工程质量事故更是让人触目惊心，如九江市长江大堤决口段质量问题、重庆市綦江县虹桥断塌事件、辽宁省清洋河大桥塌陷事故等。至于住宅质量问题、服务质量问题等，更是投诉不断。

产品质量问题造成的经济损失是惊人的。据权威机构统计显示，企业生产过程中的次品、废品、返修品等不良产品损失率平均在 10%左右，远高于发达国家平均水平。

2. 假冒伪劣屡禁不止

由于市场机制不健全，监管体制不完善，导致市场质量行为不规范。又由于在商业购销活动中，出现给回扣和"好处费"等手段，订合同时无质量条款或进货时质量把关不严的现象十分普遍，致使假冒伪劣产品得以蔓延，屡禁不止。据工商管理部门资料揭示，全国几乎所有的名牌产品都有冒牌货在市场上流行。从"中华"烟到"茅台"酒，从"雷达"表到"永久""凤凰"自行车，从"龙井"茶叶到"大白兔"奶糖，仿冒品无所不及。某些假冒伪劣产品还产生了恶劣后果，每年中央电视台3·15晚会都有触目惊心的报道。

3. 质量管理发展不均衡

在全国范围内，有相当多的企业负责人不重视产品质量，不懂质量管理，不抓质量工作。有的企业质量检验机构形同虚设，造成质量失控；有的企业标准化、计量等技术基础工作严重削弱；有的企业(尤其是小企业)以牺牲质量来降低成本，低价倾销。据统计，全国县以下中、小型企业"无标"生产的比例高达 40%；有的地方，如某省有 80%的乡镇企业没有计量设备；部分企业不重视职工培训，甚至合同工不经培训直接上岗，"高职低能"现象比较普遍……经对国家监督抽查的不合格产品所做的有关调查分析，约有 84%的不合格产品是由于管理不善所致。

4. 优难胜、劣不汰现象比较突出

由于地方保护和市场分割，对以次充好、制假售假采取放任，甚至支持的态度，致使一些名优产品被假冒的问题长期得不到解决，也使得一些制假售假的大案、要案难以查处；由于市场机制不完善，质量监督体系不健全，商业购销中的"回扣风""好处费"及工程建设中的"层层转包"，致使真货斗不过假货，名优产品斗不过伪劣产品；社会上各种名目的评比和变相评比，形成误导甚至欺诈。一些不法分子为牟取私利，甚至借机假造国家机关文件、印章、证书，给一些不合格产品堂而皇之地打上优质标签，欺骗消费者。

面对假冒伪劣产品侵占市场，相当多的名牌企业缺乏有力的措施进行自我保护，出现了优难胜、劣不汰的现象。

5. 监督乏力，有效手段不足

由于受到人力、物力和抽查经费等条件的限制，国家监督检查要想达到应有的范围，显得力不从心。与实际发生的各类质量违法行为，特别是大案、要案相比，监督检查的工作力度和打击力度都显得不足，使执法检查工作经常受阻，处理工作难以落实。

质量问题是经济发展中的一个战略问题。质量水平的高低是一个国家经济、科技、教育和管理水平的综合反映，已成为影响国民经济和对外贸易发展的重要因素之一。为了实现质量兴国的宏伟目标，必须加快进行两个根本性转变，尽快提高我国的产品质量、工程质量和服务质量水平，满足人民生活水平日益提高和社会不断发展的需要，增强竞争能力，促进我国国民经济和社会的发展。

(二)规范化阶段的质量振兴

1991 年我国第一部质量法颁布实施。1993 年全国掀起了贯标热潮。1996 年 12 月 24 日，由国务院颁布实施的《质量振兴纲要(1996—2010)》(以下简称《纲要》)全面分析了我国当前的质量状况和面临的形势，提出了到 20 世纪末和 2010 年我国质量工作的奋斗目标和配套措施，强调要加强质量宣传教育，切实提高全民族的质量意识和劳动者的素质；按照市场经济的要求，建立市场质量规则和相应的激励机制与约束机制；引导企业加强质量管理，建立健全质量管理体系，从根本上提高我国主要产业的整体素质和企业的质量管理水平，使我国的产品质量、工程质量和服务质量跃上一个新台阶。《纲要》的颁布实施是我国党和政府加强质量工作采取的重要举措，是落实《产品质量法》的重要行政保证措施，是在实现我国经济体制和增长方式转变过程中，推动今后质量工作迈上新台阶的一个行动纲领，对于满足我国人民日益增长的物质文化需求，促进国民经济持续、快速、健康地发展，都具有十分重要的现实意义和深远的历史意义。

1. 提高主要产业整体素质

《纲要》提出，到 2000 年，主要产业的整体素质应有明显提高，初步形成若干个具有国际竞争力的重点产业及一批大型企业和企业集团。到 2010 年，主要产业的整体素质基本适应国际经济竞争的需要。

2. 提高重点产品质量

《纲要》提出，到 2000 年，主要工业产品将有 75%以上按国际标准或国外先进标准组织生产，达到国际先进水平的优等品率有明显提高，产品售后服务有明显改善；国家重点产品可比性跟踪监督抽查的合格品率达到 90%以上；出口产品的出厂合格率达到 100%；主要产业的产品质量和服务水平基本达到国家标准。到 2010 年，主要工业产品有 85%以上按国际标准或国外先进标准组织生产，达到国际先进水平的优等品率有较大幅度提高，形成规范化的售后服务网络；国家重点产品可比性监督抽查的合格率稳定在 95%以上；形成一批具有国际竞争能力的名牌产品；主要产业的产品质量和服务水平接近或达到国际先进水平。据此，要突出抓好原材料、基础元器件、重大装备、消费品四类重点产品的质量。到 2010 年，主要消费类产品的质量、安全和卫生指标达到国际标准，主要耐用消费品的技术质量指标和整机可靠性测试指标接近或达到国际先进水平，并形成一批具有较强国际竞争能力的名牌产品。

3. 提高工程质量

《纲要》提出，到2000年，竣工交付使用的工程质量必须达到国家标准或规范要求，大、中型工程建设项目综合试车和验收一次合格，确保连续生产或正常使用，其他工程一次验收合格率达到90%，其中优良率达到35%以上。到2010年，竣工工程质量全部达到国家标准或规范要求，大、中型工程建设项目以外的其他工程一次验收合格率达到96%，其中优良率达到40%以上。

4. 提高服务质量

《纲要》提出，到2000年，铁路、交通、民航、商业、旅游、医疗卫生及金融、保险、房地产、信息咨询等传统和新兴服务行业，全面推行服务质量国家标准，初步实现服务质量的制度化、程序化、标准化。到2010年，服务质量基本达到国际标准。

质量问题是个战略问题，研究质量战略，把握发展机遇，迎接世纪挑战，已成为当今世界各国经济发展的重大举措。2010年是我国改革开放和社会主义现代化建设事业发展的重要时期，我们必须在加快经济体制和经济增长两大根本性转变过程中，动员和组织各行业以更饱满的热情、更扎实的工作，全面落实《纲要》提出的各项任务、目标及措施，以崭新的面貌实现质量振兴的伟业。

(三)追求卓越阶段的质量管理发展方向

1. 品牌战略

1) 品牌的意义

国外企业界流行这么一句话：愚笨的商人卖产品，聪明的商人卖牌子。品牌作为现代商战的战略制高点，其作用已日益为世人所重视。

品牌是企业的无形财富和重要的知识产权，代表着企业的公众形象及产品的质量和信誉，是企业开拓国内外市场的重要工具。一个服务规范、产品质量上乘的企业，它的商标就是一个被市场认可的证明，能够创造难以估量的经济效益。当今世界，一个国家整体经济实力的高低，在很大程度上是以这个国家拥有多少世界名牌为象征的。美国的可口可乐、德国的奔驰、日本的索尼等，是这些国家在国际市场上的通行证。发达国家正是通过这些著名的品牌树立了自己的形象，同时也牢牢控制着国际市场。

进入知识经济时代，产品或服务的知识含量及技术密集度越来越高，更新日益频繁，生产方式和销售方式也在不断创新，消费者往往难以区分产品或服务质量的价格和差异，因此公司的品牌形象便成为市场竞争的决定因素。建立成功品牌的一个重要功效是它能将人们对某一优秀产品或服务的印象转移和延伸到该公司的全部产品上，使其他产品或服务自动获得顾客的尊重。对于品牌的作用，有人曾作了如此动情的、充满诗意的赞叹："品牌是留住企业所有广告活动和提升努力之成果的铁锚。品牌具有神奇的魅力，它充满人性，能恒定地抓住人们的情感。品牌能够建立信心，是指引企业前进道路的灯塔，凝结了企业员工、供应商、经销商和顾客的共同价值认知。品牌反映出公司的全部内涵，连接着地方、区域和全球，帮助产品赢得在人们心中生存的权利。"

我国的市场竞争现已进入品牌竞争的阶段，但是，我国最有价值品牌企业的平均销售规模远低于世界最有价值品牌企业的平均销售规模。因此，我国产品要想打开国际市场，必须走名牌发展之路，通过高质量创立名牌，以名牌打开国际市场的大门。

2) 争创名牌

名牌是企业科学技术水平、管理水平、生产水平和营销水平的综合成果，需要企业做出长期的、艰苦的努力。众多企业正以争创名牌作为自己的质量战略目标。那么，名牌的本质是什么？什么样的产品才可称为名牌呢？

名牌产品的本质特征是其差异性。一些竞争对手通过明显区别于其他同类产品的可觉察的使用价值，将自己的产品与其他公司的同类产品明显地区别开来。差异性包括产品的差异性和市场的差异性。产品的差异性主要是指广告、促销手段等与传播和销售有关的差异。

每种名牌产品都具有与其他产品不同的差别技术和技术诀窍，但使用先进技术和高新技术的产品不一定就是名牌产品。要创造名牌产品，不但需要技术基础，还需要创新。创新能力是创造和保护名牌的重要核心能力，是名牌的生命源泉。因此，技术是名牌的基础，创新则是名牌的生命。

3) 如何实施品牌战略

名牌必须是消费者满意的产品，应当具有出色的功能、优良的质量和完善的服务，并在某些方面超出一般产品之上。名牌从激烈的市场竞争中脱颖而出，其卓越的品质和良好的信誉是必要的前提。名牌一旦诞生，其生命之泉究竟能流多久，是仅仅名噪一时一地，还是"青春永驻"不断壮大，这取决于其能否适应市场的变化发展而不断更新、提升产品品质及市场信誉。为了使名牌产品的生命之水永远充满活力，企业必须以最大的努力关注并推动技术创新和管理创新，要勇于"否定"名牌，否定的目的是创造更新、更优的新名牌，这是名牌所产生的持续效应，是名牌企业品牌营销战略的基石。我国许多著名企业奉行的信条——"没有最好，只有更好"，正是品牌营销战略内涵的绝好注解。产品及其延伸服务的质量是企业创立品牌、发展名牌的基础，而永不自满、不断创新则是名牌企业旺盛生命力的源泉。

产品及其相关服务的质量固然是名牌的基础，但仅有质量还不足以使产品成为名牌产品。众多企业的实践证明，实施品牌战略，需要精心策划和组织，在产品品质竞争力的基础上，推行系统、有效的品牌营销策略，加强产品宣传，塑造名牌形象，提升品牌知名度，培养消费者的品牌偏好及品牌忠诚度，实现品牌的可持续发展。

企业实施品牌战略，是一项复杂艰巨的系统工程。它既和企业质量管理有关，又和市场营销有关，但它又不等同于两者。许多成功企业的实践表明，品牌经理制是企业实施品牌战略的可行方法。品牌经理制就是通过专职的、专业的机构对企业的品牌建设实施全方位、全过程的管理，在企业内部全面负责品牌的构思、设计、注册、宣传、保护、发展和投资组合，以及品牌管理和品牌资源的经营。实行品牌经理制有益于确立品牌经营和管理在企业经营管理中的独特地位；有利于集中各种品牌资源优势；有利于跟踪市场变化，引导消费者的品牌消费行为，发展品牌偏好，提高品牌满意度和知名度，培育品牌忠诚度；也有利于品牌的延伸管理，将品牌资源的经营搞大、搞活。

2. 质量文化

企业之间的市场竞争，是产品与服务的竞争，又是管理与经营方式的竞争、经营机制与体制的竞争，但归根结底是企业文化之间的竞争。企业文化强调管理的文化层面和人的作用，是企业在长期的生产经营中形成的、具有企业个性特征并为企业全体员工认同和遵循的价值体系和文化形态的总和。一般认为，企业文化包括企业的物质文化、制度文化和精神文化。它不仅直接显现为产品质量、服务质量、管理和工作质量，而且还延伸表现为消费质量、生活质量和环境质量，在微观上体现出企业的整体素质，在宏观上则体现出整个民族的素质。企业文化是一种客观存在，它反映了一个企业的历史传统，又支配着一个企业的现实表现；它塑造着企业的基本理念，又规范着企业的群体行为；它使企业呈现特定的整体形象，又对每个员工的精神面貌产生深刻的影响。企业文化渗透在企业的所有方面，并融入具体的管理及其文化现象以显示自己的存在，发挥自己的灵魂作用。

质量文化是企业文化的核心和重要内涵，这一关系是市场经济的本质表现和基本要求，市场经济越发达，这种关系越明显。质量文化倡导全面质量管理，致力于提高企业全体员工的质量意识、质量理念和质量管理的理论及技能水平，这些正是企业文化的根本所在。世界上成功的企业无一不是以其优秀的质量文化作为取胜之道的。对于我国广大企业，无论是从当前的质量实际出发，还是从转换企业经营机制、适应社会主义市场经济的发展需要考虑，都迫切需要重视和大力建设企业质量文化。正如企业文化是企业经营战略的根本，任何企业的质量战略都植根于自身的质量文化土壤之上。任何具有竞争活力的、追求卓越经营的质量战略都必须以培育相应的质量文化为其出发点和归宿。

质量文化和质量战略具有相互的能动作用。卓越的质量文化可以催化卓越的质量战略，同时，质量战略又为质量文化建设创造动力和机遇。质量文化建设是质量战略的重要组成部分，也是企业领导人的基本职责之一。一般来说，企业质量文化的培育作为质量战略的根本，在组织上涉及企业中的每一个部门和每一个人；在内容上则涉及经营管理，尤其是质量管理的所有方面，如企业的质量决策文化、质量产品文化、质量服务文化、质量道德文化、质量公关文化及质量文本文化等。但是，质量文化的核心是"质量第一、用户第一"的经营理念，这是质量文化培育必须遵循的基本原则。

总而言之，知识经济时代是一种崭新的社会经济形态，每一个企业都面临着严峻的挑战和良好的机遇。企业要生存和发展，就必须尽快实现经济体制和增长方式的彻底转化。反映在质量战略上就是，为了适应知识经济的要求，企业必须着力培育以"质量第一、用户第一"的经营理念为核心的质量文化，通过技术创新和管理创新，增强企业的经营活力和市场竞争力，努力塑造名牌产品，创立品牌形象。这是知识经济时代企业质量战略的基本特征，也是我国企业走向新经济时代的必由之路。

3. 大质量概念与卓越绩效模式

1) 大质量概念

近几年的政府工作报告中，多次提出经济运行质量、经济增长质量、人口质量、环境质量、教育质量、生活质量、运用外资质量等，也包括产品质量、工程质量、服务质量等微观质量。所谓大质量概念，是指包括范畴、过程和结果、组织、系统、特性等重要基本面的运行质量。

(1) 范畴。大质量概念的对象是事物，而不仅是产品质量、工程质量、服务质量等微观的质量，它包含的内容更多。其在宏观方面包括经济的运行质量、经济增长质量、教育质量、环境质量、生活质量等；在微观方面包括经营质量、决策质量、设计质量、工艺质量、产品质量、过程质量、营销质量、服务质量等。任何事物都有质量问题，因此考虑、研究问题的视野要宽，要从宏观和微观以及大质量概念的角度出发。

(2) 过程和结果。虽然结果是由过程决定的，但结果是目的，不能只追求过程，结果和过程都要重视，不能片面。

(3) 组织。大质量概念对于一个组织来说，渗透到了所有的部门和岗位之中。组织的任何部门和每一个员工都有自己的工作质量，都有自己的质量职责。

(4) 系统。大质量概念强调系统最优，接口可靠。一个系统有许多子系统，要使全体成员理解总体的目标，明确子系统的利益要符合整体系统最优的要求，哪怕可能会牺牲一些局部的利益。

(5) 特性。大质量概念不仅包括固有特性，还需要考虑人为赋予的特性。大质量概念为卓越绩效模式的建立提供了理论依据。

2) 卓越绩效模式

从大质量概念出发，国务院参事郎志正教授认为 TQM(Total Quality Management，全面质量管理)、ISO 9000、卓越绩效三种质量管理都称得上是"模式"，因为"模式"的对象是一个组织。他说：TQM 模式是"头 QC(Quality Planning，质量控制)，头头不 QC，QC 不起来"，强调的是全员参与、全过程控制、用数据说话、始于教育终于教育、PDCA(Plan，Do，Check，Action)循环和满足顾客要求等。它的问题是很难落实到组织的结构中去的，但提出的理念和方法非常重要。

ISO 9000 模式的 2015 版全面吸收了 TQM 的思想和理念，建立起一个组织的质量管理体系，其中的关键是看懂两张图，一张是产品的 PDCA 图，另一张是管理的 PDCA 图。但ISO 9000 并没有完全建立在大质量概念的基础上，它主要是规范了生产和服务，适用于组织中的生产、技术、服务等部门，而营销、财务等部门虽有参与但较牵强。

质量必须与经济挂钩，不讲经济绩效，企业经营者的积极性便不会很高。而最能体现大质量概念、企业经营绩效的是 2004 年发布、2005 年 1 月 1 日实施的《卓越绩效评价准则》国家标准，这是我国参照世界三大质量奖，结合中国国情而制定的创国家质量奖的标准。国家质量奖是我国质量领域的最高管理奖，代表国际先进的质量管理理念和方法，也是许多成功企业的经验总结。

设立我国国家质量奖的目的不在于评奖，因为获奖企业只是少数，而在于鼓励更多的企业提高经营管理质量，追求卓越。实际上，我国国家质量奖的评审活动于 2001 年开始(那时还未颁布《卓越绩效评价准则》国家标准)，到 2009 年已连续评审了 9 年，有 72 家企业获奖。国家通过表彰这些质量管理工作卓有成效的企业，以树立卓越绩效典范，引导广大企业学习先进的质量管理经验和方法，通过"卓越模式"自我评价，不断改进质量，提高竞争能力。与《卓越绩效评价准则》标准一起颁布的还有《卓越绩效评价准则实施指南》，它是国家标准化指导性技术文件。这套标准的颁布，标志着我国新时期质量管理的新发展，对质量管理工作提出了不断创新、追求卓越的新要求。

四、美国、日本质量管理简介

研究、借鉴其他国家的管理经验，博采众长、融合提炼、为我所用是十分重要的。以下以美国和日本为例，介绍其质量管理的特征。

(一)美国质量管理的特征

美国是现代质量管理的发源地。由于美国科学技术发达，工业基础雄厚，因此其在质量管理的实践中形成的一套理论、技术和方法，对世界各国产生了很大的影响，特别是在西方工业化国家中，具有一定的代表性。美国式质量管理有以下鲜明的特点，值得我们重视和借鉴。

1. 重视建立严密的质量保证体系

美国企业在推行质量管理时，十分重视建立严密的质量保证体系，注意对产品质量形成的全过程进行严格的控制。在质量保证体系中，设有专职的质量管理部门。这个专职机构，既是公司经理在质量问题上的参谋，又是协调全企业质量管理活动的办事机构。

美国的专职质量管理部门规模较大，专业性很强，权威性也很强；拥有各类实验室及一大批专业技术人员；经费独立，具有很强的制约作用；独立行使职权及发挥作用。

指导企业各部门开展质量保证活动的纲领性文件是《质量保证手册》，它不仅规定了各部门在质量保证上的职责与权限，而且规定了各种管理制度和管理标准。该手册通常由质量管理部门编制，由公司经理签发，具有很强的权威性。

2. 重视标准化在质量管理方面的作用

受泰罗科学管理思想的影响，美国企业十分重视标准化工作对产品质量的保证作用。通常，企业具有十分完善的标准体系。

基础标准、产品标准及管理标准是保证产品质量的重要基础，特别是管理标准。美国企业是最早开展质量管理工作标准化的，并且从国家、行业、企业的不同层面形成了一整套企业管理标准的指导性标准和文化，指导企业形成完善、有效的质量标准性文件。这一点与美国文化背景相符合，因此管理标准能得到高度的贯彻与实施，而这也是我国企业跟美国企业存在差距的地方。

3. 重视质量成本分析

重视质量成本分析是美国企业开展质量管理活动的一个重要特点。他们认为，适用性也包括对商品价格的要求，因此必须把质量水平和成本水平联系起来考虑，注意在一定成本水平的条件下，不断提高产品质量，反对不考虑成本而一味追求所谓的"高质量"。由于各种互相矛盾的因素交织在一起，如既要质量好又要成本低，既要寿命长又要与产品升级周期相适应等，因此质量成本是一个复杂的问题。费根鲍姆首先在美国通用电气公司开展了质量成本分析工作，他的一套分析方法和制度，已被美国很多企业采用。

在质量成本分析基础上开展质量改进活动，使管理目的性更强，活动更有效。

4. 重视最新科学成果的采用

在管理思想上，美国企业认为，提高产品质量的根本手段是采用新技术、最新的科学成果来保证产品质量。

通常，美国企业采用新技术、新设备的速度高于其他国家。特别是 20 世纪 80 年代以来，美国大规模进行技术改造，大量新技术被应用，大批先进的制造技术被采用，从根本上提高了产品的质量水平。

同时，美国企业重视将统计方法应用于全过程的质量控制。美国企业在进行全过程的质量控制时，注重运用各种质量管理方法。例如，在设计阶段，非常重视将可靠性技术用于产品设计。可靠性技术是随着美国 20 世纪 60 年代阿波罗登月计划的成功而在各企业迅速普及的一种用于提高产品可靠性的方法。在产品设计阶段，进行可靠性设计和故障预测，预先消除设计上的质量隐患，这就是朱兰所说的"早期警戒方式"。在制造阶段，传统的统计质量控制仍受到普遍的重视，且数据的分析与处理实现了计算机化，加快了信息反馈的速度，有效地控制了过程质量。另外，传统的质量检查方式也在被越来越先进的检测手段所取代。

5. 重视服务过程中的质量管理

美国企业重视为用户提供技术服务工作，把为用户提供及时的技术服务工作作为竞争的一种重要手段。在产品销售之前，编写和散发产品样本、说明书、产品使用指南、技术手册等，在公司内设置产品介绍示范室和操作训练室，向用户介绍实物和指导操作要点。在售后技术服务方面，特别是一些大公司，有健全的销售服务网，如有需要，可在最短时间内向国内外用户提供必要的零部件。

6. 逐步重视社会质量监督工作

在社会性的质量监督方面，美国最早制定了实行全面的质量责任法规，用以保障消费者的利益。在产品质量保证方面，实行广泛的质量认证制度，其中比较著名的有美国机械工程师协会的质量保证资格认证制度等。在质量管理咨询方面，除美国质量管理协会之外，还有许多专门的质量管理咨询公司。例如，朱兰研究中心就是一家很有名气的咨询公司。这些公司可以根据不同公司的情况和需要，进行管理设计和咨询，不仅能解决一般问题，还可以解决特殊问题。这样就促进了质量管理的横向交流，产生了明显的社会效应。在对未来的研究方面，美国质量管理学界看到计算机辅助设计、制造的大量应用，特别是第 5 代计算机技术的开发，将更好地发挥人工智能的作用，势必减少非技术人员的数量，增加技术性很强的操作人员，这样必须加强工作前的基本训练，否则无法保证生产的顺利进行和优质产品的生产，因而提出用"软件"管理来迎接新的挑战。

由于日本经济的崛起，美国在和日本的贸易竞争中，屡屡处于不利的、被动的地位，这使美国质量管理学界和企业认识到，美国式的质量管理方法论的意味较浓，而在把工人的积极性和智慧组织起来方面远比日本落后，因此美国反过来注意学习日本的经验。1984年 10 月，美国质量管理协会争取到国会的支持，开展了"质量月"活动，并设立了质量管理奖，表彰在质量管理方面有卓越贡献的专业人员。当年美国参议院 304 号决议指出：美国的力量来源于工业提供优质商品和优质服务，以确保在世界市场上的领先地位；必须注

意制造和服务质量，防止缺陷，提高可靠性，提高生产率；通过改进质量，降低费用，让消费者满意。此外，各企业在开展质量教育、开展质量管理小组活动、改进外协品管理等很多方面也做了不少努力，取得了一定的效果。

(二)日本质量管理的特征

第二次世界大战之后，日本从美国引入了质量管理。由于日本在推行质量管理时能结合本国国情，因此形成了一套具有日本独特风格的质量管理理论、方法体系，引起了世界各国的普遍重视。日本式质量管理有以下特征。

1. 全企业、全员参加的质量管理

质量管理贯穿企业活动的全过程，并且从企业的最高领导开始直至现场第一线的工人。企业各层次的全体人员均参加质量管理活动，是日本质量管理区别于西方各国质量管理的主要特征。因此，日本式全面质量管理又称全企业的质量管理(Company-Wide Quality Control，CWQC)。

所有部门都参加的质量管理，就是企业所有部门的人都学习、参与和进行质量管理。在纵向联系方面很强的日本，即使按费根鲍姆的方式把质量管理技术人员安放到各个部门，这些职能人员的意见也是很难被接受的。因此，日本企业一直对各个部门的人员进行教育，让他们自己进行质量管理。教育课程也因此分成面向营业部门的、面向采购部门的，等等，各种质量管理课程分别得到了完善。

全体人员参加的质量管理，就是企业的董事、经理、中层干部、职能人员、班(组)长、操作人员、推销人员等全体人员都参加质量管理，每个人都进行质量管理。进而扩展到外协部门、流通部门、系列公司也都全员参加，这也是考虑到与欧美的不同而在日本开发的质量管理方式。

2. 质量管理小组活动

作为全公司质量管理活动一环的质量管理小组活动的基本思想如下。
(1) 为提高企业素质、促进企业发展做贡献。
(2) 重视人的因素，创造有意义的、愉快的工作现场。
(3) 发挥人的能力，挖掘无限的可能性。

此外，还列举了以下事项：①自我启发；②自主性；③集体活动；④全员参加；⑤质量管理工具技法的应用；⑥与工作现场紧密结合的活动；⑦质量管理小组活动的活跃度与持久性；⑧互相启发；⑨动脑创新；⑩质量意识、问题意识、改善意识等，作为对质量管理小组活动的精神准备。

3. 质量管理诊断

日本企业的最高经营者一般都十分重视企业的质量管理工作。在企业内，以总经理为首的经营者们，经常去所属各工厂、分公司、营业所，对下属各单位质量管理活动进行诊断、检查和指导，开展质量管理活动的监察活动。这种监察，对于保持质量管理活动始终有生气并不断深入推进，有不容忽视的促进作用。

日本的质量管理诊断分为两类，一类是由公司外部人员进行的诊断，另一类是由公司内部人员进行的诊断。

4. 统计方法的应用

　　日本企业开展质量管理活动时，重视灵活应用各种统计方法，而且十分注重发挥它们的实际效果。对于多变量解析、实验设计法等比较高级的统计方法，注意将它们与计算机结合起来应用。对于生产现场常用的统计方法，则注意将它们通俗化、程式化，以利于现场工人能方便地使用。广为人知的质量管理老七种统计工具和新七种统计工具，就是这种简单化、程式化的产物。这就消除了统计方法的神秘感，真正使它们成了广大员工用来参与管理的工具。

5. 质量管理的教育和培训

　　日本有"质量始于教育，终于教育"的说法。可以说，要推行质量管理，教育是不可少的工作。采取各种形式，对企业全员，上至企业最高经营者，下至第一线的作业者，进行彻底的质量管理教育、训练，提高他们的质量意识和能够做好本职工作的技术、技能，也是日本质量管理的一个重要特点。

　　1) 按不同阶层进行的质量管理教育

　　例如，日本科学技术联盟，为公司经理等企业领导，为企业中层十部，为技术人员，为现场负责人，为质量管理小组推进者，为质量管理小组组长和组员，为操作人员，为营业部门、采购部门等，实行着细致的质量管理教育计划。

　　2) 长期的质量管理教育

　　日本的质量管理基础课程，是日本质量管理教育课程的典范。这是为期 6 个月、每月上课 5 天的长期课程，把一星期学到的内容带回工厂，花 3 周时间利用工厂的实际数据进行实践，然后带着实践的结果参加下个月的课程学习，反复学习和实习。两三名学员配一名指导讲师进行个别指导。这一指导有益于学员自身的学习，也有益于讲师本身。因为能够亲身接触各种行业的实例，所以讲师也受到训练。这一教育持续进行了几十年，是日本质量管理的精髓。

　　3) 企业内部的教育训练

　　日本企业认为仅由专门团体进行教育训练还远远不够，他们提倡企业内的教育和训练。很多企业都分别编写了本企业的教材，用来对全体职工进行教育训练。

　　4) 教育必须持久进行

　　日本企业半个多世纪以来，在企业中持续地、有增无减地进行教育。他们认为，人一年要长一岁，而且每年都要招收年轻人，所以必须进行相应的教育。

　　5) 集中教育不足总体教育的 1/3

　　集中教育只是整个教育的一部分，此外，上级还要通过实际业务，通过工作来教育下级，这是上级的责任，然后把权限转让给下级，提出大的方针，让下级自主进行工作。

　　如上所述，日本十分强调教育训练，通过教育来磨炼头脑、改变思想。

　　6) 全面的质量管理推行活动

　　为营造声势，每年的 11 月被定为日本的质量月。各种全国性的质量管理大会和有关质量管理的演讲会，都在这时举行。各企业也往往结合本企业的情况，组织各种有关的质量管理活动。除了质量月之外，平时也常常有质量管理小组成果发表会、标准化与质量管理(S—Q)大会等活动。日本科学技术联盟、日本规格协会等机构，也会开展各种质量管理讲座，供企业各类人员进修。除此之外，与日本工业标准质量认证等联系在一起的质量管理审查、表彰制度及以日本质量管理的启蒙者、美国著名质量管理学者戴明的名字命名的戴明实施奖评审制度等，也都是促使日本质量管理不断深入发展的强大推动力。

质量管理研究会、质量月委员会、质量管理大会委员会、质量管理小组总部及支部等民间推进组织的存在，成为第二次世界大战后日本质量管理发展的动力。

综合起来，日本的质量管理是一种经营思想的体现。这一经营思想的内容可以归纳为：①质量第一——不能以短期利益为第一；②面向消费者——不能面向生产者，要考虑对方的立场；③下道工序是顾客——打破本位主义；④用数据、事实说话——应用统计方法；⑤重视人的因素——全员参加；⑥机能管理——以机能委员会为基础的管理。

第三节　全面质量管理

一、全面质量管理的由来

质量管理是由于商品竞争的需要和科学技术的发展而产生、形成、发展的，与科学技术、生产力水平及管理科学化和现代化的发展密不可分。从工业发达国家解决产品质量问题涉及的理论和所使用的技术预防方法的发展变化来看，它的发展过程大致可划分为三个阶段：质量检验管理阶段、统计质量管理阶段和全面质量管理阶段。

(一)质量检验管理阶段

质量管理产生于 19 世纪 70 年代，当时，科学技术落后，生产力低下，普遍采用手工作坊进行生产，加工产品和检查质量没有严格的分工，生产工人既是加工者又是检验者，这阶段的管理称为"操作者的质量管理"。因此，在 20 世纪以前，质量管理还没有形成科学理论。20 世纪初，美国工程师泰勒(F.W.Taylor)根据 18 世纪末工业革命以来大工业生产的管理经验与实践，提出了"科学管理"理论，创立了"泰勒制度"。泰勒的主张之一就是计划与执行必须分开，于是检查产品质量的职责由工人转移到工长手中，就形成了所谓的"工长的质量管理"。到了 20 世纪 30 年代，随着资本主义大公司的发展，工长已无承担质量检查与质量管理的职责，因此大多数企业都设置了专职检验人员和部门，并直属经理(或厂长)领导，由他们来承担产品质量的检验工作，负责全厂各生产部门的产品(零部件)质量管理工作，形成了计划设计、执行操作、质量检查三个方面都各有专人负责的职能管理体系，有人称那时的检验工作为"检验员的质量管理"。人们对质量管理的理解还只限于质量的检验，即依靠检验手段挑出不合格品，并对不合格品进行统计而已，管理的作用非常薄弱。

产品质量检验管理阶段的质量管理的主要手段是：通过严格的检验程序来控制产品质量，并根据预定的质量标准对产品质量进行判断。检验工作是质量管理工作的主要内容，其主导思想是对产品质量严格把关。

产品质量检验管理阶段的优点在于：设计、制造、检验分属三个部门，可谓"三权分立"。有人专职制定标准(计划)，有人专职负责制造(执行)，有人专职按照标准检验产品质量。这样，产品质量标准就得到了严格有效的执行，各部门的质量责任也得到了严格的划分。

但是，这种"检验的质量管理"也有下列缺点：一是解决质量问题缺乏系统的观念；二是只注重结果，缺乏预防，"事后检验"只起到"把关"的作用，而无法在生产过程中"预防"和"控制"不合格产品的产生，一旦发现废品，一般很难补救；三是它要求对成品进行100%的全数检查，对于检验批量大的产品，或者对于破坏性检验，这种检验是不经济和不实用的，在一定条件下也是不允许的。

(二)统计质量管理阶段

企业迫切需要解决"事后检验"的弱点，这就在客观上为把数据统计的原理和方法引入质量管理领域创造了条件。

早在20世纪20年代，一些著名的统计学家和质量管理专家就注意到质量检验的弱点，并设法运用统计学的原理去解决这些问题。1924年，美国贝尔电话研究所的休哈特(W.A.Shewhart)提出了控制和预防缺陷的概念——控制产品质量的"六西格玛"法则，即后来发展完善的"质量控制图"和"预防缺陷"理论，其目的是预防生产过程中不合格品的产生，认为质量管理除了具有对产品质量检查监督的职能之外，还应具有预防产生不合格品的职能。休哈特连续发表了多篇有关质量管理的文章，并于1931年出版了《工业产品质量控制经济学》一书。1929年，贝尔电话公司的道奇(H.F.Dodge)和罗米格(H.G.Roming)发表了"挑选型抽样检查法"论文，提出了在对产品进行破坏性检验情况下如何保证产品质量，并降低检验费用的方法。瓦尔德(A.Wald)又提出了"序贯抽样检验法"，他们是最早把数理统计方法引入质量管理领域的学者。然而，当时正处于资本主义经济萧条时期，人们对产品质量和质量管理的要求并不迫切，再加上运用数理统计方法需要增加大量的计算工作，因此这些理论和方法并没有引起重视，更没有被普遍推广，未能在质量管理中发挥其应有的作用。

第二次世界大战初期，美国生产民用品的大批公司转为生产各种军需品。当时面临的一个严重问题是：由于事先无法控制不合格品而不能满足交货期的要求；军需物品检验大多数属于破坏性试验，质量检验工作立即显示出其不可操作性的缺点。因为事先无法控制产品质量，所以美国提供的武器经常发生质量事故。美国国防部为了解决这一难题，特邀请休哈特、道奇、罗米格、瓦尔德等专家以及美国材料与试验协会、美国标准协会、美国机械工程师协会等有关人员研究，并于1941—1942年先后制定和公布了《美国战时质量管理标准》，即Z1.1《质量管理指南》、Z1.2《数据分析用的控制图法》和Z1.3《生产中质量管理用的控制图法》，强制要求生产军需品的各公司、企业实行统计质量控制。实践证明，统计质量控制方法是在制造过程中保证产品质量、预防不合格品的一种有效工具，并很快地改善了美国军需物品的质量。从此，统计质量管理在美国得到了发展。因为统计质量控制方法给公司带来了巨额利润，所以在第二次世界大战后那些公司转入民用产品生产时，仍然愿意运用这一方法，其他公司看到有利可图，也纷纷采用，于是统计质量控制方法风靡一时。20世纪50年代初期，统计质量控制达到高峰。据报道，在联合国教科文组织的赞助下，通过国际统计学会的一些国际性组织的努力，战后很多国家都积极开展统计质量控制活动，并取得了成效。

统计质量管理阶段的主要特点是利用数理统计原理，预防不合格品的产生并检验产品的质量。这时，质量职能在方式上由专职检验人员转移给专业的质量控制工程师和技术人员承担，质量管理由事后检验改变为预测、预防事故的发生。这标志着将事后检验的观念改变为预防质量事故发生的预防观念。

但是，在宣传、介绍和推广统计质量管理的原理和方法的过程中，由于过分强调了质量控制的数理统计方法，搬用了大量的数学原理和复杂的计算，又不注意数理统计方法的通俗化和普及化工作，忽视了组织管理工作，人们误认为"质量管理就是数理统计方法""数理统计方法理论深奥""质量管理是数学家的事情"，因而对质量管理产生了一种高不可攀的感觉，令人"望而生畏"，这都影响和妨碍了统计质量管理方法的普及和推广，使它未能充分地发挥应有的作用。

(三)全面质量管理阶段

20世纪50年代以来，随着社会生产力的迅速发展，科学技术及社会经济与文化的不断进步，质量管理环境出现了许多变化，主要体现在以下几个方面。

(1) 人们对成品质量要求更高了。由于科学技术的发展，产品的精度和复杂程度大为提高，人们对产品质量的要求从仅注重性能指标转向可靠性、安全性、经济性等指标，对产品的可靠性等质量要求极大地提高，但仅靠在制造过程中应用数理统计方法进行质量管理是难以达到要求的。

(2) 在生产技术和企业管理中广泛应用系统分析的理念，把质量管理看成是处于较大系统中的一个子系统。

(3) 管理理论有了新的发展和突破，在生产技术企业管理中广泛应用系统分析的理念和方法，并且越来越"重视人的因素"，出现了诸如"工业民主""参与管理""共同决策"等管理口号。这一切都促使质量管理从单一方法走向多种方法共存，从少数人参与走向公司全体人员共同参与。

(4) "保护消费者利益"运动的兴起，迫使质量管理方法进一步改善。

(5) 随着市场竞争，尤其是国际市场竞争的加剧，各国企业都很重视"产品责任"和质量保证问题。

统计质量管理相对于产品质量检验来说，无疑是质量管理发展史上的一次飞跃，但是，统计质量管理也有着其自身的局限性和不足之处。由于上述环境的变化，仅仅依靠质量检验和运用统计方法就很难保证与提高产品质量，把质量职能完全交给专业的质量控制工程技术人员去承担也是不妥的。因此，自20世纪50年代起，许多企业就开始了全面质量管理的实践。

二、全面质量管理的定义

ISO 8402 把全面质量管理定义为：一个组织以质量为中心，以全员参与为基础，目的在于通过让顾客满意和本组织所有成员及社会受益而达到长期成功的管理途径。

在理解全面质量管理的定义时，要注意以下两点。

(1) 全面质量管理并不等同于质量管理，它是质量管理的更高境界。

(2) 全面质量管理强调：一个组织以质量为中心，质量管理是企业管理的纲；全员参与；全面的质量；质量的全过程都要进行质量管理；谋求长期的经济效益和社会效益。

具体地说，全面质量管理就是以质量为中心，全体员工和有关部门积极参与，把专业技术、经济管理、数理统计和思想教育结合起来，建立起产品的研究、设计、生产、服务等全过程的质量体系，从而有效地利用人力、物力、财力和信息等资源，以最经济的手段生产出顾客满意、组织及其全体成员及社会都得到好处的产品，从而使组织获得长期的成功和发展。

最早提出全面质量管理概念的是美国通用电气公司的质量总经理费根鲍姆。1961 年，他出版了《全面质量管理》一书。该书强调质量职能应由公司全体人员来承担，解决质量问题不能仅限于产品制造过程，质量管理应贯穿于产品质量产生、形成和实现的全过程，且解决质量问题的方法是多种多样的，不能仅限于检验和数理统计方法。他指出：全面质量管理是为了能够在最经济的水平上，并考虑到充分满足用户要求的条件下进行市场研究、设计、生产和服务，把组织各部门的研制质量、维持质量和提高质量的活动建成一个有效的体系。由此，产生了"全面质量管理"的思想。

全面质量管理的理论和方法的提出，深深地影响着世界各国质量管理的发展。第二次世界大战以后，日本从美国引进了科学的质量管理理论和方法，20 世纪 60 年代又学习了美国的全面质量管理，并结合自己的国情，实行了全公司性的质量管理(Company-Wide Quality Control，CWQC)。日本企业的一些做法和在产品质量方面取得的成就，已经引起世界各国的注意。20 世纪 60 年代以来，全面质量管理的概念已经逐步被世界各国所接受，各国在应用过程中有了进一步的完善和丰富。

全面质量管理理论虽然发源于美国，但由于种种原因，在美国并未取得理想的效果，真正取得成效却是在日本等国。20 世纪 80 年代初，在激烈的国际商业竞争中逐渐处于不利地位的美国重新认识到质量管理的重要性，在著名质量管理专家戴明(W.E.Deming)的倡导下，大力推行统计过程控制理论和方法，并取得了显著成效。

20 世纪 80 年代以后，科学技术水平又有了新的发展，人们认识到仅用"全面质量管理"来概括管理学的内容已远远不够，于是又出现了各种概念。例如，美国的"质量经营管理"(Quality Management，QM)，欧洲一些国家提出的"全面质量保证"(Total Quality Assurance，TQA)等。国际标准化组织已将质量经营管理(QM)和全面质量保证(TQA)纳入了 ISO 9000 系列国际标准。

全面质量控制(Total Quality Control，TQC)源于美国，后来一些工业发达国家开始开展全面质量管理活动，并且在实践中各有所长，于是就有各种各样的叫法。例如，日本称为公司范围内的质量管理(CWQC)，欧洲一些国家称为全面质量(Total Quality，TQ)，现在国际标准化组织把它统一称为全面质量管理(Total Quality Management，TQM)。它是质量管理发展的最新阶段。

全面质量管理与传统的质量管理相比较，其特点是：把过去以事后检验为主转变为以预防为主，即从管理结果转变为管理因素；把过去就事论事、分散管理转变为以系统的观点为指导进行全面、综合治理；把以产量、产值为中心转变为以质量为中心，围绕质量开展组织的经营管理活动；由单纯符合标准转变为满足顾客需要，强调不断改进过程质量来达到不断改进产品质量的目的。

三、全面质量管理的基本要求

(一)全员参与的质量管理

全面质量管理要求组织中的全体员工参与，因为产品质量的优劣取决于组织的全体人员对产品质量的认识和与此有密切关系的工作质量的好坏，是企业中各项工作质量的综合反映，这些工作涉及组织的所有部门和人员。因此保证和提高产品质量需要依靠企业全体员工的共同努力。

全面质量管理首先要求以人为主，必须不断提高企业全体成员的素质，对他们进行质量管理教育，强化质量意识，使每个成员都树立"质量第一"的思想，保证和提高产品质量；其次还应广泛发动工人参加质量管理活动，这是生产优质产品的群众基础和有力保证，是全面质量管理的核心，也是全面质量管理之所以有生命力的根本所在。

全面质量管理要求全体职工明确企业的质量方针和目标，完成自己所承担的任务，发挥每个职工的聪明才智，主动积极地工作，实现企业的质量方针与目标。

实行全员参与的质量管理，还要建立群众性的质量管理小组。质量管理小组简称"QC小组"，是组织工人参加质量管理，开展群众性质量管理活动的基本组织形式。

(二)全过程的质量管理

全面质量管理的范围应当是产品质量产生和形成的全过程，即不仅要对生产过程进行质量管理，而且还要对与产品质量有关的各个过程进行质量管理。

产品质量是组织生产经营活动的成果。产品质量状况如何，有一个逐步产生和形成的过程，它是通过生产的全过程一步一步实现的。根据这一规律，全面质量管理要求把产品质量形成全过程的各个环节和有关因素控制起来，让不合格品消灭在质量的形成过程中，做到防检结合、以防为主。产品质量的产生和形成过程大致可以划分为四个过程，即设计过程、制造过程、使用过程和辅助过程。

1. 设计过程

设计过程主要包括市场调查、产品规划、实验研究、产品设计和试制鉴定等环节，它是产品质量产生和形成的起点，产品质量的好坏取决于设计。根据国外质量管理专家的统计分析及国内现状的调查，产品质量问题的 20%～50% 是由于设计不良引起的。如果研制和设计过程工作质量不好，仓促决策，草率投产，就会给制造过程留下许多隐患，可谓"先天不足，后患无穷"。质量管理发展至今，在设计过程中已形成了一系列专门的技术和方法，如系统设计、参数设计和容差设计等。

2. 制造过程

制造过程是产品质量的形成过程，制造过程的质量管理是组织中涉及面最广、工作量最大、参与人数最多的质量管理工作。该阶段质量管理工作的成效对产品符合性质量起着决定性的作用。制造过程的质量管理，其工作重点和活动场所主要在生产车间。因此，产品质量能否得到保证，很大程度上取决于生产车间的生产能力和管理水平。在制造过程的质量管理活动中，不仅要对整个过程的各个环节进行质量检查，而且还要对产品质量进行分析，找出影响产品质量的原因，将不合格品降低到最低限度。

3. 使用过程

使用过程主要包括产品流通和售后服务两个环节。因为产品质量最终体现在用户所感受的"适用性"上，这是对产品质量的真正评价，所以要使产品由生产者手中转移到用户手上，使其能充分发挥性能，就应充分重视产品的销售和售后服务这两个环节。使用过程质量管理的主要工作：一是做好对用户的技术服务工作；二是做好产品的使用效果和使用要求的调查研究；三是做好处理出厂产品的质量问题。只有做好这些工作，才能保证产品充分发挥作用，并且使改进产品的设计和制造有可靠的依据。因此，使用过程的质量管理，既是全面质量管理的归宿点，又是其出发点。

4. 辅助过程

辅助过程既包括物资、工具和工装供应，又包括设备维修和动力保证，还包括生产准备和生产服务。设计过程和制造过程中出现的很多质量问题，都直接或间接地与辅助过程的质量有关。因此，在全面质量管理系统中，辅助过程的质量管理占有相当重要的地位。它既要为设计过程和制造过程实现优质、高产、低消耗创造物质技术条件，又要为使用过程提高服务质量和提供后勤支援。

实行全过程的管理，以防为主。一方面，要把管理工作的重点从管理事后的产品质量转到控制事前的生产过程质量上，在设计和制造过程的管理上下功夫，在生产过程的一切环节上加强质量管理，保证生产过程的质量良好，消除产生不合格品的种种隐患，做到防患于未然；另一方面，要以顾客为中心，逐步建立一个包括从市场调查、设计、制造到销售、使用的全过程的，能够稳定地生产满足顾客需要的合格产品的质量体系。

可见，全过程的质量管理就意味着全面质量管理要"始于识别顾客的需要、终于满足顾客的需要"。

(三)全组织的质量管理

全组织的质量管理可以从以下两个方面来理解。

从全局角度看，组织可以划分为上层管理、中层管理、基层管理，"全组织的质量管理"就是要求组织各个管理层次都有明确的质量管理活动内容。当然，各层次活动的侧重点不同。上层管理侧重质量决策，制订出组织的质量方针、质量目标、质量政策和质量计划，并统一策划；协调各部门、各环节、各类人员的质量管理活动，保证实现组织经营的目标；中层管理则侧重贯彻落实上层管理的质量决策，更好地执行各自的质量职能，并对基层工作进行具体的管理；基层管理要求每个员工要严格地按标准、按规程进行生产，相互间进行分工合作，并结合本职工作，开展合理化建议和质量管理小组活动，不断进行作业改善。

从质量职能角度看，产品质量职能是分散在组织的有关部门中的，要保证和提高产品质量，就必须把分散到各部门的质量职能充分发挥起来。但由于各部门职责和作用不同，其质量管理的内容也是不一样的。为了有效地进行全面质量管理，就必须加强各部门的协调。为了从组织上、制度上保证组织长期稳定地生产出符合规定要求、满足顾客需要的产品，组织应建立和健全质量管理体系，使研制、维持和改进的质量活动构成一个有效的体系。

可见，全组织的质量管理就是要"以质量为中心，领导重视，组织落实，体系完善"。

(四)全社会推动的质量管理

全面质量管理是全社会推动的质量管理。随着社会的进步，生产力水平的提高，整个社会大生产的专业化和协作化水平也在不断地提高。每个产品都凝聚着整个社会的劳动，是社会分工与合作的产物，反映着社会的生产力水平。因而，提高产品质量不仅是某一个组织的问题，还需要全社会的共同努力，以提高全社会质量意识和质量水平，提高和增强产品的全球竞争力。

四、全面质量管理的基础工作

全面质量管理的基础工作是组织建立质量体系，是开展质量管理活动的立足点和依据，也是质量管理活动取得成效、质量管理体系有效运转的前提和保证。全面质量管理基础工作的好坏，决定了组织全面质量管理的水平，也决定了组织能否面向市场长期地提供满足顾客需要的产品。根据国内外的经验，开展全面质量管理，应首先着重做好以下五个方面的工作。

(一)质量教育工作

人是生产力三要素中最活跃、最重要的因素。在产品质量的产生、形成过程中，原材料、机械设备、工具装备和制造工艺都是影响产品质量的主要因素。然而，人是影响产品质量的最重要的因素。工作要靠人来做，产品要靠人来生产，产品质量的好坏最终取决于员工队伍的思想水平、技术水平及各部门的管理水平。全面质量管理是"以质量为中心，以人为本"的管理。因此，开展全面质量管理活动，必须从提高职工的素质抓起，把质量教育作为"第一道工序"。只有通过质量教育工作，不断提高全体员工的质量意识，掌握和运用质量管理的理论、方法和技术，自觉提高业务水平、操作技术水平和管理能力，不断改进和提高工作质量，才能生产出令顾客满意的产品。

质量管理的教育工作主要包括两个方面：一方面是全面质量管理基本思想、基本原理的宣传和教育；另一方面是职工的技术业务的培训和教育。全面质量管理要求组织的每个成员都参与，这就要求全体员工都要树立质量意识，了解质量管理的基本思想、基本原理和基本方法。广大员工是产品质量的实现者，这就要求他们除了具备良好的质量意识之外，还应有过硬的本领。由于科学技术的迅猛发展，组织的设备、工艺、操作方法都在不断变化着，每个人都面临着知识的老化问题，这就非常有必要不断地学习新的知识、新的技术，以跟上时代的步伐。质量教育工作要贯穿质量经营的始终。

当然，质量教育工作不能搞"一刀切"，应根据不同岗位、不同层次，有侧重点地进行教育和培训。例如，组织的决策者，应着重学习管理的原理、决策的理论和方法，而操作工人则应着重练好操作技能。

(二)标准化工作

标准是对重复性事物和概念所做的统一规定，以科学、技术和实践经验的综合为基础，经过有关方面协商一致，由主管机构批准，以特定形式发布，作为共同遵守的准则和依据。标准是衡量产品质量和各项工作质量的尺度，也是组织进行生产加工和经营管理工作的依据。

标准包括技术标准和管理标准两类。技术标准是对技术活动中需要统一协调的事物制定的技术准则，是根据不同时期的科学水平和实践经验，针对具有普遍性和重复出现的技术问题提出的最佳解决方案，并经过一定程序批准的，在一定范围内共同遵守的技术规定。其对象既可以是物质的(如产品、材料、工具)，也可以是非物质的(如程序、方法、符号、图形)。

管理标准是为合理组织、利用和发展生产力，正确处理生产、交换、分配和消费中的相互关系，以及行政和经济管理机构为行使其计划、监督、指挥、协调、控制等管理职能而制定的准则。管理标准是组织和管理生产经营活动的依据和手段，是管理现代化的产物，是随着管理的科学化而不断发展起来的，其中更多的是各种规章制度、工作程序、工作规范、操作规程等。

标准化是在经济、技术、科学和管理等社会实践中，对重复性事物和概念，通过制定、发布和实施标准达到统一，以获得最佳秩序和社会效益的活动。标准化工作为组织的生产经营活动建立了一定的程序，使组织各部门相互提供的条件符合各自的要求，使各个生产环节的活动协调一致，使组织的各种经济活动遵循共同的准则，使复杂的管理工作系统化、规范化、简单化，从而保证组织生产经营活动能够高效、准确、连续不断地进行。标准化工作是组织提高产品质量和发展品种的重要手段，也为组织实现各项管理职能提供了共同遵守的准则和依据。

随着科学技术的进步和生产力的发展，标准化的对象与范围日趋广泛，几乎涉及各个方面，其中大都与质量有关。目前，国际标准化组织所颁布的国际标准中，有半数以上同产品质量直接有关。组织开展标准化工作，同时，应当着重解决以下三个问题：一是必须以"顾客第一"的思想为指导，二是必须坚持系统化的原则，三是标准化工作必须符合权威性、科学性、群众性、连贯性和明确性等具体要求。

(三)计量工作

计量工作包括精密测量、理化试验和技术鉴定等工作，它是保证产品质量特性的数据统一、技术标准的贯彻执行、零部件的互换和生产优质产品的重要手段。因此，计量工作是全面质量管理的一个重要环节。计量工作的重要任务是统一计量单位制度，组织量值正确传递，保证量值统一。由于计量工作对工业生产技术的发展及产品质量有直接影响，因此，为了做好这项工作，必须对外购、使用、修理及本企业生产的监视和测量装置，实行严格管理，以充分发挥它们在质量管理中的作用。

搞好计量工作的主要要求是：需用的量具及试验、分析仪器必须配备齐全，完整无缺；保证量具及试验、分析仪器的质量稳定，示值准确一致，修复及时；根据不同情况，选择正确的测试计量方法；对量具和精密仪表进行定期维修；禁止不合格量具和测量仪表投入使用；选择正确的测试计量方法；进行检测技术和测量手段的革新和改造。

搞好计量工作必须抓好以下几个主要环节。

(1) 监视和测量装置的正确、合理使用。

(2) 监视和测量装置的检定。

(3) 监视和测量装置的及时修理和报废。

(4) 监视和测量装置的妥善保管。

(5) 改革监视和测量装置与计量方法，实现检验测试手段现代化。

为了做好计量工作，充分发挥它在工业生产和质量管理中的作用，组织必须设置专门的计量管理机构和理化试验室，负责组织全企业的计量和理化试验工作。

(四)质量信息工作

质量信息，指的是反映产品质量和产、供、销各环节工作质量的原始记录、基本数据及产品使用过程中反映出来的各种信息资料。

搞好质量管理工作，掌握产品质量运动的发展规律，必须深入实践，认真调查研究，掌握大量的、齐全的、准确的信息资料。质量信息的准确性、完整性和及时性，将严重影响决策的质量。质量信息能及时地反映、影响产品质量的发展动向，从而为保证和提高产品质量提供依据。质量信息是质量管理不可缺少的重要依据，是改进产品质量、组织内外两个反馈、改善各环节工作质量最直接的原始资料。质量信息工作是正确认识影响产品质量诸因素变化和产品质量波动的内在联系，是掌握产品质量规律性的基本手段，是使用电子计算机进行质量管理的基础，是加强质量管理不可缺少的一项基础工作。

质量信息大致可以划分为两大类，一类是长远的和方向性的市场动态信息，它主要供组织领导者和有关人员作战略决策用。根据这些信息，组织做出类似于发展什么产品、淘汰什么产品的方针性决策。另一类是组织内部生产过程中的质量动态信息，它主要供各部门的有关人员进行日常管理时作战术性决策使用。

质量信息的主要来源有以下几个方面。

(1) 国内外科学技术动态。

(2) 国内外同类产品的动态。

(3) 国内外相关市场的供求变化。

(4) 产品在使用过程中反映出来的有关信息。

(5) 产品在设计和制造过程中的有关信息。

为了充分发挥质量信息的作用，必须力求做到准确、及时、全面、系统，还必须做好搜集、整理、分析、处理、传递、汇总、储存、建档等工作，实行严格的科学管理，以便于使用。为此，组织必须建立质量信息反馈系统和质量信息中心，加强质量信息的管理工作。

(五)质量责任制

建立质量责任制是组织开展全面质量管理的一项基础性工作，也是组织建立质量管理体系中不可缺少的内容。组织中的每一个部门、每一位员工都应明确规定他们的具体任务，应承担的责任和权利范围，做好事事有人管，人人有专责，办事有标准，考核有依据。把与质量有关的各项工作同广大职工的积极性和责任心结合起来，形成一个严密的质量管理工作系统，一旦发现产品质量问题，可以迅速进行质量跟踪，查清质量责任，总结经验教训，更好地保证和提高产品质量。在组织内部形成一个严密有效的全面质量管理工作体系。

为了使质量责任制落实到实处，组织必须按责、权、利三者统一的原则，制定各部门、各级、各类人员的质量责任制，让规定的任务与责任尽可能数量化，并实行质量奖惩制度。

实践证明，只有实行严格的质量责任制，才能建立正常的生产技术工作秩序，才能加强对设备、工装、原材料和技术工作的管理，才能统一工艺操作，才能从各个方面保证产品质量的提高；实行严格的质量责任制，不仅可以提高与产品质量直接联系的各项工作质量，而且可以提高各项专业管理工作的质量，把隐患消除在萌芽之中，杜绝产品质量缺陷的产生；实行严格的质量责任制，可使岗位工人明确自己该做什么、怎么做、做好的标准是什么，所有这些都为提高产品质量提供了基本保证。

案例 1　质量管理关乎每个人的生活

前几年在网上有一则被人们广泛关注的"皮革奶"事件，事件因发现浙江金华一家企业在含乳饮料中添加皮革水解蛋白的违法行为而开始，在经受"三鹿问题奶粉"事件之后又一次刺激了人们关于中国奶粉问题敏感的神经。

民以食为天，食以安为先。从吃得饱，到吃得好，人们对饮食的要求越来越高。这些年，尽管国家对食品安全前所未有的重视，对一些违法企业的处理也前所未有的严厉，公众关注度高的食品安全公共事件有所减少，但群众对食品安全的担心似乎并没有减少，焦虑反而有所增加，这些担心和焦虑，不能说是杞人忧天。

近年来，一些小企业、小作坊、小饭馆频频出现食品安全问题。苏丹红染红的鸭蛋、用硫黄熏的馒头、加石蜡的火锅底料、回收的地沟油等歪招劣行不胜枚举。在个别地方，甚至成为一种陋习和"行规"。虽然每次发现时，监管部门都进行大检查、严处理，但由于他们经营方式分散，常常打一枪换一个地方，避过风头后又东山再起，这让消费者感觉到风险几乎无处不在，防不胜防。更有甚者，一些知名品牌、大企业也在食品安全上频出问题，这对消费者的信心不能不说是沉重的打击。想要缓解公众对食品安全的焦虑，我国对监管手段提出了更高要求，也要求企业在产品质量的管理上更加重视，要把产品的质量管理放在企业稳定持续经营的重中之重，不容忽视，一旦有企业忽视产品的质量管理，那么这个企业最终必将走向万劫不复的深渊。

那么，什么是质量管理？怎样进行企业的质量管理呢？

质量管理是指为了实现质量目标而进行的所有管理性质的活动。在质量方面的指挥和控制活动，通常包括制定质量方针和质量目标及质量策划、质量控制。20世纪50年代以来，随着生产力的迅速发展和科学技术的日新月异，人们对产品的质量从注重产品的一般性能发展为注重产品的耐用性、可靠性、安全性、维修性和经济性等。在生产技术和企业管理中要求运用系统的观点来研究质量问题。在管理理论上也有了新的发展，突出重视人的因素，除强调依靠企业全体人员的努力来保证质量以外，还有"保护消费者利益"运动的兴起，企业之间市场竞争越来越激烈。在这种情况下，美国的费根鲍姆于20世纪60年代初提出全面质量管理的概念。他提出，全面质量管理是"为了能够在最经济的水平上、考虑到充分满足顾客要求的条件下进行生产和提供服务，并把企业各部门在研制质量、维持质量和提高质量方面的活动构成一体的一种有效体系"。

下面就以2008年的"三鹿问题奶粉"事件为案例，分析三鹿集团在质量管理方面的失误及反思。

案例阐述：

2008年9月初，不断有媒体报道婴幼儿患肾结石的病例且多数食用过三鹿的奶粉，三鹿集团被怀疑与婴幼儿患结石有关。经过调查，2008年9月11日晚，三鹿集团声明其2008年8月6日前出厂的婴幼儿奶粉受到污染，市场上大约有700吨，并决定召回受污染的奶粉。这是三鹿集团首次公开承认自己的奶粉有问题，"三鹿问题奶粉"事件由此开端。2008年9月16日，22家婴幼儿奶粉厂家69个批次的产品被检出三聚氰胺，伊利、蒙牛、光明等榜上有名，至2008年9月19日9时，全国下架退市的问题奶粉已达3 215.1吨。至此，"三鹿问题奶粉"事件波及整个乳制品行业。

"三鹿问题奶粉"事件共造成全国29.4万余名患儿致病，至少有6 643名重患婴幼儿，3名婴幼儿因此死亡。三鹿集团也因此破产，问题奶粉所造成的经济损失巨大，行业遭受的经济损失和信誉损失难以估量，损害赔偿数额巨大，重患婴幼儿的后遗症问题仍难以确定。受"三鹿问题奶粉"事件影响，我国2008年10月乳制品出口量锐减九成多，其中奶粉更是成为乳制品中出口下降幅度最大的品种，10月出口同比下降99.2%。

企业质量管理问题分析：

首先，近年来我国乳制品行业扩张过快导致企业奶源短缺与质量过低是这次事件爆发的根源。2007年全国奶类总产量3 633.4万吨，是2000年的4倍之多，年均增长21.7%。一方面是乳制品行业的快速扩张，另一方面是整个行业的产能严重过剩，一些省份产能过剩40%～50%都很普遍。而这两方面的原因必然导致企业奶源短缺、质量过低。在2007—2008年奶源出现短缺时，企业为了保证生产而降低了对原料乳的质量要求，使得不法分子有机可乘，认为加入三聚氰胺，一来可以通过检验，二来可以虚增奶量。行业过度扩张和恶性竞争，没有控制好奶源质量，最终使得三聚氰胺有机可乘，引发了乳制品行业食品安全事故。

其次，三鹿集团针对已经出现的问题采取轻视、回避甚至掩饰的态度使事态进一步发展，以致造成更大范围的伤害。早在2007年12月，三鹿集团就收到消费者的投诉，反映有部分婴幼儿食用其生产的婴幼儿系列奶粉后尿液中出现红色沉淀物等症状。2008 年 3 月又接到消费者的相关投诉，到 4 月底投诉仍在不断增加。但是在这种情况下，三鹿集团并不认为是自身奶粉质量的问题，而认为案发地是不是结石病高发地、是不是婴儿上火等原因，对事件抱着轻视和侥幸的心理。直到 2008 年 5 月 17 日才成立质量问题排查小组，之后发现其婴幼儿系列奶粉中非乳蛋白态氮含量是国内外同类产品的 1.5～6 倍。正是因为三鹿集团严重缺乏产品质量安全意识，对产品质量和消费安全极不负责任，才使得其产品在已经出现问题时得不到应有的重视和及时的处理，使"问题奶粉"继续销售并导致巨大的伤害。

最后，企业各环节质量管理存在严重不足，负责检验产品质量的人员没有按照规定认真检查各项指标。三鹿集团原料乳的收购环节质量管理松懈。三鹿集团有专门的技术人员和管理人员负责原料乳的质量把控，但正是由于三鹿集团在企业扩张与奶源短缺的情况下放松了对奶源基地质量管理、降低了质量要求，才使得奶源基地、奶站人员及奶贩子有机会在原料乳中掺入三聚氰胺以获得利益，最终导致非乳蛋白态氮含量超标，引发事故。三鹿集团在产品质量的检验上，过于依赖产成品的质量检验，忽视了全过程的质量管理。在事故出现前，三鹿集团没有真正对自己的产品进行过从源头到生产到出厂的全过程检查，而是按照以前的标准对产成品进行出厂质量检验，从而做出了"产品合格"的错误检验结论，让"问题奶粉"在市场上大量销售。集团内部原料乳收购、生产加工及检验等部门缺乏有效地交流与合作。在问题出现之后，三鹿集团组织了检查小组对产品进行检查，但是只对一些可能导致尿液结晶的危害元素进行了检验排查，由于检验的方向不对，所以检验结果为合格。但是，如果原料乳收购和生产加工人员能够及时、有效地同检验人员交流，说明在生产加工过程中出现的异常情况，或许有助于检查人员准确检验出问题所在，从而为整个事件的正确处理争取时间，以减少危害。

通过以上案例的分析，我们应该重视到企业产品质量的管理工作，因为做好了产品质量的管理才是保证企业持续稳定发展的前提，只有这样企业才有可能实现盈利；对于社会来说，企业注重产品质量管理工作是企业的社会责任，这样也会赢得消费者的喜爱，从而有助于企业树立良好的企业形象，有助于企业发展壮大。对于控制产品质量管理的关键部门和人员，要严格按照公司的规章制度要求，以严谨负责的态度进行严格把关，保证公司的质量管理政策很好地落实。

(资料来源：质量管理案例与故事[EB/OL].(2016-11-26)[2017-01-17].http://wenku.baidu.com.)

案例 2　构建内部审计全面质量管理体系初探

1. 树立科学的全面质量管理目标

中国内部审计协会颁布的《内部审计准则第 19 号内部审计质量控制》中提出了内部审计质量控制的三个目标，即审计活动遵循内部审计准则和本机构审计工作手册的要求；审计活动的效率及效果达到既定要求；审计活动能够促进组织目标的实现，增加组织的价值。国际内部审计师协会(IIA)制定的《国际内部审计专业实务标准》(以下简称《标准》)属性标准中关于内部审计质量评价与改进程序的目标为：有助于内部审计活动增加价值改善组织的经营状况，并确保内部审计活动的开展遵循《标准》和《职业道德规范》。由此可见，无论国内的准则还是国际的标准，对于内部审计质量管理的目标都是围绕国际内部审计师协会对于内部审计的定义展开的，即增加价值改善组织的运营。

开展内部审计全面质量管理，其目标在以上基础上还应融合全面质量管理的目的。全面质量管理的目的在于通过让顾客满意和本组织所有成员及社会受益而达到长期成功。企业内部审计工作无论是在董事会或其下的审计委员会，还是在高级管理层或监事会领导下，其报告的对象都可以视为内部审计工作的顾客。因此，内部审计全面质量管理的目标可以确定为通过让公司董事会或高层管理者满意和被审计单位受益而增加企业价值。

2. 优化全面质量管理环境

企业内部审计环境对于内部审计质量有着重要影响。建立内部审计全面质量管理体系需要优化内部审计环境。其中最主要的是要优化内部审计的内环境，这主要包括两个方面的内容，一是提高企业对于内部审计工作的认识，扭转观念上的偏差，重新审视内部审计工作的重要性。长久以来，我国很多企业管理层没有认识到内部审计的作用，对内部审计工作的支持有限，这种认识极大地影响了内部审计质量，制约了内部审计的进一步发展。因此，内审人员应该通过自身的积极努力，为管理层了解并重视内部审计危机营造积极的审计内环境。首先，内部审计主管要多和管理层沟通，使管理层理解内部审计工作。其次，内部审计工作要围绕企业的中心工作和关键领域开展，要着重关注管理层关心的问题。内审人员要学会从管理者的角度分析看待问题，真正帮助管理层排忧解难，做好参谋助手，通过高质量的审计工作获得管理层的认可和支持。高层管理者重视内部审计后就会注重内审机构的建设和内部审计人员的配备，重视内部审计业务的开展和审计结果的运用，相应地，对内部审计质量的要求就会越高，进而成为提高内审质量的内在动力。二是要优化内部审计机构人际氛围，培养良好的内部审计机构文化。内部审计机构文化体现在内部审计人员之间及内部审计人员与被审计单位之间。合作共事的人际关系氛围主要由内部审计人员自身思想观念、心理素质、业务技能、沟通技巧所决定，同时也受企业文化的影响。内部审计全面质量管理体系要求内部审计机构努力构建客观公正、讲究原则、协调合作、服务发展的组织文化。

3. 明确全面质量管理的主体和客体

由于全面质量管理是全面的、全员的、全过程的质量管理过程，因此内部审计全面质量管理体系的主体不是内审机构中的质量控制部门，也不是内审质量控制人员，而应该是内部审计全体人员。要树立内部审计质量管理人人有责的观念，对全体内部审计人员授予质量管理权限，充分发挥员工参与质量管理的积极性和创造性。内部审计全面质量管理主体的控制层次依次为内部审计人员、内部审计项目负责人、内部审计业务部门负责人、内部审计机构负责人、企业董事会或审计委员会，同时企业内部审计全面质量管理还应当受内部审计行业协会和国家审计机关的指导和监督。

内部审计全面质量管理的客体应当体现全面质量管理的全面性和全过程性，因此内部审计全面质量管理的客体应当是内部审计工作的全部内容和所有环节。

（资料来源：白冬明.构建内部审计全面质量管理体系初探[J].经济师，2014.）

模拟试卷 1

一、名词解释(20分，每题4分)

(1) 质量
(2) 质量管理
(3) 质量特性
(4) 全面质量管理
(5) 质量职能

二、填空题(16分，每空2分)

(1) 消费者的需求是多方面的，可以概括为_____和_____两个方面。

(2) 名牌产品的本质特征是_____，而永不自满、_____则是名牌企业旺盛生命力的源泉。

(3) 所谓的质量"三部曲"是指_____、_____和_____。

(4) _____的含义是一组固有特性满足要求的程度。

三、单项选择题(12分，每题3分)

(1) 质量"三部曲"是_____提出的。
   A. 费根鲍姆   B. 朱兰   C. 戴明   D. 休哈特

(2) 直接反映顾客对产品希望和要求的质量特性称为_____。
   A. 真正质量特性   B. 代用质量特性
   C. 假定质量特性   D. 平均质量特性

(3) 为了营造声势，推行全面质量管理活动，日本每年的_____月份被定为质量月。
   A. 1   B. 5   C. 11   D. 10

(4) 日本在质量管理和培训的方式上，集中教育不足总体教育的_____。
   A. 1/5   B. 1/4   C. 1/3   D. 1/2

四、多项选择题(12分，每题4分)

(1) 一般说来，产品质量取决于_____方面的质量。
   A. 市场调研质量   B. 设计质量   C. 制造质量
   D. 统计质量   E. 售后服务质量

(2) 能够正确反映我国质量状况不足方面的因素有_____。
   A. 假冒伪劣屡禁不止   B. 质量管理发展不均衡
   C. 优难胜、劣不汰现象比较突出 D. 监督乏力，有效手段不足

(3) 全面质量管理的基本要求是_____。
   A. 全员参加的质量管理   B. 全过程的质量管理
   C. 全组织的质量管理   D. 全社会推动的质量管理
   E. 全方位的质量管理

五、判断题(8分，每题2分)

(1) 质量是一个不变的概念，它不会随着时间、地点、使用对象的不同而改变。（   ）

(2) 用户对产品的使用要求的满足程度，就是要求产品的技术特性越高越好。（   ）

(3) 朱兰质量螺旋也可以称为质量环。（   ）

(4) 我们确定产品质量水平时，应当提倡"质量越高越好"。（   ）

六、简答题(16分，每题8分)

(1) 开展全面质量管理的基础工作有哪些？

(2) 提高产品质量的意义有哪些？

七、论述题(16分)

试述质量管理的含义？如何运用质量环和质量管理"三部曲"原理？

第二章　质量管理理念与基本模式

通过对本章的学习，要求了解和掌握以下内容。

● 质量管理大师的理念。
● 质量管理的基本模式。
● 六西格玛管理。

第一节　质量管理大师的理念

一、戴明及其质量管理理念

戴明博士是世界著名的质量管理专家，他因对世界质量管理发展做出的卓越贡献而享誉全球。以戴明命名的"戴明品质奖"至今仍是日本品质管理的最高荣誉。作为质量管理的先驱者，戴明学说对国际质量管理理论和方法始终产生着异常重要的影响。他认为，"质量是一种以最经济的手段，制造出市场上最有用的产品。一旦改进了产品质量，生产率就会自动提高"。同当今许多质量管理法不同的是，戴明不仅是在科学的层面来改进生产程序。他认为，质量管理中，98%的挑战在于发掘公司上下的知识诀窍。他推崇团队精神、跨部门合作、严格的培训及同供应商的紧密合作。

戴明学说的主要观点——质量管理"十四要点"(或称"领导职责的十四条""戴明博士质量管理十四法")，成为 20 世纪全面质量管理(TQM)的重要理论基础。质量管理"十四要点"的内容如下。

(1) 要有一个改善产品和服务的长期目标，而不是只顾眼前利益的短期观点。为此，要投入和挖掘各种资源。

最高管理层必须把改进产品和服务作为恒久的目的，在所有领域加以改革和创新，使企业具有竞争力，确保企业的生存和发展并提供就业机会。

(2) 要有一个新的管理思想，不允许出现交货延迟或差错和有缺陷的产品。

应采纳新的理念，绝对不容忍粗劣的原料、不良的操作，杜绝有瑕疵的产品和松散的服务的出现或重复出现。

(3) 要有一个从一开始就把质量融入产品的办法，而不要依靠检验去保证产品质量。

应持续改良生产过程，通过"首次做对"的方式提高质量，停止依靠大批量的检验来达到质量标准。

(4) 要有一个最小成本的全面考虑。在原材料、标准件和零部件的采购上不要只以价格高低来决定对象。

应废除"价低者得"的做法，要着眼于总成本最低，立足于长期的忠诚和信任，与供应商建立长远的关系，并减少供应商的数目。采购部门必须采用统计工具来判断供应商及其产品的质量。

（5）要有一个识别体系和非体系原因的措施。85%的质量问题和浪费现象是由于体系的原因，15%的是由于岗位上的原因。

应通过持续改进生产及服务系统提高质量和生产率，注重在采购、运输、工程、方法、维修、销售、分销、会计、人事、顾客服务及生产制造的每一环节降低浪费和提高质量。

（6）要有一个更全面、更有效的岗位培训，不仅培训现场操作者怎样干，还要告诉他们为什么要这样干。

培训必须建立在可接受的工作标准上，采用适宜的培训方法，同时应使用统计方法衡量培训工作是否奏效。

（7）要有一个新的领导方式，不只是管，更重要的是帮，领导自己也要有新风格。

领导的目标应该是帮助员工工作得更好，同时应建立现代督导方式加强对管理层和员工的监督，要让他们知道需要改善的地方，且必须采取改善行动。

（8）要在组织内有一个新风气，消除员工不敢提问题、提建议的恐惧心理。

应创造和谐氛围，驱走员工的恐惧心理，所有员工均可提出问题，表达意见，使员工都能为企业有效地工作。

（9）要在部门间有一个协作的态度，帮助从事研制、开发、销售的人员多了解制造部门的问题。

应打破部门之间的壁垒，研发、设计、销售和生产部门需要以团队的方式工作，提前发现产品在生产和使用中存在的问题，以改善产品设计、服务、质量及降低成本。

（10）要有一个激励、教导员工提高质量和劳动生产率的好办法，不能只对他们喊口号、下指标。

应取消要求员工零缺陷、新的生产率水平的口号、告诫及目标，改变领导方法，取消数量目标管理方式，倡导员工永不间歇地改进。

（11）要有一个随时检查工时定额和工作标准有效性的程序，并且要看它们是真正帮助员工干好工作，还是妨碍员工提高劳动生产率。

应取消数量化工作定额和计件工作制，消除妨碍员工工作不畅顺和导致员工失去工作尊严的因素，以品质优良为标准评定员工的工作业绩，使员工都能感到他们的技艺和本领受到尊重。

（12）要把管理人员的责任从单纯的关注数量向关注质量转变。

应废除年度或绩效评定和目标管理，敦促管理人员将重心转移到严把质量关，产出更多品质优良的产品，使管理人员也会为自己的工作感到骄傲。

（13）要有有效的教育培训计划，以使员工能够跟上原材料、产品设计、加工工艺和机器设备的变化。

由于质量和生产力的改善会导致部分工作岗位数目的改变，因此应建立严谨的教育及培训计划，所有员工都要不断接受训练及再培训，且训练及再培训都应包括基本统计技巧的运用。

（14）要在领导层内建立一种结构，推动全体员工都来参加经营管理的改革。

应构建有利于推动全员参与经营管理的结构，推行相关的政策，促使员工以实现企业的进步为职责，从而不懈地努力工作。

戴明博士最早提出了 PDCA 循环的概念，因此又称其为戴明环。PDCA 循环是能使任何一项活动有效进行的工作程序，特别是在质量管理中得到了广泛的应用，对全面质量管理的发展有着十分重要的意义。

二、朱兰及其质量管理理念

朱兰博士是世界著名的质量管理专家，他所倡导的质量管理理念和方法始终影响着世界及世界质量管理的发展。他提出的"质量计划、质量控制和质量改进"被称为"朱兰三部曲"。他最早把帕累特原理引入质量管理，《管理突破》及《质量计划》是其经典之著。由朱兰博士主编的《质量控制手册》被称为当今世界质量控制科学名著，为奠定全面质量(TQM)的理论基础和基本方法做出了卓越的贡献。

朱兰理论的核心是：管理就是不断改进工作。朱兰传授的质量改进法是通过逐个项目，以有针对性地解决问题和团队合作的方式进行的，是高层管理所必备的。他坚信质量不是偶然产生的，其产生必定是有策划的，并断言质量改进是用逐个项目的方法进行的。朱兰的《质量策划》是质量管理三部曲中的第一部，对质量策划的构成及方法提出了明确的向导。朱兰的《质量控制》是质量管理三部曲中的第二部，提出用已确定的质量目标比较实际绩效，并采取措施弥合实际绩效和设定目标之间的差距，其目的是评估质量效用。朱兰的《质量改进》是质量管理三部曲中的第三部，将质量改进作为持续发展的过程，这一过程包括建立形成质量改进循环的必要组织程序和基础设施，建议使用团队合作和逐个项目运作的方式来努力保持持续改进和突破改进两种形式。

朱兰认为，质量计划是为建立有能力满足质量标准化的工作程序，质量计划是必要的。质量控制是为了掌握何时采取必要措施纠正质量问题。质量改进有助于发现更好的管理工作方式。"质量是一种适用性，而所谓适用性，是指使产品在使用期间能满足使用者的需求。""事实证明，TQM 带给企业一个强烈的呼声，一个新的工作动力，一种新的管理方法。为此，我们对 TQM 必须全力以赴，再接再厉。因为 TQM 给我们的企业经营提供了一种新的管理方法和体系。"

"突破历程"是朱兰综合了他的基本学说后提出来的。以下几个方面是此历程相应的一些关键环节。

(一)突破的取态

管理层必须先明确突破的迫切性，然后再创造有利于实现突破的环境。因此，必须首先搜集资料来证明问题的严重性，而其中最具说服力的资料唯有质量成本。

为了可以获取丰富的资源来推进改革，必须将预期的效果用货币形式表示出来，并以投资回报率的形式展现出来。

(二)抓关键的少数项目

在众多的问题当中，要善于找出关键性的少数。通过 80/20 分析，并强调关键的少数，然后集中精力优先处理。

(三)寻求知识上的突破

可以让两个不同的组织去领导和参与变革——它们可以分别被称作"策划委员会"和"诊断小组"。策划委员会主要由来自不同部门的高层管理人员组成，由他们亲自负责制订变革计划，指出问题存在的原因，并授权作试点改革、协助克服抗拒的阻力，以及贯彻执行解决方案。诊断小组可以由质量管理的专业人员及其部门经理组成，全面负责查找、分析问题。

(四)进行综合分析

诊断小组研究问题时首先要提出假设，然后再通过试验来找出真正的原因。此外，它还有一个重要任务，即决定不良产品的出现是操作人员的责任还是管理人员的责任。如果是操作人员的责任，则必须同时满足三个基本条件：操作人员清楚他们应该做什么；要有足够的数据可以说明他们所做的贡献；要有能力发现他的不良的工作表现。

(五)决策怎样克服变革的抗拒

变革中的关键任务首先是要明确变革对他们的必要性。仅凭逻辑性的论据是绝对不行的，必须让他们参与到制定决策及变革内容的工作中来。

(六)推进变革

所有参与变革的部门必须密切合作，每一个部门都要清楚问题的严重性、不同的解决方案、预期的效果、变革所需成本，以及评估变革给员工带来的冲击及影响。管理者必须对这些因素进行全面的分析和考虑，并给员工提供适当的培训。

(七)建立监督体制

在变革过程中，必须有适当的监督系统定期反映进度及有关的突发情况。适当地跟进工作在此显得非常重要，因为它能够监测整个实施过程和及时解决突发问题。

三、休哈特及其质量管理理念

休哈特是一位美国的统计学家，也是一位管理咨询顾问。他是现代质量管理的奠基者，被人们尊称为"现代质量控制之父"。

休哈特重要的著作是《产品生产的质量经济控制》，全面地阐述了质量控制的基本原理，是一部具有里程碑意义的著作，被公认为质量管理基本原理的起源，为现代意义上的质量管理奠定了坚实的理论基础，对质量管理做出了重大贡献。休哈特宣称"变异"存在于生产过程的每个方面，可以通过使用简单的统计工具(如抽样和概率分析)来了解变异。他首次提出了使用"控制图"的建议。他关于抽样和控制图的著作吸引了质量问题领域工作人士的兴趣并对这些人产生了影响。休哈特的计划—执行—检查—行动循环的观点被戴明等人广泛应用，用于进行质量改进项目的管理。

四、费根鲍姆及其质量管理理念

费根鲍姆是全面质量控制的创始人。他主张用系统或者全面的方法管理质量，在质量过程中要求所有职能部门参与，而不局限于生产部门。这一观点要求在产品形成的早期就建立质量控制体系，而不是在既成事实后再做质量的检验和控制工作。他努力摒弃当时最受关注的质量控制的技术方法，而将质量控制作为一种管理方法。他强调管理的观点并认为人际关系是质量控制活动的基本问题，一些特殊的方法(如统计和预防维护)，只能被视为全面质量控制程序的一部分。

五、石川馨及其质量管理理念

石川馨是日本著名的质量管理专家、东京大学教授，后任日本武藏工业大学校长。从1947年开始的40余年中，石川馨一直从事着质量管理的研究、教育和推广工作，为日本的质量管理事业做出了巨大的贡献。

石川馨注重企业实践，主张质量管理的工具和手段运用要通俗易懂，为广大的企业员工所接受。他开发的因果图在欧美被称为石川图。他对于日本QC(Quality Control)小组活动的开展起到了巨大的推动作用。他将日本式质量管理概括为"公司范围的质量管理"，突出了日本式质量管理的特征。由于在质量管理教育、普及和统计方法的开发和应用方面所做出的贡献，石川馨一生中获得了多项荣誉，在国际质量管理界享有很高的声誉。

第二节　质量管理基本模式

一、卓越绩效模式

卓越绩效模式既由国际上三大质量奖(日本戴明奖、美国马尔科姆·波多里奇国家质量奖和欧洲质量奖)的评价标准所体现的一套综合的、系统化的管理模式，是对全面质量管理的标准化，是全面质量管理的实施细则。目前，实施卓越绩效模式已成为又一波管理热潮。这一热潮表现在两个方面：一是世界各国或各地区的政府借助质量奖的形式来推动本国、本地区企业竞争力的提升；二是各国或各地区的企业借助于质量奖的标准(即卓越绩效标准)来进行自我评价、自我改进。

为贯彻落实《中华人民共和国产品质量法》，激励和引导我国企业追求卓越的质量经营，增强组织综合竞争能力，更好地适应经济全球化的发展趋势，更好地服务用户、服务社会，提升整体管理水平，进而提高经济社会发展质量，中国质量协会于2001年参照美国波多里奇国家质量奖建立了"全国质量管理奖"，2006年起更名为"全国质量奖"。2010年初，经党中央、国务院同意，全国质量奖继续由中国质量协会负责承办，自2012年起，全国质量奖中设置"卓越项目奖"，以表彰运用卓越绩效模式在质量管理、技术创新等方面取得突出成效的重点工程和项目。

为推进质量发展，建设质量强国，经中央批准，2012年设立中国质量奖，2013年开始实施，从国家层面大力推动卓越绩效模式在我国企业中的贯彻实施。中国质量奖是政府奖励，是国家在质量领域的最高荣誉。中国质量奖的评选表彰工作由国家质检总局负责组织实施，项目周期为两年，下设质量奖和提名奖。

(一)日本戴明质量奖

1951 年，为纪念戴明对日本的友谊和贡献，日本科学技术联盟(JUSE)提议设立了戴明质量奖，以推动日本工业质量控制和质量管理活动的发展，是日本质量管理的最高奖，获得戴明质量奖是一种荣誉，更代表一流的竞争力，已成为企业追求卓越愿景的战略目标。戴明质量奖有以下三类。

(1) 戴明奖。颁发给在质量管理方法研究、统计质量控制方法和传播全面质量管理实践方面做出突出贡献的个人。

(2) 戴明应用奖。授予质量管理活动突出，在规定的年限内通过运用全面质量管理方法，获得与众不同的改进效果和卓越业绩的企业。戴明应用奖还授予国外的企业。

(3) 质量控制奖。授予企业中的一个部门，这个部门通过使用全面质量管理方法，在规定的年限内获得与众不同的卓越改进效果。

戴明质量奖推进了企业的标准化活动。企业通过申请戴明质量奖，按照质量奖的评价标准和要求，建立和完善了综合管理体系，不断完善质量控制方法，推进标准化活动，提升了管理和质量改进意识，提高了全员参与全面质量管理和质量改进的积极性，提高了产品质量、劳动生产率和企业的凝聚力，使质量改进和标准化活动成为企业的自觉行动。获得戴明质量奖成为一种挑战，获奖意味着在采用有价值的质量控制方法上获得成功。

戴明质量奖给日本企业的全面质量管理带来极大的直接或间接影响。日本企业以申请戴明质量奖作为动力和桥梁，把全面质量管理纳入企业经营战略中，形成了日本企业的竞争力，引导和促进了企业的可持续发展。

(二)美国马尔科姆·波多里奇国家质量奖

20 世纪 80 年代，美国工商业界对于质量活动呈现出了与日俱增的兴趣。很多人都主张，建立一个类似于日本戴明奖的国家质量奖将有助于促进美国公司的质量活动。这最终促成了马尔科姆·波多里奇国家质量奖于 1987 年诞生。

设立马尔科姆·波多里奇国家质量奖具有以下四个方面的目的。

(1) 促进美国公司为荣誉而改进质量和生产率，同时增加利润、获得竞争优势。

(2) 表彰那些改进了其产品和服务质量的公司的成就，并为其他公司提供榜样。

(3) 建立指南准则，以使企业、行业、政府及其他组织可以用来评估各自的质量改进活动的成效。

(4) 通过提供得奖组织是如何变革其文化并实现了卓越的相信信息，为其他希望实现高质量的组织提供具体的指导。

创立马尔科姆·波多里奇国家质量奖的第一步是建立一套评价准则，这套准则被称为"卓越绩效标准"，在设计这套准则时遵循了如下策略：使之成为一套全国性的质量价值体系；为诊断和信息交流提供一个基础；为跨组织的合作提供一种载体；提供一套动态的奖励制度，并使之不断得到进化和改进。这一策略得到了细致的遵循，评奖准则每年都会有所改变和改进。

卓越绩效标准是决定获奖者和申请者提供反馈的基础，此外它还有助于提高质量绩效标准和期望水平；在对于关键的质量要求和运作绩效要求有着共同的理解的基础上，能够促进各类组织之间及组织内部的交流与共享；还可以作为企业进行计划、培训、评估等活动的工具。

马尔科姆·波多里奇国家质量奖准则中体现了以下 11 种核心价值观。

(1) 具有远见的领导。

(2) 顾客驱动的卓越。

(3) 组织的和个人的学习。

(4) 对雇员和合作伙伴的卓越。

(5) 敏捷性。

(6) 注重未来。

(7) 管理创新。

(8) 基于事实管理。

(9) 公共责任与公民义务。

(10) 注重结果与创造价值。

(11) 系统的视野。

这些核心价值观体现在卓越绩效标准中的七个类目的要求中。这七个类目要求分为两种类型，前六个类目称为"对策-展开(Approach-Depioyment)"型的要求，第七个类目称为"结果(Results)"型的要求。评分依据的便是对策、展开和结果这三个方面的尺度。对策是指应对条目要求的方法；展开是指对策应用的程度；结果是指实现条目目的的结果。

领导、战略计划及以顾客和市场为中心代表着领导的三要素。这几个方面放在一起皆在强调以顾客和战略为中心的领导的重要性。对人力资源的关注、过程管理和经营结果代表着结果的三要素。组织产出经营结果的工作是由公司的雇员和供应商伙伴通过其关键过程来实现的。公司所有的行动都指向了经营的结果，这里的经营结果是由顾客方面的绩效结果、财务的及非财务的绩效结果所构成的一个综合体，还包括了人力资源方面的结果和社会责任方面的结果。对于有效的管理和以事实为依据的企业业绩和竞争性改进体系而言，信息与分析起着至关重要的作用，它构成了绩效管理系统的基础。

(三)欧洲质量奖

欧洲质量奖(European Quality Award，EQA)是欧洲委员会副主席马丁·本格曼先生 1991 年 10 月倡议，由欧洲委员会(EC)欧洲质量组织(EOQ)和欧洲质量管理基金会(EFQM)共同发起的，是欧洲最负声望的组织奖。欧洲质量奖的目的和美国马尔科姆·波多里奇国家质量奖以及日本戴明质量奖相同，都是为了推动质量改进运动、提高对质量改进重要性和质量管理技术方法的意识，对展示出卓越质量承诺的企业进行认可，以提高欧洲企业在世界一体化市场上的竞争力。1992 年在西班牙马德里欧洲质量基金会论坛上由西班牙国王朱安·卡洛斯首次向获奖者颁发了欧洲质量奖。为了使质量奖更具适应性，1994 年欧洲质量奖又增加了公共事业单位质量奖和中小企业质量奖。欧洲质量奖现已更名为欧洲质量管理基金会卓越奖，对应的评价模式称为欧洲质量管理基金会(EFQM)卓越模型。

1988 年，由欧洲 14 个家公司发起成立了欧洲质量管理基金会(The European Foundation for Quanlity Management)，建立了欧洲质量管理评估系统。EFQM 是一个非营利组织。它的使命是持续地提升欧洲产品质量，并实现欧洲产品质量世界一流的愿景。EFQM 在引导企业持续改造、追求卓越的工作中取得了瞩目的业绩，产生了世界性的影响。EFQM 注重评估组织绩效，诊断组织问题，预测组织发展的未来，以治本的方式提升组织的竞争实力。1992 年初，欧洲质量管理基金委员会创立了 EFQM 卓越模型以此作为评价组织绩效和前景的欧洲质量奖(European Quality Award)的框架。

EFQM 的基本思想是追求卓越，卓越模型中包含以下八个主导理念。

(1) 结果导向。组织的卓越取决于兼顾并满足包括员工、顾客、供应商、社会及股东在内的所有相关受益者的需要。

(2) 以顾客为中心。顾客是产品质量的最终裁判者。获得顾客忠诚和市场份额的最好选择是坚持以顾客为中心的价值观，识别顾客当前及潜在的需要并持续得到优化。

(3) 领导和目标。组织通过有效的、富于创造力的领导，建立起能使组织及其成员实现卓越的明确而统一的目标和环境。

(4) 过程和事实管理。当组织内部的所有活动被理解并系统地加以管理时，当有关现行运营和有计划的改进等决策是通过使用包括受益者意见在内的可靠信息作出时，组织运行就越有效。

(5) 人员开发与参与。组织中员工的潜能是通过价值分享、相互信任和授权的文化氛围，即鼓励员工参与等才得以充分释放的。

(6) 持续学习、创新和改进。在一个持续学习、创新和改进的文化氛围中，基于管理和共享知识，组织的绩效才能实现最优。

(7) 伙伴关系的建立。当组织及其合作伙伴形成互惠、信任、分享信息并保持一致的互利关系时，组织的工作才能更有效。

(8) 社会责任。注重公共责任、符合道德规范、遵守法规要求的组织及其员工的长期利益会得到最好保护。

EFQM 卓越模型评价项目有 9 个大项及 32 个子项。评价项目及所占比例如图 2.1 所示。

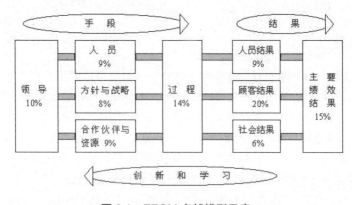

图 2.1　EFQM 卓越模型示意

EFQM 卓越模型评价项目的 9 个大项及 32 个子项的具体内容如下。

1. 领导

领导者如何促成任务和远景目标的实现，开发长期成功所需要的战略，并通过适当的行动和行为予以实施，领导亲自参与以确保发展和实施组织的管理系统，包括以下内容。

(1) 领导者提出任务、远景目标和价值观，并且在优秀文化方面起模范作用。

(2) 领导亲自参与确保组织管理系统的开发、实施和不断改进。

(3) 领导参与接触顾客、合作者和来自社会的代表。

(4) 领导激励、支持和重视组织员工。

2. 政策与战略

组织如何通过以受益者为中心的清晰战略，并由相关的方针、计划、目的和过程支持，来实现组织的任务和远景目标，包括以下内容。

(1) 战略与策划要以现在和将来的需要，以及受益者的期望为基础。

(2) 战略与策划要以有关的绩效衡量、调查、学习和有关创新活动的信息为基础。

(3) 战略与策划的开发和更新。

(4) 战略与策划通过一个主要过程框架展开。

(5) 战略与策划的沟通和实施。

3. 人力

组织如何在个人、团体和组织高层上管理、开发和释放员工的知识和潜能，把各种活动加以计划来支持方针与策略和过程的有效运行，包括以下内容。

(1) 人力资源的计划、管理和改进。

(2) 员工知识和能力的识别、开发和保持。

(3) 员工参与和授权。

(4) 员工与组织之间的对话。

(5) 员工获得奖励、重视和关心。

4. 合作伙伴和资源

组织如何计划和管理其外部合作关系和资源来支持其方针与战略和过程的有效运行，包括以下内容。

(1) 外部合作关系的管理。

(2) 财务的管理。

(3) 建筑物、设备和材料的管理。

(4) 技术的管理。

(5) 信息和知识的管理。

5. 过程

组织如何设计、管理和改进其过程来支持方针与战略，使顾客和其他受益者完全满意和增加价值，包括以下内容。

(1) 过程的系统设计和管理。

(2) 过程的改进。按需要通过创新使顾客和其他受益者完全满意和增加价值。

(3) 根据顾客的需要和期望来设计和开发产品和服务。

(4) 产品和服务的生产、传递和售后服务。

(5) 顾客关系管理和扩大。

6. 顾客结果

就外在顾客而言，组织要取得什么成果，包括以下内容。

(1) 感受的测量。

(2) 绩效指标。

7. 员工结果

就员工而言，组织要取得什么成果，包括以下内容。

(1) 感受的测量。

(2) 绩效指标。

8. 社会结果

就地区、国家和国际社会而言，组织要取得什么成果，包括以下内容。

(1) 感受的测量。

(2) 绩效指标。

9. 主要绩效结果

就计划的绩效而言，组织要取得什么成果，包括以下内容。

(1) 感受的测量。

(2) 绩效指标。

(四) "卓越绩效模式" 小结

从三大质量奖的具体内容的讨论中可以看出，"质量"在此处有了更为广泛的含义。这些奖项与其说是针对"质量"或"质量管理"，倒不如说是针对"管理的质量"或"经营管理的质量"更为确切。正因为如此，这些奖励才被人们称为"卓越绩效模式(Performance Excellence)"。这些评价标准构成了企业经营管理的框架。

卓越绩效模式为人们提供了一个沟通的平台，使人们能够用同一种语言来讨论和沟通企业的经营管理问题；它是一个"指挥棒"，告诉人们满足了哪些要求才算得上是真正的卓越；它是一个"诊疗仪"，有助于人们认清自身的强弱之所在；它是一个"标尺"，使人们能够明确相对于他人的位置，明确改进效果的进展；它还是一个奖励，激励人们为了荣誉和成就要付出非凡的努力。

尽管各种奖项在具体的条款和运作方式上有所差异，但他们的基本理念和关注的要点却惊人的相似，即：强调的是彻底的顾客导向，重视领导的作用，重视每个人的作用，主张基于系统的、过程的方法论，强调营造合作、创新、学习、持续改进的文化等。

二、ISO 9000 族标准

ISO 9000 族标准于 1987 年的问世是近 30 多年来对于全球的企业界影响最为深远的事件之一。目前已有 150 多个国家和地区采用了这套标准，获得 ISO 9000 质量管理体系认证的企业多达数十万家。这套标准连国际标准化组织自己都称为是"一个意想不到的成功"。

(一)ISO 9000 族标准的含义

ISO 9000 族标准是指由 ISO/TC176(国际标准化组织质量管理和质量保证技术委员会)制定的所有国际标准。这套标准于 1987 年问世，1994 年进行了第一次修订，2000 年 12 月 15 日正式发布了经过第二次修订的 2000 年版本，2015 年又进行了换版。

ISO 9000 族标准是关于质量管理体系的通用要求和指南。这套标准的问世为各类组织实现有序、有效的质量管理提供了方法论的指导，为贸易中的供需双方建立信任、实施质量保证提供了通用的质量管理体系规范。2000 年版的"八项质量管理原则"和 2015 年版的"七项质量管理原则"构成了 ISO 9000 族标准所蕴含的基本理念。

国际标准化组织推出 ISO 9000 族标准的最主要的目的是促进国际贸易、降低供应链上的成本。在 ISO 9000 族标准问世之前，存在着众多国家和区域性的质量体系标准。这些标准有着许多的共同点和历史渊源。但是，由于它们在术语和内容上不完全一致，因而难以在国际贸易中得到广泛的应用，甚至在一定程度上形成了国际贸易的壁垒和障碍。ISO 9000 族标准的问世对于国际贸易和各国的各类组织实施质量体系的活动产生了巨大的影响。这些国际标准在众多的产业、经济部门和政府管理之领域内得到了广泛的应用。

2015 年版 ISO 9000 族标准的主要核心标准如下。

ISO 9000：2015《质量管理体系——基础和术语》，阐述了质量管理体系的基本原理并定义了质量管理体系的术语。

ISO 9001：2015《质量管理体系——要求》，规定了质量管理体系的要求，用于证实组织具有提供满足顾客要求和使用法规要求的产品的能力，目的在于增进顾客满意度。

ISO 9004：2009《追求组织的持续成功——质量管理方法》，为组织注重监视和分析组织的环境，关注所有利益相关方的需求与期望，强调合理配置、优化各种资源，建立关键绩效指标，从而实现在不断变化的环境中追求持续成功提供了方法指南。

ISO 19011：2011《管理体系审核指南》，提供了审核管理体系的指南。

显然，ISO 9000 是一个说明性的标准，ISO 9001 主要用于体系的认证，ISO 9004 则主要用于组织的绩效改进。一般而言，与认证相比，组织的绩效改进是应当放在第一位的。

(二)ISO 9000 族标准的过程导向

企业通过产品和服务来提升顾客的满意度。在一个充满竞争的时代，企业为了维持竞争地位，必须持续不断地改进产品和服务的质量，以降低成本，提高生产率，这也是现代企业管理的一种最有效的途径。

从本质上讲，ISO 9000 族标准所确立的质量管理体系便是对实现质量目标所必需的过程的规定。质量管理体系是一系列相关过程的集合。质量、成本和生产率是果，而过程是因。建立和实施质量管理体系就是要通过持续不断地识别、建立、控制和改进过程来实现质量的改进、成本的降低和生产率的提高。

(三)ISO 9000 族标准所体现的管理透明性要求

在当今这个竞争激烈的时代，组织的管理不再是一种纯粹的内部事务。组织管理的透明性愈发影响其持续获得订单的能力。ISO 9000 族标准指出，"为了成功地领导和运作一个组织，必须采用一种系统和透明的方式进行管理"。从这个意义上讲，将自己的内部管理中的最基本的部分用明确无误的方式展示给他人，以便让他人相信自己具有持续的满足要求的生产和服务的能力，是实施 ISO 9000 族标准最基本的功能之一，也是 ISO 9001 认证所起到的最基本的作用。

ISO 9000 族标准所蕴藏的能力并非只有"向人展示"这样单一，但这却是现阶段绝大多数企业或其他组织的应用方式。从这一"展示"功能可以看出，ISO 9000 族标准，尤其是得到最广泛应用的 ISO 9001 标准，并非是一个企业达成卓越水准的要求，而是一个最基本的要求，是必要条件而非充分条件。

三、TQM、质量奖、ISO 9000 族标准之间的关系

(一)TQM 与质量奖

质量主要是要满足两方面的要求：符合性和效率。符合性指的是要符合顾客要求和适用的相关方要求；效率则是在符合要求的同时，应减少资源消耗，降本增效。全面质量管理是一套理念，即以质量为中心的全员、全过程、全组织、多样化管理，其目的是让所有相关方满意从而实现组织的长期成功。这其中就包含了对符合性和效率的追求。全面质量管理中的多样化管理方法中的一部分形成了规范化、标准化的工具，如 QC 小组、5S 管理、六西格玛等。日本的戴明奖、美国的马尔科姆·波多里奇国家质量奖和欧洲质量奖，即"卓越绩效模式"，体现了全面质量管理的概念和原则，可以看作 TQM 的具体实施细则。"卓越绩效模式"引进我国，就形成了 GB/T19580《卓越绩效评价准则》，即全国质量奖的评奖准则。这些模式实际上是对全面质量管理的体系化阐述，提供了评价组织成熟度和进行标杆对比的准则与工具。

(二)质量奖与 ISO 9000 族标准

ISO 9000 族标准的目的是促进组织之间的贸易活动。出于这一目的，ISO 9000 族标准主要聚焦于供方组织中最直接影响产品质量的那些职能，期望得到绝大多数供方组织的实施。而由日本的戴明奖、美国的马尔科姆·波多里奇国家质量奖和欧洲质量奖组成的"卓越绩效模式"的目的则有两个方面：一是选拔代表质量管理最高成就的少数典范；二是为其他希望实现最高绩效水平的组织提供准则和指南。

(三)质量奖与 ISO 9001 标准

ISO 9001 是关于质量体系要求的一个标准,用于双方签订合同或第三方认证的场合,只关注那些最直接影响产品质量的职能。它不涉及经济效果和成本效率问题,只涉及直接影响产品质量的特定的人、事、过程等方面内容。因此,ISO 9001 的范围比"卓越绩效模式"的范围要窄。例如,美国马尔科姆·波多里奇国家质量奖要求审查七大类组织活动,即领导作用;战略策划;以顾客和市场为中心;信息、分析与知识;以人为本;过程管理,经营结果。而在 ISO 9001 的要求中对于过程管理给予了最大的重视,对于其他类别的活动则关注不多。由于 ISO 9001 与质量奖评奖准则的目的不同,因此对于供方组织质量管理体系的审查深度也不同。ISO 9000 族标准是更适度的要求,更强调一致、规范化的质量体系的必要性,强调定期的内外部审核以保持成果并使持续改进制度化。

在使用上,可以在有效应用 ISO 9001 标准的过程中逐渐吸收全面质量管理的具体工具,将其作为落实 ISO 9001 标准并提升组织质量管理意识的具体措施,在此基础上自然发展为全面质量管理。之后可以以 ISO 9004 为过渡,直至发展为卓越绩效模式,对企业成熟度进行更加全面、深入的评价。

第三节 六西格玛管理

一、六西格玛管理的产生与发展

(一)问题的提出

20 世纪 70 年代后期,越来越多的来自日本企业的产品以优异的质量和低廉的价格,不断击败美国企业的产品。这些美国企业中虽然也包括了摩托罗拉公司,但开始时他们并没有意识到问题的严重性。罗伯特·W.盖尔文(Robert W. Galvin)在 1956 年接替他的父亲成为公司总裁,并于 1964 年成为首席执行官兼董事长。公司正处于经济繁荣时期,罗伯特·W.盖尔文怀着创建一个卓越公司的雄心,于 70 年代末在芝加哥的大使东宾馆召开了一次由 75 名高层经理参加的会议,这是一个自我祝贺、自我激励的举动,而这种和谐的局面被一名销售经理亚瑟·萨恩德里所打破。会议快结束时,他站出来疾呼摩托罗拉在质量方面正处于将被日本人埋藏的危险中。

1981 年盖尔文收到关于顾客不满意的一个真实而有力的证据,接着他们发现买下摩托罗拉公司电视机业务的日本松下雇用本土的美国工人,进行适当的质量改进,运用戴明的质量管理原理,把制造过程的缺陷率从 15% 减少到 4%。这让摩托罗拉深刻认识到了自己与日本竞争对手之间的巨大差距。知耻而后勇,盖尔文意识到,要想使公司提升竞争力,就必须在质量、经营上追求卓越。

(二)摩托罗拉首先推行六西格玛管理

1981 年,盖尔文决定,以"使顾客完全满意"作为摩托罗拉制定公司质量目标的基本方针，目标为"在 5 年内把不良品率降低 10 倍"。他认识到，如果不使员工掌握适当的工具技法，那么改善质量只是一句空话。于是，他让约瑟夫·M.米兰(Joseph M. Juran)指导识别长期质量问题的办法，让道莱恩·夏恩因(Dorian Shainin)用实验设计和统计过程控制等统计技术方法去解决这些问题，他还邀请专家召开了一系列的专题研讨会。公司的高层领导统一了认识，即"高质量和低成本完全可以成为孪生兄弟"。到 5 年计划末的 1986 年，摩托罗拉通过 22 万美元的投资，达到节约成本 640 万美元的直接经济效益。无形的利益包括：业绩和顾客满意度的提升，高层领导对应用统计方法产生了兴趣，以及员工对"改善活动"的热情与信心的高涨。

在公司的"改善活动"取得成功后，盖尔文率其高层团队到日本的工厂进行参观访问，得到的印象是，日本优秀公司的产品质量水平远远优于摩托罗拉。回国后，盖尔文总结说，"在那里(日本)，质量就像是一种宗教，是一种非同寻常的紧迫感"。于是，公司决定要付出更大的努力来提高产品质量，并改善生产运作效率。

解决问题应先抓住关键，通信工程部是摩托罗拉的主要制造部门。1985 年，公司要求该部门为改进质量提出一套规划方案。比尔·史密斯(Bill Smith)等人通过对公司属下 24 家工厂的评估中收集到的大量数据，研究产品竞争力与返修率之间的关系，得出结论："正是因为存在缺陷，才导致产品竞争力受到致命的打击，摩托罗拉的产品缺陷率远远高于日本竞争者，必须采取措施，以减少或消除产品的缺陷"。他们向盖尔文提交了一份题为《六西格玛机械设计公差》的文件，论述了如何减少、消除缺陷，提高产品质量的一些具体办法。当时，摩托罗拉已有数据表明，他们的质量水平处于 4σ，即每百万个机会中有 6800 个缺陷，而 6σ 的水平是要通过改进，实现每百万个机会中只有 3.4 个缺陷的目标。史密斯等人预计在 6 年左右的时间里，可以达到这一目标。不久，公司批准了这份规划方案，并命名为"六西格玛质量方案"，具体目标反映在 1987 年盖尔文写给全体员工的一封信，信中提出：至 1989 年将产品和服务质量提高 10 倍，至 1991 年达到至少 100 倍的改进；至 1992 年实现六西格玛的质量水平。

与"六西格玛质量方案"同时运行的，还有旨在实现"顾客完全满意"的几个战略行动，即全面缩短生产周期、领导生产和制造、改善经营利润和员工全面参与管理。

自 1986 年至 1992 年，摩托罗拉通过领导承诺、大规模培训和普及团队活动等战略措施，使产品质量和经营绩效都得到了巨大改善。1988 年摩托罗拉成为第一批获得美国"波多里奇国家质量奖"的公司；1989 年获得了日本制造业的 NiKKei 奖；1991 年节约制造成本 7 亿美元，累计节约 24 亿美元；1992 年产品质量全面实现六西格玛水平，销售额超过 300 亿美元，成为生产电子设备和零部件的大型国际制造商。

(三)六西格玛管理的推广

1. 六西格玛管理燃烧着整个通用电气公司

杰克·韦尔奇(Jack Welch)是全球最著名的 CEO 之一，曾领导通用电气公司创造了一个又一个工商管理的经典案例，使通用电气公司的利润在 20 年内持续高速增长。他于 1981 年接任通用电气公司总裁，当时公司资本总额为 130 亿美元，到他临退休前的 2000 年，资产总额已突破 6 000 亿美元大关。2000 年通用电气公司总收入比上年增加 26%，达到 1 300

亿美元，净收入提高了 19%。成千上万的股东购买了通用电气公司的股票，平均每年得到的利润回报率为 24%，即如果是 20 年前购买了 100 美元通用电气公司的股票的话，现今市值已攀升至 2 300 多美元了。在蒙永业、陈今编撰的《杰克·韦尔奇》一书中指出，通用电气公司的成功靠四大举措：全球化、六西格玛管理、产品服务和数字化(电子商务)。然而，杰克·韦尔奇非常看重摩托罗拉成功的经验，他认为六西格玛管理的实施是使通用电气公司成为富有竞争力、敏捷灵活的卓越公司的关键。他曾说过，"六西格玛管理像野火一般燃烧着整个通用电气公司，并在改造我们所做的一切"。

1995 年以前，通用电气公司的产品质量水平为 3σ。1995 这一年，正是 3σ 与 6σ 之间的差距，使得公司在废品、返工零件、交易错误修正、低效率和生产率损失上多付出了 70 亿～100 亿美元。韦尔奇认识到，推行六西格玛管理的时机已经成熟。

1996 年初，韦尔奇在通用电气公司 500 名高级经理人聚集的年会上正式宣布启动公司的六西格玛质量行动，提出用比摩托罗拉更短的时间，即 5 年，使公司的产品质量达到 6σ 的水平，他说："这是一个可以使通用电气公司从一个优秀的公司变为一个伟大的公司的重大举措。"

1997 年 5 月 22 日，韦尔奇专门向全球所有的公司管理人员发送了一项由他和两个副董事长联合签发的命令，规定"将六西格玛培训结果与管理人员晋升的机会挂钩"。1999 年 1 月 1 日又规定，所有的"专业"员工(8 万～9 万人)，包括办公室的职员，都必须参加并完成六西格玛绿带或黑带的培训。

通用电气公司将六西格玛管理应用于对客户的管理上，大大提高了顾客满意度，使产品销量成倍的提高；还应用到供应链管理中，使整体运作周期缩短。后来，通用电气公司为取得双赢的效果，又在公司的供方中开展六西格玛管理，从而解决了供方交货质量及交货期方面的难题。

六西格玛管理的基础组织是项目团队，通用电气公司的六西格玛项目在 1997 年就实现了 3.2 亿美元的收益，1998 年超过 7.5 亿美元，1999 年上升至 15 亿美元。至 2001 年，公司除产品质量和经济效益大幅度提升外，还改善了与最大客户沃尔玛之间的财务支付关系，票据错误和纠纷减少了 98%，加快了支付速度，提高了两家公司的工作效率。

2. 六西格玛管理在 ABB 成功的秘诀

1987 年 8 月，瑞典的 ASEA 公司和瑞士的 Brown Boveri 公司合并成立了 ABB，总部设在瑞士的苏黎世。它是一个技术集团，为全球近百个国家和地区提供电力传输与配电、自动化、石油、天然气和石油化工、建筑技术和金融服务五个方面的服务。通过其电力变压器的经营领域，使 ABB 成为欧洲第一个推行六西格玛管理的跨国公司。现在包括中国合肥在内的所有电力变压器工厂都推行六西格玛管理，还扩展到其他的业务、供应商和顾客中。

ABB 正式推行六西格玛管理是从 1993 年开始的，先是在各国的电力变压器工厂，继而在整个传输和配电分部进行强制要求，后来扩展到 ABB 的其他部分。各工厂通过实施六西格玛管理，利润率大增。一个工厂每年的成本节约核算中，每个项目能节约成本由几千美元到 50 万美元。ABB 在印第安纳州的电力变压器工厂实施六西格玛管理后，减少测量设备误差 83%，计件误差从 8.3% 降至 1.3%，无负荷损失减少到 2% 之内。变压器中主要的组件线圈绕组性能不良从 1000DPMO 降到 3.4DPMO。ABB 并不强迫各工厂必须推行六西格玛管理，但工厂的年度报告要以 DPMO 的方式报告和测量过程性能才符合要求。

由于 ABB 的带动和倡导，现在，欧洲创建了六西格玛俱乐部会议，轮流在意大利、西班牙、法国、瑞典等国家召开，著名的西门子、爱立信、飞利浦等公司都是其成员。由 ABB 副总裁科杰尔·麦格纳森(Kjell Magnusson)等人编著，刘伟、石海峰译著的《六西格玛——通向卓越质量的务实之路》一书中指出：ABB 的成功有以下十条秘诀。

(1) 恒心。关键人员的恒心——包括首席执行官、倡导者和黑带。

(2) 早期成本削减。在早期阶段，节约并不是十分必要的，更重要的是，要完成一定数量的项目并在组织中分享那种经验。

(3) 高层管理承诺。大多数成功的工厂都有一个共同的特征，就是最高管理层投入时间、精力和资源，以取得确定的目标——把承诺付诸实施。

(4) 自愿基础。在自愿的基础上引入的观念，可以使六西格玛以其自身的优点成长，正是因为实用性，它的成效和一致性才扩大到了 ABB 的其他业务。

(5) 黑带课程要求。把六西格玛框架和改进方法带进公司，黑带教育起着非常主要的作用。

(6) 专职黑带。专职黑带有足够的时间投入去实施和跟踪改进项目，其效果比兼职黑带更好。

(7) 中层经理的积极参与。中层经理的作用是承上启下的，他们应是黑带的主要构成部分。

(8) 不仅只靠测量。光靠测量和测量体系不会带来改进和成本下降，在实施中，必须明智地利用测量提供的信息。

(9) 一个尺度一个数据。过程性能的一个尺度一个数据常常会产生紧迫感，六西格玛理念可改变现实中存在的"我们已足够好"的态度。

(10) 析因试验。析因设计可以花费更少的精力而试验更多的因素，可在六西格玛管理中或作为一种独立的方法或与 QC 其他方法结合使用。

(四)六西格玛管理在全球范围的应用

自 1987 年摩托罗拉把六西格玛管理作为一项战略行动，并在以后的几年时间内获得成功之后，又有一些美国、欧洲的公司相继开展六西格玛管理。从 1995 年以来，著名的跨国公司实施六西格玛管理的数量呈指数增长。在 1999 年《财富》全球 500 强名单中，有 40 个公司实施了六西格玛管理，其中有 14 家公司属于该名单中的前 100 名。

不仅是 500 强名单以内的公司，当时还在 500 强以外的，如庞巴迪、花旗银行、创意系统、麦斯维尔、皮尔金顿和维普罗等公司，也都通过实施六西格玛管理获得了很大的收益。继被大公司实施之后，六西格玛管理在中小企业中还有一个强劲的垂直发展趋势，它们多是大公司的供方，之所以开展六西格玛管理，是由于其顾客要求更短的生产时间、更好的交货准时性及更小的缺陷等。也有一些中小企业是出于自身发展的需要，而自发地启动六西格玛管理。

从全球范围来看，六西格玛管理还出现了一种强劲的跨行业、跨国和跨大陆的水平发展趋势。这一方法从具有较高产出和较低容差的电子行业的一项活动，成功地转变为广泛应用于很多行业的普遍活动。目前，六西格玛管理的发展在航空、化学、电子和冶金工业等行业较强劲，如菲亚特、福特、沃尔沃、航星和博格—华纳等汽车公司也在实施六西格玛管理，且已在全球汽车行业内得到普及。在服务业，现今有美国国际集团保险、美国运通、花旗银行、通用电气公司资本服务、美国广播公司、美国邮政服务及商务网络领域的通用电气公司全球电子交易服务系统等公司先后推行了六西格玛管理。

在国家的层面上，六西格玛管理已从美国传播到欧洲和亚洲国家，如英国、瑞典、瑞士、德国、意大利、西班牙、中国、日本、韩国、印度等。在这些国家，凡是已推行六西格玛管理的企业都在迅猛增长。受六西格玛管理的影响，世界级优秀企业正在燃起燎原之火。

二、六西格玛管理的含义

管理专家 Ronald Snee 认为：六西格玛管理是"寻求同时增加顾客满意和企业经济增长的经营战略途径"。

管理专家 Tom Pyzdek 认为："六西格玛管理是一种全新的管理企业的方式。六西格玛主要不是技术项目，而是管理项目。"

由此，可将六西格玛管理定义为：通过减少波动、不断创新，使质量缺陷降低到百万分之三点四的质量水平，以实现顾客满意和最大收益的系统科学。

该定义可做如下理解。

(一)六西格玛管理是一种向高水平进军的目标

西格玛在统计学中用"σ"表示，意味着数据的分散程度、波动范围。减少波动、降低缺陷率，应达到什么标准呢？百万分之三点四，通常写作 3.4PPM，这是一个非常高的质量水平。

(二)六西格玛管理是一种愿望

缺陷，不仅指产品缺陷，也包括服务缺陷和工作缺陷等。推行六西格玛管理，目的是将所做的任何事情都达到六西格玛质量水平，从而向顾客提供具有"世界级"质量的产品或服务，以使顾客满意。

(三)六西格玛管理是一种哲学

对整个业务领域应用一种组织化、系统化的方法来获得卓越运行结果，无缺陷的结果源于突破性的改进。

(四)六西格玛管理是一种系统管理

它是一种被证明行之有效的、具有强大解决问题及提高业务水平的系统方法，它是由相关的分析工具、项目管理技术和管理方法所组成的，与其他方法相比更敏捷，更具有前瞻性。

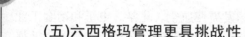

(五)六西格玛管理更具挑战性

质量缺陷降低至百万分之三点四的这一目标具有很强的挑战性，但通过努力也不是不可实现的，要给所有员工传达这种信念。

(六)六西格玛管理是一组强大的系统工具箱

六西格玛管理不仅是理念，同时也是一套业绩突破的方法，这套方法就是 DMAIC 和 DFSS。DMAIC 是指定义(Define)、测量(Measure)、分析(Analyze)、改进(Improve)、控制(Control)五个阶段构成的过程改进方法，一般用于对现有流程的改进，包括制造过程、服务过程以及工作过程等。DFSS(Design for Six Sigma)是指对新流程、新产品的设计方法。

(七)六西格玛管理是一种质量经营战略

六西格玛管理需要通过较长期的谋划和努力过程，才能实现其高水平的目标。摩托罗拉用了 6 年，通用电气公司用了 5 年。杰克·韦尔奇曾说过，"六西格玛是通用电气公司从来没有经历过的最重要的发展战略"。

(八)六西格玛管理是一种团队精神

六西格玛管理是一项有组织的活动，它以团队方式开展工作，促进了成员之间的合作，提高了整个团队的士气，在鼓励其成员追求卓越的同时，还营造了增加工作满意度的氛围。

(九)六西格玛管理是实现顾客和企业双赢的有效途径

企业是以赢利为目的的经济组织，必须充分考虑顾客利益和制造成本两个方面的因素，这就像天平的两端，一边是顾客需求，一边是企业利益，实现两者的平衡，实现双赢是实施六西格玛管理的基本宗旨。

三、六西格玛管理的意义

从统计学的意义上来看，六西格玛管理是一个量化了的质量目标，但对组织而言，仅有明确的质量目标还远远不够，还需要能够实现目标的方法和手段。从这个意义上来说，六西格玛管理所赋予的管理内涵非常丰富。

六西格玛管理的核心特征是：最高顾客满意度和最低资源成本。实施六西格玛管理，顾客和组织应该同时获得满意。对顾客，是以最可接受的价格及时得到满意的产品或服务；对组织，是要通过改善经营流程、工艺流程的效果和效率，以尽可能小的成本和尽可能短的周期实现尽可能多的利润。著名的六西格玛管理专家罗纳德·斯尼(Ronald Snee)曾将六西格玛管理定义为"寻求同时增加顾客满意和企业经济增长的经营战略途径"。

传统的公司一般品质要求已提升至 3σ，这就是说，产品的合格率已达至 99.73%的水平，只有 0.27%为次货，又或者解释为每 1 000 件产品中只有 2.7 件为次品，很多人认为产品达到此水平已足够。可是，根据专家研究结果证明，如果产品达到 99.73%合格率的话，以下事件便会继续发生：每年有 20 000 次配错药事件；每年不超过 15 000 个婴儿出生时会被抛落到地上；每年平均有 9 小时没有水、电、暖气供应；每星期有 500 宗手术事故；每小时有 2 000 封信邮寄错误。由此可以看出，随着人们对产品质量要求的不断提高和现代生产管理流程的日益复杂化，企业越来越需要六西格玛管理这样的高端流程质量管理标准，以保持在激烈的市场竞争中的优势地位。事实上，日本已把六西格玛作为其品质要求的指标。

四、六西格玛管理的语言

六西格玛管理的语言，就是六西格玛管理中常用的一些度量指标。用这些指标描绘"隐蔽工厂"和制造过程中的"缺陷"，可以形象地展示制造经营过程中存在的问题。例如，对波动的描述(统计性描述)，常用统计特征值 $\mu(\bar{x})$，$\sigma(s)$，$\tilde{x}$，$\sigma^2(s^2)$ 和 R 等；对过程能力的描述，常用 C_P，C_{PK}，C_{PU} 或 C_{PL}，以及对六西格玛水平的描述，常用 Z_0 和 Z 等。这些大家已经熟悉，以下再介绍几个指标。

(一)对缺陷的描述

常用于描述缺陷的指标有：DPU，DPO，DPMO。

1. DPU

DPU(Defect Per Unit，单位产品缺陷数)反映各种类型的缺陷在抽取的单位产品总数中所占的比率，计算公式为：

$$DPU=缺陷数/单位产品 \tag{2.1}$$

例：对某型号计算器，在制造的 100 块芯板中，发现 15 块有缺陷，则单位产品缺陷数为：

$$DPU=15/100=0.15 \text{ 或 } 15\% \tag{2.2}$$

2. DPO

DPO(Defect Per Opportunity，机会缺陷率)反映每一个机会中出现缺陷的比率，表示单位产品中缺陷数占全部机会数的比例，计算公式为：

$$DPO=缺陷数/产品数·机会数 \tag{2.3}$$

例：对某型号计算器，在制造的 100 块芯板中，若每一块芯板都含有 500 个缺陷机会，在制造这 100 块芯板时共发现 410 个缺陷，则机会缺陷率为：

$$DPO=410/100 · 500=0.008\ 2 \text{ 或 } 0.82\% \tag{2.4}$$

3. DPMO

DPMO(Defect Per Million Opportunities，百万机会缺陷数)表示缺陷数乘以 10^6 占产品数

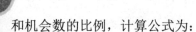

和机会数的比例，计算公式为：

$$DPMO=缺陷数×10^6/产品数·机会数 \tag{2.5}$$

例：对某型号计算器，在制造的100块芯板中，若每一块芯板都含有500个缺陷机会，在制造这100块芯板时共发现410个缺陷，则百万机会缺陷数为：

$$DPMO=410×10^6/100·500=8200 \tag{2.6}$$

DPMO 值可以用来综合度量过程的质量，在六西格玛管理中，常将其折算为六西格玛水平 Z_0，常用的换算表如表2.1所示。

表2.1 西格玛值与 DPMO 对应表(考虑±1.5σ偏移时)

Z	DPMO	Z	DPMO	Z	DPMO	Z	DPMO	Z	DPMO
1.4	539 828	2.4	184 060	3.3	35 930	4.2	3 467	5.2	108
1.6	460 172	2.5	158 655	3.4	28 717	4.3	2 555	5.3	72
1.7	420 740	2.6	135 666	3.5	22 750	4.4	1 866	5.4	48
1.8	382 088	2.7	115 070	3.6	17 865	4.5	1 350	5.5	32
1.9	344 578	2.8	96 800	3.7	13 904	4.6	968	5.6	21
2.0	308 537	2.9	80 757	3.8	10 700	4.7	687	5.7	13
2.1	274 253	3.0	66 807	3.9	8 198	4.8	483	5.8	8.6
2.2	241 964	3.1	54 799	4.0	6 210	5.0	233	5.9	5.5
2.3	211 856	3.2	44 565	4.1	4 661	5.1	159	6.0	3.4

对本例经查表可知其 SIGMA 水平 $Z=3.9$。

(二)对过程绩效的描述

以前，对过程绩效常用最终合格率 PFY 来衡量，它是通过检验的最终合格单位数占过程全部生产单位数的比率。但是，这种方法不计算过程的输出在通过最终检验前发生的返工、返修或报废的损失。这里，人们把返工、返修等叫作"隐蔽工厂"。例如，某塑料厂生产收录机外壳，第一次交验时发现500个产品中有80个不合格；粉碎后再注塑，第二次交验又发现有40个不合格；再粉碎后重新注塑，第三次交验时只发现10个不合格品，于是该批外壳最终合格率为98%。然而返工次品的时间、工人的重复劳动、设备的磨损等因素均未在成本中体现出来，这就是所谓的"隐蔽工厂"。隐蔽工厂不仅出现在制造过程，在服务过程也同样会出现。

六西格玛管理中提出了流通合格率的概念，用 RTY 表示。过程最终合格率与流通合格率的区别主要在于，后者充分考虑了过程中子过程的存在，即"隐蔽工厂"的因素。流通合格率 RTY 旨在提高"过程质量"能力，而最终合格率 PFY 则可衡量"制造能力"，对于过程绩效的诠释更有洞察力。

五、六西格玛管理原则

(一)真正关注顾客

顾客是指接受产品或服务的组织或个人，顾客分为外部顾客和内部顾客。外部顾客包括中间用户和最终用户，内部顾客包括企业内部员工、上下道工序等。六西格玛管理业绩测量的起点和终点都是"顾客的心声"，以顾客贯彻始终，从而做到真正关注顾客。那么，顾客关注什么呢？顾客关注的是产品或服务的质量、成本、供应、售后、安全等问题。六西格玛管理首先要确定顾客的需求及确定能满足这些需求的流程。没有满足顾客需求即构成"缺陷"。六西格玛管理正是在逐步降低"缺陷"的过程中提高顾客的满意度。

(二)无边界合作，也叫全面合作

通常，企业内部的分工能够极大提高劳动生产效率，但也会出现这种情况，即虽然企业内部各部门都很努力，可是最终的结果却可能并不完美、不协调，其问题就出在不能无边界合作上面。无边界合作是指打破或不去理睬一切人为的屏障，如职能、官衔、地域、种族、性别或其他障碍，直奔最佳想法。各部门只有从顾客利益而非部门利益出发，从顾客方便的角度来考虑问题，这样才容易目标一致，紧密协作，提供完美的产品或服务。六西格玛管理就是要打破组织的边界，展示能突出公司整体利益的效果。

(三)以数据(事实)驱动管理

在六西格玛管理中，确定要解决的问题要靠收集数据，衡量水平要靠数据，实际做到的与期望做到的差距要靠数据，可以说用数据说话是六西格玛管理的显著特点。六西格玛管理要求测量影响顾客满意的所有因素，通过评估系统，跟踪结果和产出，并追溯生产、服务和业务流程的投入和其他可预测因素。六西格玛管理用数据作为基础，来支持或推动决策的形成，而非靠定性的、感觉的、经验的、情绪的、职位的等方法和模式来进行决策和驱动管理，因为这些东西不稳定、不可靠、不科学。

(四)针对过程采取措施

任何生产或服务都有一个过程，过程就是把生产要素、要求、目标等输入因素，通过一系列的物理、化学、生物、社会的作用和反应，形成产品和服务输出的一个流程。把要素投入了，能否形成合格的、满足要求的产出，关键取决于生产过程本身。六西格玛管理强调要针对过程，而非针对结果采取措施。例如，加强检验就是对结果采取措施，接待不满顾客也是对结果采取措施，提高售后服务同样是对结果采取措施。其实这些不符合顾客要求的、不符合规定的，都是在生产过程中制造的，在随后的检验中漏掉的，最后流到了客户那里。六西格玛管理水平不是靠检验来实现的，它强调要对生产、服务过程中造成品质不稳定的因素采取控制措施，减少波动，防止缺陷的产生，从而从根本上解决问题。

(五)主动(预防性)管理

主动管理意味着在事件发生之前，预测问题、数据、状况等的变化方向和趋势，提前采取前瞻性、预防性的控制、纠偏措施，来保证生产过程朝着预期的目标发展。六西格玛管理强调要进行预防性的积极管理，积极管理意味着设定并跟踪有挑战性的目标，建立清晰的优先顺序，对采取预防措施和事后解决问题的人都给予同等程度的奖赏，挑战传统的、静态的、被动的、消极的做事方法。

(六)追求完美但容忍失败

六西格玛管理的实质就是要努力提供完美的、高水平服务的同时，努力降低企业的不良质量成本。完美的服务就是要朝着3.4PPM的方向努力，为此要进行探索，要采取一些措施对企业生产、服务系统进行改进甚至进行全新设计，要建立六西格玛企业文化等。在这个追求卓越的过程中，不见得每一种方法、手段、措施都非常正确、得力和有效。有些尝试可能是失败的。六西格玛管理强调要追求完满，但也能坦然接受或处理偶发的挫败，从错误中总结经验教训，进行长期的、持续的改进。

六、六西格玛管理方法展开

在如何实施六西格玛管理的问题上，为实现突破性地缩小过程波动或降低缺陷的目标，需要科学地运用DMAIC和DFSS。前者是用于对现有流程进行改进的方法，叫作过程改进流程或六西格玛改进方法；后者是用于对新产品、新服务流程或工作流程进行设计的方法，叫作六西格玛设计。

(一)DMAIC过程改进流程

DMAIC是过程改进五个阶段的总称。D(Define)界定或定义、M(Measure)测量、A(Analyze)分析、I(Improve)改进和C(Control)控制，五个阶段构成六西格玛个性化的改进模式。该模式从调查顾客需求开始，了解顾客所关心的问题，从而确定所要研究的关键产品的质量特性，即关键输出变量y(也叫作结果变量或响应变量)，对其进行测量，确定需要改进的质量目标，然后在整个过程中，寻找影响关键产品特性的因素，并确定关键的过程特性，即关键的输入变量x(也叫作原因变量或自变量)。在分析的基础上建立y与x的函数关系$y=f(x)$，通过改善x值使y得到优化，然后将统计解决方案转化为现实方案，再把优化了的结果巩固保持，还要对关键过程参数进行监控。

DMAIC改进模式各阶段的活动要点和逻辑关系如图2.2所示。

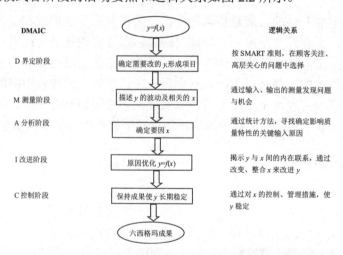

图2.2 DMAIC改进模式的活动要点和逻辑关系

(二)DMAIC 展开

1. 界定阶段(D)

确定顾客的关键需求并识别需要改进的产品或过程，将改进项目界定在合理的范围内。界定阶段活动的主要内容如下。

1) 选择与确定项目

(1) 项目的选择。选择项目要有信息来源。外部信息主要来自于顾客、市场和竞争对手；内部信息可从质量分析报告、质量审核报告、财务分析报告和企业方针目标执行报告中取得。在我国近年来实施六西格玛的活动中，所选择的项目可归纳为三类：①质量缺陷类项目，如返工、返修率、残次品率等内部故障问题，顾客要求退换货、索赔等外部故障问题，以及工艺参数不稳、账单差错等工作质量问题。②资源效率类项目，如人力资源效率，原材料、设备、能源、资源方面的效率等。③顾客抱怨类项目，如因产品或服务质量或交货期等不满意而造成的顾客申诉、索赔等。

(2) 项目的确定。确定项目时，应遵循的原则如表 2.2 所示。

表 2.2 "3M" 和 "SMART" 准则

3M	原则	SMART	原则
Meaningful	有意义的	Simple	简单的
		Measurable	可测量的
		Agreed to	商定的
Manageable	可管理的	Reasonable	合理的
Measurable	可测量的	Time-based	时效性

确定项目时，应遵循的程序如图 2.3 所示。

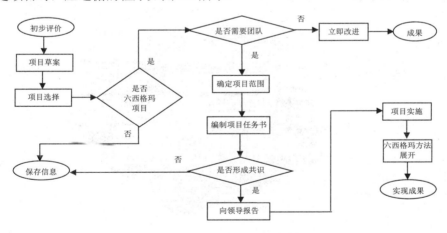

图 2.3 项目确定程序

2) 项目的分析

项目的选择和确定应建立在项目分析的前提下，一般要从顾客需求分析、流程分析和劣质成本分析入手。

(1) 顾客需求分析。真正了解顾客的需求,确定顾客需要的关键质量特性。顾客需求分析是六西格玛管理的基础。第一,要识别顾客对产品或服务的需求是什么、有哪些;第二,用清晰、量化的语言予以表述;第三,对需求进行排序,明确关键的顾客需求,并把它作为组织需要控制的关键的质量特性(CTO)。

(2) 流程分析。流程即各个产品或服务过程的链接,它是一种增值转换,也叫作价值链。所谓价值链,是指把组织(公司)描述成"设计、营销、配送和支持产品等一系列活动的集合体"的一种方式。价值链使流程分析成为六西格玛项目团队工作的重要内容。在实践中,常以流程图来说明产品或服务的全过程,为了表示过程所有可能的波动偏差,应把有关的人力资源、文件、程序方法、设备、零部件和测量装置都包括在过程的说明之中。

(3) 劣质成本分析。质量成本通常包括内部故障成本、外部故障成本、鉴定成本和预防成本,其总数约占销售额的 4%~5%。促使总质量成本降低的主要方法应是降低劣质成本(COPQ)。所谓劣质成本,是指过程中不增值的那些运行成本,如图 2.4 所示。

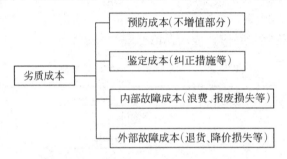

图 2.4　劣质成本

米兰博士曾指出,在管理实践中,对诸多的质量成本项目,只有少数的项目被注意到,恰似冰山浮出水面的一角,而水面下的大部分约占销售额 15%~20%的内容却往往被忽略。组织开展六西格玛管理,应努力发现和排除那些隐藏在水面下的劣质成本,如图 2.5 所示。

图 2.5　劣质成本示意

3) 项目的描述

六西格玛项目被界定后,应以文件化的形式予以表达,使领导层和项目中的所有成员都能了解项目的背景是什么,关键问题在哪里,目标是什么,以及预期的工作计划等。以下用《六西格玛成功实践：实例荟萃》中的案例加以说明。

界定阶段

1. 现状描述

仪表板表面褶皱缺陷发生率相当高，2001年1~4月平均褶皱缺陷发生率为16%，4月高达26.5%。另外，由褶皱造成的损失也远远高出其他原因造成的损失，以2001年2月为例(产量为2 465件)；月废品损失达73 398元，其中褶皱报废损失为37 883元，占50%左右。另外，月返修损失达2 189元，其中褶皱返修损失为1 572元，占72%。

2. 关键质量特性

● 产品表面有褶皱，影响产品外观。

● 客户对有褶皱的产品有抱怨。

3. 缺陷形成的原因

真空成形的表面在发泡工序后，表面没有完全伸展，在有效部位产生可见褶皱。

4. 项目目标

● 短期目标：减少褶皱缺陷，将褶皱报废损失降低50%，褶皱缺陷发生率控制在8%以下，在2001年9月实现项目短期目标。

● 长期目标：褶皱报废损失降低90%。

5. 经济效益

● 经济效益以每月产量2 500件计算，达到目标值所节约的原材料和人力。

● 每年50%改进=236 730元。

● 每年90%改进=426 114元。

● 减少用户抱怨。

● 提高生产能力。

6. 项目工作计划

● 成立六西格玛团队，确定负责人2人，黑带及团队成员9人(包括财务人员)。

● 对团队成员进行六西格玛基础知识培训。

● 利用头脑风暴法，鱼刺图分析查找可能的原因。

● 制定措施，确定责任人，跟踪整改。

● 分析措施与效果之间的关系，进一步改进。

界定阶段常使用的方法、工具有头脑风暴法、亲和图、系统图、流程图、因果图、SIPOC图、质量成本分析等。

2. 测量阶段(M)

通过收集和整理数据，确定过程的基线及期望达到的目标，识别影响过程输出 y 的输入 x，并对测量系统的有效性做出评价。测量阶段活动的主要内容如下。

1) 收集数据

收集数据的目的是确认问题和机会并进行量化。六西格玛团队活动首先要测量输出变量 Y，进而获得潜在原因，还应对输入变量 x 进行测量。为此要对数据的收集进行策划，包括数据收集的要求、测量对象、测量指标、测量装置及方法等。策划的结果应形成文件，如"数据收集计划"或"数据收集表(单)"，并发放至有关人员，使测量人员和记录人员能保持一致性和可操作性。

在对收集数据进行策划时，应考虑以下三个因素：①样本量，在数据收集的成本不高时，最好尽量使样本容量大一些；②时间范围，要以能反映过程稳定状况下的质量水平为准；③代表性，要考虑产品、批量、抽样方法，使样本提供的信息能代表总体。

2) 整理数据

整理数据的目的在于为查找原因提供线索，这需要选择一些评价指标和运用一些适宜的统计技术方法。

常用的评价指标，如单位产品缺陷数 DPU、百万机会缺陷数 DPMO、流通合格率 RTY、过程能力指数 $C_P, C_{PK}, C_{PU}, C_{PL}$ 和过程性能指数 $P_P, P_{PK}, P_{PU}, P_{PL}$ 等。

常用的整理数据的方法有排列图、直方图、散布图、过程能力分析、失效模式分析，以及分层法、调查表、因果图、抽样检验、水平对比法和折线图等。

3) 验证测量系统

验证测量系统旨在确保所收集到的数据准确、可靠，不因测量误差较大而造成分析失效。

对测量系统的分析、验证包括：①分辨力，即测量系统检出并如实指示被测特性中极小变化的能力，一个测量系统被选用，应有足够的分辨力；②稳定性，对监视和测量装置除须执行严格的周期检定/校准外，还应使用控制图来考察其测量值的统计稳定性；③一致性，应确认在相同条件下重复测量的一致程度，可通过假设检验或方差分析，来验证测量数据是否具有一致性。

3. 分析阶段(A)

认真研究相关的数据资料，应用一些统计方法工具来寻找和确定过程的关键影响因素。分析阶段活动的主要内容如下。

1) 分析产生问题的原因

经过测量阶段找出已经发生的问题(y)，接着要针对所发生的问题不断追问"为什么"，以便追寻出现问题的各种原因。开始时，应把所有的原因都考虑到，为此要发动团队成员开拓思路、众擎易举。在实践中，一些公司往往喜欢采用头脑风暴法，这是一种集体创造性的共同思考问题的方法。例如，在寻找影响输出结果的原因时，可按以下步骤进行。

(1) 选择参与人员，人数不要太多(5～8人为宜)，但一定是都对问题有所了解的。

(2) 由召集人宣布拟分析的问题。

(3) 展开头脑风暴，该步骤应遵循几个规则：①畅所欲言，尽量探索构成问题的大小原因，怎么想就怎么说，哪怕没把握也没关系，不要有所顾忌；②复合发展，与会者轮流提出看法，以前面发言人的观点为出发点，发展为更加完善的观点；③多多益善，尽量多地提出原因；④禁止评论，不对别人的看法恭维或反对。

(4) 整理、澄清看法，使每个人都能理解，对提出的原因进行梳理、分层。运用头脑风暴法所产生的一系列原因，可以用因果图、关联图或系统图的方式将其表示出来，使团队成员更容易看清各种原因的层次和主次关系。

2) 确定关键原因

找出影响因素和问题之间的因果关系之后，还要确定哪些是"关键的少数因素"(x)。这些关键因素虽然数量不多，但对问题的影响直接和重大，是改进的主要对象。

确定关键因素的方法有很多，常用的如排列图、散布图和失效模式分析(FMEA)等。这里重点介绍失效模式分析。

失效模式分析是在产品设计或制造过程中，通过对产品各组成单元潜在的各种失效模式及其对产品功能的影响进行分析，提出可能采取的预防改进措施，以提高产品固有可靠性的一种分析方法。因为它可以根据计算出来的风险顺序数(RPN)确定重点改进对象，所以在六西格玛管理的分析阶段常被运用，计算公式为：

$$RPN = S \cdot O \cdot D \tag{2.7}$$

式中：S 为严重度，具体可参见严重度(S)评分标准，如表 2.3 所示；

　　　O 为失效发生的频度，具体可参见推荐的频度(O)评分标准，如表 2.4 所示；

　　　D 为评估探测度，具体可参见推荐的探测度(D)评分标准，如表 2.5 所示。

表 2.3　严重度(S)评分标准

后　果	评定准则	严　重　度
无警告的严重危害	这是一种非常严重的失效形式，是在没有任何失效预兆的情况下，影响到产品使用安全或违反了有关法律法规	10
有警告的严重危害	这是一种非常严重的失效形式，是在具有失效预兆的前提下所发生的，并影响到产品使用安全或违反了有关法律法规	9
很高	产品(或系统)不能运行，丧失基本功能，顾客很不满意	8
高	产品(或系统)能运行，但性能下降，顾客不满意	7
中等	产品(或系统)能运行，但部分部件不能工作，顾客感觉不方便	6
低	产品(或系统)能运行，但部分项目性能下降，顾客感觉有些不方便	5
很低	配合、外观或杂声等项目不符合要求，大多数顾客发现有缺陷	4
轻微	配合、外观或杂声等项目不符合要求，有一半顾客发现有缺陷	3
很轻微	配合、外观或杂声等项目不符合要求，但很少有顾客发现有缺陷	2
无	无影响	1

表 2.4　推荐的频度(O)评分标准

失效发生可能性	可能发生的失效率	频　度　数
很高：几乎是不可避免的失效	≥1/2	10
	1/3	9
高：反复发生的失效	1/8	8
	1/20	7
中等：偶尔发生的失效	1/80	6
	1/400	5
	1/2000	4

续表

失效发生可能性	可能发生的失效率	频 度 数
低：相对很少发生的失效	1/15 000	3
	1/150 000	2
极低：不太可能发生的失效	≤1/1 500 000	1

表 2.5　推荐的探测度(D)评分标准

探 测 性	利用现行过程控制方法找出存在缺陷的可能性	探测度数
几乎不可能	没有已知的控制方法能找出失效模式	10
很微小	现行控制方法找出失效模式的可能性很微小	9
微小	现行控制方法找出失效模式的可能性微小	8
很小	现行控制方法找出失效模式的可能性很小	7
小	现行控制方法找出失效模式的可能性小	6
中等	现行控制方法找出失效模式的可能性中等	5
中上	现行控制方法找出失效模式的可能性中等偏上	4
高	现行控制方法找出失效模式的可能性高	3
很高	现行控制方法找出失效模式的可能性很高	2
几乎肯定	现行工艺控制方法几乎肯定能找出失效模式。已知相似工艺的可靠的探测控制方法	1

3) 验证分析结果

通过因果图、关联图或系统图找出因果关系后，要确定是否找到了真正的原因，还需要通过各种检验才能得到证明。例如，通过散布图可以确认 y 与 x 有没有相关性，进而计算相关系数，可以找出 y 与 x 之间关系的密切程度，以判断所分析的因果关系是否准确。通过假设检验或方差分析，还可以验证所找出的关键因素是否对特性结果有重大的影响。

4. 改进阶段(I)

寻找优化过程输出变量 y 并消除或减少输入变量 x 影响的方案，使缺陷或变异降到最低。改进阶段是 DMAIC 全过程中的收获旺季，其活动的主要内容如下。

1) 提出改进方案

改进的作用致力于满足比规定要求更高的要求。一个组织需要改进的方面有很多，如质量、成本、效率、交货期、安全、环境等。但关键因素被确定后，改进的方向也就变得明朗了。如何实施改进？先要提出改进方案，最好能提出两个或两个以上的方案，然后对每一个方案都要说明以下内容。

(1) 改进的必要性，明确所要解决的问题为什么比其他问题更重要。

(2) PDCA 的设想，要进行几个循环以及每个阶段的安排。

(3) 改进的目标和目标值。

(4) 为实现目标的主要措施和方法。

(5) 方案实施时可能会遇到的障碍。

(6) 对资源的需求，如人力资源的培训，需添置的设备、设施，以及财务方面的预算等。

(7) 预计实现方案的时间。

2) 选择改进方案

在对各改进方案进行选择之前，团队成员应先对价值准则达成共识。所谓价值准则，是指评估不同方案的优先原则或指标，一般要根据组织的经营战略、质量方针目标、经济的合理性、技术的先进性等方面考虑，对所提出的各种方案有一个全局的概念和把握。挑选方案可经过以下步骤。

(1) 普选。运用专业知识、实践试验、专家意见及一些常用的统计方法，如过程决策程序图法(PDPC)、方差分析(ANOVA)、正交试验设计(DOE)等，对各种方案进行评价。

(2) 压缩。写改进方案说明书，在普选方案的基础上，提炼出切实可行的方案，并形成正式的文件报告。

(3) 选择。依据价值准则，在对所有的改进方案说明书进行分析后，挑选出最理想的改进方案。

3) 实施改进方案

如何实施改进方案，可以在对策表中明确实施的内容、对策、目标、措施、负责人、地点和时间要求等；也可以利用矢线图法表明各过程的先行后续关系、所需时间，并找出关键路径，对关键路径中的各过程严加控制。在改进阶段还需要涉及的方法有直方图、控制图、矩阵图、抽样检验、流程图和优选法等。

5. 控制阶段(C)

将改进后的过程标准化，并通过有效的检测方法保持已取得的成果。控制阶段的主要活动内容如下。

1) 证实

(1) 证实成果是真实的。在控制阶段，首先应对改进的成果进行验证。从统计学角度看，要对改进前和改进后的质量特征数据的分布进行比较，看是否发生了显著性差异，最适宜的方法当属假设检验，但均值检验、标准差检验都要做。若不能证明原假设不成立，则有理由怀疑改进的结果可能是偶然的现象，应加大抽样数量，如仍不能推翻原假设，则应重新选择改进方案。

(2) 证实改进是值得的。从经济的角度上看，应考察其财务效果，并使以下几个问题得到财务部门的认可。因减少了缺陷，使减少的浪费是多少，劣质成本降低了多少；因提高了效率，使增加的效益是多少，投入、产出比是否有所增长。

2) 保持

对经验证确实实现了改进的质量特性，还应再通过一段时间的考验，看其稳定性如何，这段时间一般叫作巩固期或考验期。巩固期的长短无统一要求，根据项目的大小、难易和产品的性质由组织自行规定，少则一个月，多则半年。在巩固期内，应使用控制图(SPC)来监视过程的结果(关键输出变量 y)或过程的控制参数(关键输入变量 x)。

3) 巩固

(1) 文件化与标准化。一个项目被成功实施了改进，往往伴随着对原有产品或过程的改变。在确认项目成果的同时，应确保将其形成文件，经过一定的更改程序后，纳入有关标准、规范、规程或作业指导书。一些公司的做法是：编制控制计划，补充相应的质量记录，建立相应的数据库。

(2) 过程管理及监控。过程管理主要是解决过程中的职能交叉问题，以提高员工的工作效率。在过程管理中应做到：明确过程负责人和过程管理的职责；使工作适合于过程要求；在工作中始终把顾客要求放在首要位置；过程要定期进行测量、分析和改进，必要时进行再设计；尽量减少部门间的内耗。

(3) 过程管理的另一项重要内容是要对过程实施监控，可以借助过程计分卡、控制图、顾客信息反馈单等管理工具。坚持对过程实施监控，目的在于避免缺陷复发或绩效反弹，以使改进的成果能较长期地保持下去。

关闭项目。在证实了项目的主要目标已经实现并且运行平稳后，可以及时关闭项目，具体包括以下内容。

① 内部总结。由六西格玛项目负责人或团队指定人员撰写项目成果报告。其内容主要有：项目背景、团队组成、项目目标、DMAIC 各阶段活动的情况，应用统计技术方法分析问题的过程，采取了哪些改进措施，改进的效果如何，有什么经验、教训和体会，是否还有遗留问题尚待解决等。

② 外部沟通及项目移交。必要时，将项目结束日期通知有关顾客或供方，明确他们今后的接口；组织内部如果有接手部门的话，应向其移交项目成果。

③ 资料归档。六西格玛项目成果是组织的一笔财富，应保管好。需要归档的资料包括：项目开展初期的资料，如团队组成、项目任务书、活动计划等；项目进行过程中的资料，如过程改进五个阶段的资料、计划变更情况等；项目成功之后的资料，如成果报告、项目移交及外部沟通等资料。

案例3　爱德华兹·戴明：质量管理之父

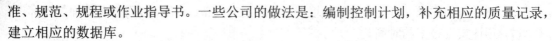

戴明的名字，同全面质量管理紧密相连。战后日本的经济崛起，他是首位功臣。由他主持的"四日谈"，对促进美国管理转型也影响巨大。而他同德鲁克的学术论证，对于管理学本身的发展方向也有着相当的影响。

威廉·爱德华兹·戴明是一位在美国成长起来的质量管理学者，如果不是一个偶然的机遇，他也许只是一位优秀的抽样调查专家。但是，第二次世界大战改变了世界，也改变了他。他来到日本，在战后日本的经济重建中发挥了巨大作用，尤其是在质量管理方面做出了划时代的业绩，大师地位也由此奠定。

随着日本经济对美国的进逼和威胁，美国人开始重新起用戴明，并把他的思想"引进"回国内。最终，一代名师在日本和美国的经济互动中"左右逢源"，走向世界。

1900 年 10 月 4 日，戴明出生于美国依阿华州的苏城，他父亲是个农场主，但并不富有。戴明从小就养成了自食其力的习惯，以打工赚取自己的生活费用。他打工的范围很杂，包括傍晚时点亮街灯、扫雪、为饭店打杂、清理床铺等，什么都干。直到上了大学，他依然保留着打工的习惯。

戴明的好学、严谨，在小时候就已见端倪，从小朋友给他起的外号——"教授"，就可以印证这一点。当然，他也不是那种死板的"小老头"，少年所具有的幻想和热情，他并不缺少。14 岁时，他曾经报名当志愿兵，要到墨西哥边境参加一个不大的战争，但是后来年龄露了馅儿，被遣返回家。

1917 年，戴明进入怀俄明大学，四年后获得电器工程学士学位。1921 年毕业后，他留校任工程学教师。同时，他又到科罗拉多大学研读数学和物理学。在即将完成学位课程时，他的导师向耶鲁大学推荐了他。于是，戴明到耶鲁大学继续研读数学和物理学。1928 年，戴明在耶鲁大学获得了博士学位。

读博期间，戴明暑假到芝加哥的西方电器公司霍桑工厂打工，在这里，他开始意识到统计在管理过程中的重要性。大约在 1927 年，他结识了在贝尔研究所的休哈特博士。休哈特有"品质统计控制之父"的称誉，他对戴明的一生产生了重大影响。

毕业后，戴明来到美国农业部固氮研究所，主要从事统计学研究工作。统计学是戴明的本行，抽样技术是他的"拿手好戏"。1939 年，戴明出任美国人口统计局的调查顾问。在这里，他先后进行过两次关于抽样技术的大规模应用，第一次是在 1940 年的人口调查中，他把休哈特的统计质量控制原理应用在社会领域。从这次抽样调查开始，美国人口计量由原来的总体调查变为抽样统计。1942 年，随着战争的持续，戴明又把统计质量控制原理引入工业管理，他和另外两位专家向检验人员和工程师传授统计质量控制理论，把统计理论应用于战时生产。但是，战争时期的生产，只求更多，不求更好。尽管戴明在美国不断呼吁重视质量，却很少能引起国内的重视。在 20 世纪 40 年代，戴明反复强调质量控制的重要性，不断进行质量管理的培训，试图把统计学运用于工业生产中。据说，在这一阶段美国政府和企业听过戴明培训课程的人数达三万人。不过，他的呼吁在美国反应寥寥，没有多少人对他的建议和课程真正有兴趣。

1946 年，随着战争的结束，戴明也离开了美国农业部，自己成立咨询公司，并在纽约大学工商管理研究所兼职。

1947 年，戴明接受盟军最高指挥部的征召，赴日本帮助当地战后重建。当时，日本除了京都外，几个主要城市都在大规模空袭中被摧毁殆尽。作为一个缺乏自然资源的岛国，日本的崛起，依赖于向国际市场的开拓。但是，战争刚结束的日本，缺乏向国际市场开拓的本钱，物质的匮乏使大量美国货流向日本，日本对美国的巨额贸易逆差无可奈何。在短缺经济下，不可能形成质量追求。"有"和"无"的问题尚未解决时，"好"和"坏"的问题就提不到企业的议事日程。因此，战后的日本产品以质量低劣而闻名。国际市场上，"Made in Japan"的标记，等同于劣质产品的代名词。有趣的是，当时有的日本公司迫不及待地在日本一个叫"Usa"的小村庄设厂，因为这一举措，可以使他们的产品借助大写字母的功效，打上"MADE IN USA"的标记。

戴明到日本的本来意图是指导日本人进行人口普查，讲授统计与质量管理。1950 年 7 月 10 日至 18 日，戴明受日本科技联盟邀请在日本四大城市授课。可能是吸取了在美国的经验教训，戴明在日本的讲座不再突出他擅长的统计学，而是突出品质管理。他立足于一个基本信念，即高质量可以降低成本。过去，几乎所有人在质量管理上都有两个认识误区：一是认为质量是生产者的责任，二是认为高质量必然造成高成本。而戴明为了澄清这两个误区不遗余力。他在东京对日本最有实力的 21 位企业家(控制着日本 80% 的资本)传授他的管理思想时，强调道："大多数的质量问题是管理者的责任，不是工人的责任，因为整个

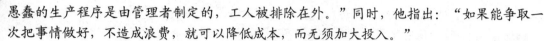

愚蠢的生产程序是由管理者制定的，工人被排除在外。"同时，他指出："如果能争取一次把事情做好，不造成浪费，就可以降低成本，而无须加大投入。"

日本人最关心的是战后恢复和崛起的进程，他们问戴明：要改变日本的国际形象，把日本由一个制造劣质低档产品的国家转变为能在国际市场上具有竞争优势、生产高质量产品的国家，需要多长时间？戴明预言："只要运用统计分析，建立质量管理机制，五年后日本的产品就可以超过美国。"当时没有人相信这一断言，日本人最大的梦想不过是恢复战前的生产水平。虽然他们私下聊天时觉得这个美国人过于乐观，但是却乐意按照他的提示去放手一搏。原因很简单，当时的日本已经失去了一切，没什么好损失的了。

果然，日本的产品质量总体水平在四年后(约1955年)就超过了美国，到20世纪七八十年代，不仅在产品质量上，而且在经济总量上，日本工业都对美国工业造成了巨大的挑战。由此开始，戴明成了日本的质量管理"教主"。在随后的30年间，戴明在日本各地举办全面质量管理培训讲座，传授他的管理思想。他关于质量管理的理论框架和操作要点，基本是在日本成型的。如"管理十四要点"，分析解决质量问题的"四步质量环节：学习、吸收、消化、创新"等，都是在日本讲座的结晶。据估计，日本每五个企业中的最高领导人就有四人曾听过他的讲座。日本的企业界对戴明感恩戴德。据说，在丰田公司东京总部的大厅里，有三张比真人还大的照片，其中一张是丰田的创始人，另一张是丰田现任总裁，第三张比前两张都大，就是戴明。

日本人为了表达对这位"教主"的感激与敬意，1951年，日本科技联盟用戴明捐赠的课程讲义稿费和募集到的资金设立了著名的"戴明奖"——一个刻着戴明侧像的银牌，用以奖励在质量管理方面取得重大成就的企业。1960年，日本天皇颁发给戴明二等瑞宝奖章，他是第一位获此殊荣的美国人。得奖事由上写着："日本人民将日本产业得以重生及日制收音机及零件、半导体、照相机、双筒望远镜、缝纫机等成功地行销全球，归功于戴明博士在此的所作所为。"

戴明在日本享有盛名之时，在美国依然无人过问。从日本回到美国，他在华盛顿特区有一间地下室作为办公室，这里阴冷、潮湿，一如他之前在美国的遭遇。然而，到1980年，这种状况终于改变了。

那年，一位电视制作人梅森女士制作了电视纪录片《日本行，为什么我们不行？》，并由美国广播公司在全美播出。这部电视纪录片赞扬了日本的制造业，主角却是戴明。一夜之间，戴明成为质量管理的明星。从此，戴明走出了他的地下室，来到了美国企业之中。邀请他传授管理思想的电话开始络绎不绝，其中包括福特、通用、摩托罗拉、宝洁等著名公司，他变成了大忙人。他帮助美国的企业开始了长期的生产品质改善和管理体制的变革。例如，摩托罗拉公司开展的长达十年的"全面质量管理运动"，杰克·韦尔奇在通用电气采用的六西格玛质量管理方法等，都是由戴明奠定的基础。

从1981年起，戴明不断地在全美各地举行"四日研讨会"，每年举办20次以上，年听众达两万人之多，以推动美国企业的管理改革。这种独具特色的"四日研讨会"所讲的内容，由拉兹柯和桑德斯编辑为《戴明管理四日谈》，在管理界产生了巨大的影响。有些媒体甚至称安德鲁·卡内基是美国的企业之父，戴明则是美国的企业管理之父，还有的称戴明为第三次工业革命之父。在一定程度上可以说，戴明以他独具特色的质量管理思想，在管理实践领域开辟了一个新时代。

美国终于重新发现了戴明，他的荣誉也随之纷至沓来。1983年，戴明当选美国国家工程院院士；1986年，入选位于戴顿的科技名人堂；1987年，当时的美国总统里根给戴明颁发了国家科技奖章；1988年，美国国家科学院又给他颁发了杰出科学事业奖；1991年，进入汽车名人堂。这些荣誉，戴明可谓当之无愧。

国际上，有两个质量管理的奖项均以戴明的名字命名。一个在日本，一个在美国。日本的戴明奖，是由日本科技联盟于1951年设立的；美国的戴明奖，是由美国统计协会大都市分会于1990年设立的。这两个奖项，都颁发给对改进质量与生产力有贡献的人士。有人认为，戴明是品质运动与学习型组织这两大领域的先知。

戴明把自己的一生都投入到管理研究中。他出版过八种著作，其中有五种是在82岁之后完成的。他成名在日本，但他对拯救和振兴美国经济，具有一种传教士般的使命感。他力图用一己之力扭转美国经济发展和企业管理中的种种不良倾向。他把自己的工作与美国命运紧密联系在一起，他晚年所希望的就是让人们在将来能够把他看作"阻止美国自杀"的人。正因为此，德鲁克这样评价戴明："他对日本和美国都产生了难以估量的影响。虽然在祖国屡遭拒绝，但他是一个特别爱国的美国人。"

(资料来源：刘文瑞.爱德华兹·戴明：质量管理之父[J].名人传记财富人物，2011.)

案例4 罗西尼：互联网是质量提升的新维度

互联网的兴起，改变了人们的生活方式，也改变了人们的思维观念。生活在当代的人们，必须重视到互联网所带来的巨大变革，无论个人，还是商家莫不如此。在时间的舞台上飞驰，罗西尼不仅将互联网当作工具使用，而且还用互联网思维来提升质量管理。因为，罗西尼不盲目追求在短期内成为业界一流品牌，而是用专注精神和创新基因来不断追求长久过硬的技术和品质。

专注精神

互联网管理思维本身就强调专注精神，这种专注不是追求多元化，而是专注于行业本身，将"专注"达到极致，并且在不同的时间完成某项任务。自智能手表入市后，一些生产传统钟表的企业感觉受到了冲击，很难接受这种新事物。但罗西尼早已在这方面进行转型，成立了智能手表研发中心，该中心研发的智能手表具有自主知识产权，续航能力可达7天，而且这款智能手表特别之处在于，外观设计上沿用传统手表的圆表盘，突出金属质感和艺术美感，既传承了传统腕表的美感，又完善了智能功能。

2016年1月18日，罗西尼在我国珠海国家高新技术产业开发区罗西尼钟表产业园区发布首款品牌智能腕表，成为我国传统钟表企业中首家推出智能腕表产品的民族腕表品牌。这款智能腕表融合了经典的腕表制作工艺与科技产品的功能性、多样化及交互性等卓越功能于一身。

腕表外观以圆形表壳为主打设计，整体造型设计遵循音律的律动感，凸显机身的纤薄。表壳体材质选用芬兰进口316L精钢，实现不锈钢拉丝及镜抛的优雅金属质感。表镜采用特殊球面玻璃设计，结合环境光亮度监测芯片，可实现自动调节亮度，画面逼真，立体感强。

这款智能腕表的佩戴体验与传统手表别无二致，科技功能也创意十足。为实现用户体验个性化，罗西尼智能腕表可轻松更换表圈、表带及表盘，公司会陆续推出更多款经典表盘和创意动画表盘，产品可完美适配 Android 和 i08 双系统，轻松实现与手机的交互兼容。

多年以来，罗西尼坚定地认为"质量是企业的生命"，因此对质量的"苛求"成为每一个罗西尼人的信条。精益求精的专注精神无形中在支撑着罗西尼品牌的成长和崛起。厚积而薄发，制表30余年的罗西尼，每一只手表的背后都蕴含着无数的专注精神。经得起考验的产品，也为品牌价值的增值画上浓墨重彩的一笔。而在罗西尼人的信念中，专注精神不局限于精细的手工活，还在于与时俱进地引进现代化的、先进的精密加工设备，进一步提升工艺水平及进行核心技术攻关，以迎接时代潮流。

创新基因

创新是企业获得竞争力的源泉，是未来发展的动力。管理创新即针对企业所面临的一系列问题及内外部环境，通过引进新的管理理念、架构、技能等，在不断整合与修正的基础上加以实施，以达到有效地利用企业资源、提高组织效率的目的。在新常态经济环境下，罗西尼以敏锐的眼光，抓住了行业发展的关键点，立足建成自主研发和创新体系，推动电子商务战略和智能手表战略的长足发展，从最初的单店摸索到国内主流第三方电子商务平台的全面铺开；从数人项目组发展至百人团队，年度销售业绩贡献率逼近 17%。以充分联动实体经济市场优势与开拓创新思维模式相结合，取得了领先业界的成绩，开创了线上销售蓝海。目前，罗西尼已在天猫、京东、唯品会等多家线上购物平台开设了旗舰店，过硬的产品质量、贴心的售前售后服务，为罗西尼在各个平台的旗舰店带来了如潮好评。

关于线下的拓展，罗西尼保持着"开好店，开优质店"的发展趋势，持续扩大企业市场销售布局，销售网点接近 3200 个。企业转变被动销售理念，主动出击创新营销模式，以品牌"走入企业"的销售模式创造了优异的销售成绩。同时，罗西尼明星巡展进一步提升了品牌在全国各地的影响力。

此外，创新企业管理方面，罗西尼在信息化发展方向持续发力，以市场调研为基础，以数据管理为手段，实施了手表"一表一码"系统管理，完善售后服务、终端服务等管理系统的开发实施，有效提升企业信息化管理水平和财务管控水平。同时，在销售模式方面，根据业务部门的创新思路与建议，罗西尼一般根据年度重大节日、社会热点等时间点与议题，鼓励各分部发挥主观能动性，实现全面创新，创新营销策略，创造品牌销售的新格局。

2016 年下半年，钟表市场持续着胶着状态，通过罗西尼品牌与各分部携手应对，保持了销售领先并缔造了新的市场格局。罗西尼紧紧把握"精准、改进、完善、提升"要点，以精益化运营为主要方向，立足客观的市场调研与分析，精准研判与解决问题，不断改进与完善销售模式与管理体系，实现品牌效益的提升。

互联网思维是一种时代转型的信号。罗西尼应用互联网思维提升质量恰恰呼应了时代倡导的"大质量"理念，从更广、更大、更全的视角去研究质量问题。因此，人们对质量的认识就不能限于产品质量和服务质量本身，而须通过对自身管理、运营、服务、品牌等方面的创新提升方可产生深远的影响力。

(资料来源：梁剑.罗西尼：互联网是质量提升的新维度[J].中国品牌，2016.)

模拟试卷2

一、名词解释(10分，每题5分)

(1) 六西格玛管理

(2) 卓越绩效模式

二、填空题(14分，每空2分)

(1) 缺陷包括_____、_____、_____。

(2) ISO 9000 族标准的最主要的目的是_____、_____上的成本。

(3) EFQM 的基本思想为_____。

(4) 收集数据的目的是_____并进行量化。

三、单项选择题(12分，每题3分)

(1) 马尔科姆·波多里奇国家质量奖要求审查_____组织活动。

    A 六大类   B. 七大类   C. 八大类   D. 九大类

(2) 朱兰博士主编的_____被称为当今世界质量控制科学的名著。

    A. 质量计划   B. 管理突破

    C. 质量改进   D. 质量控制手册

(3) _____是全面质量控制的创始人。

    A. 休哈特   B. 费根鲍姆

    C. 朱兰   D. 石川馨

(4) DMAIC 中，寻找优化过程输出 y 并消除或减少关键 x 影响的方案，使缺陷或变异降到最低_____。

    A. D 阶段   B. M 阶段   C. A 阶段

    D. I 阶段   E. C 阶段

四、多项选择题(12分，每题4分)

(1) ISO 9000 族标准的主要核心标准包括_____。

    A. ISO 9000：2015《质量管理体系——基础和术语》

    B. ISO 9001：2015《质量管理体系——要求》

    C. ISO 9004：2009《追求组织的持续成功——质量管理方法》

    D. ISO 19011：2011《管理体系审核指南》

    E. GB/T19580《卓越绩效评价准则》

(2) DMAIC 过程改进流程包括_____阶段。

    A. 界定或定义   B. 测量

    C. 分析   D. 改进

    E. 控制

(3) 六西格玛管理对过程绩效常用_____来衡量。

    A. PTY   B. PEY   C. PFY

D. PSY   E. PGY

五、判断题(8 分，每题 2 分)

(1) 戴明理论的核心是：管理就是不断改进工作。   (　　)
(2) 朱兰的《质量控制》是质量管理三部曲中的第一部。   (　　)
(3) 六西格玛是一个量化了的质量目标。   (　　)
(4) 改进的作用致力于满足比规定要求更高的要求。   (　　)

六、简答题(30 分，每题 10 分)

(1) "突破历程"包括哪些关键环节？
(2) 设立马尔科姆·波多里奇国家质量奖的目的有哪些？
(3) 六西格玛管理的核心特征是什么？

七、论述题(14 分)

简述六西格玛管理原则。

第三章　质量管理体系

通过对本章的学习，要求了解和掌握以下内容。
- 质量管理体系的含义和特征。
- 质量管理体系模式。
- 质量管理体系构建。
- 质量管理体系认证。

确保质量管理体系的有效运行是组织质量经营的核心。质量管理体系既要组织内部质量管理符合标准、顾客、法律法规的要求，也要充分考虑提供外部质量保证的要求，按照 ISO 9000 族标准建立或更新完善质量管理体系，通常要做好组织策划、总体设计、体系建立、编制文件、实施运行等方面的工作。

第一节　质量管理体系概述

一、质量管理体系的含义

体系(系统)是指相互关联或相互作用的一组要素。管理体系是指组织建立方针和目标以及实现这些目标的过程的相互关联或相互作用的一组要素。

质量管理体系是指管理体系中关于质量的部分。

质量管理体系包括组织识别其目标以及确定实现预期结果所需过程和资源的活动。

质量管理体系为相关方提供价值及实现结果所需的相互作用的过程和资源。

质量管理体系能够使最高管理者通过考虑其决策的长期和短期后果而充分利用资源。

质量管理体系给出了识别在提供产品和服务方面处理预期和非预期后果所采取措施的方法。

质量的载体主要是指产品、过程和体系。产品质量由一组固有特性组成，这些固有特性是指满足顾客和其他方面要求的特性，并由其满足要求的程度加以表征。产品质量能否满足顾客和其他方面要求，关键是对质量的管理。质量管理主要包括如下五方面工作。

(1) 过程管理，即过程的策划、建立、连续监控和持续改进。过程管理是质量管理的重要内容。

(2) 质量策划，即确定质量目标、必要过程和相关资源并输出质量计划。质量策划是质量管理的一部分。

(3) 质量控制，即采用监视、测量、检查及调控手段以达到质量要求。质量控制是质量管理的一部分。

(4) 质量保证，即产品质量和服务质量满足现定要求，得到证实，取得本组织领导、上级特别是顾客的信任。

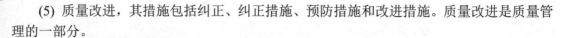

（5）质量改进，其措施包括纠正、纠正措施、预防措施和改进措施。质量改进是质量管理的一部分。

质量管理能否有秩序、高效率、持续性运行，其关键是要建立一个质量管理体系，为系统、有效的质量管理提供保障。

二、质量管理体系的特征

质量管理体系有以下特征。

（1）要有效开展质量管理，就必须设计、建立、实施和保持质量管理体系。

（2）质量管理体系应具有符合性。

（3）质量管理体系的设计和建立，应结合组织的质量目标、产品类别、过程特点和实践经验。因此，不同组织的质量管理体系有不同的特点。质量管理体系应具有唯一性。

（4）质量管理体系是相互关联、互相作用的组合体，包括：①组织结构。合理的组织机构和明确的职责、权限及其协调的关系。②文件化信息。保持文件化信息，即建立必要的文件；保留文件化信息，即保留相关的记录，是过程运行和从事有关工作的依据。③过程。质量管理体系的有效实施，是通过其所需全过程的有效运行来实现的。④资源。必需、充分且适宜的资源包括人员、资金、设施、设备、料件、能源、技术和方法。质量管理体系应具有系统性。

（5）质量管理体系的运行应是全面、有效的，既能满足组织内部质量管理的要求，又能满足组织与顾客的合同要求，还能满足第二方认定、第三方认证和注册的要求。质量管理体系应具有全面性、有效性。

（6）质量管理体系应能采用适当的预防措施，有一定的防止重要质量问题发生的能力，即质量管理体系应具有预防性。

（7）最高管理者应定期批准进行内部质量管理体系审核，定期进行管理评审，以改进质量管理体系；还要支持质量职能部门(含车间)采用纠正措施和预防措施改进过程，从而完善体系。质量管理体系应具有动态性。

（8）质量管理体系所需全过程及其活动应持续受控。质量管理体系应持续受控。

（9）组织应综合考虑利益、成本和风险，通过质量管理体系持续、有效地运行，且使其最佳化。

三、其他管理体系

ISO 9001 和 ISO 9004 已制订成一对协调一致的质量管理体系标准，以促进组织将两个标准一起使用。为了方便使用者，ISO 9004 将 ISO 9001 的基本内容置于每一项相应条款的框架内，既可互相补充，也可单独使用。

现将这一对标准的相关关系简要分析如下。

(一)ISO 9001 和 ISO 9004 的共同点

将两个标准协调一致的基本目的是促进两个标准之间的协同作用，这有助于提高组织的有效性和效率。它们之间的共同点表现在以下几个方面。

(1) 两项标准的编写结构，仿效组织的主要过程的典型形态，都用以过程为基础的质量管理体系模式加以表述，都是以过程予以展开，展示了过程之间的关系，并应用 PDCA 循环的方法，达到组织质量管理体系的持续改进。

(2) 两项标准都建立在当今世界质量界普遍接受和认同的质量管理七项原则的基础之上，体现了 ISO 9000 族标准的发展。

(3) 两项标准都应用了相同的质量管理体系基础和术语，帮助各种类型和规模的组织实施并运行有效的质量管理体系。

(4) 为了使组织识别改进机会，进行自我完善，两项标准都明确了运用内部审核和管理评审对质量管理体系进行评价的方法，以不断提高质量管理体系的适宜性、充分性和有效性。

(5) 通过不断改善产品的特征及特性和(或)用于生产和交付产品的过程，进行持续改进，促进组织达到"持续的顾客满意"的目的。

(6) 为了维护使用者的利益，两项标准都强调了与其他管理标准的相容性。质量管理体系是组织管理体系的一部分，质量管理体系可与其他管理体系进行协调并整合成一个体系。

(二)ISO 9001 和 ISO 9004 的区别和联系

尽管 ISO 9001 和 ISO 9004 遵循了相同的质量管理原则和方法，有许多共同点，但它们的适用范围不同，它们之间也存在着区别和联系。

ISO 9001 规定了质量管理体系"要求"，可供组织作为内部审核的依据，也可用于认证或合同目的，而 ISO 9004 标准是"指南"，不拟用作审核/认证/合同的依据。

ISO9001 是通过管理体系保证产品质量满足顾客和相关方要求的符合性标准，指出了组织质量管理的规定动作。在满足顾客的要求方面，ISO 9001 标准所关注的是质量管理体系的有效性，为组织提供了有效运营和满足市场质量要求的准则。新颁发的 ISO 9001 质量管理体系要求，吸收了 ISO 9004 的一些内容，提高了质量管理体系评价要求。

ISO 9004 标准为组织提供了超出 ISO 9001 要求的业绩改进指南，除了有效性外，该标准还特别关注持续改进一个组织的总体业绩和效率，所覆盖的范围更广、程度更深，因而更接近于"卓越绩效模式"。为了与 ISO 9000 族标准的目的一致，ISO 9004 定位于 ISO 9001 和"卓越绩效模式"之间的范围上，加入了战略、相关方、财务等内容，将顾客满意和产品质量符合要求的目标，扩展为包括相关方面满意和改善组织的业绩，为希望通过追求业绩持续改进的组织推荐了指南，成为以质量管理方法追求组织可持续发展的理论指导。

ISO 9001 和 ISO 9004 两项标准虽然有不同的运用目的和使用范围，但由于具有相似的结构，有助于使用者将它们作为协调一致的一对标准加以应用。当它们一起使用并得到全面实施时，组织将获得比仅使用一个标准更大的收益。

第二节　质量管理体系构建

一、质量管理体系模式

(一)质量管理体系的基本内容

1. 质量管理体系的目的

帮助组织增强顾客满意，是质量管理体系的目的之一。

每个组织都有自己的产品，所有组织都希望能提供顾客满意的产品。顾客要求产品应当具有满足其需求和期望的特性。顾客的要求由顾客以合同方式规定或由组织自己确定。在组织的产品实现过程中，这些要求通过产品规范来表述。在任何情况下，组织所提供的产品是否被接受是由顾客决定的。组织还会面临顾客期望和需求的不断变化、技术不断发展及同行竞争压力增大的情况，这些都将促使组织持续改进其产品、过程，并进一步提高质量管理体系的有效性。

质量管理体系能提供持续改进的框架，因而可增加顾客和其他相关方对组织及其所提供产品的满意程度，同时也帮助组织提高竞争能力。

质量管理体系还就组织能够提供持续满足要求的产品，向组织及顾客提供信任。

2. 体系要求与产品要求

GB/T 19000 族标准非常准确地区分开了质量管理体系要求和产品要求。任何一个组织在使用质量管理体系标准时对产品要求也应一并考虑，而不可偏废哪一项要求。标准也明确了两者各自的目的和相互关系。

3. 持续改进

1) 持续改进的概念

当改进是渐进的，并且是积极地寻求进一步改进的机会时，就是持续改进。持续改进的对象是质量管理体系。制定改进目标和寻求改进机会的过程是一个持续过程。在该过程中常常使用审核发现、审核结论、数据分析、管理评审或其他方法给出存在的问题，指明原因，促使组织采取纠正措施或预防措施。这一持续循环的活动就是持续改进。

2) 持续改进质量管理体系的目的

持续改进质量管理体系的目的是提高组织质量管理体系的有效性和效率，实现质量方针和质量目标，增加顾客和其他相关方面满意的机会。有效性是完成策划的活动和达到结果的程度；而效率是达到的结果与所使用的资源之间的关系。

(二)质量管理体系的方法

1. 过程方法

1) 过程方法的概念

利用输入转化为预期结果的相互关联或相互作用的一组活动称为过程。资源是过程中的活动所必需的条件。通常情况下，一个过程的输出直接成为下一个过程的输入。

系统地识别和管理组织所应用的过程，特别是这些过程之间的相互作用，被称为"过程方法"。它将是质量管理原则中的"过程方法"应用于建立质量管理体系的具体方法，由此形成了以过程为基础的质量管理体系模式。

2）过程方法的意义

过程是质量管理活动研究的基本单元，正如化学研究的基本单元是化学元素一样。研究过程的基本特征，对于识别质量管理活动的每一个过程具有重要指导意义。研究过程的相互作用，为建立下一个有机运行的质量管理体系提供了基础方法和管理思路。正如质量管理原则中的"过程方法"所阐述的：把活动和相关的资源作为过程进行管理，可以更高效地得到期望的效果。

3）过程方法的基本要点

(1) 系统地识别组织所应用的过程。

(2) 具体识别每一个过程。

(3) 识别和确定过程之间的相互作用。

(4) 管理过程及过程的相互作用。

2．统计技术的作用

统计技术的重要作用在于帮助发现产品或过程有变异或变差，或者在有变异或变差的情况下，通过对变异或变差进行测量、描述、分析、解释和建立模型，使之更好地理解变异的性质、程度和原因，进而帮助组织：①寻找最佳的方法以有助于解决现存问题；②提高解决问题的有效性和组织的工作效率；③利用相关数据进行分析并做出决策；④证实产品或体系的符合性、有效性；⑤持续改进。

二、质量管理体系基本方式——PDCA 循环

(一)PDCA 循环的内容

质量管理工作循环，即按照计划—执行—检查—处理四个阶段的顺序不断循环进行质量管理的一种方法，简称为 PDCA 工作循环。PDCA 工作循环是组织质量管理体系运行的基本方式。

PDCA 工作循环的内容有四个阶段和七个步骤。

1．四个阶段的内容

① 计划阶段：包括制订方针、目标、计划书、管理项目等。

② 执行阶段：即实地去干，去落实具体对策。

③ 检查阶段：即对策实施后，评价对策的效果。

④ 处理阶段：即总结成功的经验，形成标准化，以后按标准进行。对于没有解决的问题，转入下一轮 PDCA 循环解决，为制订下一轮改进计划提供资料。

2. 七个步骤的内容

1) 计划阶段

经过分析研究，确定质量管理目标、项目和拟定相应的措施，其工作内容可分为四个步骤。

第一步骤：分析现状，找出存在的问题，确定目标。

第二步骤：分析影响质量问题的各种原因。

第三步骤：从影响质量问题的原因中找出主要原因。

第四步骤：针对影响质量的主要原因，拟定措施计划。

2) 执行阶段

根据预定目标和措施计划，落实执行部门和负责人，组织计划的实现工作。其工作步骤如下。

第五步骤：执行措施，实施计划。

3) 检查阶段

检查计划实施结果，衡量和考察取得的效果，找出问题。其工作步骤如下。

第六步骤：检查效果，发现问题。

4) 处理阶段

总结成功的经验和失败的教训，并纳入有关标准、制度和规定，巩固成绩，防止问题重新出现，同时，将本循环中遗留的问题提出来，以便转入下一个循环去加以解决。其工作步骤如下。

第七步骤：总结经验，对成功的经验予以肯定，纳入标准。

PDCA 循环就是按照以上四个阶段和七个步骤，不停顿地周而复始地运转。

(二)PDCA 循环的特点

质量管理活动按照 PDCA 循环运转时，一般有下列特点。

1. 四个阶段缺一不可

计划—实施—检查—处理(处置)四个阶段是一个完整的过程，缺少哪一个阶段都不会成为一个完整的环，如图 3.1 所示。

2. 大环套小环，环环相扣

整个组织的质量保证体系构成一个大的管理循环，而各级、各部门的管理又都有各自的 PDCA 循环。上一级循环是下一级循环的依据，下一级循环是上一级循环的组成部分和具体保证，大环套小环，小环保大环，一环扣一环，推动大循环，如图 3.2 所示。

3. 循环每转一周提升一步

管理循环如同爬楼梯一样，逐级升高，不停地转动，质量问题不断得到解决，管理水平、工作质量和产品质量就能达到新的水平，如图 3.3 所示。

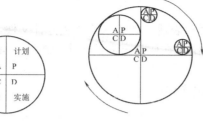

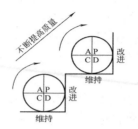

图 3.1　PDCA 循环　　　图 3.2　大环套小环　　　图 3.3　质量改进上升图

4. 关键在于"处理"阶段

"处理"就是总结经验，肯定成绩，纠正错误，以利完善。为了做到这一点，必须加以制度化、标准化、程序化，以便在下一循环进一步巩固成绩，避免重犯错误，同时也为快速地解决问题奠定了基础。

三、质量管理体系的建立

(一)建立质量管理体系的基本规则

质量管理体系是通过周期性改进，随着时间的推移而逐步发展的动态系统。无论其是否经过正式策划，每个组织都有质量管理活动。ISO 9000 标准为如何建立正式的体系提供了指南，以管理这些活动。有必要确定组织中现有的活动和这些活动对组织环境的适宜性。ISO 9000、ISO 9001 及 ISO 9004 标准一起，可用于帮助组织建立一个统一的质量管理体系。

质量管理体系为策划、实施、监视和改进质量管理活动的绩效提供了框架。质量管理体系无须复杂化，而是要准确地反映组织的需求。在建立质量管理体系的过程中，ISO 9000 标准给出的基本概念和原则可提供有价值的指南。

质量管理体系策划不是一个单独的活动，而是一个持续的过程。这些计划随着组织的学习和环境的变化而逐渐完善。计划要考虑组织的所有质量活动，并确保覆盖本标准的全部指南和 ISO 9001 的要求。该计划应经批准后实施。质量管理体系策划首先要建立组织的质量方针和质量目标，整个体系的实施都离不开最高管理者的作用。

组织定期监视和评价质量管理体系计划的实施及其绩效是重要的。经过周密考虑的指标有助于这些监视和评价活动。

审核是一种评价质量管理体系有效性的方法，目的是识别风险和确定是否满足要求。为了有效地进行审核，需要收集有形和无形的证据。基于对所收集的证据的分析，采取纠正和改进措施，使质量管理体系绩效达到更高的水平。

(二)建立质量管理体系的两个关键点

1. 确定质量方针和质量目标

1) 质量方针

质量方针是由组织的最高管理者正式发布的该组织总的质量宗旨和方向。

(1) 最高管理者是指在最高层指挥和控制组织的一个人或一组人。通常泛指具有执行职责的最高层管理者，如总经理。

正式发布是指应通过一种适当的形式表达，如专门的质量方针文件。

(2) 总的质量宗旨和方向可理解为组织在质量方面的未来发展的远景规划或蓝图，是组织的追求。

(3) 质量方针应与组织的宗旨、总方针相一致。

2) 质量目标

质量目标是指组织在质量方面所追求的目的。可理解为在一定时间范围内或限定的范围内，组织所规定的与顾客要求有关的质量指标应达到的具体要求、标准或结果。质量目标应是可测量的。

3) 质量方针和质量目标的关系

(1) 质量方针为制定、评审质量目标提供了框架。

(2) 质量目标通常依据组织的质量方针制定。

(3) 质量方针与质量目标应紧密相连，质量目标在持续改进方面与质量方针相一致。

2. 发挥最高管理者的作用

1) 针对质量管理体系的领导作用与承诺

最高管理者应通过以下方面，证实其对质量管理体系的领导作用与承诺。

(1) 确保质量方针和质量目标得到建立，并与组织的战略方向保持一致。

(2) 确保质量方针在组织内得到理解和实施。

(3) 确保质量管理体系要求纳入组织的业务运作。

(4) 提高过程方法的意识。

(5) 确保质量管理体系所需资源的获得。

(6) 传达有效的质量管理及满足质量管理体系、产品和服务要求的重要性。

(7) 确保质量管理体系实现预期的输出。

(8) 吸纳、指导和支持员工参与对质量管理体系的有效性做出贡献。

(9) 增强持续改进和创新。

(10) 支持其他的管理者在其负责的领域证实其领导作用。

2) 针对顾客需求和期望的领导作用与承诺

最高管理者应通过以下方面，证实其针对以顾客为关注焦点的领导作用和承诺。

(1) 可能影响产品和服务符合性、顾客满意的风险得到识别和应对。

(2) 顾客要求得到确定和满足。

(3) 保持以稳定提供满足顾客和相关法规要求的产品和服务为焦点。

(4) 保持以增强顾客满意为焦点。

第三节 质量管理体系认证

一、认证概述

认证制度包括产品质量认证、质量管理体系认证、环境管理体系认证、职业健康安全管理体系认证及认证机构认可五个方面的内容。质量认证作为第三方证实产品质量的一种外部质量保证制度，已成为世界潮流。

(一)认证的分类

1. 产品质量认证

产品质量认证是指依据产品标准和相应的技术要求，经认证机构确认并颁发认证证书和认证标志，证明某一产品符合相应标准和相应技术要求的活动。

产品质量认证包括合格认证和安全认证两种。依据标准中的性能要求进行认证叫作合格认证；依据标准中的安全要求进行认证叫作安全认证。前者是自愿的，后者是强制性的。

2. 质量管理体系认证

质量管理体系认证是指依据国际通用的 ISO 9000 系列标准，经过认证机构对组织的质量管理体系进行审核，并以颁发认证证书的形式，证明企业的质量管理体系符合相应要求，授予合格证书并予以注册的全部活动，又称质量管理体系注册。

3. 环境管理体系认证

环境管理体系认证是指企业依据 ISO 14001 的要求，建立起完整的用文件表述的环境管理体系，通过运行及内部评审，证明这个体系是符合标准要求的、有效的，它向社会表明本组织兑现环境承诺和对环境因素的控制能力。

4. 职业健康安全管理体系认证

为了尽快提高我国安全生产水平，保障广大劳动人民的根本利益，也为了促进国际贸易的发展，符合 WTO 规则的要求，国家质量监督检验检疫总局于 2001 年 7 月组织了专门起草组，借鉴 ISO 9000 和 ISO 14000 国际标准的成功经验和先进的管理思想和理论，充分考虑了目前在国际上得到广泛认可的 OHSAS 18001 标准的技术内容，起草了国家标准 GB/T 28001《职业健康安全管理体系—规范》，并于 2001 年 11 月正式批准发布，2002 年 1 月 1 日起正式实施。

5. 认可

认可是由权威性组织依据程序对某一集团或个人具有从事特定任务的能力予以正式承认。为了确保产品认证和体系认证的客观性、公正性和科学性，应对认证机构的资格进行评价和认可。需要认可的认证机构包括产品认证机构、体系认证机构、检验鉴定机构、培训机构，还包括审核员的资格注册等。

(二)我国认证制度的管理体制

1999 年，我国在原有各种认可机构的基础上，经国务院授权，国家质量技术监督局成立了中国合格评定国家认可中心，全面负责各种认证、认可及认证人员的管理和监督工作。

2001 年，国务院决定将国家质量技术监督局与国家出入境检验检疫局合并，组建中华人民共和国国家质量监督检验检疫总局(简称国家质检总局，正部级)。

国家质量监督检验检疫总局是国务院主管全国质量、计量、出入境商品检验、出入境卫生检疫、出入境动植物检疫和认证认可、标准化等工作，并行使行政执法职能的直属机构。

为加强对全国认证认可工作的统一领导和监督管理，国务院决定组建中国国家认证认可监督管理委员会(中华人民共和国认证认可监督管理局)，该委员会为国家质检总局管理的事业单位。国家认证认可监督管理委员会是国务院授权的履行行政管理职能，统一管理、监督和综合协调全国认证认可工作的主管机构。

国家认证认可监督管理委员会的主要职责如下。

(1) 研究起草并贯彻执行国家认证认可、安全质量许可、卫生注册和合格评定方面的法律、法规和规章，制定、发布并组织实施认证认可和合格评定，宣传监督管理制度、规定。

(2) 研究提出并组织实施国家认证认可和合格评定工作的方针政策、制度和工作规则，协调并指导全国认证认可工作，监督管理相关的认可机构和人员注册机构。

(3) 研究拟定国家实施强制性认证与安全质量许可制度的产品目录，制定并发布认证标志、合格评定程序和技术规则，组织实施强制性认证与安全质量许可工作。

(4) 负责进出口食品和化妆品生产、加工单位的卫生注册登记的评审和注册等工作，办理注册通报和向国外推荐事宜。

(5) 依法监督和规范认证市场，监督管理自愿性认证、认证咨询与培训等中介服务和技术评价行为；根据有关规定，负责认证、咨询、从事认证业务的检验机构(包括中外合资、合作机构和外商独资机构)的资质审核和监督；依法监督管理外国(地区)相关机构在境内的活动；受理有关认证认可的投诉和申诉，并组织查处；依法规范和监督市场认证行为，指导和推动认证中介服务组织的改革。

(6) 管理相关校准、检测、检验实验室技术能力的评审和资格认定工作，组织实施对出入境检验检疫实验室技术能力的评审、计量认证、注册和资格认定工作；负责对承担强制性认证和安全质量许可的认证机构及承担相关认证检测业务的实验室、检验检疫和鉴定等机构(包括中外合资、合作机构和外商独资机构)技术能力的资质的审核。

(7) 管理和协调以政府名义参加的认证认可和合格评定的国际合作活动，代表国家参加国际认可合作组织(IAF)、太平洋认可合作组织(PAC)、国际评审员与认证培训协会(IATAC)、国际实验室认可论坛(ILAC)、亚太实验室认可合作组织(APLAC)等国际或区域性组织及国际标准化组织(ISO)和国际电工委员会(IEC)的合格评定活动，签署与合格评定有关的协议、协定和议定书；归口协调和监督以非政府组织名义参加国际或区域性合格评定组织的活动；负责国际标准化组织和国际电工委员会中国国家委员会的合格评定工作；负责认证认可、合格评定等国际活动的外事审批。

(8) 负责与认证认可有关的国际准则、指南和标准的研究和宣传贯彻工作；管理认证认可与相关的合格评定的信息统计，承办世界贸易组织技术性贸易壁垒协议、实施动植物卫生检疫措施的协议中有关认证认可的通报和咨询工作。

(9) 研究拟定认证认可收费办法，会同有关部门对收费办法的执行情况进行监督检查。

二、质量管理体系认证的程序、证书和标志

(一)质量管理体系认证的程序

我国质量管理体系认证的程序可分为以下几个阶段。

1. 质量管理体系认证的申请

申请人提交一份正式的应由其授权代表签署的申请书，申请书及其附件应包括如下内容。

(1) 申请方简况，如组织的性质、名称、地址、法律地位及有关人力和技术资源。

(2) 申请认证覆盖的产品或服务范围。

(3) 法人营业执照复印件，必要时提供资质证明、生产许可证复印件。

(4) 咨询机构和咨询人员名单。

(5) 最近一次国家产品质量监督与检查情况。

(6) 有关质量管理体系及活动的一般信息。

(7) 申请人同意遵守认证要求，提供评价所需要的信息。

(8) 对拟认证体系所适用的标准和其他引用文件的说明。

认证机构在收到申请方申请材料之日起，经合同评审以后 30 天内做出受理、不受理或改进后受理的决定，并通知委托方(受审核方)。

2. 现场审核前的准备

在现场审核前，申请方的质量管理体系运行时间应达到三个月，至少提前两个月向认证机构提交质量手册及所需相关文件。

认证机构准备组建审核组，指定专职审核员或审核组长，并进行质量手册审查(文审)，审查以后填写《质量手册审查表》，通知受审核方，并保存记录。

认证机构在文件审查通过以后，应与受审核方协商确定审核日期并考虑必要的管理安排。在初次审核前，受审核方应至少提供一次内部质量审核和管理评审的实施记录。

认证机构正式任命审核组，编制审核计划，审核计划和日期应得到受审核方的同意，必要时在编制审核计划之前初访受审核方，察看现场，了解特殊要求。

3. 现场审核

现场审核的主要程序如下。

(1) 召开首次会议。目的是：①介绍审核组成员及分工；②明确审核目的、依据文件和范围；③说明审核方式，确认审核计划及需要澄清的问题。

(2) 实施现场审核，收集证据，对不符合项目写出不符合项报告单。

(3) 审核组编写审核报告做出审核结论。审核结论有三种情况：①没有或仅有少量的一般不符合，可建议通过认证；②存在多个严重不符合，且短期内不可能改正，则建议不予通过认证；③存在个别严重不符合，且短期内可能改正，则建议推迟通过认证。

(4) 向受审核方通报审核情况与结论。

(5) 召开最后一次会议，宣读审核报告，受审核方对审核结果进行确认。

(6) 认证机构跟踪受审核方，对不符合项采取纠正措施的效果。

4. 认证批准

认证机构对于审核结论进行审定，批准自现场审核后一个月内最迟不超过两个月通知受审核方，并纳入认证后的监督管理。

认证机构负责认证合格后的注册登记，并颁发由认证机构总经理批准的认证证书，在指定的出版物上公布质量管理体系认证注册单位名录。公布和公告的范围包括：认证合格企业名单及相关信息(产品范围、质量管理体系标准、批准日期、证书编号等)。

对不能批准认证的组织，认证机构要给予正式通知，说明未通过的理由，组织再次提出申请，至少须经六个月后才能受理。

5. 认证范围的扩大和缩小

获证组织如需扩大或缩小体系认证范围时，由获证方提出书面申请，提出同扩大或缩小认证范围相应的质量手册，由合同管理部审查接受后，需扩大认证范围的签订扩大认证范围合同，需缩小认证范围的办理原合同更改手续。现场审核通过后，给予更换认证证书，证书内更改覆盖范围，注明换证日期，但证书有效期不变。

(二)证书和标志

申请质量管理体系认证的组织经过审查和评定，若批准通过认证，则认证机构向获准组织颁发体系认证证书。体系认证证书一般包括：证书号，申请方地址，名称，所认证质量体系覆盖的产品范围，评定依据的质量管理体系，颁发证书的机构，签发人和日期。体系认证证书的有效期一般为三年，体系认证机构应公布其体系认证证书持有者的注册名录，并至少每年修订一次。

申请质量体系认证的组织经过审查和评定，若批准通过认证，则认证机构向获准组织颁发带有该认证机构专用标志的认证标志。组织可以利用该认证标志进行广告宣传，表明组织所具有的质量信誉，但不得标在产品上，也不得以任何可能误认为产品合格的方式使用。

认证机构对体系认证合格的组织还要进行监督和管理，主要包括如下内容。

1. 通报

体系认证合格的组织应及时向认证机构通报运行中出现较大变化的情况，包括：①质量手册件做重大的调整和修改；②质量管理体系覆盖的产品结构发生了巨大变化；③组织或质量管理体系的负责人发生变动；④质量管理体系覆盖的产品发生了重大事故，认证机构在接到上述通报后，将视情况采取必要的监督检查措施。

2. 监督检查

监督检查是指认证机构对体系认证合格的组织的质量管理体系的维持情况进行监督性现场检查，包括定期和不定期的检查。重点检查的内容是：①上次检查时所发现缺陷的纠正措施；②质量管理体系是否发生变化及这些变化对质量管理体系有效性可能发生的影响；

③质量管理体系关键项目的执行情况。

3. 认证暂停

认证暂停时认证机构对体系认证合格组织的质量管理体系发生不符合认证要求的情况时采取的警告措施。在认证暂停期间，组织不得用体系认证证书进行宣传。发生以下情况时，认证机构将做出认证暂停的决定：①组织提出暂停；②监督检查中发现组织质量管理体系存在不符合有关要求的情况，但不需要立即撤销认证；③组织不正确使用证书、标志，但又未采取使认证机构满意的补救措施。

组织在规定的期限内采取纠正措施，并满足规定的条件后可以撤销认证暂停，通知组织可以使用认证证书和认证标志；否则，将撤销并收回认证证书。

4. 认证撤销

认证撤销是指认证机构撤销对供方质量体系符合质量管理体系标准的合格证明。认证撤销由认证机构书面通知供方，并撤销注册、收回证书、停止供方使用认证标志。

发生以下情况时，认证机构将做出认证撤销的决定：①组织提出撤销体系认证；②认证机构发出"认证暂停通知"后，组织未在规定期限内采取纠正措施以达到规定的条件；③监督检查中发现组织质量管理体系存在严重不符合规定要求的情况；④认证要求发生变更时，组织不愿或不能确保符合新的要求；⑤组织不按规定向认证机构交纳费用。

组织对撤销认证发生不满时，可向认证机构提出申诉。

5. 认证有效期延长

在体系认证有效期满前，如果组织愿意继续延长，可向认证机构提出延长认证有效期的申请。获准延长认证有效期的程序，原则上与初次认证相同，但由于连续性监督的因素，在具体的过程中将较初次认证有所简化。

案例5 丰田质量管理体系

在丰田公司，"体系"这个词汇的使用率非常频繁，产品价值流与人员价值流被整合在一个体系之中，形成了"丰田模式"的核心特点。把员工培养成解决问题的行家，就可以排除体系之中的浪费现象，形成一个更加合理、更加精益的体系。也就是说，各种问题都能迅速显示出来，并要求员工做出反应，从应对这些困难之中获得经验。

在产品价值流中，公司以客户为开端，询问客户愿意花钱购买什么样的产品。接着，会跟踪生产材料与信息的流程，把增值工作与浪费区分开来。在人员价值流之中，公司仍然可以询问客户需要什么样的产品，但是还要加上一问：要生产出客户愿意花钱购买的产品，企业员工需要具备什么样的特质？

公司需要的员工是能够从事必要的增值工作的人员。除了完成工作之外，这些人员还要承担另一项关键任务——对工作流程进行改进。因此，我们把增值流程的本质定义为有助于"高素质人员按时生产出高质量低成本产品"的生产流程。

实现这一最终目标的增值手段包括：①招收可以培训的、富有贡献精神的、具有适当特质的人员；②对这些人员进行培养，使之具备足够的能力从事日常的高质量工作；③对人员进行教育，使之在完成日常工作之外，能够通过不断解决问题对工作方法和流程进行改进；④对人员进行激励，培养他们对企业的献身精神，使之不断学习、成长，在工作中全力发挥自己。

考虑一下这些"人员增值"的手段，然后扪心自问："我企业的员工在职业生涯中，企业为他们做了多少能增加他们价值的工作？

丰田公司有许多体系支持团队成员逐渐发展成为丰田公司的出色员工。有的人会认为员工发展应该是培训部门的职能，通过一系列培训课程来完成。但是，丰田公司的传统却是由技术高超的指导者通过在岗培训来完成。这种方法更接近一种技能培训体系。密切地日常指导采用的是"师徒传帮带"的方式。与之相同，所有新员工也全部在丰田模式之中随时接受资深员工的指导。

工作小组与团队式排解困难。在丰田公司中，"群策群力"是真切地落实到日常工作之中的。许多公司都向员工传授解决疑难问题的各种方法，并且成立了定期召开会议提出改进意见的团队组织，而丰田公司已经把这种方式与日常管理体系有效地整合在了一起。无论是在工程设计、销售、财务，还是在工厂生产中，汇集相关人员共同解决问题成了一种习惯性的工作方式。所有员工都被编入工作小组，由组长负责，每天对工作成果进行总结。

干净安全的工作环境。企业领导要对员工信守"健康安全的工作环境"的承诺。首先，要建立一个健康安全管理体系，专门防止健康安全方面问题的发生，并对此类紧急情况做出迅速反应。

双向交流与目视化管理。丰田公司的领导人不断地强调企业互信互敬的核心价值，与员工分享各种管理意见，鼓励团队成员积极地参与团队事务并提出自己的看法，借此保证团队中交流渠道的畅通无阻。该公司所有的领导者都是在工作现场进行管理，从不会把自己封闭在办公室内。此外，目视化管理可以迅速发现问题并针对问题进行交流。在丰田公司，这种目视化管理充分体现了企业重视信息交流的价值观。

"公仆式"领导方式。与传统企业组织形式相比，丰田的组织结构是上下倒置的。大部分企业的组织结构是自上而下的，而丰田公司则是把增值的企业员工置于结构的顶端。企业领导们是在对从事增值工作的团队员工进行指导、传授与支持。换句话说，他们是为工作团队服务的。他们的职责是：明确并强化企业共同目标，确定团队职能与工作任务，提供培训，为解决问题提供帮助，并保证团队获得应有的鼓励与认可。组织支持流程，完善管理体系 一旦明确了企业价值流，就需要确定支持这一价值流的企业运营管理体系。这就离不开人力资源部门的大力支持。

(资料来源：质量管理案例与故事[EB/OL].(2016-11-26)[2017-01-17].http://wenku.baidu.com.)

案例6 药品生产企业质量管理体系的合理设置

1. 新版 GMP 对企业质量管理体系的要求

新版 GMP 第二条规定：企业应当建立药品质量管理体系。该体系应当涵盖影响药品质量的所有因素，包括确保药品质量符合预订用途的有组织、有计划的全部活动。第八条规定：质量保证是质量体系的一部分。企业必须建立质量保证体系，同时建立完整的文件系统，以保证系统有效运行。第九条规定：质量保证系统应该确保：①药品的设计与研发体现本规范的要求；②生产管理和质量控制活动符合本规范的要求；③管理职责明确；④采购和适用的原辅料和包装材料正确无误；⑤中间产品得到有效控制；⑥确认、验证的实施；⑦严格按照规程进行生产、检查、检验和复核；⑧每批产品经质量授权人批准后方可放行；⑨在储存、发运和随后的各种操作过程中有保证药品质量的适当措施；⑩按照自检操作规程，定期检验评估质量保证系统的有效性和适用性。

2. 药品生产企业管理体系现状

2.1 药品生产企业管理体系构架

药品生产企业的质量管理体系，一般设有质量管理负责人，由企业分管的副总经理或总工程师担任；质量部(或品质部)经理，由符合相关资质规定的人员担任；质量检验负责人(QC负责人)和质量监督负责人(QA负责人)由具有相关专业的技术人员担任。从结构上看，整个体系从上到下各司其职，在合法性和完整性两方面几乎都是无可挑剔的。但是，各层次的质量管理人员大多局限于自己的工作范畴，相互之间缺乏有机的联系和沟通，容易造成质量管理中的疏漏。

2.2 具体问题分析

2.2.1 信息不畅，缺乏有效的沟通

企业管理体系中，质量检验人员在检验中发现问题，仅仅向质量检验负责人汇报；未形成共同分析解决的有效途径，一旦产品出现问题，质量监督和质量检验两个部门之间往往互相推诿或各抒己见，导致问题难以解决。

2.2.2 质量检验和质量监督人员素质参差不齐，导致质量监督和检验流于形式

质量管理体系最基层的质量检验和质量监督人员专业素质参差不齐，又缺乏有效的理论知识和实际技能的更新培训，极易造成质量监督流于形式和检验数据不准确的后果。例如，有些质量监督人员不懂生产工艺流程，在生产记录数据发生明显错误时，不能及时发现并纠正，在现场检查中，因不熟知相关法规，不能发现违规问题，起不到监督管理作用；而有些质量检验人员业务能力欠缺，出具的检验数据不准确，给产品质量埋下重大隐患。

2.2.3 验证工作不扎实，不能起到应有的作用

企业的各项验证工作是实施GMP管理的重要内容之一，但很多企业都是在一定时间，组织一些人员匆忙做验证。由于缺乏质量检验部门的有效配合，使得验证数据的收集和分析不完全或不真实，验证也就无法起到应有的作用。甚至有些企业利用仪器的数据可更改验证数据，编写虚假验证记录以应付检查。

2.2.4 供应商的审核流于形式

按照GMP的规定，企业在对物料供应商进行资格审查的过程中，应有质量监督部门的参与和确认。由于对供应商的现场资格审查需要增加企业的成本，往往导致其资格审核流于形式，只是备齐相关资料和各种证书，建立一本供应商资质材料以应付检查。

2.2.5 GMP培训不到位

企业的GMP培训工作不到位，流于形式，培训内容没有针对性，培训效果欠佳，造成员工不懂得基本理论知识，操作规程与实际操作不符等问题。

3. 改进思路

3.1 建立有效的质量管理体系

建立有效的质量管理体系不仅是建立质量管理构架，还要以规章制度为保障。质量监督部下设化验组、文件组、现场组、验证组，每组设一名主管人员，各组各司其职。化验组主要负责原辅料、中间体、成品、留样观察、稳定性试验等项目的检验工作；文件组主要负责生产记录、检验记录、供应商审核、产品年度回顾分析等工作；现场组主要负责生产现场，监督检查生产车间的质量控制点，对人、机、料、法、环等相关工作进行监督检查并做相应的环境监测；验证组主要负责验证工作，为生产工艺、操作规程等文件的制定与修订提供理论根据。

3.2 建立相关规章制度，加强沟通

建立相关规章制度，保障相关人员有效沟通。要求质量监督人员在工作中发现问题，不仅要向质量监督主管汇报，还须告知其他负责此产品的人员及生产车间，便于从各个方面加以关注，及时收集相关信息，为此产品是否放行提供依据；而质量检验人员在工作中发现异常波动时，不仅要向质量检验主管汇报，还要向其他负责此产品的人员和生产车间通报，尽快找出真实原因，及时解决。

3.3 提高质量监督和质量检验人员素质

对质量监督和质量检验人员进行相关知识培训，是快速、有效地提高其工作能力的重要手段。应加强业务学习，定期进行考核，适时引入业务带头人机制，由其对新进人员进行指导，使引进人员快速掌握相关操作，形成主动学习理论知识和提高业务能力的氛围。另外，在人员允许的条件下，应对质量监督人员进行阶梯式培养，即从车间基层工作做起，使其熟悉各工段的生产工艺、每一步的注意事项及要点，然后在车间质量监督岗位上从事质量管理工作，积累一定经验后，再抽调到质量监督部门质量监督岗位。这样的具有理论知识和实践经验的管理人员，在质量管理工作中能够敏锐地发现违规问题，及时纠偏，避免差错的产生。总之，于实践中总结经验，切实加强技能培训，提高业务水平，提升职业道德修养，从而确保质量检验和监督工作的科学性、公正性和权威性。

3.4 扎实做好验证工作

质量监督部下设验证组，对生产工艺、操作规程和检验方法等进行验证，确保生产、操作和检验等相关的项目按照经过验证确认的状态进行。对企业需要验证的关键要素，每年修订一次，以使其更加符合企业的需求。验证总计划的制订为验证工作的审理开展和实施奠定了良好的基础，是企业建立验证体系，科学开展和完善验证工作必不可少的文件。当影响产品质量的主要因素发生变更时，应进行验证。企业需要配备足够的验证人员和验证设备，才能完成生产全过程所有工艺参数和设备、环境等系统的验证内容。

3.5 加强供应商的管理

应对供应商定期进行现场审核。由质量监督部门负责组织成立审计小组并委任一名组长，由其带领审计小组，对供应商资质和质量管理体系进行评估，并留下现场审核图片资料，归档到供应商质量保证评估档案中。现场审核结束后，审计小组组长应按公司规定的格式填写审计评估表，并完成审计报告，做出审计结论，再上报质量管理负责人批准。根据供应商供应物料的合格率及对公司产品的质量影响程度，对供应商进行分类管理，以此确定供应商现场考察的频次。

3.6 切实做好 GMP 培训工作

GMP 培训是提高药品生产企业人员素质的有效手段。人员素质的不断提高是保证药品质量的基础，因此，需要对员工开展各类培训，应对不同员工所在岗位需要掌握的知识和技能进行针对性培训，对培训效果进行考核，并与其经济利益挂钩，以保障员工掌握本岗位的基本理论知识、操作规程和实际操作技能。同时，要经常对员工进行宣传教育工作，增强其责任心，使之在工作中自觉地按照标准操作规程操作。总之，必须重视和强化人员管理，不断提高全体人员素质，这是实施 GMP 管理的根本保证，同时也关系到医药企业的生存和发展。

(资料来源：徐大兵. 药品生产企业质量管理体系的合理设置[J]. 中国药事，2014.)

案例 7　提高企业质量管理体系运行的有效性研究

1. 质量管理体系有效性的影响因素

1.1 管理者的认证意识，员工的意识与参与

企业管理者应理解认证的意义及其标准，从提高产品市场占有率、提高产品质量及提高企业管理水平等方面来进行认证。倘若管理者单纯地以追求广告效益，亦或是迫于顾客或上级主管的压力，为了获取证书才申请认证，那么质量管理体系是否有效、合理也就不重要了，组织的本源是企业各个部门的工作人员，只有他们积极参与，才能将自身的潜在能力激发出来，从而带给组织更大的收益。质量管理体系若是没有员工的参与和支持，只能流于形式，内容也将是空洞的。可以说，企业员工的参与意识和质量意识决定了质量管理体系的广度与深度，其不仅影响了企业质量管理体系运行的有效性、充分性和适宜性，还影响了质量管理工作是否落实。

1.2 质量体系文件的符合性和适宜性

质量体系文件的依据为 ISO 9001，它也是适用于所有行业的质量体系文件标准。ISO 9001 考虑了企业管理及产品的特点，确保企业质量体系文件的符合性与适宜性，是确保质量体系合理、有效的基础与前提。如果企业质量管理体系文件的编制是请相关机构代劳或是照搬照抄得来的，那么体系文件的符合性与适宜性也就无从谈起，从而降低了质量管理体系的合理性和有效性。在编制企业质量管理体系文件时，应将各个部门的作用充分发挥出来，在理解和认识的前提下，根据企业的实际情况，编制出可操作、符合实际的企业质量管理体系文件。

1.3 质量体系文件的有效实施

一般来说，影响质量体系有效性的主要因素是企业是否能够落实并实施。另外，企业质量管理体系文件的观察落实应体现在对文件实行动态管理及严格执行文件内容两个方面。企业应严格按照体系文件内容办事，令所有相关质量管理的活动时刻处于受控状态当中，保证质量体系得以有效、合理运行，让员工能够自觉地执行质量体系工作。另外，在具体落实过程中，应对质量管理体系文件的实行动态加以关注，令其不断深化、充实和完善。质量管理体系经历一段时间的运行之后，应按照企业的实际情况，观察企业内部环境

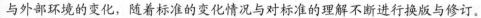

与外部环境的变化，随着标准的变化情况与对标准的理解不断进行换版与修订。

2. 加强质量管理体系有效性的路径选择

2.1 加强各层管理者的领导作用与全员参与

企业管理层的领导与重视是质量管理体系得以合理、有效运行的重要因素。管理者必须具备高尚的品质，积极参与企业开展的各项活动，营造良好的企业文化氛围，将企业所有员工的行动与认识统一到执行过程中，以此来增强企业的战斗力与凝聚力。企业并非是一个部门或一个人的，而是属于所有员工的，只有将工作人员的潜在能力调动起来，才能带给企业更大的收益，促进企业的长足发展。另外，企业各级管理者应第一时间了解各个工作岗位存在的问题与实际业绩，为有关质量项目的所有活动及具体过程提供符合体系文件的评价准则，为质量管理体系的运行做出贡献。

2.2 动态管理的过程方法

2.2.1 质量体系文件记录的动态管理。可以说，质量记录是质量管理体系测量和监督的重要依据，也是实际工作中的具体体现。质量管理体系在实际运行中常常出现的问题有：保管、传递和填写的要求缺乏严肃性，实际工作落实不严格；保存管理不系统；缺乏实用性，记录设置的功能和目的均不明确。良好的记录管理应做到无重复性记录，使用适当的图表与表格，加强协调性和系统性，确保记录的规范性、清晰性、准确性、原始性和真实性。

2.2.2 资源的动态管理。可调配的资源、合适的人员、合理的分工及配套的岗位设置是质量管理体系运行的保障。只有合理配备资源、完善组织结构框架，并且通过反馈、监督、调配和策划等多种统筹机制，才能令信息流、人流和物流正常流通，确保资源作用充分发挥出来。

2.2.3 核心过程的动态控制。一般情况下，企业质量管理体系的运作主要是由支持过程与核心过程组成，控制好核心部分与核心过程才能让质量管理体系处于良好的运行状态当中。关注流程的符合性与适用性，保证改进的效率及有效性。另外，企业还需要考虑对外部的影响、潜在的薄弱环节、收益的策略、策划适用性的控制、产品的效率与有效性及机会成本等问题。

2.3 正确对待内外审和管理评审的检测作用，持续开展内审和自审活动

第一，内审员须不断提高自身的业务水平与专业知识，及时了解审核的新规定；第二，为了确保运行的有效性，可针对突出问题或潜在问题及历次外审、内审和自审中的一些常见问题，开展专题内审活动，集思广益，探讨解决问题的具体方式；第三，企业管理层应端正内审态度，了解内审过程中可能遇到的所有问题，采取有效的应对措施，杜绝一些因人情关系而遮掩问题的情况；第四，企业还可聘用同行业的内审员或有关专家一起参加内审活动，进行交叉性审核，如此一来，既可以取长补短，又可以客观、真实地评价对方的质量管理体系。

2.4 建立完善的计量系统，发挥统计和财务技术的积极作用

可利用财务和统计等方法来对各个渠道提供的信息进行收集，提高企业对市场内容变化的敏感度，逐渐形成沟通与分析并行的网络体系。在建立质量管理体系时，施工企业并未将财务部门列入其中，然而，通过合理的财务分析，监控采购与合同等一系列具体过程，运用特有的财务语言对质量管理体系中的无效过程进行识别，能够为企业内部改进提供重

要依据。另外，运用有效方式对企业业务部门进行考评，把经济效益和质量管理体系运行情况当作一项促进措施，可将经济手段的约束作用和激励作用充分地发挥出来。

(资料来源：马磊.提高企业质量管理体系运行的有效性研究[J].中国高新技术企业，2014.)

模拟试卷 3

一、名词解释(12 分，每题 4 分)

(1) 质量管理体系

(2) 过程管理

(3) 监督检查

二、填空题(14 分，每空 2 分)

(1) 采用监视、测量、检查及调控手段以达到质量要求，指的是_____。

(2) 质量管理体系使_____通过考虑其决策的长期和短期后果而充分利用资源。

(3) 产品质量认证包括_____和_____两种，前者是自愿的，后者是_____。

(4) 质量管理体系认证是组织依据_____系列标准建立的，环境管理体系认证是组织依据_____的要求建立的。

三、单项选择题(12 分，每题 3 分)

(1) 质量管理体系为_____提供价值及实现结果所需的相互作用的过程和资源。

    A. 顾客　　　　　　B. 相关方　　　　　　C. 供方　　　　　　D. 社会

(2) 持续改进的对象是_____。

    A. 产品质量　　　　B. 过程质量　　　　C. 质量管理体系　　　D. 企业绩效

(3) 组织在质量方面所追求的目的指的是_____。

    A. 质量方针　　　　B. 质量目标　　　　C. 顾客满意　　　　D. 以上都对

(4) _____是评价质量管理体系有效性的方法。

    A. 审核　　　　　　B. 监视　　　　　　C. 测量　　　　　　D. 策划

四、多项选择题(12 分，每题 4 分)

(1) 过程方法的基本要点为_____。

    A. 系统地识别组织所应用的过程　　B. 具体识别每一个过程

    C. 识别和确定过程之间的相互作用　D. 管理过程及过程的相互作用

(2) 质量改进，即其措施包括_____。

    A. 纠正　　　　　　B. 纠正措施　　　　C. 预防措施　　　　D. 改进措施

(3) PDCA 循环包括_____。

    A. 计划阶段　　　　B. 执行阶段　　　　C. 检查阶段　　　　D. 处理阶段

五、判断题(10 分，每题 2 分)

(1) ISO 9001 和 ISO 9004 已制订成一对协调一致的质量管理体系标准。　　　　( )

(2) 质量管理体系所需全过程及其活动应持续受控。 （　　）

(3) 质量管理体系应具有符合性。 （　　）

(4) ISO 9004 标准所关注的是质量管理体系的有效性。 （　　）

(5) 质量管理体系认证证书的有效期为 5 年。 （　　）

六、简答题(24 分，每题 8 分)

(1) 质量管理体系的目的是什么？

(2) 质量认证的实施步骤有哪些？

(3) PDCA 循环的特点是什么？

七、论述题(16 分)

简述建立质量管理体系的基本规则。

第二篇 标 准 篇

第四章 质量管理体系 基础和术语

通过对本章的学习，要求了解和掌握以下内容。

- 质量管理体系的范围、总则。
- 质量管理体系的基本概念。
- 质量管理七项管理原则。

ISO 9001：2015 标准引用 ISO 9000：2015 标准中的术语和定义，共 13 类、138 个术语(其中包括 ISO/IEC 导则-第 1 部分-ISO 增刊附件 SL 的基本术语和 ISO 9000 族其他标准的术语等)，比起 ISO 9000：2005 的术语和定义(共 10 类，84 个术语)有所扩大和增加，特别是对很多重要的基础术语进行了修订和创新(如输出、产品、服务)，为 ISO 9001 标准的应用和审核带来较大变化和变更，新术语和定义将有助于标准实现其目标。

第一节 范围和基本概念

一、范围

ISO 9001：2015 标准表述的质量管理的基本概念和原则普遍适用于下列组织及人员。

(1) 通过实施质量管理体系寻求持续成功的组织。

(2) 为组织持续提供符合其要求的产品和服务的能力寻求信任的顾客。

(3) 为在供应链中其产品和服务要求能得到满足寻求信任的组织。

(4) 通过对质量管理中使用的术语的共同理解，促进相互沟通的组织和相关方。

(5) 依据 ISO 9001 的要求进行符合性评定的组织。

(6) 质量管理的培训、评定和咨询的提供者。

(7) 相关标准的起草者。

二、总则

ISO 9001：2015 标准表述的质量管理的概念和原则可帮助组织获得应对最近数十年深刻变化的环境所提出的挑战的能力。当前，组织工作所处的环境表现出如下特性：变化加快、市场全球化及知识作为主要资源出现。质量的影响已经超出了顾客满意的范畴，也可直接影响到组织的声誉。社会教育水平的提高及要求更趋苛刻，使得相关方的影响力与日俱增。ISO 9001：2015 标准通过规定用于建立质量管理体系的基本概念和原则，为组织提供了一种更加广泛地进行思考的方式。所有的概念、原则及其相互关系应被看成一个整体，而不是彼此孤立的个体。没有哪一个概念或原则比另一个更重要，无论何时，在应用中找到适当的平衡是至关重要的。

三、基本概念

ISO 9000：2015 术语和定义的具体分布如下。

3.1 有关人员的术语：6 个。

3.2 有关组织的术语：9 个。

3.3 有关活动的术语：13 个。

3.4 有关过程的术语：8 个。

3.5 有关体系的术语：12 个。

3.6 有关要求的术语：15 个。

3.7 有关结果的术语：11 个。

3.8 有关数据、信息和文件的术语：15 个。

3.9 有关顾客的术语：6 个。

3.10 有关特性的术语：7 个。

3.11 有关确定的术语：9 个。

3.12 有关措施的术语：10 个。

3.13 有关审核的术语：17 个。

ISO 9000：2015 标准的术语是学习和应用 ISO 9001：2015 标准的基础，为了便于理解 ISO 9001：2015 标准的要求，下面摘取部分术语进行解释，更多术语可参考 ISO 9000：2015 标准。

2.2.3　组织环境

1. 定义

对组织建立和实现目标的方法有影响的内部和外部结果的结合。

2. 理解要点

组织环境是指所有潜在影响组织运行和组织绩效的因素，包括可能影响组织提供产品和服务、获得投资以及与相关方沟通途径的内部和外部因素与条件。应将组织的环境理解为一个过程。这个过程确定了影响组织的目的、目标和可持续性的各种因素。组织的目标可能涉及其产品和服务、投资和对其相关方的行为。它既需要考虑内部因素，如组织的价值观、文化、知识和绩效，还需要考虑外部因素，如法律的、技术的、竞争的、市场的、文化的、社会的和经济的环境。"组织的目标"可表达为其愿景、使命、方针、宗旨等。

2.2.4　相关方

1. 定义

可影响决策或活动，或被决策或活动所影响，或感觉自身受到被决策或活动所影响的个人或组织。

例如，顾客、所有者、组织内的员工、供方、银行、监管者、工会、合作伙伴及竞争对手或反压力集

团的社会群体。

2. 理解要点

ISO 9001：2015 中引入了组织的相关方的概念，超越了仅关注顾客的范畴，组织在运行中考虑所有的利益相关方是至关重要的。相关方也称利益相关方，是相对于组织而言有相互影响的一方。所谓的"影响"，是指影响决策或活动，也被决策或活动所影响，或感觉自身受到被决策或活动所影响的情况。在 ISO 9001：2015 中所述的利益相关方指影响或受组织的决策或活动影响或自认为受到影响的相关方，典型的利益相关方可以是顾客、组织所有者、组织内部人员、供方、银行、联合会、合作伙伴或协会，也可能包括竞争者或持反对意见的压力集团[注：压力集团可能是一个正式的组织，但在多数情况下只是由利益相近的一些组织或个人以非组织的形式存在。压力集团是维护特殊利益、实现特定目标的工具。压力集团直接从自身利益出发影响组织(如价格、市场、质量水平、产品标准)]。

3.4.6 外包

1. 定义

安排外部组织执行组织的部分职能及过程。

2. 理解要点

组织把原属于自身应该实施的工作(或对顾客做出承诺的工作)交由其他组织或个人去做，称为外包。虽然外包的职能或过程是在组织的业务范围内，但是承包的外部组织是处在组织的管理体系覆盖范围之外。外包的特征是组织的职能或过程由外部组织去实施。组织通过动态地配置自身资源和有效利用企业外部的资源，使组织自身与其他企业的功能和服务相互交叉，实现组织的职能。

3.6.5 质量要求

1. 定义

关于质量的要求。

2. 理解要点

"通常隐含"是指依据习俗或惯例。对于组织和利益相关方而言，这些需求或期望都是不言而喻的。

"明示的"是指通常以规定的要求表示，亦指明确提出的要求，如协议、合同等文件信息提出的要求。

社会生活、活动和组织实际的业务活动中的要求需要具体化和有针对性。因此，对于不同的要求可加修饰词，以表示特定类型的要求。例如，产品要求、质量管理要求、顾客要求、质量要求、法规要求、目标要求等。

不同相关方的需求不同，要求也不同。要求可来自于不同的利益相关方。即便是对相同对象也存在不同的要求。在很多情况下，要求也可以由组织提出。

要想达到较高的顾客满意度，可能有必要满足顾客既没有明示、也不是通常隐含或必需履行的期望。

3.6.15 创新

1. 定义

新的或变更的实体实现或重新分配价值。

2. 理解要点

创新是产生新的实体或原实体有较大幅度变化、变更，是新的或变更的实体对原实体实现价值或重新分配价值的过程。

创新可以是以现有的思维模式提出有别于常规或常人思路的见解。

创新可以表现为利用现有的知识和物质，在特定的环境中，本着理想化需要或为满足社会需求，而改进或创造新的事物、方法、元素、路径、环境，并能获得一定有益效果的行为。

创新也可以表现为对原有价值的重新分配，以新的价值模式展现新的局面。

质量管理体系范畴内的创新管理，需要考虑：①创新对象可以是一套管理体系、一个过程、一种产品、一项服务或者技术；②由于创新是一项重大变革，因而会对质量产生重大影响；③通常，需要对以创新为结果的活动实施管理。

3.7.5 输出

1. 定义

过程的结果。

2. 理解要点

一般而言，输出分为以下四大类：①服务(如运输)；②软件(如计算机程序、词典)；③硬件(如发动机机械零部件)；④加工材料(如润滑剂)。

许多输出都可归属于这四大类。过程最终的输出类型将根据其主要所属的类别而定， 相应地称为服务、产品、软件、硬件或加工材料。例如，一辆汽车包括了硬件(如轮胎)、加工材料(如燃料、冷却液)、软件(如发动机控制软件、 驾驶员手册)及服务(如销售商所做的关于操作的解释)。汽车主要的构成决定了它最终属于硬件这一类。

"产品"和"服务"同属输出，同为过程的结果。大多数情况下，术语"产品"和"服务"通常会在一起使用。组织提供给顾客或外部供方提供给组织的大部分输出往往同时包含产品和服务，如一个有形产品伴随着一些无形的服务或一项无形的服务伴随着一些有形的产品。

3.7.6 产品

1. 定义

在组织和顾客之间未发生任何交易的情况下，组织生产的输出。

2. 理解要点

相较于 ISO 9000：2008，"产品"术语的定义发生了重大变化。

① 产品是输出的一种形式。ISO 9001：2015 标准将产品与服务概念同属过程的输出，与服务的区别是"是否与顾客接触"。产品是指在供方与顾客之间未发生任何必然交易的情况下，可以实现产品的生产。但是，当产品交付给顾客时，通常包含服务因素。

② 通常，产品的主要特征是有形的。硬件和流程性材料通常被称为货物或物品。硬件计量具有计数的特性(如一把椅子、四个轮胎)。流程性材料(如加工材料)通常也是有形的，且具有连续特性，其数量具有计量特性(如润滑油、水泥、钢材)。软件由信息构成，通常是无形的，可能的形式有方法、交易或文件化信息。

③ 产品是广义的概念，既可以是交付给顾客的最终产品，也可以是半成品或采购产品。

④ 质量管理体系关注的是"预期的"产品(输出)，"非预期的"产品，如废弃物、污染物等，是其他管理体系(如环境、职业健康安全)关注的对象。

⑤ 一个组织的产品往往不止一类。

⑥ 组织的产品交付往往伴随着服务同时存在。

3.10.3 人的因素

1. 定义

对考虑中的实体的人的影响特性。

2. 理解要点

人的因素包括生产和工作环境中的人与机器的关系、人与程序的关系、人与环境的关系及人与人之间的关系。

在质量管理范畴内需要考虑人与其他要素之间的关系和特征，特别是对质量管理体系对象中人的影响的特征。人的因素可能产生正面的积极影响，也可能产生负面的消极影响。

人的主观导致不能正确反映客观的各种情况，即导致人为错误。人为错误通常是指人的行为或使命对一特定系统的正确功能或成功性能的不良影响。在自然科学中，人的行为不科学性为主因；在社会科学中，人的因素则与立场、利益相关。

人为失误是人为错误的表现形式之一，是指由于人未能发挥自身应有的功能，人为地使系统出现故障或发生机能不良事件的一种错误行为。

任何活动只要有人的参与，就不能避免地存在出现人为错误的可能性。人为错误是以人的因素为基本点，通过对不安全事件、硬件设施和运行环境进行剖析，深入研究其与人的心理、生理及行为之间的相互关系，探求出预防事故、避免人为错误的方法。

在 ISO 9001：2015 条款 8.5.1 "生产和服务提供的控制"中，将"采取措施防止人为错误"列为可控条件。

3.13 审核

1. 定义

3.13.1 审核是指为获得客观证据并对其进行客观的评价，以确定满足审核准则的程度所进行的系统的、独立的并形成文件的过程。

注 1：审核的基本要素包括由对被审核实体不承担责任的人员，按照程序对实体是否合格的测定。

注 2：审核可以是内部(第一方)审核，或者是外部(第二方或第三方)审核，也可以是多体系审核或联合审核。

3.13.2 多体系审核是指在一个受审核方，对两个或两个以上管理体系一起做的审核。

3.13.3 联合审核是指在一个受审核方，由两个或两个以上审核组织所做的审核。

2. 理解要点

① 术语"审核"是 ISO/IEC 导则第 1 部分的 ISO 增刊附件 SL 中给出的 ISO 质量管理体系标准中的通用术语及核心定义之一。其最初的定义和注释已经被修订，以消除术语"审核准则"与"审核证据"之间循环定义的影响。

② 审核是按照程序对实体是否合格的测定，由一系列相关的测定过程所构成。审核的基本要素包括由对被审核实体不承担责任的人员获取审核证据，将收集到的这些审核证据对照审核准则的相应规定或要求进行比较、分析和评价，确定满足审核准则的程度，记录评价的结果及支持的证据等。

③ 审核是系统的。"系统的"是指对与审核有关的所有过程及其相互之间的系统的关系和作用。审核是通过获取审核证据、进行客观评价、得出审核结论等一系列过程，用于确定、分析、评价被测定的实体与规定要求的符合性。这些过程之间有非常紧密的、形成系统的逻辑关系。审核的系统性要求审核应是有序的、规范的活动，对审核活动要经过策划并使之处于受控状态，以确保审核的系统性。

④ 审核是独立的。"独立的"是指对审核证据的收集、分析和评价是客观的、公正的，应避免任何外来因素的影响以及审核员自身因素的影响。公正性是第三方审核的关键要求。

⑤ 审核是形成文件的。"形成文件的"是指审核要有适当的文件支持，过程要形成必要的文件，如审核策划阶段应形成审核计划，审核实施阶段应做好必要的记录，审核结束阶段应编制审核报告等。

⑥ 对同一个受审核方两个或两个以上管理体系一起做的审核称为多体系审核。例如，同时审核同一个组织的质量管理体系和环境管理体系。

⑦ 对同一个受审核方，由两个或两个以上审核组织所做的审核称为联合审核。例如，国内某认证机构审核组与某境外认证机构审核组共同审核一个申请认证的组织。

⑧ 内部审核有时称为第一方审核，由组织自己或以组织的名义进行，用于管理评审(3.11.2)和其他内部目的，可作为组织自我合格声明的基础，由与正在被审核的活动无责任关系的人员进行，以证实独立性。

⑨ 第二方审核由组织的相关方，如顾客或由其他人员以相关方的名义进行。

⑩ 第三方审核由外部独立的审核组织进行，如提供合格认证/注册的组织或政府机构。ISO/IEC 17021: 2015 条款 3.4 中定义为认证审核，即"由独立于客户和依赖认证的各方的审核组织实施的、对客户的管理体系进行以认证为目的的审核"。认证审核包括初次审核、监督审核和再认证审核，还可以包括特殊审核。认证审核通常由依据管理体系标准要求提供符合性认证的认证机构的审核组实施。

第二节　质量管理原则

一、导则

ISO 9000：2015 标准阐述了质量管理原则的一般观点，给出了这些原则的总体概貌，并表明这些原则怎样共同形成了业绩改进和组织卓越的基础。

质量管理原则的应用可以有诸多不同的方法，而如何实施这些原则，则取决于组织的性质及其面临的挑战。为了成功地领导和运作一个组织，需要采用系统、透明的方式，建立以七项质量管理原则为基础的质量管理体系，并针对相关方的需求，实施、保持和持续改进业绩。这样，组织才能获得成功并取得理想的收益。

七项质量管理原则已被普遍接受和认同，成为最高管理系统和透明的方式对组织进行管理和指导业绩改进的框架，是 ISO 9000 族标准的指导思想和理论基础。

二、质量管理原则简述

（一）以顾客为关注焦点

1. 理论依据

组织只有赢得和保持顾客及其他相关方的信任才能获得持续成功。与顾客互动的每个方面都提供了为顾客创造更多价值的机会。理解顾客及其他相关方当前和未来的需求有助于组织的持续成功。

2. 主要益处

(1) 增加顾客价值。

(2) 增强顾客满意度。

(3) 增进顾客忠诚度。

(4) 增加重复性业务。

(5) 提高组织声誉。

(6) 扩展顾客群。

(7) 增加收入和市场份额。

3. 遵循以顾客为关注焦点原则可开展的活动

(1) 辨识从组织获得价值的直接或间接的顾客。

(2) 理解顾客当前和未来的需求和期望。

(3) 将组织的目标与顾客的需求和期望联系起来。

(4) 在整个组织内沟通顾客的需求和期望。

(5) 对产品和服务进行策划、设计、开发、生产、交付和支持，以满足顾客的需求和期望。

(6) 测量和监视顾客满意度并采取适当的措施。

(7) 针对有可能影响到顾客满意度的相关方的需求和适当的期望，确定并采取措施。

(8) 积极管理与顾客的关系，以实现持续成功。

(二)领导作用

1. 理论依据

各级领导建立统一的宗旨和方向，并且创造全员积极参与的环境，以实现组织的质量目标。统一的宗旨和方向的建立及全员的积极参与，能够使组织将战略、方针、过程和资源保持一致，以实现其目标。

2. 主要益处

(1) 提高实现组织质量目标的有效性和效率。

(2) 使组织的过程更加协调。

(3) 改善组织各层级和职能间的沟通。

(4) 开发和提高组织及其人员的能力，以获得期望的结果。

3. 遵循领导作用原则可开展的活动

(1) 在整个组织内，就其使命、愿景、战略、方针和过程进行沟通。

(2) 在组织的所有层级创建并保持共同的价值观、公平及道德的行为模式。

(3) 创建诚信和正直的文化。

(4) 鼓励全组织对质量的承诺。

(5) 确保各级领导者成为组织人员中的楷模。

(6) 为人员提供履行职责所需的资源、培训和权限。

(7) 激发、鼓励和认可人员的贡献。

(三)全员参与

1. 理论依据

在整个组织内，各级人员的胜任、被授权和积极参与是提高组织创造和提供价值能力的必要条件。为了有效且高效地管理组织，尊重并使各级人员参与是重要的。认可、授权和能力提升会促进人员积极参与，实现组织的质量目标。

2. 主要益处

(1) 增进组织内人员对质量目标的理解并提高其实现目标的积极性。

(2) 提高人员改进活动的参与度。

(3) 促进个人发展，激发主动性和创造力。

(4) 提高人员的满意度。

(5) 增强整个组织内的相互信任和协作。

(6) 促进整个组织对共同价值观和文化的关注。

3. 遵循全员参与原则可开展的活动

(1) 与员工沟通，以提升他们对个人贡献的重要性的理解。

(2) 推动整个组织内部的协作。

(3) 促进公开讨论，分享知识和经验。

(4) 授权人员确定绩效制约因素并大胆地采取积极主动措施。

(5) 认可员工的贡献、学识和改进，并且对其奖赏。

(6) 能够对照个人目标进行绩效的自我评价。

(7) 进行调查以评估人员的满意度，沟通结果并采取适当的措施。

(四)过程方法

1. 理论依据

只有将活动作为相互关联的连贯系统进行运行的过程来理解和管理时，才能更加有效且高效地得到一致的、可预知的结果。质量管理体系是由相互关联的过程所组成的。理解体系是如何产生结果的，能够使组织优化其体系和绩效。

2. 主要益处

(1) 提高关注关键过程和改进机会的能力。

(2) 通过协调一致的过程体系，得到一致的、可预知的结果。

(3) 通过过程的有效管理、资源的高效利用及跨职能壁垒的减少，获得最佳绩效。

(4) 使组织能够向相关方提供关于其稳定性、有效性和效率方面的信任。

3. 遵循过程方法原则可开展的活动

(1) 规定体系的目标和实现这些目标所需的过程。

(2) 确定管理过程的职责、权限和义务。

(3) 了解组织的能力，并在行动前确定资源约束条件。

(4) 确定过程相互依赖的关系，并分析每个过程的变更对整个体系的影响。

(5) 将过程及其相互关系，作为体系进行管理，以有效和高效地实现组织的质量目标。

(6) 确保获得运行和改进过程及监视、分析和评价整个体系绩效所需的信息。

(7) 管理能影响过程输出和质量管理体系整个结果的风险。

(五)改进

1. 理论依据

成功的组织持续关注改进。改进对于组织保持当前的绩效水平，对其内外部条件的变化做出反应并创造新的机会都是极其重要的。

2. 主要益处

(1) 改进过程绩效、组织能力和顾客满意度。

(2) 增强对调查和确定根本原因及后续的预防和纠正措施的关注。

(3) 提高对内外部风险和机遇的预测和反应能力。

(4) 增强对渐进性和突破性改进的考虑。

(5) 加强利用学习实现改进。

(6) 增强创新的驱动力。

3. 遵循改进原则可开展的活动

(1) 促进在组织的所有层级建立改进目标。

(2) 对各层级员工在如何应用基本工具和方法方面进行培训，以实现改进目标。

(3) 确保员工有能力成功地策划和完成改进项目。

(4) 开发和展开过程，以在整个组织内实施改进项目。

(5) 跟踪、评审和审核改进项目的计划、实施、完成和结果。

(6) 将改进考虑因素融入新的或变更的产品、服务和过程开发之中。

(7) 认可和奖赏改进。

(六)循证决策(基于证据的决策)

1. 理论依据

基于数据和信息的分析和评价的决定，更有可能产生期望的结果。决策是一个复杂的过程，并且总是包含一些不确定性。它经常涉及多种类型和来源的输入及其解释，而这些解释可能是主观的。重要的是理解因果关系和可能的非预期后果。对事实、证据和数据的分析可导致决策更加客观和可信。

2. 主要益处

(1) 改进决策过程。

(2) 改进对过程绩效和实现目标的能力的评估。

(3) 改进运行的有效性和效率。

(4) 提高评审、挑战及改变意见和决定的能力。

(5) 提高证实以往决定有效性的能力。

3. 遵循循证决策原则可开展的活动

(1) 确定、测量和监视证实组织绩效的关键指标。

(2) 使相关人员获得所需的所有数据。

(3) 确保数据和信息足够准确、可靠和安全。

(4) 使用适宜的方法分析和评价数据和信息。

(5) 确保人员有能力分析和评价所需的数据。

(6) 依据证据，权衡经验和直觉进行决策并采取措施。

(七)关系管理

1. 理论依据

为了持续成功，组织需要管理其与有关的相关方(如供方)的关系，因为有关的相关方影响着组织的绩效。当组织管理其与所有相关方的关系以使相关方对组织的绩效影响最佳时，才更有可能实现持续成功。对供方及合作伙伴的关系网的管理是尤为重要的。

2. 主要益处

(1) 通过对每一个与相关方有关的机会和制约因素的响应，提高组织及其相关方的绩效。

(2) 在相关方中对目标和价值观有共同的理解。

(3) 通过共享资源和能力及管理与质量有关的风险,提高相关方创造价值的能力。

(4) 具有管理良好、可稳定提供产品和服务流的供应链。

3. 遵循关系管理原则可开展的活动

(1) 确定相关方(如供方、合作伙伴、顾客、投资者、雇员或整个社会)及其与组织的关系。

(2) 确定对相关方的关系管理方式。

(3) 建立权衡短期利益和考虑长远因素的关系。

(4) 收集信息、专业知识和资源,并与有关的相关方共享。

(5) 适当时,测量绩效并向相关方提供绩效反馈,以增强改进的主动性。

(6) 与供方、合作伙伴及其他相关方确定合作开发和改进活动。

(7) 鼓励和认可供方与合作伙伴的改进和成绩。

案例 8 ××公司质量管理体系

1. 范围

企业依据 ISO 9001: 2015 标准要求建立并保持质量管理体系,制定质量方针和目标,运用过程方法及各过程的输入、输出、管理职责、工作要求、绩效考核,并使其文件化。通过对质量管理体系全过程的管理,遵守法律法规和其他相关要求,以证实本公司具有不断提高顾客满意度和持续改进质量管理体系及产品质量水平的能力。

2. 规范性引用文件

ISO 9000: 2015 质量管理体系基础和术语。

3. 术语和定义

本标准采用 ISO 9000: 2015 中所确立的术语和定义。

4. 组织的背景环境

4.1 理解组织及其背景环境

通过过程分析乌龟图(1)理解组织及其背景环境,如图 4.1 所示。

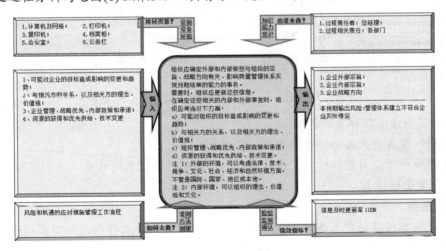

图 4.1 过程分析乌龟图(1)

企业外部宗旨：为汽车相关顾客提供优质低廉的塑件、高精耐用的模具。

企业内部宗旨：为员工提供家庭一样的安稳舒适的工作环境。

企业战略方向：丰富自我，发展企业，贡献社会。

公司简介

本公司始建于 2006 年，现已发展为集研发、制造、销售于一体的民营股份制企业，历年来都被工商、金融系统评为"重合同，守信用"的企业，"AAA 级"资信企业。公司已通过 ISO 9001 质量体系认证，一直以来都致力于为国内外主机厂提供优质的汽车内外装饰件、保险杠、仪表台、车灯及各种塑料模具。公司现有员工 100 多人，各类高级管理与技术人员 20 余人。公司年产量达到 50 万套。

公司引进国外高精密技术设备——德国 105V 高速加工中心、数控深孔加工模具研配机、日本牧野火花加工机高速加工中心、龙门加工中心等先进的加工设备以确保产品的品质。公司的模具 80%出口到美国、德国、日本、意大利、法国、澳大利亚、巴西等国家，生产的汽车内外饰件、车灯等零部件已为澳大利亚通用沃顿、重庆长安福特、南京长安福特马自达、上汽 MG、青年莲花、华晨汽车、长丰汽车等国内外主机厂提供 OEM 配套。

公司本着"技术先导、追求卓越、创造精品、顾客满意"的企业方针，以强有力的工作执行力和优越的工作质量，铸就优质的产品和服务。公司全体人员把成为全球一流的模具和零部件 OEM 供应商、为中国的汽车工业做出突出贡献作为企业永恒的追求。

4.2 理解相关方的需求和期望

通过过程分析乌龟图(2)理解相关方的需求和期望，如图 4.2 所示。

图 4.2　过程分析乌龟图(2)

4.3　确定质量管理体系的范围

本手册所覆盖的产品为：塑料模具、塑料制品。

本手册应用于公司塑料模具、塑料制品的生产制造和服务的所有人员、场所和过程。

4.4　质量管理体系

4.4.1　总则

公司应按本标准的要求建立质量管理体系、过程及其相互作用，加以实施和保持，并持续改进。

4.4.2 过程方法

通过过程分析乌龟图(3)理解过程方法，如图 4.3 所示。

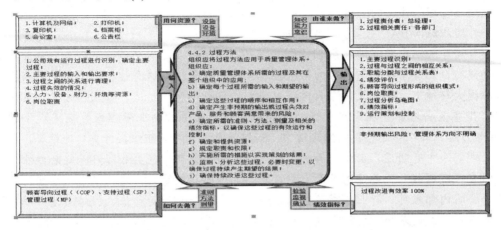

图 4.3　过程分析乌龟图(3)

与过程有关的名词解释。

过程：一组将输入转化为输出的相互关联的或相互作用的活动。过程是为顾客(内部的或外部的)提供产品或服务的一系列活动，过程开始于输入，结束于输出。

公司的质量管理体系按类型分为：顾客导向过程((COP)、支持过程(SP)、管理过程(MP)。

顾客导向过程：通过输入和输出直接和外部顾客联系的过程，直接对顾客产生影响，是给公司直接带来效益的过程。

支持过程：提供主要资源或能力，为了实现公司的经营目标，支持顾客导向过程实现预计目标的过程，支持过程是实现顾客导向过程功能的必要过程。

管理过程：用来衡量和评价顾客导向过程和支持过程的有效性和效率，组织策划将顾客要求转化为组织衡量的目标和指标，确定公司组织结构，产生公司决策和目标及更改等过程。

公司的质量管理体系的外包过程：委外试验、委外计量、热处理等，分别在过程设计开发、检测设备管理、产品制造等过程中定义并加以控制。公司并不免除对符合所有顾客要求的责任。

(资料来源：质量管理案例与故事[EB/OL].(2016-11-26)[2017-01-17].http://wenku.baidu.com.)

案例9　探索企业领导力提升之道
——惠普商学院的产品体系与案例分析

经过 10 多年的发展，惠普商学院已开发出一套体系完整的课程，所提供的服务也受到客户的一致好评，并逐步树立起自己的品牌形象。在 10 多年的发展历程中，不管是从课程的开发，讲师队伍的管理，还是对客户的服务水平来看，惠普商学院都逐渐走向成熟，并发生了巨大的变化，但唯一没有改变的就是对"分享成功经验，奉献经典课程"的坚持，

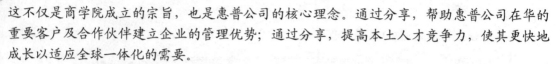

这不仅是商学院成立的宗旨，也是惠普公司的核心理念。通过分享，帮助惠普公司在华的重要客户及合作伙伴建立企业的管理优势；通过分享，提高本土人才竞争力，使其更快地成长以适应全球一体化的需要。

一、组织级 MBA：领导力智慧升级

惠普商学院在中国市场服务 11 年，一直秉承"在中国，为中国"的理念，在分享惠普之道的同时，始终坚持创新，努力与中国客户共同成长。在这个过程中，客户不断提出很多在中国大环境下，企业快速增长过程中遇到的各种困惑和挑战。在人才方面，惠普商学院也不惜重金去培养管理干部，但共性的问题是，大量的企业管理人员在完成了常规的MBA 学习后，却很难迁移到组织环境中。如何使个人学习与组织提升更好地结合，在企业经营管理实践中有明显产出呢？面对这些问题时，惠普商学院会和客户一起想办法，不仅仅局限在现有课程和服务范围里面，更在全球范围内拓展思路，寻找答案。惠普商学院汇聚惠普公司内部人员、行业专家及组织领域内的专家一起讨论验证，提炼总结并融合到课程研发中，不断补充和更新其课程体系、内容、训练手段及实施方式等。组织级 MBA 就是在这样的背景下应运而生的。

惠普商学院提出的组织级 MBA，以志同(shared value)、道合(aligned strategy)、行契(converged behavior) 为基本单元，目的在于回应企业在转型变革过程中面对的三个关键挑战：第一，如何通过各层级的管理者建立深入人心的企业文化和共同价值观；第二，如何旨在切实引导与推进企业管理层自上而下达成整个组织心、脑、手的知行合一规划企业战略，以及与其统一的各业务条线的业务战略和支撑部门的支持策略；第三，如何形成一套运营管理和执行的工具方法。它们既是一个统一的整体，又可能在不同企业中呈现出不同的侧重。惠普商学院会基于诊断，给出针对性的建议。

组织级 MBA 给企业带来的收益是很明显的。成熟的结构化设计可以保证企业的管理者建立完整的经营管理理念和方法，有针对性的学习设计可以解决所学与所用不能结合的难题。组织级 MBA 就是从志同、道合、行契来针对这三个维度的挑战，帮助企业有效提高其管理成熟度。

二、销售之道：成就卓越销售领导力

惠普的销售体系囊括了 B2B、B2C 等各种方式，满足五大产品集团、年销售 1 270 亿美元的销售任务，实现了自创业至今每个季度都赢利的目标，是庞大、丰富、有效的销售体系。这么复杂的体系到底是怎样运营的呢？

很多客户都把销售体系作为自己的核心业务体系，是管理中的重中之重。随着业务扩张、业务复杂度快速提升，人员规模和管理层级都对管理者原有的经验、直觉、精力、体力提出了严峻的挑战，也对惠普商学院提出了新的需求。学院选择 B2B 模式的销售管理实践，结合其他全球顶尖实践，组织中国区和亚太区的高级管理人员，共同研发了"销售策略制定""销售目标与业绩管理""销售运营管理体系"等全新课程，目的正是如何应对、如何解决这样的挑战。

惠普销售之道的独特之处体现在以下四方面。

(1) 它跳出传统强化销售技能培训的圈子，强调判断一个销售组织成功与否，一要看是否有清晰的战略，二要看是否有有效的销售运营管理，三要看是否有销售人员的整体作战能力。因此，惠普销售之道会围绕这三个层面展开工作，每个层面逐级深入同时又互联互锁。

(2) 秉承惠普商学院的治学理念，实战实效是要能落地，能接地气。因此，惠普商学院的顾问都必须是具有很强实战经验的销售高管或销售运营管理高管，有独具特色的教学体验。

(3) 课程的设置、上课的顺序都有逻辑性，会带领学员从理论到实践逐渐体会惠普销售之道的精华。

(4) 项目是混合式学习设计，由核心课程和大量密集的实战演练和在岗实践组成，非常充分地体现出惠普商学院对"实战实效"的坚定和执着。

三、企业大学咨询：企业学习的最高形式

企业大学从来都是培训行业的一个热门话题，据统计，世界 500 强企业中有 70% 的公司创办了企业大学。随着企业大学受到越来越多国内企业的青睐，惠普商学院基于最佳的实践、严谨的流程和与国际接轨的人才管理理念，开发出一套完整的企业大学运营管理框架，旨在助力中国企业应对人才培养及管理等多方面的挑战。

惠普企业大学解决方案所运用的企业大学管理框架以企业岗位的能力素质模型为基础，以业务绩效为目标，通过关键差距分析确认培养重点、目标群体和最适合的培养模式；通过严谨的设计管理流程使培训达到最佳的效果，并采用多种信息化手段使培训管理自动化，将培训过程共享化，随时随地提供培训，最有效地使用企业资源。

四、案例分析

1. 领导力人才培养体系搭建项目

某以家电制造业为主的大型综合性企业集团，在国内建有 15 个生产基地，辐射华南、华东、华中、西南、华北五大区域；在越南、白俄罗斯、埃及、巴西、阿根廷、印度 6 个国家建有生产基地；主要家电产品有空调、冰箱、洗衣机、微波炉等；拥有我国最完整的空调产业链；在全球设有 60 多个海外分支机构，产品远销 200 多个国家和地区。如此庞大的企业面临着人才培养的巨大挑战。因此，企业提出未来发展规划的"333 战略"：即用 3 年左右的时间做好产品、夯实基础、巩固体质、进一步提升经营质量；用 3 年左右的时间从中国家电行业三强中脱颖而出，成为行业领导者；用 3 年左右的时间在世界家电行业中占有一席之地，实现全球经营。但目前这家企业的管理人员培养难以支撑公司的战略规划，主要表现在：第一，过去，管理人员训练比较零散，以实战为主，缺乏系统性的知识、技能训练，干部能力标准参差不齐；第二，大事业部与小事业部在培养资源投放上差距较大；第三，现有培训课程及训练方式难以满足未来战略及组织发展要求。该企业采用惠普领导力人才培养体系搭建项目的主要目标是：首先，对标惠普商学院，了解跨国公司如何进行干部系统化培养，通过调研了解内部真实需求，将两者之间的规律、体系进行整合，复制惠普优秀的干部培养课程；其次，通过做项目，帮助各事业部掌握一套课程体系搭建的方法论及工具，后期推广应用到其他；最后，通过双方共同修订参与，使内部就领导力课程体系达成一致，形成知识沉淀。

中国惠普大学给出的解决方案是：第一，构建领导力学习体系规划的格局标准；第二，现状评估和差距分析；第三，领导力学习体系规划，包括领导力人才培养的指导思想、总体原则、实现目标、工作步骤、管控方式、学习手段等；第四，梳理后备经理、现任中层经理、总监及后备、总经理及后备等层级的学习体系。

项目实施是在集团董事长人才培养要求的背景下进行的，由集团人力资源总监亲自领导。来自于集团及所属事业部人力资源及培训部门的相关人员，直接参与到此项目，并对项目实施落实。集团企业大学团队主导项目的规划、实施、过程监督、评审及后续的跟踪。

项目结束时，客户收益达到了预期效果。通过学习领导力体系规划方法论，构建了客户领导力学习体系规划的格局标准；调研分析得出后备经理、现任中层经理、总监及后备、总经理及后备等层级的现状及差距分析；确定了领导力人才培养的工作步骤、管控方式及学习手段；构建了后备经理、现任中层经理、总监及后备、总经理及后备等层级的学习体系；项目成员深刻理解了学习体系和领导人才培养的要求；项目成员已经利用所学方法论、流程及工具灵活应用在其他职能、岗位职群的学习体系。

2. 营销总监销售领导力提升项目

这是一家国际知名互联网公司的"营销总监销售领导力提升项目"，是为企业营销总监量身定做的培养项目。本培训项目由业务部门发起，人力资源部负责实施，项目得到了公司5个事业部(包括门户、视频、汽车、焦点和畅游)CEO的特别关注和支持；经过访谈调研、学员筛选，最后从80个目标学员中挑选出28人参加此培训项目。

客户为什么要进行销售领导力提升项目？第一，互联网广告营销发展已进入规模化及成熟期，总体市场格局基本确立，但总体增长速度减慢，竞争日趋激烈；第二，营销人才流动快，以前靠营销明星、超级能人的做法已不足以支撑未来的业务发展，需要从组织层面打造销售领导力；第三，该公司历经了15年的高速发展，各事业部及事业部内部各营销团队间管理迥异，没有形成统一规范的营销管理体系；第四，迫切需要借鉴科学、系统的成熟营销体系、方法优化或改变在快速成长期通过经验积累摸索而建立的营销体系(营销策略、营销管理、团队构建)。

根据客户面临的挑战，中国惠普大学提供了一系列解决方案：第一，帮助该公司人力资源在80位候选学员中，结合基本理念、行为访谈等进行学员挑选，选出最适合的学员参与培训；第二，课程模块，采用"惠普销售之道"中的惠普销售管理框架+目标管理+销售管道管理+销售团队高效管理；第三，行动学习，学员将所学的内容通过课后作业应用到各自的工作实践中，讲师对学员作业进行审阅，并通过辅导，给予反馈意见，促进学员进一步深入理解学习工具，提高内化应用的能力；第四，全部课程结束后，学员根据惠普大学的指导方针完成"2017业务计划"的制订，惠普辅导讲师对每位学员的业务计划进行针对性的一对一辅导；第五，组织惠普参观，跨界学习。

惠普销售运营管理的工具、方法、表格，被学员迅速结合本企业的实践进行调整，并在事业部中推广使用，形成企业内部营销运营管理体系，直接促成企业内生的创新和变革。

客户为什么选择中国惠普大学？第一，惠普商学院"卓越销售领导力"强调销售策略、销售运营、销售技能平衡发展，打造组织级销售领导力的理念完全契合客户的需求；第二，惠普商学院是唯一提供从营销战略制定，到营销运营体系搭建，到管理技能提升全面解决方案的；第三，惠普的课程内容中包含大量经过惠普自身验证的，切实可行的，并且依然在惠普使用的工具、方法、表格，可以直接应用到客户营销总监的日常营销管理工作中；第四，惠普商学院的讲师基本是惠普现任及前任高管，深刻理解惠普之道及惠普实践，丰富的实战经验是独特的竞争优势；惠普商学院的项目管理方法及项目中附加的增值服务是客户培训部认为项目成功的关键保障；第五，本项目是客户公司历史上最大的培训投入，受各事业部高管的高度重视，必须选择可信赖的合作伙伴，以确保整个项目顺利圆满完成，达到预期的目标。

(资料来源：《中国人力资源开发》编辑部与中国惠普大学联合课题组.探索企业领导力提升之道——惠普商学院的产品体系与案例分析[J].中国人力资源开发，2015.)

模拟试卷 4

一、名词解释(10分，每题 5分)

(1) 组织环境

(2) 以顾客为关注焦点

二、填空题(14分，每空 2分)

(1) 审核是指为获得_____并对其进行客观的评价，以确定满足审核准则的程度所进行的_____、_____并_____的过程。

(2) 一般而言，输出分为以下四大类，即服务、_____、_____和_____。

三、单项选择题(12分，每题 3分)

(1) 下面不属于循证决策工作的是_____。

　　A. 使相关人员获得所需的所有数据

　　B. 确保数据和信息足够准确、可靠和安全

　　C. 对机遇的快速灵活反应

　　D. 确保人员有能力分析和评价所需的数据

(2) 在 ISO 9001:2015 条款 8.5.1 "生产和服务提供的控制" 中，将 "采取措施防止_____" 列为可控条件。

　　A. 人为错误　　　　　　　　　　B. 事后把关为主

　　C. 非人为错误　　　　　　　　　D. 防检结合

(3) 外包是指安排_____执行组织的部分职能及过程。

　　A. 外部组织　　　　　　　　　　B. 班组

　　C. 工段　　　　　　　　　　　　D. 车间

(4) 为了持续成功，组织需要管理其与有关的_____的关系。

　　A. 相关方　　　　B. 顾客　　　　C. 供方　　　　D. 银行

四、多项选择题(12分，每题 4分)

(1) 质量管理的基本概念和原则普遍适用于_____。

　　A. 通过实施质量管理体系寻求持续成功的组织

　　B. 为组织持续提供符合其要求的产品和服务的能力寻求信任的顾客

　　C. 为在供应链中其产品和服务要求能得到满足寻求信任的组织

　　D. 通过对质量管理中使用的术语的共同理解，促进相互沟通的组织和相关方

　　E. 依据 ISO 9001 的要求进行符合性评定的组织

(2) 下面关于"产品"的说法正确的有＿＿＿＿＿＿。

A. 产品的主要特征是有形的

B. 一个组织的产品往往不止一类

C. 产品是广义的概念，既可以是交付给顾客的最终产品，也可以是半成品或采购产品

D. 组织的产品交付往往伴随着服务同时存在

E. 产品是输出的一种形式

(3) 下面关于"创新"的说法正确的有＿＿＿＿＿＿。

A. 创新可以是以现有的思维模式提出有别于常规或常人思路的见解

B. 创新可以表现为利用现有的知识和物质，在特定的环境中，本着理想化需要或为满足社会需求，而改进或创造新的事物、方法、元素、路径、环境，并能获得一定有益效果的行为。

C. 创新也可以表现为对原有价值的重新分配，以新的价值模式展现新的局面

D. 只有技术创新才是真正意义的创新

E. 质量信息工作就是创新

五、判断题(8分，每题2分)

(1) "改进"是指对外部条件的变化做出反应并创造新的机会。   （   ）

(2) "以顾客为关注焦点"是指关注外部顾客。   （   ）

(3) 七项质量管理原则是ISO 9000族标准的指导思想和理论基础。   （   ）

(4) 在ISO 9001：2015标准中所述的利益相关方中包括压力集团。   （   ）

六、简答题(30分，每题15分)

(1) 如何理解相关方术语？

(2) 如何理解外包术语？

七、论述题(14分)

简述质量管理七项管理原则。

第五章 质量管理体系要求

通过对本章的学习，要求了解和掌握以下内容。

- ISO 9001：2015 结构变化。
- ISO 9001：2015 内容变化。
- 总则与质量管理原则。
- 过程方法。
- 与其他管理体系标准的关系。
- 应用范围和用途。
- 组织环境。
- 领导力。
- 核心过程。

确保质量管理体系的有效运行是组织质量经营的核心。质量管理体系既要组织内部质量管理符合标准、顾客、法律法规要求，也要充分考虑提供外部质量保证的要求，按照 ISO 9000 族标准建立或更新完善质量管理体系，通常要做好策划、支持与运行、绩效评价、改进等方面的工作。

第一节 ISO 9001：2015 标准的变化

一、ISO 9001 标准发展简介

ISO 9000 系列标准于 1987 年首次出版，并成为 ISO 标准中应用最广泛的标准。目前，ISO/TC 176 质量管理和质量保证技术委员会及其下属的质量体系技术委员会一直致力于研究质量管理标准的新框架。ISO 9000 族标准不仅为各类组织建立了一个质量管理的通用框架和语言，而且在 ISO 9000 族标准的基础上也建立和发展了其他管理体系标准，如环境、健康和安全、信息安全及能源。ISO 9001：2008《质量管理体系 要求》和 ISO 9004：2009《组织持续成功管理的方法之一》已经被广泛使用到各个领域，如航空、电信、教育、政府和医疗等行业。

1987 年出版的 ISO 9000 族标准通过建立质量管理的通用框架和语言，并定义 ISO 9001 质量管理体系要求，为组织提供了生产合格产品的基本信心，促进了全球贸易，已成为 ISO 标准中应用最广泛的标准。

2000 年质量管理体系发生重大修订后，商业需求和期望发生了明显变化，这些变化包括：更高的客户要求、新技术的出现、越来越复杂的供应链及对可持续性发展的强烈意识。

因此，2012 年，ISO 在西班牙召开的 ISO/TC176/SC2/WG24 会议上，提出了 ISO 9001 修订版的新工作项目建议，以及设计规范草案和项目计划，组织启动下一代质量管理标准新框架的研究工作。ISO 9001 的修订旨在：为继续强化质量管理体系标准对于经济可持续增长的基础作用提供一个稳定的系列核心要求；保留其通用性，适用于在任何类型、规模及行业的组织中运行；将关注有效的过程管理，以便实现预期的输出；通过应用 ISO 导则，增强其同其他 ISO 管理体系标准的兼容性和符合性；以推进其在组织内实施第一方、第二方和第三方的合格评定活动；利用简单化的语言和描述形式，便于加深理解并统一对各项要求的阐述。

2015 年 9 月 23 日，ISO 9001：2015 新版标准正式发布，ISO 9001：2008 标准的有效期将延续至 2018 年 9 月左右，ISO 9001：2008 和 ISO 9001：2015 标准将在为期 3 年的转换期中并存。到 2018 年 9 月，ISO 9001：2008 证书都将失效，所有的获证组织需要在转换期间将其 ISO 9001：2008 证书转换为 ISO 9001：2015 证书。

二、主要变化简介

ISO 9001：2015 标准的主要变化包括以下内容。

(1) 采用了新的高级结构。在 ISO 发布的《ISO/IEC Directives，Part1，Consolidated ISO Supplement，2013》指导文件中有一个规范性的附件 SL(Annex SL)《管理体系标准建议》。其"附录 2"包括了高级结构、等同的核心正文、共用术语和核心定义的内容。这个《附件 SL 附录 2》其实是一个管理体系标准的标准模板，即"标准的标准"。以 ISO 9001 为代表的 ISO 管理体系标准，都遵循这一标准模板。按照此标准模板，ISO 9001：2015 采用了统一的标准结构和标准条款名称，即：引言；范围；规范性引用文件；术语和定义；组织的背景；领导；质量管理体系策划；支持；运行；绩效评价；改进。

(2) 统一了所有管理体系标准的通用术语。所有管理体系标准将采用通用的术语和定义，如组织、利益相关方、管理体系、目标、风险、过程、文件、绩效、审核、符合等术语，有助提高一体化管理体系的效率。用"文件化信息"代替了"文件"和"记录"，用"外部提供的过程、产品和服务"替代了"采购"和"外包"，更易于理解和沟通。

(3) 明确提出必须确定影响组织实现其目标的内外部因素。内部因素包括使命、愿景、价值观、文化、知识和绩效等。外部因素包括国际、国内、地区和当地的各种法律法规、技术、竞争、市场、文化、社会和经济因素等。

(4) 增加了理解利益相关方的需求和期望的要求。理解包括顾客、供方(供应商)、投资方、员工、社会五大利益相关方的需求和期望，有助于组织实现其预期目标和结果。

(5) 进一步强化了领导的作用和承诺。新标准更加强调最高管理者及各级领导者在质量管理体系中的核心作用，对领导者有效履行职责和承诺提出了明确要求，并要求领导者为有效履行职责和承诺提供证据。领导者的作用和承诺包括：对体系的有效性负责；确保实现体系的预期结果；对体系的建立、运行、保持、改进发挥核心作用；建立质量方针、目标，并与组织的战略相一致；提供资源；确保将标准要求融入组织的各项工作过程；确定组织机构和职责；确保有效沟通；推动改进；促进、指导和支持员工和其他管理者有效履行职责；进行管理评审等要求。

（6）明确提出必须识别和应对组织所面临的风险和机遇。组织在采取措施应对所面临的风险和机遇时，应考虑内外部环境因素和相关方需求和期望，以控制风险、把握机遇，实现既定的战略、目标和预期结果。

（7）更加强调了变更管理。在实际管理过程中，由于各种变化和变更管理不够有效，从而导致"未能实现过程的有效性和体系预期结果"。因此，新标准强化了变更管理，从而不断应对各种变化，使其能够实现过程的有效性和体系预期结果。

（8）明确提出将标准要求融入组织的运营业务过程。新标准强调组织在理解和运用标准要求时，应将其融入各项工作过程，以充分发挥贯彻落实标准对提升组织整体管理水平的促进作用。

（9）增加了组织的知识管理要求。组织的知识是组织的重要资源。组织对知识进行有效的动态管理，是确保过程的有效性和体系获得预期结果及应对组织内外部环境变化和风险的重要资源保障。组织的知识可来自于组织内部和组织外部，组织内部知识包括如来源于组织以往的经验、教训，组织外部知识包括如来源于专业培训、技术交流、专家指导等。

（10）弱化了形式上的强制性要求。去除了对"质量手册、程序文件、管理者代表、删减及预防措施"等形式上的规定性要求，留给认证组织以更大的自由空间。但是，这并不意味着弱化了相关要求，与此相反，在弱化了形式上的规定性要求的同时，更加强调了运用质量管理体系的目的和作用，即获得预期的结果和绩效。

三、内容变化简介

章　节	内容主要变化
1 范围	①用"产品和服务"术语替代了原来的"产品"。以前将服务理解为广义的产品，现在将服务独立出来，是为了突出产品和服务在应用标准时的不同。产品现在就只包括硬件、软件、流程性材料这三种形式。 ②去除了删减条款。这部分的内容放到了 4.3 条款，而且明确提出要有理由才能删减条款。同时，删减的条款不能影响到组织履行提供合格产品和服务的责任和增强顾客满意的能力
2 引用标准 1 没有变化	
3 术语和定义	参考 ISO 9000：2015 的术语
4 组织的背景	①为了更好地建立、贯彻、实施并持续改善质量管理体系，把 2008 版中的"质量管理体系"改为四个内容，即理解组织及其背景；理解相关方的需求及期望；质量管理体系范围的确定；质量管理体系及其过程。明确要求讲明：组织能做什么？组织要做什么？在此基础上如何确认质量管理体系的范围？如何按照过程方法逐步实施？在 2008 版标准中没有明确这些要求。 ②用"文件化信息"取代了过去的文件、记录，用"保持文件化信息"描述形成文件，用"保留文件化信息"描述保留记录
5 领导	①领导作用的内容更加具体明确。 ②强调了领导层应重视过程方法及关注质量管理的有效性。 2015 版明确了 2008 版第 5 章中对"管理承诺""质量方针""职责权限"隐含的要求，如管理承诺要包括过程方法和基于风险的思考等。

章　节	内容主要变化
5 领导	2015 版细化了"以顾客为关注焦点"，将其表述为"理解顾客及法律法规要求""识别可增强用户满意的风险与机遇""聚焦于持续增强顾客满意"，而在 2008 版中只有一句话
6 质量管理体系策划	①新设计了三部分内容，即"6.1 应对风险和机遇的措施""6.2 质量目标及其实现的策划"和"6.3 变更策划"。 ②6.1 条款具体化了"基于风险的思维"。 ③6.2.1 条款细化了对质量目标的要求，明确了应达到的标准，包括与方针一致、可测量、考虑适用条件、与产品和服务的符合性相关、与顾客满意相关、得到监视、得到沟通、适当时进行更新。 ④6.2.2 条款明确要求使用"4W1H"，即：做什么？需要什么资源？谁来负责？什么时候完成？如何衡量结果？ ⑤6.3 条款是新增内容，当决定改变质量管理体系时，必须考虑变更的目的及潜在后果，要系统的考虑，要看资源需求是否满足还要重新分配职责权限
7 支持	①7.1.1 条款提到了要考虑内部资源的局限性。局限性是新加的。资源包括人员、基础设施、过程运行环境、监视和测量资源、组织的知识。 ②7.1.4 条款"过程运行环境"中，将 2008 版的"工作环境"改为"物理因素"；增加了社会因素和心理因素，范围更广，相应的要求也更高了。 ③7.1.5 条款"监视和测量资源"与 2008 版的"7.6 监视和测量设备"相比扩大了范围，同时将"设备"改为"资源"。 ④7.1.6 条款"组织的知识"是全新的，明确了获得知识的途径，包括从失败和成功项目得到的经验教训。引入这一要求的目的是：避免组织丧失其知识，鼓励组织获取知识。 ⑤7.2 条款对"获得能力的方法"由教育、培训、技能和经验改为教育、培训或经历。 ⑥7.3 条款对工作人员需要知晓的内容增加了"改进绩效的益处"和"不符合质量管理体系要求的后果"。 ⑦7.4 条款细化了沟通的要求，更具有操作性，也更加有效。这些要求包括：沟通什么？何时沟通？与谁沟通？如何沟通？谁负责沟通？ ⑧7.5 条款对文件的控制新增了访问，访问可以是只允许查阅，也可以是允许查阅并授权修改
8 运行	①8.2 条款重新调整设计了"沟通、确定、评审"的顺序。将"产品"扩充为"产品和服务"。增加了 8.2.4 产品和服务的更改。 ②8.3 条款将"设计与开发"的顺序进行了调整，改为"策划、输入、控制、输出、更改"。将 2008 版中的"评审、验证、确认"合并为"控制"。这种调整使过程方法的思路更清晰，更加简明化。8.3.2 条款新增加了要求，包括"考虑内外部资源的需求""顾客和使用者参与的需求""后续产品和服务提供的需求"。8.3.3 条款将原"设计和开发所必需的其他要求"明确为"组织已承诺实施的执行标准或准则""由于产品和服务的性质引起的潜在失效后果"

续表

章　　节	内容主要变化
8 运行	③8.4 条款将"采购"改为"外部提供的过程、产品和服务的控制"。 ④8.5 条款中，8.5.1 对"受控条件"增加了"要达到的结果""指派胜任的人员，包括所要求的资格""实施防止人为错误的措施"。8.5.3 将"顾客财产"改为"顾客或外部供应商的财产"。8.5.4 将"产品防护"改为"防护，明确了"防护可以包括标识、处理、包装、贮存、传输或运输和保护"。新增了"8.5.5 交付后活动"。 ⑤8.6 条款将"产品和服务的放行"独立出来，强调了对"放行"的控制。 ⑥8.7 条款将 2008 版"不合格品的控制"改为"不合格过程输出、产品和服务的控制"
9 绩效评价	①重新整合为三部分内容，即"顾客满意""内部审核""管理评审"。 ②9.3 条款进行了重新整合，增加了部分内容，如"关于外部供应商和其他利益相关方的问题""其战略方向的内部和外部问题的变化""保持一个有效的质量管理体系所需资源的充足性""过程的绩效与产品和服务的符合性""为应对风险和机遇所采取措施的有效性"等。将"改进的建议"改为"新的潜在的持续改进机会"
10 改进	①去除了"预防措施"。 ②10.3 条款提出"组织应考虑分析与评价输出和管理评审输出，以确认是否存在表现不佳的领域或应处理的机会，作为持续改进的一部分""组织应选择和使用适用的工具和方法，对表现不佳的原因进行调查和支持持续改进"

第二节　ISO 9001：2015 标准概述

一、总则与质量管理原则

(一)总则

采用质量管理体系应该是组织的一项战略性决策，可以帮助组织改进其整体绩效，并为可持续发展计划提供良好的基础。

对于根据本标准实施质量管理体系的组织来说，潜在的收益如下。

(1) 稳定提供满足顾客要求和法律法规要求的产品和服务的能力。

(2) 获取增强顾客满意度的机会。

(3) 应对与组织环境和目标相关的风险。

(4) 证实符合质量管理体系特定要求的能力。

本标准可用于内部与外部。以下方面不是本标准的目的：①统一不同质量管理体系的结构；②统一本标准条款结构的文件；③在组织中使用本标准的特定术语。

本标准所规定的质量管理体系要求是对产品要求的补充：采用过程方法，包括策划—

实施—检查—改进(PDCA)循环和基于风险的思维。过程方法使组织能够策划组织的过程及其相互作用。PDCA 循环使组织能够确保其过程得到充分的资源和管理，并确定和实施改进机会。

基于风险的思维能够使组织确定可能导致其过程和质量管理体系偏离所策划的结果的因素，采取预防性控制，以最小化负面影响并在机会出现时使机会利用达到最大化。

在日益变化、复杂的环境中，持续满足要求和应对未来的需求和期望是组织面临的挑战。要实现这个目标，组织可能会发现，除了纠正和持续改进以外，变革、创新和重组也是必要的。

本标准中采用了以下动词形式。

shall 表示要求。

should 表示建议。

may 表示允许。

can 表示可能性或能力。

标注为"注"的信息是理解或说明相关要求的指南。

(二)质量管理原则

本标准基于 ISO 9000 中阐述的质量管理原则，该阐述包括每项原则的说明、对组织的重要性、与该原则相关的益处的示例，以及应用该原则时改进组织绩效所采取的典型措施的示例。

质量管理原则如下。

(1) 以顾客为关注焦点。

(2) 领导作用(领导力)。

(3) 全员参与(员工契合)。

(4) 过程方法。

(5) 改进。

(6) 循证决策(基于证据的决策方法)。

(7) 关系管理。

二、过程方法

(一)总则

本标准鼓励在建立、实施质量管理体系及改进其有效性时采用过程方法，通过满足顾客要求来增强顾客满意度。采用过程方法需要考虑的特定要求包含在 4.4 条款中。

将相互关联的过程作为体系进行理解和管理，会有助于组织实现其预期结果的有效性和效率。该方法能使组织对体系中相互关联和相互依赖的过程进行有效控制，以增强组织的整体绩效。

过程方法按照组织的质量方针和战略方向，对各过程及其相互作用系统地进行规定和管理，从而实现预期的结果。组织可通过采用 PDCA 循环和"基于风险的思维"，对过程和体系进行整体管理，从而有效利用机遇并防止发生非预期的结果。

在质量管理体系中应用过程方法能够：①理解和不断满足要求；②从增值的角度考虑过程；③实现有效的过程绩效；④在数据和信息分析的基础上改进过程。

(二)策划—实施—检查—改进循环

PDCA 循环能够应用于所有过程和整个质量管理体系。

PDCA 循环可以简要描述如下。

Plan(策划)：根据顾客要求和组织方针，为提供结果建立体系目标及其过程，以及所需要的资源。

Do(实施)：实施所策划的(安排)。

Check(检查)：根据方针、目标和要求，对过程、产品和服务进行监视和测量(适用时)，并报告结果。

Act(处置)：必要时，采取措施，以改进过程绩效。

ISO 9001:2015 直接用 PDCA 方法把本标准第 4 章至第 10 章有机组合起来，逻辑非常清楚，如图 5.1 所示。

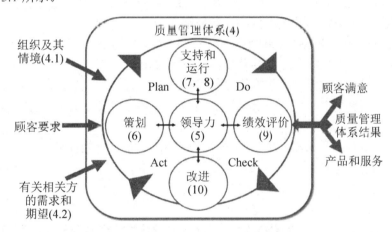

图 5.1 本标准中的 PDCA 循环

图 5.2 示意性地展示了质量管理体系内的单个过程如何使用 PDCA 循环进行管理。

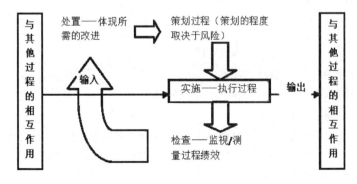

图 5.2 体系内的单个过程的示意图

(三)基于风险的思维

为实现有效的质量管理体系,基于风险的思维是必要的。"基于风险的思维"的概念在本标准的以往版本中一直没有言明,包括实施预防措施以消除潜在不合格、分析发生的不合格并采取相应的措施防止其再发生。

为符合本标准的要求,组织需要策划和实施应对风险和机会的措施。应对风险和机会是为提高质量管理体系有效性、实现改进的结果并防止负面影响建立基础。

机会可以形成有益于实现预期结果的状况的结果。例如,让组织吸引顾客、开发新产品和服务、减少浪费或改进生产效率的一系列情况。应对机会的措施还可以包括对相关风险的考虑。风险是不确定的影响,这种不确定可能是正面或负面的影响。来自风险的负面偏离可以产生机会,但不是风险的所有负面影响都能产生机会。

三、与其他管理体系标准的关系

本标准采用了 ISO 为改进其管理体系国际标准间的一致性而开发的框架。

本标准能够使组织应用过程方法,再加上 PDCA 循环和基于风险的思维,使其质量管理体系与其他管理体系标准的要求保持一致或整合。

本标准与 ISO 9000 和 ISO 9004 相关联:①ISO 9000 质量管理体系"基础和术语"为本标准的正确理解和实施提供了必要的背景;②ISO 9004 组织持续成功的管理,为选择超越本标准要求的发展的组织提供了指南。

本标准不包括针对其他管理体系的特定要求,如环境管理、职业健康安全管理或财务管理。

已开发了一部分基于本标准要求的特定行业的质量管理体系标准,这些标准中的某些标准规定了附加的质量管理体系要求,而其他标准限于为本标准在特定的行业内的应用提供指南。

第三节　ISO 9001:2015 质量管理体系要求

一、应用范围和用途

---

1 范围

本标准为有下列需求的组织规定了质量管理体系要求:

a) 需要证明其有能力稳定地提供满足顾客和适用的法律法规要求的产品或服务;

b) 通过体系的有效应用,包括体系持续改进过程的有效应用,以及保证符合顾客要求与适用的法律法规要求,旨在增强顾客满意。

本标准的所有要求是通用的,旨在适用于各种类型、不同规模和提供不同产品和服务的组织。

注 1:在本标准中,术语"产品"或"服务"仅适用于预期提供给顾客或顾客所要求的产品和服务。

注 2:法律法规要求可称为法定要求。

---

2 规范性引用文件

下列文件中的全部和部分内容在本标准中引用并在应用中不可或缺。凡是注日期的引用文件，仅该版本适用于本标准。凡未标注日期的引用文件，引用文件的最新版(包括修订)适用于本标准。

ISO 9000：2015 质量管理体系 基础和术语

3 术语和定义

本标准采用 ISO 9000:2015 中的术语和定义，示例如下。

① 最高管理者。在最高层指挥和控制组织的一个人或一组人。

② 组织环境。对组织建立和实现其目标的方法有影响的内部和外部因素的组合。

③ 改进。提高绩效的活动。

④ 持续改进。提高绩效的循环活动。

⑤ 要求。明示的、通常隐含的或必须履行的需求或期望。

⑥ 质量要求。关于质量的要求。

⑦ 产品。在组织和顾客之间未发生任何交易的情况下，组织产生的输出。

⑧ 服务。在组织和顾客之间需要完成至少一项活动的组织的输出。

⑨ 形成文件的信息。组织需要控制并保持的信息及其载体。

⑩ 顾客满意。顾客对其期望已被满足程度的感受。

二、组织环境

4 组织的背景

4.1 理解组织及其环境

组织应确定外部和内部那些与组织的宗旨和战略方向有关并影响质量管理体系实现预期结果的能力的问题。

组织应监视和评审有关这些外部和内部问题的信息。

注 1：理解外部环境可以促进考虑因法律、技术、竞争、市场、文化、社会和经济环境所产生的问题，无论是国际、国家、地区或地方。

注 2：理解内部环境可以促进考虑与价值观、文化知识和组织绩效相关的问题。

4.2 理解利益相关方的需求和期望

由于他们影响或潜在影响组织稳定地提供满足顾客要求和适用的法律法规要求的产品的能力,组织应确定：

a) 与质量管理体系相关的利益相关方；

b) 与质量管理体系相关的利益相关方的要求。

组织应监视和审查这些利益相关方及其相关要求的信息.

4.3 确定质量管理体系的范围

组织应确定质量管理体系的边界和适用性，以确定其范围。

在确定这个范围时，组织应考虑：

a) 4.1 所提及的外部和内部问题；

b) 4.2 所提及的利益相关方的要求；

c) 组织的产品与服务。

当本标准的要求在确定的范围内可以应用，那么它应被组织应用。

如果本标准的任何要求不适用，这不应影响组织确保产品和服务合格的能力和责任。

范围应有效且保持作为文件信息说明：

- 质量管理体系覆盖的产品和服务；
- 任何本标准的要求不适用事例理由。

4.4 质量管理体系及其过程

组织应按本标准的要求建立、实施、保持和持续改进质量管理体系，包括所需的过程及其相互作用。组织应确定质量管理体系所需的过程及其在整个组织中的应用，并应确定：

a) 这些过程输入要求和输出期望；

b) 这些过程的顺序和相互作用；

c) 所需的准则和方法，包括测量和相关的绩效指标，以确保这些过程的有效运行和控制；

d) 所需的资源并确保它们的可用性；

e) 这些过程的职责和权限；

f) 风险和机会(按6.1的要求)；

g) 实施所需的措施以实现策划的结果；

h) 用适当的方法监测、分析这些过程，必要时变更过程，以确保过程持续达到期望的结果；

i) 改进过程和质量管理体系的机会。

组织应保持文件化的信息，在必要情况下支持过程操作，并保留必要程度的文件化信息证实过程正在按策划进行。

三、领导

5 领导

5.1 领导和承诺

5.1.1 领导和对质量管理体系的承诺

最高管理者应通过以下活动表明其领导作用和对质量管理体系的承诺：

a) 承担质量管理体系有效性的责任；

b) 确保质量管理体系制定的质量方针和质量目标符合组织的战略方向和环境；

c) 确保质量方针在组织内得到沟通、理解和应用；

d) 确保将质量管理体系的要求融入组织的业务过程；

e) 增强过程方法的意识；

f) 确保质量管理体系所需资源的获得；

g) 传达有效质量管理和满足质量管理体系要求的重要性；

h) 确保质量管理体系获得其预期的结果；

i) 参与、指导和支持人员为质量管理体系有效性做贡献；

j) 促进持续改进；

k) 支持其他管理者展示其领导作用，应用于他们各自职责领域。

注：本标准所提及的"业务"可以从广泛理解为那些活动是组织存在的目的的核心，该组织是否是公共的、私有的，以盈利为目的或不以盈利为目的。

5.1.2 以顾客为关注焦点

最高管理者应在以顾客为关注焦点方面展示领导作用和承诺,确保:

a) 顾客要求和适用的法律法规要求得到确定和满足;

b) 可以影响产品和服务的符合性和增强顾客满意的能力的风险和机遇得到确定和处理;

c) 关注持续提供满足顾客和法律法规要求的产品和服务得到保持;

d) 关注增强顾客满意得到保持。

5.2 质量方针

5.2.1 最高管理者应制定、评审和保持质量方针:

a) 与组织的宗旨和背景相适应;

b) 提供制定和评审质量目标的框架;

c) 包括对满足适用要求的承诺;

d) 包括对持续改进质量管理体系的承诺。

5.2.2 质量方针应:

a) 可作为文件信息;

b) 在组织内得到沟通、理解和应用;

c) 适用时,可被利益相关方获取。

5.3 组织角色,职责和权限

最高管理者应确保相关角色的职责和权限在组织内得到分配、沟通和理解。

最高管理者应分配职责权限:

a) 确保质量管理体系符合本标准的要求;

b) 确保过程实现预期的结果;

c) 报告质量管理体系的绩效、改进机会、所需的改变或创新,尤其是向最高管理者汇报;

d) 确保在整个组织内增强以顾客为关注焦点;

e) 确保在对质量管理体系的变更进行策划和实施时,保持质量管理体系的完整性。

四、核心过程

(一)质量管理体系策划

6 质量管理体系策划

6.1 应对风险和机遇的措施

6.1.1 在策划质量管理体系时,组织应考虑 4.1 提及的问题和 4.2 提及的要求,并确定需要处理的风险和机遇:

a) 给予保证质量管理体系可以实现其预期结果;

b) 防止或减少负面效果;

c) 实现持续改进。

6.1.2 组织应策划:

a) 应对这些风险和机遇的措施;

b) 如何整合和实施措施融入质量管理体系的过程(见 4.4);如何评价这些措施的有效性。

应对风险和机遇所采取的措施应与潜在影响产品和服务符合性相适应。

6.2 质量目标及其实现策划

6.2.1 组织应在相关职能、层次和过程中建立质量目标，质量目标应：

a) 与质量方针保持一致；

b) 可测量的；

c) 考虑到适用的要求；

d) 与产品和服务的符合性和增强顾客满意相关；

e) 可监视的；

f) 可传达的；

g) 适用时可更新。

组织应保持关于质量目标的文件信息。

6.2.2 在策划如何实现其质量目标时，组织应确定：

a) 做什么；

b) 需要什么资源；

c) 谁负责；

d) 何时完成；

e) 结果如何评价。

6.3 变更策划

当组织确定质量管理体系变更的必要性(见4.4)，变更应有计划的和系统的方式进行。组织应考虑：

a) 变更的目的和任何潜在的后果；

b) 质量管理体系的完整性；

c) 资源的可获得性；

d) 职责和权限的分配或再分配。

(二)支持与运行

7 支持

7.1 资源

7.1.1 总则

组织应确定并提供建立、实施、保持和持续改进质量管理体系所需的资源。

组织应考虑：

a) 现有内部资源的能力和限制；

b) 需要从外部供应商获得什么。

7.1.2 人力资源

为了确保组织能够持续满足顾客和适用的法律法规要求，组织应提供质量管理体系有效运行所需的人员，包括所需的过程。

7.1.3 基础设施

组织应确定、提供并维护为达到产品和服务符合性其过程运行的基础设施。

注：基础设施可以包括：

a) 建筑物和相关设施；

b) 包括硬件和软件设备；

c) 运输；

d) 信息和通信技术。

7.1.4 过程作业环境

组织应确定、提供并维护为其过程运行以及达到产品和服务符合性所需的环境。

注：过程作业环境可以包括物理的、社会的、心理的、环境的和其他因素，如温度、湿度、人体工程学和清洁等。

7.1.5 监视和测量资源

用于监视或测量产品和服务符合特定规定要求的证据，组织应确定所需的资源确保有效的和真实可信的监视和测量结果。

组织应确保以下资源的提供：

a) 实施适宜的监视和测量活动的具体类型；

b) 维护确保其持续适合其目的。

组织应保持作为监视和测量资源目的适用性证据的适当的文件信息。

测量可追溯性：

- 法律或法规要求；

- 顾客或利益相关方期望；

- 组织考虑为重要部分的测量结果有效性提供信心。

测量仪器应：

- 对照能溯源的国际标准或国家标准的测量标准，按照规定的时间间隔或在使用前进行检定或校准。当不存在上述标准时，用于校准或检定依据应作为文件信息保留；

- 标识，以确定其校准状态；

- 防止使校准状态和随后的测量结果失效的调整、损坏或变坏。

当发现仪器在计划检定或校准期间或使用过程中有缺陷，组织应确定以往测量结果的有效性是否受到不良影响，适用时，采取适当的纠正措施。

7.1.6 组织的知识

组织应确定其过程运行以及达到产品和服务符合性所需的知识。

应保持，并在必要范围内获得这些知识。

在应对不断变化的需求和趋势时，组织应考虑其当前的知识和确定如何获得必要的额外知识。

注1：组织的知识可以包括信息，如知识产权和经验教训。

注2：为了获得所需的知识，组织可以考虑：

a) 内部资源，例如：学习失败和成功项目，获得组织内非文件知识和热门专家的经验；

b) 外部资源，例如：标准、学术交流、会议、收集顾客或供应商的知识。

7.2 能力

组织应：

a) 确定其控制下影响其质量绩效的工作人员所需的能力；

b) 基于这些人员在适当的教育、培训或经验基础上能够胜任；

c) 适用时，采取措施以获取所需的能力，并评价所采取措施的有效性；

d) 保留作为能力证据的适当文件信息。

注：适用的措施包括，例如：为当前聘用人员或胜任的雇用或合同人员提供培训、师傅或重新分配。

7.3 意识

在组织控制下工作的人员应认识到：

a) 质量方针；

b) 相关的质量目标；

c) 为质量管理体系的有效性做贡献，包括提高质量绩效的好处；

d) 不符合质量管理体系要求的含义。

7.4 沟通

组织应确定质量管理体系相关的内部和外部沟通，包括：

a) 沟通什么；

b) 什么时候沟通；

c) 与谁沟通；

d) 怎么沟通；

7.5 文件信息

7.5.1 总则

组织的质量管理体系应包括：

a) 本标准所需的文件信息；

b) 组织确定作为确保质量管理体系的有效性所需的文件信息。

注：不同组织的质量管理体系文件信息的多少与详略程度可以不同，取决于：

• 组织的规模和活动、过程、产品和服务的类型；

• 过程及其相互作用的复杂程度；

• 人员的能力。

7.5.2 创建和更新

在创建和更新文件信息时，组织应确保适当的：

a) 标识和描述，例如：标题、日期、编制人或参考号码；

b) 格式(如语言、软件版本、图像)和介质(如纸、电子)；

c) 评审和批准的适宜性和充分性。

7.5.3 文件信息控制

7.5.3.1 质量管理体系和本标准所要求的文件信息应予以控制，以确保：

a) 在需要的地点和时间，它是可用的和适宜使用的；

b) 它是充分受保护的(如免受丧失保密性、使用不当或失去完整性)。

7.5.3.2 对文件信息的控制，适用时，组织应专注于如下活动：

a) 分发、访问、检索和使用；

b) 贮存和保存，包括易读性的保存；

c) 变更控制，如版本控制；

d) 保留和处置。

组织所确定的策划和运行质量管理体系所需的外来文件信息，应得到适当的识别和控制。

注：访问可以意味着一个决定关于仅允许查看文件信息，或允许和授权查看并变更文件信息。

8 运行

8.1 运行的策划和控制

组织应策划、实施和控制过程，如 4.4 所述，需满足提供产品和服务的要求，并实施 6.1 所确定的措施，通过：

a) 确定产品和服务的要求；

b) 建立过程、产品和服务的接收准则；

c) 确定达到产品和服务要求的符合性所需的资源；

d) 按照准则落实过程控制；

e) 保留必要的情况下证实过程按策划实施的文件信息，以证明产品和服务符合要求。

策划的输出应适合组织的运行。

组织应控制策划的变更并评审意外变更的后果，适用时，采取措施减少任何不良影响。组织应确保外包过程按照 8.4 控制。

8.2 产品和服务要求的确定

8.2.1 顾客沟通

组织应在以下有关方面建立与顾客沟通的过程：

a) 有关产品和服务的信息；

b) 问询、合同或订单的处理，包括对其变更；

c) 获取顾客的意见和感觉，包括顾客抱怨；

d) 如适用，顾客财产的对待或处理；

e) 当有关时，特殊要求的应急措施。

8.2.2 与产品和服务有关的要求的确定

组织应建立、实施和保持一个过程来确定提供给顾客的产品和服务的要求。

组织应确保：

a) 确定产品和服务要求(包括那些组织认为是必要的)和适用于法律法规要求；

b) 其有能力满足规定的要求，并证实其所提供产品和服务的要求。

8.2.3 与产品和服务有关的要求的评审

适用时，组织应评审：

a) 顾客规定的要求，包括交付和交付后活动的要求；

b) 顾客虽然没有明示，但规定用途或已知的预期用途所必需的要求；

c) 适用于产品和服务的法律法规要求；

d) 与以前表述不一致的合同或订单的要求。

注：要求也可以包括来源于利益相关方。

评审应在组织向顾客作出提供产品和服务的承诺之前进行，并确保与以前规定不一致的合同或订单要求已得到解决。

若顾客没有提供形成文件的要求，组织在接受顾客要求前应对顾客要求进行确认。

描述评价结果的文件信息，包括任何产品和服务新的或变更的要求的文件信息，都应保留。

若产品和服务要求发生变更，组织应确保相关文件信息得到修改，并确保相关人员知道已变更的要求。

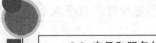

8.3 产品和服务的设计与开发

8.3.1 总则

当组织的产品和服务的详细要求没有建立，或者顾客或其他利益相关方没有规定，以致它们足够为后续生产和服务提供时，组织应建立、实施和保持设计与开发过程。

注1：组织也可以使用8.5所给出的要求进行产品和服务提供过程的开发。

注2：组织可以选择一起考虑8.3和8.5的要求。

8.3.2 设计与开发策划

在确定设计与开发的阶段和控制时，组织应考虑：

a) 设计与开发活动的性质、持续时间和复杂性；

b) 要求指定的特殊过程阶段，包括适用的设计与开发评审；

c) 必要的设计与开发验证和确认；

d) 参与设计与开发过程的职责和权限；

e) 需控制在设计与开发过程中个人与团体之间的接口；

f) 在设计与开发过程中顾客和顾客群所需的参与；

g) 确认已达到设计与开发要求必要的文件信息。

8.3.3 设计与开发输入

组织应确定：

a) 产品和服务的特定类型所必需的设计与开发要求，适用时，包括功能和性能要求；

b) 适用的法律法规要求；

c) 组织已承诺实施的执行标准或准则；

d) 产品和服务的设计与开发所需的内部和外部资源；

e) 由于产品和服务的性质引起的潜在失效后果；

f) 顾客和其他利益相关方对设计与开发期望的控制水平。

输入设计与开发的目的是充分的、完整和明确的，应解决输入间的自相矛盾。

8.3.4 设计与开发控制

控制应用于设计与开发的过程应确保：

a) 通过设计与开发活动所取得的结果有明确定义；

b) 设计与开发评审按策划进行；

c) 执行验证以确保设计与开发的输出满足设计与开发输入要求；

d) 执行确认以确保产生的产品和服务能够满足规定的使用要求或已知的预期用途的要求。

8.3.5 设计与开发的输出

组织应确保设计与开发的输出：

a) 满足输入的要求；

b) 对于产品和服务提供的后续过程是充分的；

c) 适当时，包含或引用监视和测量要求以及接收准则；

d) 规定了产品和服务的预期目的以及安全和正常提供所必需的产品和服务的特性。

8.3.6 设计与开发的更改

组织应识别、评审产品和服务的设计与开发期间或后续过程中对产品和服务的设计与开发的更改并进行必要的控制，以确保对符合要求没有负面影响。

组织应保持以下方面的文件信息：

a) 设计与开发的变更；

b) 评审结果；

c) 变更的授权；

d) 所采取的预防负面影响的措施。

8.4 外部提供的过程、产品和服务的控制

8.4.1 总则

组织应确保外部提供的过程、产品和服务符合要求。

当出现以下情况时，组织应确定对外部提供的过程、产品和服务实施控制：

a) 外部供方提供的产品和服务用于并入组织自己的产品和服务；

b) 由外部供方代表组织直接提供给顾客的产品和服务；

c) 由外部供方提供的作为组织决定结果的过程或过程的一部分。

组织应根据外部供方按照规定的要求提供过程或产品和服务的能力，确定和应用外部供方的评价、选择、绩效监视和重新评价的准则。组织应保持这些活动和由评价引起的必要措施的文件化信息。

8.4.2 控制类型和程度

组织应确保外部提供的过程、产品和服务对组织稳定地向顾客交付符合要求的产品和服务的能力没有负面影响。

组织应：

a) 确保将外部提供的过程保持在其质量管理体系控制范围内；

b) 确定拟对外部供方及其形成的输出实施的控制；

c) 考虑：

• 外部提供的过程、产品和服务对组织持续满足顾客和适用的法律法规要求的能力的潜在影响；

• 外部供方实施的控制的有效性。

d) 确定验证或其他必要活动，以确定外部提供的过程、产品和服务满足要求。

8.4.3 外部供方信息

在与外部供方沟通前，组织应确保要求的充分性。

组织应与外部供方沟通以下方面的要求：

a) 将要提供的过程、产品和服务；

b) 以下批准：

• 产品和服务；

• 方法、过程和设备；

• 产品和服务的放行；

c) 能力，包含所要求的人员资格；

d) 外部供方和组织之间的相互作用；

e) 组织实施的对外供方绩效的控制和监视；

f) 组织或其顾客拟在外部供方现场实施的验证或确认活动。

8.5 生产和服务的提供

8.5.1 生产和服务提供的控制

组织应在受控条件下实施产品和服务的提供。适用时，受控条件应包括：

a) 获得规定以下内容的文件化信息：

• 生产的产品、提供的服务或执行的活动的特性；

• 要达到的结果。

b) 获得和使用适宜的监视和测量资源；

c) 在适当阶段进行监视和测量，以验证过程或输出的控制准则及产品和服务的接收准则已得到满足；

d) 使用适宜的设备和过程环境；

e) 指派胜任的人员，包括所要求的资格；

f) 当生产和服务提供过程形成的输出不能有后续的监视或测量加以验证时，组织应对这些过程实现所策划的结果的能力进行确认和定期再确认；

g) 实施防止人为错误的措施；

h) 实施产品和服务的放行、交付和交付后活动。

8.5.2 标识和可追溯性

必要时，组织应使用适宜的方法识别输出，以确保产品和服务的符合性。

组织应在产品和服务提供的全过程中，针对监视和测量要求识别输出的状态。

有可追溯要求的场合，组织应控制输出的唯一标识，并应保持可追溯性所需的文件化信息。

8.5.3 顾客或外部供应商的财产

组织应爱护在组织控制下或组织使用的属于顾客或外部供应商的财产。组织应识别、验证、保护和维护供其使用或构成其产品和服务的顾客或外部供应商财产。

当顾客或外部供应商财产发生不正确使用、丢失、损坏、或发现不适用的情况，组织应向顾客或外部供应商报告。

注：顾客财产可包括物料、组件、工具和设备、顾客场所、知识产权和个人信息。

8.5.4 防护

组织应确保在生产和服务输出期间提供过程防护，以在必要的范围内保持符合要求。

注：防护可以包括标识、处理、包装、贮存、传输或运输和保护。

8.5.5 交付后活动

如适用，组织应满足与产品和服务相关的交付后活动的要求。

在确定所需交付后活动的范围，组织应考虑：

a) 与产品和服务有关的风险；

b) 产品和服务的性质、使用和预期的生命周期；

c) 顾客反馈；

d) 法律法规要求。

注：交付后活动可以包括在保修条款内的措施、合同义务如维护服务和回收或最终处置的辅助服务。

8.5.6 变更控制

组织应评审和控制生产和服务提供必需的变更，以在必要的范围内确保持续符合规定的要求。

组织应保留描述变更的评审结果、授权更改人员和任何必要措施的文件信息。

8.6 产品和服务的放行

组织应在适当阶段实施所策划的安排，以验证产品和服务的要求已得到满足。应保留符合接收准则的证据。除非得到有关授权人员的批准，适用时得到顾客的批准，否则在策划安排的符合性验证已圆满完成之前，不应向顾客放行产品和服务。

文件信息应提供可追溯有权放行产品和服务以交付给顾客的人员。

8.7 不合格过程输出、产品和服务的控制

组织应确保不符合要求的过程输出、产品和服务得到识别和控制，以防止其非预期的使用或交付。组织应依据不合格的性质及其对产品和服务符合性的影响，采取适当的纠正措施。这也适用于在产品交付后或服务提供期间发现产品和服务不合格时。适用时，组织应通过下列一种或几上途径处置不合格的过程输出、产品和服务：

a) 纠正；

b) 隔离、限制、退货或暂停提供产品和服务；

c) 通知顾客；

d) 获得授权：

  ·照常使用

  ·放行、继续或重新提供产品和服务；

  ·让步接收。

在不合格的过程输出、产品和服务得到纠正之后应验证其符合要求。

组织应保留不合格的过程输出、产品和服务所采取的措施的文件信息，包括获得的任何让步和作出关于处置不合格的决定的人员或授权的文件信息。

(三)绩效评价

9 绩效评价

9.1 监视、测量、分析和评价

9.1.1 总则

组织应确定：

a) 需要监视和测量什么；

b) 监视、测量、分析和评价的方法，适用时，以确保有效的结果；

c) 何时执行监视和测量；

d) 何时分析与评价监视和测量的结果。

组织应确保监视和测量活动按照规定的要求实施，并应保留作为结果的证据的适当的文件信息。

组织应评价质量绩效和质量管理体系的有效性。

9.1.2 顾客满意

组织应监视满足顾客要求的顾客感受度。

组织应获取关于顾客对组织及其产品和服务的看法和意见的相关信息。

确定获取和利用这种信息的方法。

注：有关顾客看法的信息可以包括顾客满意度或意见调查、关于交付产品或服务质量的顾客数据、市场份额分析、赞扬、索赔和经销商报告。

9.1.3 分析和评价

组织应分析和评价来自监视、测量和其他来源的适当的数据和信息。

分析和评价的输出应用于：

a) 证实产品和服务符合要求；

b) 评价和增强顾客满意；

c) 确保质量管理体系的符合性和有效性；

d) 证实策划已成功实现；

e) 评价过程的绩效；

f) 评价外部供应商的绩效；

g) 确定质量管理体系的需求或改进机会。

9.2 内部审核

9.2.1 组织应按策划的时间间隔进行内部审核，以提供关于质量管理体系的信息是否：

a) 符合：

- 组织自身的质量管理体系的要求；

- 本标准的要求。

b) 得到有效实施和保持。

9.2.2 组织应：

a) 策划、建立、实施和保持包括频次、方法、职责、策划要求和报告的审核方案，审核方案应考虑质量目标、有关过程的重要性、顾客反馈、变更对组织的影响和以往审核的结果。

b) 规定每次审核的准则和范围；

c) 选择审核员和实施审核应确保审核过程的客观性和公正性；

d) 确保审核结果报告给相关管理层；

e) 及时采取必要的纠正和纠正措施；

f) 保留作为审核方案和审核结果实施证据的文件信息。

注：作为指南，参见 ISO 19011。

9.3 管理评审

9.3.1 最高管理者应按策划的时间间隔评审质量管理体系，以确保其持续的适宜性、充分性和有效性。

策划和实施管理评审应考虑：

a) 以往管理评审措施的状况；

b) 相关的质量管理体系包括其战略方向的内部和外部问题的变化；

c) 关于质量绩效的信息，包括趋势和指标：

- 不合格和纠正措施；

- 监视和测量结果；

- 审核结果；

- 顾客满意；

- 关于外部供应商和其他利益相关方的问题；

- 保持一个有效的质量管理体系所需资源的充足性；

- 过程的绩效和产品与服务的符合性。

d) 为应对风险和机遇所采取措施的有效性(见 6.1)；

e) 新的潜在的持续改进机会。

9.3.2 管理评审的输出应包括以下有关的决定和措施：

a) 持续改进的机会；

b) 质量管理体系变更的任何需求，包括资源需求。

组织应保留作为管理评审结果证据的文件信息。

(四)改进

10 改进

10.1 总则

组织应确定和选择改进机会并实施必要的措施以满足顾客要求和增强顾客满意。

适用时，应包括：

a) 改进过程防止不合格；

b) 改进产品和服务以满足已知和预知的要求；

c) 改进质量管理体系结果。

注：改进可以造成被动地(如纠正措施)、逐渐地(如持续改进)、跳跃变化(如突破)、创造性地(如创新)或重组(如转型)影响。

10.2 不合格和纠正措施

10.2.1 当不合格产生时，包括由抱怨引起的不合格，组织应：

a) 应对不合格，适用时：

• 采取措施控制和纠正不合格；

• 应对后果。

b) 评价消除不合格原因所需的措施，以便不合格不再发生或发生在其他地方，通过：

• 评审不合格；

• 确定不合格的原因；

• 确定是否存在类似的不合格或有可能发生。

c) 实施任何所需的措施；

d) 评审所采取的任何纠正措施的有效性；

e) 对质量管理体系进行变更，如有必要，纠正措施应与所遇到不合格的影响程度相适应。

注1：在某些情况下，纠正措施可以是不可能消除不合格的原因。

注2：纠正措施可以减少再发生的可能性到一个可以接受的水平。

10.2.2 组织应保留以下文件信息为作证据：

a) 不合格的性质和任何后续采取的措施；

b) 任何纠正措施的结果。

10.3 持续改进

组织应持续改进质量管理体系的适宜性、充分性和有效性。

组织应考虑分析与评价输出和管理评审输出，以确认是否存在表现不佳的领域或应处理的机会，作为持续改进的一部分。

适用时，组织应选择和使用适用的工具和方法对表现不佳的原因进行调查和支持持续改进。

案例 10 追求企业持续改进之道

——惠普质量管理学院的服务体系与案例分析

一、惠普质量管理学院的服务体系

惠普质量管理学院秉承"持续改进，追求卓越"的核心理念，应用精益六西格玛的严谨管理方法，通过分享惠普多年的实践管理经验，助力企业在全面客户体验、运营、供应链、产品研发、质量、营销等多方面实现业绩提升与突破。

持续改进，作为企业发展经久不衰的话题，一直被人们所追求和崇尚。如何使企业在快速变革的市场环境中立足，以及持续不断地发展等问题是诸多企业必须面对的问题。

惠普质量管理学院有着实力雄厚的培训及咨询团队，师资力量来源于在国内外优秀企业工作多年的经验丰富的讲师和咨询师。其中，部分讲师、咨询师来自六西格玛的发源地原摩托罗拉大学。学院 80%以上的咨询师取得黑带及黑带大师资质。强大的咨询团队、专业的培训队伍，使企业能够在较短时间内高效实现业务绩效的发展与提升。

与此同时，惠普质量管理学院吸收、沉淀了惠普持续改进的核心理念，并将这种积累多年的先进理念毫无保留地传播给客户、合作伙伴和供应商，帮助成长中的企业不断发展壮大。

全面客户体验管理的核心理念是关注客户和体验至上，主要体现在以下三个方面。

1. 以客户为中心的全面客户体验策略

随着互联网第二波的强劲影响，客户体验对于业务的重要性凸显，相信现在没有人会怀疑"以客户为中心"是企业迈向卓越的核心策略了。

早在 1999 年，惠普就前瞻性地推出并实践了全面客户体验管理模式，让客户感受到惠普提供的产品和服务无缝集成在一起，是以客户为中心的。直至今日，惠普以客户为中心的全面客户体验管理模式还在不断完善，形成了从战略、组织、人员，到流程、系统、工具、文化等各方面完整融合的体系架构，将全面客户体验管理有效的融入企业发展的基础架构中，强有力地支撑了业务的发展与对客户的承诺。惠普总裁兼首席执行官梅格·惠特曼认为，"在惠普，以客户为中心是我们做任何事情的出发点，这也是我们一直可以做得更好的领域"。

2. 惠普实现全面客户体验管理的途径

全面客户体验是一个完整的旅程，包含售前、售中、售后的全过程。惠普认为质量是实现全面客户体验的重要组成部分。客户所体验到的产品与服务质量是质量生命周期中每一阶段共同作用的结果，对于企业客户，主要包括六大环节：销售、设计、原料、制造、部署与支持。企业需要追随这一完整生命周期，在每个环节上都提供高质量的支持，以最终形成卓越的全面客户体验。梅格·惠特曼认为，"在惠普，质量至关重要，并且是每一个人的责任。我们承诺持续改善产品与服务的质量，并通过客户需求的满足与全面质量管理提供超乎寻常的客户体验"。如同全面客户体验的重要性，惠普的质量方针亦深入人心，其采用精益六西格玛方法进行持续改进。惠普学习与发展部门将精益六西格玛课程作为面向全体员工的公开课，建议所有与质量管理、运营优化、服务提升相关的人员都能学习到这一对绩效提升卓有帮助的经典方法论，以帮助业务部门解决工作中的实际问题。

3. 助力客户，实现卓越体验战略

目前，大部分企业能够认识到以客户为中心的管理战略的重要性，但是，如何将这一战略落实是困扰他们的主要问题。基于惠普全面客户体验管理最佳实践与精益六西格玛方法论，惠普质量管理学院能够帮助企业梳理出实现全面客户体验管理的关键问题，提供架构、流程、管理及方法论方面的全面咨询服务，帮助企业树立面向未来的以客户为核心的卓越运营之道。

二、惠普持续改进精益管理解决方案

六西格玛最早是摩托罗拉的一位工程师比尔·史密斯在 1986 年提出的，现已在包括通用电气、杜邦、惠普、福特等全球 500 强企业中使用，被广泛应用于制造、营销、服务领域。精益六西格玛已是一种追求卓越的持续改进的方法，通过严谨科学的方法和手段实现全方位的业务流程改进，全球范围内的不同类型和大小的企业随着精益六西格玛项目的施行，得到了巨大的回报，惠普在中国的两个事业部仅仅一年的时间里就节约成本近 1 亿美金，惠普全球执行委员会批准把精益六西格玛作为持续改进的常用方法。惠普在持续改进及精益六西格玛领域提供全面的解决方案，从差距分析、人才培养、项目改进直至企业文化的创新。

不仅如此，惠普质量管理学院能够帮助企业提供系统化的持续改进人才培养解决方案，帮助企业建立全面的人才培养体系，从黄带、绿带、黑带及黑带大师的进阶培养，再到涉及制造、市场、研发、工程等各职能领域的专业人才培养，为企业持续改进能力的提升培养坚实后盾。

现在的惠普公司，以质量管理学院为核心的精益六西格玛积极地为惠普公司内部及惠普的客户提供更加快速、有效、高质量的服务，在精益六西格玛战略发展、方法论、工具创新，及项目实施辅导方面不断发展与创新，积极倡导和践行惠普的承诺，"在中国，为中国"，与中国企业共同成长。

三、供应链管理解决方案

通用电气的前 CEO 杰克·韦尔奇曾经说过："如果你在供应链运作上不具备竞争优势，就干脆不要竞争。"英国管理学者克里斯多夫说过："市场上只有供应链而没有企业，21 世纪的竞争不是企业和企业之间的竞争，而是供应链和供应链之间的竞争。"在 21 世纪的今天，供应链管理正在以惊人的速度影响着国内外企业之间的竞争和发展。供应链管理的实现是指企业通过改善上下游供应链关系，整合和优化供应链中的信息流、物流、资金流，以获得企业的竞争优势。

惠普质量管理学院将惠普供应链的管理模式加以提炼和深化，形成了以精益六西格玛方法论为工具载体、供应链管理为核心方法的供应链整体解决方案。基于 SCOR 模型，将先进的供应链管理思想在中国企业进行传播与推广，帮助成长中的中国企业在供应链方面进行提升与发展。

在采购与供应商管理方面，惠普质量管理学院提供系列采购与供应商管理方面人才培养方案，包括构建采购人员能力模型，不同层级人员的采购系列课程，涵盖采购、订购、订单实现、供应商开发与管理、潜在供应商的评估及供应商谈判等。

与此同时，融合惠普多年采购与供应商管理实践经验，为企业提供战略采购规划、采购绩效评估、采购品分类管理、全生命周期的供应商管理体系、全过程采购管理流程优化及采购绩效管理的咨询服务。

在计划与库存方面，因为库存管理是企业供应链运作状态的"阴晴表"，所以库存的高低直接反映了企业预测与计划的准确性问题、生产效率问题、交货周期问题等。一方面，大量的钱"躺在仓库中睡大觉"；另一方面，却常常因缺货缺料而丢失客户。而供应链管理的发展给企业库存管理提出更高的要求，需要企业以最低的存货快速响应客户的要求。为解决以上问题，惠普质量管理学院提供全面的计划预测技术和库存管理相关的培训课程，助力企业掌握计划预测与库存技术，为企业提供预测准确性、安全库存、库存管理控制的咨询服务，以提高预测准确性、有效降低库存、提升库存管理水平。

（资料来源：《中国人力资源开发》编辑部与中国惠普大学联合课题组.追求企业持续改进之道
——惠普质量管理学院的服务体系与案例分析[J].中国人力资源开发，2015.）

案例 11　ISO 9001 质量管理体系在高校实验教学中的建设探索

1. 实验教学体系中最高管理者的职责

最高管理者要通过一系列活动的实施，以证实为发展和实施质量管理体系及持续改善的有效性所做的承诺，以增强用户满意度为目的，确保用户的要求得到确定并予以满足。最高管理者结合实验教学发展规划、用户需求、持续改进体系和提升用户满意度的需要，由主任制定并颁布质量管理体系的质量方针，在质量方针的框架和基础上，对质量目标的内容和制定进行策划，在实验教学相关职能和层次上建立质量目标，在与相关岗位充分沟通的基础上本着基于事实的原则制定可以测量的目标值，形成一个完整的质量目标。质量目标主要包括以下三个方面的相关指标：满足产品和服务要求的相关参数，主要与实验教学过程有关；内部管理过程的相关参数，主要与支持过程关联；直接反映满足用户要求方面的服务参数。最高管理者应确保围绕质量方针、目标对质量管理体系进行策划，并确保对质量管理体系的变更进行策划和实施时，保持质量管理体系的完整性。为有效地传达核心理念及满足用户需求的重要性，应建立内部沟通渠道，确定但并不限于以下三种方式：召开会议、电子邮件、发放宣传资料等。最高管理者应对质量管理体系每年至少评审一次并保持记录，以审查质量体系的适宜性、充分性及有效性。

2. 实验教学资源的管理

为满足建立、保持和改进质量管理体系的需要及使用户满意，要确保资源的供给，任何资源不足而影响用户期望的情况都应提交管理评审并采取应对措施，该资源包括人力资源、基础设施和工作环境。

（1）人力资源。委派具有相应能力的人员承担质量管理体系中各岗位的工作。这些人员经过适当的教育、培训，具备相应的技能和经历，能胜任其所担任的工作。通过制定《岗位说明书》识别并确定各岗位人员的能力需求；制定并实施《实验教学中心人员培训进修办法》，提供质量管理体系、仪器设备使用等内容培训或参加教学研讨会等其他途径以满足这些需求，达到具备必需的能力；确保员工能清楚地了解所从事工作与其他过程的相关性和接口，以及此项工作的重要性和所承担的责任，同时认识到本职工作对本中心质量管理体系的影响和意义，从而积极有效地工作，为实现质量目标做出贡献。

(2) 基础设施。实验教学所需的基础设施包括实验室、办公室等，实验教学中使用的所有仪器设备(水处理设备、测量分析、微生物培养、投影仪等)及部分设备的软件系统等。支持性服务，包括物业服务、局域网和电话通信系统等。实验教学中心提供以上基础设施并进行维护，雇用专职物业保洁人员对建筑物、工作场所和相关设施进行维护，制定并实施仪器设备管理控制程序，对过程设备进行管理。另外，设置专门岗位负责对网络、计算机硬件及办公软件的管理。

(3) 工作环境。为圆满完成实验教学，应创造良好的工作环境，包括为大型仪器设备、天平、药品等提供适宜的放置、储存环境；配置必要的通风、消防器材，保持适宜的温、湿度和职业卫生、安全条件。

3. 实验教学过程的实现

中心质量管理体系生产和服务提供的过程包括基础型实验教学过程和综合研究型实验教学过程。中心制定基础型实验教学过程控制程序和综合研究型实验教学过程控制程序，以确保策划并在受控条件下进行生产和服务。实验教学中心将过程管理原则用于所有活动，对实验教学过程进行策划，制定并实施实验教学控制程序、实验教师岗位职责、学生实验制度等，编制《实验指导书》，确定实验教学的质量目标和要求、针对实验教学确定过程和资源的需求等。与课程主讲教师确定对实验教学大纲、实验教学目的和内容、实验项目安排等的要求，与学生确定其对实验分组、实验方案、仪器设备、药品等的要求。编制并实施实验项目设计与开发控制程序，对产品设计与开发进行策划和控制，并确定以下内容：设计与开发分为初步设计阶段和实施阶段；在初步设计阶段进行评审、确认，在实施阶段进行验证和确认；设计与开发工作由课程主讲教师提出要求，相关实验指导教师确认后进行设计开发，输出由双方共同评审，实验指导教师进行验证，课程主讲教师最后确认。通过编制《实验指导书》确定每个实验须实施的监视和测量，以及所需的监视和测量设备，为产品符合确定的要求提供证据；编制学生实验制度、实验室安全制度、实验室卫生制度、仪器设备损坏(遗失)赔偿制度等，对教学过程中的教学效果进行监视和测量。

4. 实验教学过程的测量、分析和改进

中心还应对以下方面策划并实施所需的监视、测量、分析和改进。

(1) 教师对学生课前预习、课上纪律、实验操作、数据记录、实验报告书写各环节进行监控，确保其通过实验课的学习达到实验教学大纲的要求。

(2) 通过编制和实施"内部质量审核程序"，定期进行内部质量审核，并对过程进行监视和测量，保证质量管理体系的符合性。

(3) 通过质量方针／质量目标的制定和管理、定期召开管理评审、采取有效的纠正预防措施、实施内部质量审核、进行数据分析(如满意度调查、选修课选修人数的变化等)等活动实现质量管理体系的有效改进。

(资料来源：刘训东.ISO 9001质量管理体系在高校实验教学中的建设探索[J].实验技术与管理，2014.)

模拟试卷 5

一、名词解释(10 分，每题 5 分)

(1) 组织环境

(2) 顾客满意

二、填空题(14 分，每空 2 分)

(1) ISO 9000 族标准为组织提供了_____的基本信心，促进了_____。

(2) ISO 9001：2015 标准明确提出必须确定影响组织实现其目标的_____。

(3) 组织应按 ISO 标准的要求_____质量管理体系，包括质量管理体系所需的_____及其相互作用。

(4) ISO 9001：2015 标准增加了_____的需求和期望的要求。

(5) 防护可以包括标识、_____包装、贮存、传输或运输和保护。

三、单项选择题(12 分，每题 3 分)

(1) 实施 ISO 9000 族质量管理体系，组织应考虑的利益相关方是_____。

    A. 间接顾客

    B. 初级使用者

    C. 顾客、供方(供应商)、投资方、员工、社会

    D. 行政机构

(2) 最高管理者应确保相关角色的_____在组织内得到分配、沟通和理解。

    A. 外部环境   B. 组织的机构   C. 职责和权限   D. 组织的活动

(3) 组织确定作为确保质量管理体系的有效性所需的_____。

    A. 质量目标   B. 文件信息   C. 质量计划   D. 质量方针

(4) 在组织和顾客之间需要完成至少一项活动的组织的输出称为_____。

    A. 产品   B. 项目   C. 服务   D. 程序

四、多项选择题(12 分，每题 4 分)

(1) 组织应通过_____途径处置不合格的过程输出、产品和服务。

    A. 纠正   B. 隔离、限制、退货或暂停提供产品和服务

    C. 通知顾客   D. 获得授权

(2) 在创建和更新文件信息时，组织应确保适当的_____。

    A. 标识和描述   B. 格式

    C. 介质   D. 评审和批准的适宜性和充分性

(3) 组织应确保设计与开发的输出_____。

    A. 满足输入的要求

    B. 对于产品和服务提供的后续过程是充分的

    C. 适当时，包含或引用监视和测量要求以及接收准则

    D. 规定了过程实现的预期目的

五、判断题(10 分，每题 2 分)

(1) 改进指的是提高绩效的循环活动。　　　　　　　　　　　(　　)

(2) 在策划质量管理体系时，组织应确定需要处理的风险和机遇。(　　)

(3) 组织的质量管理体系文件信息的多少与详略程度应相同。　(　　)

(4) 组织应确保将外部提供的过程保持在其质量管理体系控制范围内。(　　)

(5) 纠正措施应与所遇到不合格的影响程度相适应。　　　　　(　　)

六、简答题(24 分,每题 8 分)

(1) 组织应在哪些方面建立与顾客沟通的过程?

(2) 策划和实施管理评审是应考虑哪些?

(3) 分析和评价的输出应用于哪些方面?

七、论述题(18 分)

简述组织的改进。

第六章　卓越绩效评价准则

通过对本章的学习，要求了解和掌握以下内容。
- 制定卓越绩效评价标准的国际、国内背景。
- 制定评价准则标准的目的和实质。
- 评价准则的结构。
- 评价准则的特点。
- 评价准则中的评价要求。

为引导组织追求卓越绩效，提高产品、服务和经营质量，增强竞争优势，促进经济持续快速健康发展，由国家质量监督检验检疫总局和国家标准化委员会根据《中华人民共和国产品质量法》、国务院颁布的《质量振兴纲要》的有关规定，于 2004 年 8 月 30 日正式颁布了《卓越绩效评价准则》和《卓越绩效评价准则实施指南》两个标准(以下简称两个标准)，要求自 2005 年 1 月 1 日起在全国范围内实施。标准参照国外质量奖的评价准则，结合我国质量管理的实际情况，从领导，战略，顾客与市场，资源，过程管理，测量、分析与改进及经营结果 7 个方面规定了组织卓越绩效的评价要求，为组织追求卓越绩效提供了自我提升的模式，也可作为评审全国质量管理奖的依据。2012 年 3 月 9 日颁布了新标准，并于 2012 年 8 月 1 日实施。

第一节　制定卓越绩效评价准则的目的和作用

一、制定卓越绩效评价准则的国际、国内背景

(一)国际背景

21 世纪是知识经济的时代、战略的时代、创造力经济的时代，这些称谓的提出，源于经济全球化的迅猛发展，国际竞争的日益激烈。无论知识、战略，还是创造力，都是围绕着质量这个竞争的焦点。当今社会对质量的认识，已不仅仅是产品满足标准要求的程度，"质量是使顾客、相关方满意和组织受益的关键"已成为人们的共识。为适应这种发展的形势，促使组织提高竞争力，更好地满足顾客的需求和相关方的期望，许多国家和地区纷纷设立了质量奖。除了美国、英国、法国、德国、日本等发达国家，新加坡、韩国等一些新兴的工业化国家和发展中国家也都开设了国家质量奖计划。目前，世界上共有 60 多个国家实施了类似的计划。在这些质量奖计划中，最为著名、影响也最大的当推美国的马尔科姆·波多里奇国家质量奖、日本的戴明质量奖和欧洲质量奖。

"三大奖"中，设立最早的是 1951 年的日本戴明质量奖。戴明质量奖(Edward Deming Prize)又分为授予在质量管理方法研究、统计质量控制方法及传播 TQC 的实践方面做出突出贡献的个人的戴明奖；授予质量管理活动突出，在规定的年限内通过运用 TQC 方法，获得

与众不同的改进效果和卓越业绩的企业(包括国外企业)的戴明应用奖,以及授予企业中的某个部门的戴明控制奖。1951—2002 年,共 65 人获得戴明奖;171 家日本企业、9 家国外企业获得戴明应用奖。日本的松下、丰田等公司,美国的佛罗里达电力公司等都曾获得过戴明应用奖。现在戴明质量奖已成为享誉世界的奖项。

马尔科姆·波多里奇奖(Malcolm Baldrige Award)设立于 1987 年,用以表彰美国企业在 TQM 和提高竞争力方面做出的杰出贡献,该奖项引导企业通过连续的质量改进和设定业绩的卓越标准而获得顾客满意。"质量"在波多里奇奖中被赋予了更广泛的含义,由于国家质量奖是针对"管理质量"和"经营质量"的,因此被称为"卓越绩效模式"。由于美国国家质量奖的评价标准是成功企业的经验总结,是世界级质量的表现,所以,这一标准成为企业追求卓越的指导书和参照系,世界上许多国家和地区的质量奖标准都引用或参考了这一标准。波多里奇奖是一个杠杆,每年仅有 3~5 个企业获奖。从 1988 年至 2002 年,全美共有 49 个企业和组织获此奖项。2002 年获奖企业是摩托罗拉公司、布兰奇·史密斯印刷公司和 SSM 卫生保健部,布什总统当年出席颁奖仪式并讲话。

欧洲质量奖(European Quality Award)设立于 1992 年,它为欧洲每一个表现卓越的企业开放,又分为质量奖、单项奖、入围奖和提名奖。自 1992 年起每年颁发一次,至 2002 年已有 16 个欧洲企业获得欧洲质量奖。获奖企业被认定是最好的企业,它们所应用的质量管理方法和经营结果是欧洲乃至世界的楷模。另外,获奖企业可以在信笺、名片、广告等上面使用其获奖标识。

(二)国内背景

改革开放以后,我国企业界质量管理的发展大体可划分为 3 个阶段。

1. 引进、学习阶段

1978 年,我国北京内燃机总厂接受了日本小松制作所传递的 TQC 管理理念,制定了"一心干四化,两机争上游,三新创名牌,四全保全优"的工厂方针目标,并在短时间内通过全员的质量管理,使其主导产品汽油机和柴油机成为国内一流产品。北京内燃机总厂的成功经验很快在全国范围内推广,一个大力宣传、学习、应用 TQC 的热潮在全国企业界兴起,群众性质量管理小组活动如火如荼,学理论、用方法解决制造、服务过程中的质量问题,从普遍意义上讲,产品质量得到了一定程度的提高。为鼓励企业更好地提高产品质量和管理水平,我国于 1981 年设立了国家质量奖,1991 年被停止。

2. 规范化阶段

1993 年我国宣布建立社会主义市场经济体制,颁布了《中华人民共和国产品质量法》,这是我国第一部有关质量的法律,该法规定"对产品质量先进和产品质量达到国际先进水平、成绩显著的单位和个人给予奖励"。与此同时,我国正式等同采用了 ISO 9000 族标准。一时间企业界纷纷建立、实施质量管理体系,按照国际/国家标准的要求规范自身的质量管理系统。至今已有近 13 万个组织获得了质量管理体系认证证书。1996 年国务院颁布了《质量振兴纲要》,提出建立质量奖励制度。国家的法律、ISO 9000 族标准都是规范,贯彻、执行规范使组织更加重视质量并提升了市场竞争力。

3. 追求卓越阶段

为进一步引导企业实施"以质取胜"的战略，追求卓越绩效，全面提高质量管理水平，提升企业、产业乃至国家的竞争力，我国于 2004 年颁发了"卓越绩效"的两个标准。它为各类组织追求卓越经营提供了有效途径，标志着我国企业质量管理进入了新的纪元。依据《中华人民共和国产品质量法》《质量发展纲要(2011－2020 年)》，2012 年进行了换版，并于 2012 年 8 月 1 日实施。

二、制定卓越绩效评价准则的目的和实质

(一)目的

1. 为组织追求卓越提供一个经营模式的总体框架

参照国外质量奖的评价准则，结合我国质量管理的实际情况，评价准则从组织的领导，战略，顾客与市场，人力资源与其他资源，过程管理，测量、分析与改进以及经营结果 7 个方面规定了组织卓越绩效的评价要求，为组织追求卓越绩效提供了自我评价的准则。它不是符合性标准，而是为组织提供一种追求卓越绩效的经营模式。

2. 为组织诊断当前管理水平提供一个系统的检查表

评价准则既提出了基本要求，也提出了总体要求和具体要求；不但提出了要求而且还提示了有关的方法，以及对各章、条的评分尺度。这为各类组织用于自我学习、自我诊断、自我提高带来了方便。能获得国家质量奖表彰的只是少数组织，波多里奇奖从 1987 年设立至今不是每年都有获奖企业，他们的一个原则是宁缺毋滥；欧洲质量奖十几年来才有 16 家公司获奖，我国也奉行了相同的宗旨。因此，设立我国国家质量奖的目的在于鼓励组织通过自我诊断提高质量，追求卓越，寻找差距，不断改进，提高竞争能力。

3. 为国家质量奖和各级质量奖的评审提供依据

全国质量奖的全称为全国质量管理奖(CQMA)，是对我国实施卓越的质量管理，并在质量、经济、社会效益等方面都取得显著成绩的组织授予的在质量方面的最高奖励。就我国大多数组织目前的质量管理状况而言，获奖的企业并不多，截至 2009 年，有宝钢、海尔等 72 家典范企业荣获全国质量奖。评审时必须要有依据，评价准则就是用于国家质量奖评价的我国第一份关于组织整体经营管理的标准，各省市还可参照评价准则用于地方质量奖的评价。

(二)实质

评价准则的全称为全国质量管理奖(CQMA)，实质上是全面质量管理(TQM)的一种实施细则，是对以往的全面质量管理实践的标准化、条理化和具体化。

在评价准则的全称中，"卓越绩效"这 4 个字已不再只是其字面上所表达的一般含义，而是成为一个具有特定意义的术语，即"一种综合的组织绩效管理方式"。评价准则为各类组织实施全面质量管理提供了一些更加有效的手段，反映在标准各章的具体条款之中。

例如，第 4.6.3.3.1 款指出："如何应用多种方法，组织各层次员工开展各种改进与创新活动"；第 4.6.3.3.2 款指出："如何正确和灵活应用统计技术和其他工具，为改进与创新提供支持"。这些手段、方法具体而明确，只要能够正确、适宜地进行运用，就会使组织追求卓越事半功倍。

三、卓越绩效评价准则的作用

(一)指导组织制定总体综合治理规划的设计蓝图

评价准则是一种"卓越绩效"的设计图，为组织勾勒出了必须重视的各个主要方面。套用人们熟知的"木桶原理"来讲，组织的竞争力犹如盛放在由卓越绩效准则的 7 个类目为"木板"所构成的一个"木桶"中，组织要保持较高的竞争力，这一木桶的每一块"板子"就都必须足够长。

(二)使组织认清现状、发现长处、找出不足的一个听诊器或诊疗仪

评价准则为组织提供了一个沟通的平台，使组织内外能够用同一种语言来讨论和沟通企业的经营管理问题，有助于组织认清自身的强弱所在，能够明确相对于其他组织的位置，明确需要改进的领域及实施改进的效果。

(三)在组织管理中驾驭复杂性的一个仪表盘

组织是一个复杂的系统，组织的管理也必须有一个系统的思路。那种头痛医头、脚痛医脚的管理方法是一种非常原始的方式。在实践中，卓越绩效评价准则常常可以起到近年来广为人们关注的"平衡计分卡"的作用，有助于实现管理的重点突出与全面兼顾的结合，有利于正确地评价和引导组织中的各个部门和全体成员的行为，从而使得管理层的努力能够真正用到引导组织成功的正确方向上。

第二节　评价准则概述

一、评价准则的结构

(一)与"三大奖"类目构成的比较

卓越绩效是通过综合的组织绩效管理方法，使组织和个人得到进步和发展，提高组织的整体绩效和能力，为顾客和其他利益相关方创造价值，并使组织持续获得成功。定义中所指的"综合的组织绩效管理方法"就是卓越绩效模式，也称为卓越绩效评价准则。

我国《卓越绩效评价准则》(以下简称"评价准则")国家标准的结构，吸取了美国波多里奇奖、日本戴明奖和欧洲质量奖的精髓，结合我国的国情进行了设计，其中，类目与美国质量奖最接近。"三大奖"的类目与评价准则的类目比较如表 6.1 所示。

表 6.1 类目比较

序号	美国质量奖	日本质量奖	欧洲质量奖	中国质量奖
1	领导作用	领导能力、规划与战略	领导作用	领导
2	战略策划	TQC 的管理系统	战略与策划	战略
3	以顾客和市场为中心	质量保证系统	员工投入	顾客与市场
4	信息、分析与知识	经营要素管理系统	战略与合作关系	资源
5	以人为本	人力资源	过程管理	过程管理
6	过程管理	信息利用	顾客对产品评价	测量、分析与改进
7	经营结果	TQC 的价值观	人力资源效果评价	经营结果
8		科学方法	社会效益评价	
9		组织活动	经营结果	
10		对实现企业目标的贡献		

(二)卓越绩效评价准则框架逻辑解释

1. 卓越绩效评价准则共包括七大类目

七大类目即"4.1 领导""4.2 战略""4.3 顾客与市场""4.4 资源""4.5 过程管理""4.6 测量、分析与改进"和"4.7 结果"。有关过程的类目包括 4.1，4.2，4.3，4.4，4.5，4.6，有关结果的类目为 4.7(框架见图 6.1)。

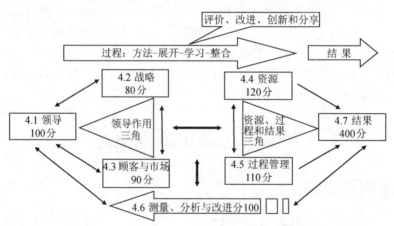

图 6.1 卓越绩效评价准则框架模型图图解

2. "过程：方法-展开-学习-整合"和"结果"两个箭头框图表达的逻辑

(1) 过程旨在结果，结果通过过程取得，并为过程的改进和创新提供导向。

(2) 卓越绩效模式旨在通过卓越的过程获取卓越的结果，即针对评价准则的要求，确定、展开组织采用的方法，并定期评价、改进、创新和分享，使之达到一致、整合，从而不断提升组织的整体结果，赶超竞争对手和标杆，获得世界级的绩效。图 6.1 中的"学习"包含4 层含义：评价、改进、创新和分享，"整合"包含两层含义：一致与整合，详细的评价要点参见 GB/Z 19579—2012《卓越绩效评价准则实施指南》的附录 C(资料性附录)。

3. "领导"决定和掌控着组织前进的方向

如图 6.1 所示,"领导""战略""顾客与市场"构成"领导作用三角",是驱动性的;"资源""过程管理""结果"构成"资源、过程和结果三角",是从动性的;而"测量、分析与改进"犹如链接两个三角的"链条",转动着改进和创新的 PDCA 之轮,不断提升组织的整体经营绩效和竞争能力,其中的数据、信息和知识对于基于事实的管理和竞争性改进而言,是至关重要的,构成了组织运作和绩效管理系统的基础。

4. 各类目之间的关系

每个三角中的小箭头表示各类目之间的相互作用。中间的双向粗箭头表示"领导"密切关注着"结果",并通过对经营结果的绩效评审来改进领导系统;下方的双向粗箭头及左、右下方的细箭头表示"测量、分析与改进"贯穿于其他所有类目之中,并相互作用。

二、评价准则的特点

评价准则在制定前确立了以下三个原则。

(1) 充分考虑国情,结合我国实际情况,同时参照其他国家质量奖评价标准的成熟经验,便于与国际接轨。

(2) 体现质量管理模式的先进性,以引导企业追求卓越绩效。

(3) 具有实用性和可操作性。

根据上述原则,绩效评价准则具有以下五个特点。

(一)坚持可持续发展

坚持可持续发展,在制定战略时要把可持续发展的要求和相关因素作为关键因素加以考虑,必须在长短期目标和方向中加以实施,通过长短期目标绩效的评审对实施可持续发展的相关因素的结果加以确认,并为此提供相应的资源保证。

(二)坚持科学发展观

坚持科学发展观,强调战略决策和发展目标能均衡地考虑长短期的机遇和挑战、资源的优势和劣势、潜在的风险等。在治理结构中强调有效性,在人力资源方面要求为开展创新性、持续性改进提供资源。在基础设施方面要求制订和实施更新改造计划,不断提高基础设施的技术水平。在技术发展方面要求以国际先进技术为目标,积极开发、引进和采用先进技术和先进标准提高组织的创新能力。在产品和服务结果方面,是与国际同类产品和服务水平相比较的结果。组织的主要产品和服务不仅应具有特色,而且应是创新成果。

(三)强调建立以人为本的人力资源开发和管理系统

为实施战略方针和发展目标,建立以人为本的人力资源开发和管理系统,是人才战略的关键环节。建立组织的管理工作系统、员工培训教育系统和激励机制,开展群众性质量管理活动,提高质量管理意识和技能,充分调动员工的主动性、积极性和潜能的发挥。保

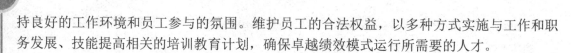

持良好的工作环境和员工参与的氛围。维护员工的合法权益，以多种方式实施与工作和职务发展、技能提高相关的培训教育计划，确保卓越绩效模式运行所需要的人才。

(四)聚焦于经营结果

评价准则注重下面列出的这些关键的组织绩效领域：顾客满意度和顾客感知价值、产品和服务、财务和市场、资源结果(包括人力资源与其他资源)、组织有效性、组织治理和社会责任等。采用这些指标的组合旨在确保战略是均衡的，即不至于在重要的利益相关方、目标或长短期目标之间发生不当的忽略或偏向。

(五)更具有实用性和可操作性

为了使标准更具实用性和可操作性，同时也为了更适合我国广大读者阅读标准的习惯，在评价准则的基础上，吸收我国广大企业在实现卓越绩效经营方面的成功经验，制定了国家标准化指导性技术文件《卓越绩效评价准则实施指南》，与评价准则一并使用，使其具有更广泛的指导意义。

三、评价准则的价值观

以下 11 条卓越绩效模式的核心价值观，充分体现了现代经营的管理理论和方法，是组织追求卓越取得成功的经验总结。

(一)前瞻性领导

领导在质量经营获得绩效的过程中具有非常重要的作用，其作用不是从事直接、具体的管理工作，更不是被动地处理紧急问题，而是要运用权力和影响力引导、影响员工，使其按照组织目标要求努力工作，保证目标的实现。领导应主要履行以下 4 个方面的职责。

(1) 创建以顾客为中心的价值观，明确组织的使命、愿景与存在的价值。

(2) 制定组织的发展战略、方针目标、体系和方法，指导组织的各项活动，并引导组织的长远发展。

(3) 调动、激励全体员工的积极性，为实现组织目标做到全员参与、改进、学习和创新。

(4) 以自己的道德行为和个人魅力起到典范作用，形成领导的权威和员工对组织的忠诚，带领全体员工克服困难，实现目标。

(二)顾客驱动的卓越

经济全球化为所有组织扩大了市场空间，同时更进一步加剧了市场竞争，以顾客为关注焦点成为时代发展的必然要求，是组织实施质量经营的战略性观念，必将带来经营方式的变革。

(1) 产品的质量和组织的绩效是由顾客来评价的，组织依存于顾客。

(2) 为顾客创造价值，让顾客满意，建立稳定的关系，培育顾客的忠诚度。

(3) 既要了解顾客今天的需求，同时更要预测顾客未来的需求；在满足顾客今天的需求的同时，引导顾客未来的需求。

(4) 尽全力减少失误，对万一发生的失误要迅速、热情地处理好，消除顾客的不满意，挽回信誉，留住顾客。

(5) 为顾客提供个性化和有特色的产品、服务，以差别化形成组织的核心竞争力。

(6) 对顾客需求变化和满意程度保持敏感性，对顾客和市场需求变化给予快速和准确的反应，不断改进，增强市场应变能力。

(三)培育学习型的组织和个人

随着知识经济的到来，知识作为一种重要的资源影响到组织的发展，所有的组织和个人都需要不断学习和掌握新的知识，以适应组织外部环境变化和个人发展的需要。

(1) 组织和个人要学习新目标、新方法，以持续改进，适应新的发展变化。

(2) 组织的目的一是盈利，二是培育人。培训是组织对员工成长的投资，为员工提供发展机会，是高回报的投资。

(3) 学习不再作为额外的负担，而成为员工日常工作的一部分，在组织各部门、各级别要分别进行相应的实践学习。

(4) 学习内容不限于技能和岗位培训，应包括意识教育、研究开发、顾客需求研究、最佳工作方法和标杆学习。

(5) 开展学习交流，在组织内做到知识共享。在岗培训是一种有效的培训方式，可结合工作需要进行。

(6) 通过学习要能解决现存的实际问题，强调学习的有效性。学习可以使产品、服务质量得到改进，员工的责任感和能力逐渐增强，组织的绩效不断提高，员工获得更多的发展机会。

(四)建立组织内部与外部的合作伙伴关系

为了寻求稳定的经营，保证目标的实现，组织需要建立内部与外部的战略合作伙伴关系。

(1) 在内部要提高员工满意程度：对员工的承诺、保障；创造公平的竞争环境；对优秀员工的认可；为员工提供发展机会；在组织内部做到知识共享，帮助员工实现目标；营造一个鼓励员工迎接困难的良好环境。

(2) 在外部与顾客、供应商、批发商、社会团体等建立战略合作联盟。

(3) 建立合作伙伴的原则是：实现互利和优势互补，增强双方实力和获利能力。

(4) 成功的内部和外部合作伙伴关系应建立长远的战略目标，从制度和渠道上保证做到互相沟通，共同认识取得成功的关键。

(五)灵活性和快速反应

组织要在市场变化中取胜，需要建立应变市场、快速反应的机制。电子商务的出现缩短了贸易的距离和时间，因此更迅速、更灵活、更快捷成了顾客更重要的要求。

(1) 为了实现快速反应，要缩短产品更新周期和产品、服务的生产周期，精简机构和简化工作程序，实施业务流程再造。

(2) 为了满足全球市场顾客多样化需求，就不能满足于简单的"按规定办事""按标准生产"，要有更多的灵活性。

(3) 培养掌握多种能力的员工更为重要，以便胜任工作岗位和任务变化的需要。

(4) 时间将成为非常重要的指标，时间的缩短会推动组织质量、成本和效率方面的改进。

(六)关注未来，追求持续稳定发展

面对复杂多变的市场环境，组织不能只考虑和满足于当前短期的利益，要关注未来，进行战略性思维，寻求长期成功发展。

(1) 组织未来持续发展和市场领先地位能给顾客、员工、供应商、股东、公众、社会以长期信心，这是与之建立战略合作伙伴的基础。

(2) 制定组织的发展战略，要预测诸多因素，如顾客期望、新的市场机会、市场占有率、技术发展、新的顾客、法规要求、新的目标、竞争对手战略。

(3) 依据组织战略目标，制订长、短期计划，并配置所需的资源，保证战略目标的实现。

(4) 为了追求组织持续稳定发展，要重视与员工和供应商的同步发展。

(七)管理创新

组织的技术创新和产品、服务的创新将形成其核心竞争力，同时管理的创新对于提升组织核心竞争力也具有重要的作用。

(1) 管理创新包括创新管理思想、组织结构、运行机制和业务流程等。

(2) 管理创新应为组织带来新的绩效，创造新的价值。

(3) 管理创新应纳入组织的文化和日常工作中，促使全体员工积极地参与变革，接受变革。

(八)基于事实的管理

基于事实的管理不仅是"以数据说话"来进行过程控制，更重要的是指通过基于事实的信息对过程和结果的绩效进行评价和分析，对照目标找出差距，不断进行改进，保证目标的实现。

(1) 组织的运行依赖于对其绩效的评价和分析的反馈信息进行管理。

(2) 依据组织的战略目标，对提供有关过程和结果的重要数据、信息进行评价，找出差距进行改进。

(3) 绩效的评价所需数据和信息包括：顾客满意、产品和服务质量、销售额、市场占有率、与竞争对手的比较、供应商、员工及成本和财务等方面的情况。

(4) 评价分析的目的在于改进决策，改进实际运作，保证目标实现。

(5) 基于事实的评价、分析包括：与自己以往绩效的比较，与竞争对手的比较，与标杆的比较。

(6) 制定评定指标要能反映顾客满意、运行过程和财务绩效的情况。

(九)社会责任与公民义务

优秀的组织在追求自身经营绩效的同时，应自觉履行对社会发展所负有的责任和公民义务。

(1) 组织的领导应注重社会责任，尽好公民义务。

(2) 社会责任要求组织遵守职业道德、保护公众健康、确保安全和保护环境，有效地利用资源。

(3) 履行社会责任应从产品设计开始，要考虑到环境、资源和安全等方面的要求，不能仅满足于达到国家标准，应注重持续的改进。

(4) 公民义务是指组织在资源许可的条件下，积极从事公益性事业，在社会活动中起到领导和支持作用。例如，支持提高教育水平，关心社区健康，保护环境、美化环境，提供社区服务，将自己的好经验与社会分享，改变工商界风气等。

(十)重在结果和创造价值

在竞争日益加剧的环境下，组织在注重过程的同时，应更加注重经营结果。在全国质量管理奖评审总分1 000分中，其中"经营结果"一项占400分，足见其重要性。

(1) 组织的经营结果是评价绩效的重点，应注重其创造性、突破性。

(2) 经营结果要考虑所有受益者利益的平衡，要考虑顾客、股东、员工、供应商和社会的利益。

(3) 经营结果不仅限于销售额和利润，还应包括顾客满意、产品服务质量、财务和市场结果、人力资源结果、环境和资源情况、供方发展和社会基础等。

(十一)系统的观点

现代质量管理强调系统的观点，系统有助于发挥组织的整体优势。

(1) 将组织看成一个整体，各项要求是协调一致的，通过共同努力实现组织目标。因此，要将组织各部门和各项工作作为一个整体进行管理，并实现绩效的改进。

(2) 在组织的系统中，高层领导以战略和顾客为中心，带领组织实现目标。

(3) 组织作为一个系统，其战略重点与关键过程要一致，与组织的资源配置要一致。

以上11个价值观与ISO 9000标准所依托的质量管理"七项原则"具有异曲同工之妙。可以认为，它们都是对于全面质量管理(TQM)的最基本特征的体现。

第三节　卓越绩效评价准则介绍

新版GB/T 19580—2012《卓越绩效评价准则》于2012年3月9日发布，2012年8月开始实施，取代了原GB/T 19580—2004《卓越绩效评价准则》。2012版与2004版相比，主要变化有：增加了基本理念和部分术语、调整了部分章节的内容。现将《卓越绩效评价准则》第四部分"评价要求"的内容摘录如下。

一、领导

有力的领导和明确的方向是成为一个卓越组织的关键。因此，高层领导应当确定组织的价值观、发展方向和绩效目标，关注顾客及其他相关方的需求和期望，营造授权、主动参与、创新、快速反应和学习等方面的经营环境，完善组织的治理，评审组织的绩效，履行社会责任。

4.1 领导

4.1.1 总则

本条款用于评价组织高层领导的作用、组织治理及组织履行社会责任的情况。

4.1.2 高层领导的作用

组织应从以下方面说明高层领导的作用：

a) 如何确定组织的使命、愿景和价值观，如何将其贯彻到全体员工，并影响到组织的供方、合作伙伴、顾客及其他相关方，如何在落实组织的价值观方面起表率作用；

b) 如何与全体员工及其他相关方进行沟通，如何鼓励整个组织实现坦诚、双向的沟通，如何通过对全体员工实现卓越绩效的活动进行激励以强化组织的方向和重点；

c) 如何营造诚信守法的环境，如何营造有利于改进、创新和快速反应的环境，如何营造促进组织学习和员工学习的环境；

d) 如何履行确保组织所提供产品和服务质量安全的职责；

e) 如何推进品牌建设，不断提高产品质量和服务水平；

f) 如何强化风险意识，推动组织的持续经营，如何积极培养组织未来的领导者；

g) 如何促进组织采取行动以改进组织绩效、实现战略目标，并达成愿景；如何定期评价组织的关键绩效指标，以及如何根据绩效评价结果采取相应行动。

4.1.3 组织治理

如何考虑组织治理的关键因素以及如何对高层领导和治理机构成员的绩效进行评价：

a) 组织治理如何考虑以下关键因素：

· 管理层所采取行动的责任；

· 财务方面的责任；

· 经营管理的透明性以及信息披露的政策；

· 内、外部审计的独立性；

· 股东及其他相关方利益的保护。

b) 如何评价高层领导的绩效，如何评价治理机构成员的绩效，高层领导和治理机构如何运用这些绩效评价结果改进个人、领导体系和治理机构的有效性。

4.1.4 社会责任

4.1.4.1 提要

组织如何履行社会责任，包括在公共责任、道德行为和公益支持等方面的做法。

4.1.4.2 公共责任

4.1.4.2.1 明确组织的产品、服务和运营对质量安全、环保、节能、资源综合利用、公共卫生等方面产生的影响所采取的措施。

4.1.4.2.2 如何预见和应对公众对组织的产品、服务和运营所产生的负面社会影响的隐忧。

4.1.4.2.3 说明为满足法律法规要求和达到更高水平而采用的关键过程及绩效指标，以及在应对产品、服务和运营的相关风险方面的关键过程及绩效指标。

4.1.4.3 道德行为

4.1.4.3.1 如何确保组织遵守诚信准则，以及如何建立组织的信用体系。

4.1.4.3.2 如何确保组织行为符合道德规范，说明用于促进和监测组织内部、与顾客、供方和合作伙伴之间及组织治理中的行为符合道德规范的关键过程及绩效指标。

4.1.4.4 公益支持

如何积极地支持公益事业，并说明重点支持的公益领域；高层领导及员工如何积极参与并为此做出贡献。

二、战略

组织战略是指在激烈变化的竞争环境中，为组织追求领先的市场地位和持续稳定的业绩增长所制定的总体性、长远性规划，对组织发展具有重要的现实意义和深远的历史意义。因此，组织应当制定战略目标和战略规划，进行战略部署，并对其进展情况进行跟踪。

4.2　战略

4.2.1　总则

本条款用于评价组织的战略及其目标的制定、部署及进展情况。

4.2.2　战略制定

4.2.2.1 提要

组织如何制定战略和战略目标。

4.2.2.2 战略制定过程

4.2.2.2.1 组织应描述其战略制定过程、主要步骤及主要参与者，如何确定长、短期计划的时间区间，以及战略制定过程如何与长、短期计划时间区间相对应。

4.2.2.2.2 如何确保制定战略时考虑下列关键因素，如何就这些因素收集和分析有关的数据和信息：

• 顾客和市场的需求、期望以及机会；

• 竞争环境及竞争能力；

• 影响产品、服务及运营方式的重要创新或变化；

• 资源方面的优势和劣势，资源重新配置到优先考虑的产品、服务或领域的机会；

• 经济、社会、道德、法律法规以及其他方面的潜在风险；

• 国内外经济形势的变化；

• 组织特有的影响经营的因素，包括品牌、合作伙伴和供应链方面的需要及组织的优势和劣势等；

• 可持续发展的要求和相关因素；

• 战略的执行能力。

4.2.2.3 战略和战略目标

4.2.2.3.1 说明战略和战略目标，以及战略目标对应的时间表和关键的量化指标。

4.2.2.3.2 战略和战略目标如何应对战略挑战和发挥战略优势，如何反映产品、服务、经营等方面的创新机会，如何均衡地考虑长、短期的挑战和机遇以及所有相关方的需要。

4.2.3 战略部署

4.2.3.1 提要

组织如何将战略和战略目标转化为实施计划及相关的关键绩效指标，以及如何根据这些关键绩效指标预测组织未来的绩效。

4.2.3.2 实施计划的制订与部署

4.2.3.2.1 如何制定和部署实现战略目标的实施计划；如何根据环境的变化对战略目标及其实施计划进行调整和落实。

4.2.3.2.2 说明组织的主要长、短期实施计划，这些计划所反映出的在产品和服务、顾客和市场以及经营管理方面的关键变化。

4.2.3.2.3 如何获取和配置资源以确保实施计划的实现；说明组织为了实现长、短期战略目标和实施计划的重要资源计划。

4.2.3.2.4 说明监测实施计划进展情况的关键绩效指标，如何确保这些指标协调一致，并涵盖所有关键的领域和相关方。

4.2.3.3 绩效预测

说明组织长、短期计划期内的关键绩效指标的预测结果以及相应的预测方法；如何将所预测绩效与竞争对手或对比组织的预测绩效相比较，与主要的标杆、组织的目标及以往绩效相比较；如何确保实现所预测绩效，如何应对相对于竞争对手或对比组织的绩效差距。

三、顾客与市场

在市场经济条件下，顾客成为现代组织最重要的稀缺性资源，顾客决定着组织的命运与前途。因此，谁能占有更多的顾客资源，谁就拥有更多的市场份额，谁就能在激烈的市场竞争中立于不败之地。因此，组织应当确定顾客和市场的需求、期望和偏好，建立良好的顾客关系；确定影响赢得、保持顾客，并使顾客满意、忠诚的关键因素。

4.3 顾客与市场

4.3.1 总则

本条款用于评价组织确定顾客和市场的需求、期望和偏好以及建立顾客关系、确定影响顾客满意程度关键因素的方法。

4.3.2 顾客和市场的了解

4.3.2.1 提要

组织如何确定顾客和市场的需求、期望和偏好以及如何拓展新的市场。

4.3.2.2 顾客和市场的细分

4.3.2.2.1 如何识别顾客、顾客群和细分市场，如何确定当前及未来的产品和服务所针对的顾客、顾客群和细分市场。

4.3.2.2.2 在顾客和市场的细分过程中，如何考虑竞争对手的顾客及其他潜在的顾客和市场。

4.3.2.3 顾客需求和期望的了解

4.3.2.3.1 如何了解关键顾客的需求、期望和偏好及其对于顾客的购买或建立长期关系的相对重要性，如何针对不同的顾客、顾客群和细分市场采取不同的了解方法。

4.3.2.3.2 如何将当前和以往顾客的相关信息用于产品和服务的设计、生产、改进、创新以及市场开发和营销过程。如何使用这些信息来强化顾客导向、满足顾客需要以及识别创新的机会。

4.3.2.3.3 如何使了解顾客需求和期望的方法适应发展方向、业务需要及市场的变化。

4.3.3　顾客关系与顾客满意

4.3.3.1 提要

组织如何建立、维护和加强顾客关系，如何确定赢得和保持顾客并使顾客满意、忠诚的关键因素的方法。

4.3.3.2 顾客关系的建立

4.3.3.2.1 如何建立顾客关系以赢得顾客，满足并超越其期望，提高其忠诚度，获得良好口碑。

4.3.3.2.2 如何建立与顾客接触的主要渠道，这些渠道如何方便顾客查询信息、进行交易和提出投诉；如何确定每种渠道主要的顾客接触要求，并将这些要求落实到有关的人员和过程。

4.3.3.2.3 如何处理顾客投诉，确保投诉得到有效、快速的解决。如何最大限度地减少顾客不满和业务流失。如何积累和分析投诉信息以用于组织及合作伙伴的改进。

4.3.3.2.4 如何使建立顾客关系的方法适合组织发展方向及业务需要。

4.3.3.3 顾客满意的测量

4.3.3.3.1 如何测量顾客满意和忠诚，所用方法如何因顾客群不同而异，如何确保测量能够获得有效的信息并用于改进，以超越顾客期望、获得良好口碑并赢得市场。

4.3.3.3.2 如何对顾客进行产品和服务质量的跟踪，以获得及时、有效的反馈信息并将其用于改进与创新活动。

4.3.3.3.3 如何获取和应用可供比较的竞争对手和标杆的顾客满意信息。

4.3.3.3.4 如何使测量顾客满意和忠诚的方法适应发展方向及业务需要。

四、资源

资源是组织为创造价值，在运营过程中投入的所有要素的总和。资源的拥有状况及对资源的使用和管理水平，直接影响到经营绩效，决定着组织能否持续、健康地发展。因此，组织高层领导应当为确保战略规划和目标的实现、为价值创造过程和支持过程及持续改进和创新提供所必需的资源，包括人力资源及财务、基础设施、相关方关系、技术及信息等其他资源。

4.4 资源

4.4.1 总则

本条款用于评价组织的人力、财务、信息和知识、技术、基础设施和相关方关系等资源管理的情况。

4.4.2 人力资源

4.4.2.1 提要

组织如何建立以人为本的人力资源管理体系，促进员工的学习和发展，提高员工的满意程度。

4.4.2.2 工作的组织和管理

4.4.2.2.1 如何对工作和职位进行组织、管理，以应对战略挑战、满足实施计划，对业务变化做出快速灵活反应，促进组织内部的合作，调动员工的积极性、主动性，促进组织的授权、创新，以提高组织的执行力。

4.4.2.2.2 如何确定员工的类型和数量的需求，如何识别所需员工的特点和技能、如何提高现有员工的能力，如何招聘、任用和留住员工。

4.4.2.2.3 如何听取和采纳员工、顾客和其他相关方的各种意见和建议，如何在不同的部门、职位和地区之间实现有效的沟通和技能共享。

4.4.2.3 员工绩效管理

如何实施员工绩效管理，包括员工绩效的评价、考核和反馈，以及如何建立科学合理的薪酬体系和实施适宜的激励政策和措施，以提高员工和组织的工作绩效，实现组织的战略实施计划。

4.4.2.4 员工的学习与发展

4.4.2.4.1 员工的教育与培训

如何识别教育与培训需求，制订和实施教育与培训计划，并结合员工和组织的绩效以评价其有效性，使教育与培训适应组织发展方向和员工职业发展的要求；如何针对不同的岗位和职位实施教育与培训，鼓励和支持员工以多种方式实现与工作需要和职业发展、技能提高相关的学习目标。

4.4.2.4.2 员工的职业发展

如何对包括高层领导在内的所有员工的职业发展实施有效管理，如何帮助员工实现学习和发展目标，如何实施继任计划，形成人才梯队，以提高组织的持续经营能力。

4.4.2.5 员工的权益与满意程度

4.4.2.5.1 员工权益

· 如何保证和不断改善员工的职业健康安全，针对不同的工作场所确定相应的测量指标和目标，并确保对工作场所的紧急状态和危险情况做好应急准备；

· 如何针对不同的员工群体，提供针对性、个性化和多样化的支持，保障员工的合法权益；

· 如何鼓励员工积极参与多种形式的管理和改进活动，并为员工参与的活动提供必要的资源，以提高员工的参与程度与效果。

4.4.2.5.2 员工满意程度

如何确定影响员工满意程度和积极性的关键因素以及这些因素对不同员工群体的影响，如何测量和提高员工满意程度。

4.4.3 财务资源

如何确定资金需求，保证资金供给。如何实施资金预算管理、成本管理和财务风险管理，将资金的实际使用情况与计划相比较，及时采取必要的措施，适时调整。如何加快资金周转，提高资产利用率，以实现财务资源的最优配置，并提高资金的使用效率和安全。

4.4.4　信息和知识资源

4.4.4.1 如何识别和开发信息源，如何确保获得和提供所需的数据和信息，并使员工、供方和合作伙伴及顾客易于获取相关数据和信息。

4.4.4.2 如何配备获取、传递、分析和发布数据和信息的设施，如何建立和运行信息系统，如何确保信息系统硬件和软件的可靠性、安全性、易用性。

4.4.4.3 如何使信息系统适应组织的发展方向及业务需要。

4.4.4.4 如何有效地管理组织的知识资产，收集和传递来自员工、顾客、供方和合作伙伴等方面的相关知识，识别、确认、分享和应用最佳实践。

4.4.4.5 如何确保数据、信息和知识的准确性、完整性、可靠性、及时性、安全性和保密性。

4.4.5　技术资源

4.4.5.1 组织如何对其拥有的技术进行评估，并与同行先进水平进行比较分析，为制定战略和增强核心竞争力提供充分依据。

4.4.5.2 如何以国际先进技术为目标，积极开发、引进、消化、吸收适用的先进技术和先进标准，提高组织的技术创新能力。

4.4.5.3 如何形成和使用组织的技术诀窍与专利。

4.4.5.4 如何制定技术开发与改造的目标和计划，论证方案，落实增强技术先进性、实用性所采取的措施。

4.4.6　基础设施

在考虑组织自身和相关方需求和期望的同时，如何确定和提供所必需的基础设施，包括：

a) 根据战略实施计划和过程管理的要求提供基础设施；

b) 制定并实施基础设施的预防性和故障性维护保养制度；

c) 制定和实施更新改造计划，不断提高基础设施的技术水平；

d) 预测和处置因基础设施引起的环境、职业健康安全和资源利用问题。

4.4.7　相关方关系

如何建立与其战略实施相适应的相关方关系，尤其是与关键供方和合作伙伴的良好合作关系，促进双向交流，共同提高过程的有效性和效率。

五、过程管理

过程理念是现代组织管理的最基本的理念之一。对于一个追求卓越的组织而言，过程是因，结果是有因之果，应当通过卓越的过程创造卓越的结果。过程管理涵盖了所有部门的主要过程，其目的在于确保组织战略目标和战略规划的落实。过程管理应具有适应内外环境和因素变化的敏捷性，即当组织战略和市场变化时能够快速反应。例如，当一种产品转向另一种产品时，过程管理应当确保快速地适应这种变化。因此，组织应当基于 PDCA 循环对过程实施管理，从识别过程开始，确定对过程的要求，依据过程要求进行过程设计，有效和高效地实施过程，对过程进行持续改进和创新并共享成果。

4.5 过程管理

4.5.1 总则

本条款用于评价组织的过程识别、设计、实施与改进的情况。

注：适用时，鼓励将组织的过程分为价值创造过程和支持过程。

4.5.2 过程的识别与设计

4.5.2.1 提要

组织如何识别、确定和设计关键过程。

4.5.2.2 过程的识别

组织如何确定主要产品、服务及经营全过程，并识别、确定其中的关键过程，包括利用外部资源的过程。

4.5.2.3 过程要求的确定

如何结合来自顾客及其他相关方的信息，确定关键过程的要求，必要时在全部要求中确定关键要求，如何确保这些要求清晰并可测量。

4.5.2.4 过程的设计

4.5.2.4.1 在过程设计中如何满足已确定的关键要求，如何有效利用新技术和组织的知识，如何考虑可能的变化并保持敏捷性，如何考虑质量、安全、周期、生产率、节能降耗、环境保护、成本控制及其他效率和有效性因素，确定过程的关键绩效指标。

4.5.2.4.2 如何考虑应对突发事件和采取应急准备，以规避风险、减少危害；在建立组织的应急响应系统中如何考虑预防和管理，以及运营的连续性。

4.5.3 过程的实施与改进

4.5.3.1 过程的实施

如何实施关键过程，以持续满足过程设计要求，并确保过程的有效性和效率。如何使用关键绩效指标监控过程的实施，如何在过程的实施中利用来自顾客和其他相关方的信息，如何优化关键过程的整体成本。

4.5.3.2 过程的改进

如何评价关键过程实施的有效性和效率，改进关键过程，减少过程波动与非增值性活动，使关键过程与发展方向和业务需要保持一致，并在各部门和各过程分享改进成果和经验教训，以促进组织的学习和创新。

六、测量、分析与改进

测量、分析与改进是卓越绩效评价准则的中心，是组织运作的基础，是链接"领导作用"三角及"资源、过程和结果"三角的链条，并转动着改进和创新的 PDCA 之轮。因此，组织应当确定选择、收集、分析和管理数据、信息和知识的方法，运用科学、有效的方法，测量、分析、整理各部门及所有层次、过程的绩效数据和信息，并充分和灵活使用数据、信息和知识，改进组织绩效。

4.6　测量、分析与改进

4.6.1　总则

本条款用于评价组织测量、分析和评价绩效的方法及改进和创新的情况。

4.6.2　测量、分析和评价

4.6.2.1 提要

如何测量、分析和评价组织各层次及所有部门的绩效。

4.6.2.2 绩效测量

4.6.2.2.1 说明组织如何建立绩效测量系统，如何有效应用相关的数据和信息，监测日常运作及组织的整体绩效，支持组织的决策、改进和创新。

4.6.2.2.2 如何有效应用关键的对比数据和信息，支持组织的决策、改进和创新。

4.6.2.2.3 如何确保绩效测量系统适应发展方向及业务需要，并确保对组织内外部的快速变化保持敏感性。

4.6.2.3 绩效分析和评价

4.6.2.3.1 如何分析、评价组织绩效，包括：如何评价组织的成就、竞争绩效以及长、短期目标和实施计划的进展，如何评价组织的应变能力。

4.6.2.3.2 如何根据绩效评价结果，确定改进的优先次序，并识别创新的机会；如何将这些优先次序和创新机会及其举措在组织内展开，适当时展开到关键供方和合作伙伴，以达到协调一致。

4.6.3 改进与创新

4.6.3.1 提要

组织如何进行改进和创新的管理，如何应用改进和创新的方法。

4.6.3.2 改进与创新的管理

4.6.3.2.1 如何对改进和创新进行策划，明确各层次和所有部门、过程在改进与创新方面的计划和目标。

4.6.3.2.2 如何实施、测量、评价改进与创新活动，分析对盈利能力和实现组织战略目标的贡献，促进组织绩效的提高。

4.6.3.3 改进与创新方法的应用

4.6.3.3.1 如何应用多种方法，组织各层次员工开展各种改进与创新活动。

4.6.3.3.2 如何正确和灵活应用统计技术和其他工具，为改进与创新提供支持。

七、结果

结果是标准中最重要、分值最高的类目，涵盖了一个组织关注的所有重要结果。它一方面能体现组织产品、服务和经营质量的当前水平和发展趋势，另一方面要显示组织应对竞争环境、面向未来的竞争优势。因此，组织应当对主要绩效进行评价和改进，包括顾客满意程度、产品和服务的绩效、市场绩效、财务绩效、人力资源绩效、运行绩效，以及组织的治理和社会责任绩效，以反映绩效的当前水平和趋势，并与竞争对手和标杆的数据进行对比，以反映组织在相关绩效方面的行业地位、竞争优势和存在的差距。

4.7 结果

4.7.1 总则

本条款用于评价组织在主要经营方面的绩效和改进，包括产品和服务、顾客与市场、财务、资源、过程有效性和领导等方面的绩效。绩效水平应与竞争对手和(或)标杆对比并进行评价。

4.7.2 产品和服务结果

4.7.2.1 主要产品和服务的关键绩效指标(如实物质量指标和服务水平等)的当前水平和趋势。

4.7.2.2 主要产品和服务的关键绩效指标与竞争对手对比的结果，与国内、国际同类产品和服务的对比结果。

4.7.2.3 主要产品和服务所具有的特色及创新成果。

4.7.3 顾客与市场结果

4.7.3.1 提要

组织在顾客与市场方面的绩效结果，包括顾客满意和忠诚以及市场方面的绩效结果。必要时，将结果按顾客群与市场区域加以细分。其中应包括适当的对比性数据。

4.7.3.2 顾客方面的结果

顾客方面的结果应包括但不限于以下方面：

a) 顾客满意的关键绩效指标的当前水平和趋势；

b) 顾客满意与竞争对手和本行业标杆对比的结果；

c) 顾客忠诚的关键绩效指标的当前水平和趋势。

4.7.3.3 市场结果

4.7.3.3.1 市场的关键绩效指标的当前水平和趋势，可包括市场占有率、市场地位、业务增长或新增市场等。

4.7.3.3.2 市场绩效与竞争对手和本行业标杆的对比结果，在国内外同行业中的水平。

4.7.4 财务结果

组织在财务绩效方面的关键绩效指标的当前水平和趋势，可包括主营业务收入、投资收益、营业外收入、利润总额、总资产贡献率、资本保值增值率、资产负债率、流动资金周转率等综合指标。必要时按行业特点、不同产品和服务类别或市场区域分别说明。其中应包括适当的对比性数据。

4.7.5 资源结果

组织人力资源方面的结果，应包括工作的组织和管理、员工绩效管理、员工学习和发展、员工权益与满意程度等方面的关键绩效指标的当前水平和趋势。其中应包括适当的对比性数据。

组织在人力、财务、信息和知识、技术、基础设施和相关方关系等资源方面的关键绩效指标的当前水平和趋势。其中应包括适当的对比性数据。

4.7.6 过程有效性结果

组织在反映关键过程有效性和效率方面的关键绩效指标的当前水平和趋势，应包括全员劳动生产率、质量、成本、周期、供方和合作伙伴绩效以及其他有效性的测量结果。适当时，将结果按产品和服务类别或市场区域加以细分。其中应包括适当的对比性数据。

4.7.7 领导方面的结果

组织在领导方面的绩效结果，应包括实现战略目标、组织治理、公共责任、道德行为以及公益支持等方面的绩效结果。必要时按业务单元加以细分。其中应包括适当的对比性数据。

a) 在实现战略目标方面的关键绩效指标的当前水平和趋势；

b) 在组织治理方面的关键绩效指标的当前水平和趋势；

c) 在公共责任方面的关键绩效指标的当前水平和趋势；

d) 在道德行为方面的关键绩效指标的当前水平和趋势；

e) 在公益支持方面的关键绩效指标的当前水平和趋势。

第四节　全国质量奖申报

一、申报价值

全国质量奖的申报价值主要有以下六点。

1. 可以给组织带来许多帮助

(1) 改进组织的关键绩效，取得经营的成功。

(2) 寻找到一个最经济有效的途径，获得外部的评价，找出组织的优势和改进机会。

(3) 激励员工，提高士气。

(4) 向标杆学习，提升竞争能力。

(5) 分享获奖组织的最佳实践。

2. 为组织提供诸多创造价值的机会

参加申报、创奖的组织告诉我们，在创奖的过程中，通过追求一个共同的目标，增强了组织的团队动力和凝聚力，激励组织的全体员工更加努力改进，提高组织的整体绩效水平。

3. 获得外部专家的评价

一个外部专家团队会对每一个申请组织进行严格、客观的资料评审，对部分资料评审优秀的组织进行现场评审，评审组织的改进过程，加速促进组织改进的结果。

4. 从反馈报告中得到学习和提高

每一个申请组织都会收到一份关于组织优势和改进机会的评价报告。

5. 关注结果

全国质量奖评分体系共有 1 000 分，其中结果占 400 分。对结果的关注会帮助组织测量最重要的绩效指标，改进关键领域方面的绩效，如经济绩效、顾客满意和顾客忠诚的结果，以及过程的结果(过程有效性、效率、组织和个人的学习、产品的质量等)。

6. 开展自我评价

使用全国质量奖标准开展持续的自我评价，是组织不断超越自我、追求卓越绩效的有效途径和最强有力的工具。

自 2001 年以来全国质量管理奖成为一个实现这些价值最经济的有效途径。奖项的申请者认为创奖过程给了组织一个最好的、最有效的、最完善的绩效评价方法。这一奖项的最高价值是"创奖的过程"，而非赢得大奖。

二、申报条件

申报组织必须是中华人民共和国境内合法生产及经营的组织，并具备以下基本条件。

(1) 按 ISO 9000 族标准建立、实施、保持质量管理体系，已获认证注册；对有强制性要求的产品已获认证注册；提供的产品或服务符合相关标准要求。

(2) 近 3 年，组织获得用户满意产品，并获全国质量效益型先进企业称号。

(3) 已按 ISO 14000 族标准建立、实施并保持环境管理体系；组织三废治理达标。

(4) 连续 3 年无重大质量、设备、伤亡、火灾和爆炸事故(按行业规定)及重大用户投诉。

质量管理奖评审范围为：工业(含国防工业)、工程建筑、交通运输、邮电通信及商业、贸易、旅游等行业的国有、股份、集体、私营和中外合资及独资企业。非紧密型企业集团不在评审范围之内。

三、申报程序

当组织已踏上追求卓越绩效的旅程，并使用了全国质量管理奖评审标准开展自我评价，应与中国质量协会会员与现场工作部联系，获取全国质量管理奖申报表。

(1) 填写申报表。

(2) 按照全国质量管理奖评审标准进行自我评价，编写自评报告，含图表在内不超过60 000 字。

(3) 按照申报表要求编写组织简介(字数限 3000 字以内)，对组织进行简要描述，包括组织概况、经营的关键影响因素和组织面临的主要挑战。

(4) 提供相关的证实材料。

(5) 递交一份含所有申报资料的光盘。

(6) 由所属行业或所在地区质量协会对申报组织进行推荐，提出申报组织的质量管理评价意见。外资或独资企业可以不经推荐，直接申报。

以上材料在规定日期内寄达或送到全国质量管理奖工作委员会办公室。

四、评分指南简介

"过程"评分项评分指南如表 6.2 所示。

表6.2 "过程"评分项评分指南

分 数	过 程
0%或5%	● 显然没有系统的方法；信息是零散、孤立的(A) ● 方法没有展开或仅略有展开(D) ● 不能证实具有改进导向；已有的改进仅仅是"对问题做出反应"(L) ● 不能证实组织的一致性；各个方面或部门的运作都是相互独立的(I)
10%，15%，20%或25%	● 针对该评分项的基本要求，开始有系统的方法(A) ● 在大多数方面或部门，处于方法展开的初级阶段，阻延了达成该评分项基本要求的进程(D) ● 处于从"对问题做出反应"到"一般性改进导向"方向转变的初期(L) ● 主要通过联合解决问题，使方法与其他方面或部门达成一致(I)
30%，35%，40%或45%	● 应对该评分项的基本要求，有系统、有效的方法(A) ● 尽管在某些方面或部门还处于展开的初期阶段，但方法还是被展开了(D) ● 开始有系统的方法，评价和改进关键过程(L) ● 方法处于与在其他评分项中识别组织基本需要协调一致的初期(I)
50%，55%，60%或65%	● 应对该评分项的总体要求，有系统、有效的方法(A) ● 尽管在某些方面或部门的展开有所不同，但方法还是得到了很好的展开(D) ● 有了基于事实的、系统的评价和改进过程，以及一些组织的学习，以改进关键过程的效率和有效性(L) ● 方法与在评分项中识别的组织需要协调一致(I)
70%，75%，80%或85%	● 应对该评分项的详细要求，有系统、有效的方法(A) ● 方法得到了很好的展开，无显著的差距(D) ● 基于事实的、系统的评价和改进，以及组织的学习，成为关键的管理工具；存在清楚的证据，证实通过组织级的分析和共享，得到了精确、创新的结果(L) ● 方法与在其他评分项中识别的组织需要达到整合(I)
90%，95%或100%	● 应对该评分项的详细要求，全部有系统、有效的方法(A) ● 方法得到了充分的展开，在任何方面或部门均无显著的弱项或差距(D) ● 以事实为依据、系统的评价和改进，以及组织的学习是组织主要的管理工具；通过组织级的分析和共享，得到了精细的、创新的结果(L) ● 方法与在其他评分项中识别的组织需要达到很好的整合(I)

"结果"评分项评分指南如表6.3所示。

表6.3 "结果"评分项评分指南

分 数	过 程
0%或5%	● 没有描述结果，或结果很差 ● 没有显示趋势的数据，或显示了总体不良的趋势 ● 没有对比性信息 ● 在对组织关键经营要求重要的任何方面，均没有描述结果

分　数	过　程
10%，15%，20%或25%	● 结果很少；在少数方面有一些改进和(或)处于初期的绩效水平 ● 没有或极少显示趋势的数据 ● 没有或极少对比性信息 ● 在少数对组织关键经营要求重要的方面，描述了结果
30%，35%，40%或45%	● 在该评分项要求的多数方面有改进和(或)良好绩效水平 ● 处于取得良好趋势的初期 ● 处于获得对比性信息的初期 ● 在多数对组织关键经营要求重要的方面，描述了结果
50%，55%，60%或65%	● 在该评分项要求的大多数方面有改进趋势和(或)良好绩效水平 ● 在对组织关键经营要求重要的方面，没有不良趋势和不良绩效水平 ● 与有关竞争对手和(或)标杆进行对比评价，一些趋势和(或)当前绩效显示了良好到优秀的水平 ● 经营结果达到了大多数关键顾客、市场、过程的要求
70%，75%，80%或85%	● 在对该评分项要求重要的大多数方面，当前绩效达到良好到卓越水平 ● 大多数的改进趋势和(或)当前绩效水平可持续 ● 与有关竞争对手和(或)标杆进行对比评价，多数到大多数的趋势和(或)当前绩效显示了领先和优秀的水平 ● 经营结果达到了大多数关键顾客、市场、过程和战略规划的要求
90%，95%或100%	● 在该评分项要求重要的大多数方面，当前绩效达到卓越水平 ● 在大多数方面，具有卓越的改进趋势和(或)可持续的卓越绩效水平 ● 在多数方面被证实处于行业领导地位和标杆水准 ● 经营结果充分地达到了关键顾客、市场、过程和战略规划的要求

案例 12　追求卓越的质量"工匠"

通过多年的职业化管理，华帝领导层营造和保持了公司不断追求卓越的组织文化。通过积极、有效的沟通和良好的体系运作，展开、营造了一个追求顾客满意、高效组织运作和良好社会效益的环境，为企业不断追求卓越绩效起到了决定性的作用。

随着公司的发展而不断调整和提升，提炼形成了公司的核心价值理念体系，其中核心价值观为"诚信、责任、创新、共赢"。

通过各种丰富多彩的形式，对员工进行价值观的宣传和陶冶，让这八个字的企业文化深入人心。公司高层以身作则，重视员工关怀，营造人本文化。以董事长为核心的高层领导团队，通过每年的员工座谈会、总裁信箱、合理化建议箱、OA(办公自动化系统)等，实实在在地践行"以人为本、走动管理"的思想，广泛参与改进活动。

公司完善促进员工参与的组织和制度，建立了党委及各级党支部、团委等组织；建立了工会组织，完善工会管理、员工代表大会、品管圈或质量控制圈(QCC)、5S(整理、整顿、清扫、清洁和素养)、合理化建议、全员生产维护(TPM)、全面质量管理(TQM)、精益改善等管理制度，推行合理化建议奖、专利申请奖、专利授权奖、专利项目奖、设计成本节约奖、新产品开发项目奖、技术创新与改进项目奖、重大技术攻关奖等各类评比和表彰来积极支持各类基层改进活动的开展，促进员工参与公司的经营管理，为企业的发展献智献策，鼓励员工与公司共同发展，营造自下而上主动参与管理的氛围。

公司领导层始终坚持围绕主业进行深耕细作，创始人团队率先在行业内推行所有权与经营权分离并建立完善分权/授权经营体系，邀请外部职业经理人进行公司的经营管理工作，首创行业内独家代理管理模式，建立一个包括特许连锁专卖店渠道、KA市场渠道(指营业面积大、客流量大和发展潜力大的门店)、直供渠道、房地产直营渠道、电子商务渠道等在内的销售网络体系，为公司持续经营及获得竞争优势提供支持。

在公司人才的选拔和机制的激励上，更是大胆创新、大胆激励，走在了同行的前列。具体的做法是：将所有的干部都要纳入考核评估和激励体系，强化当期激励。当年收入主要与当期业绩挂钩。同时制定各职能部门目标并层层分解，形成各线、各部门、各区域(车间)目标，并且建立干部任职与目标挂钩制度。

华帝在人才培养方面，以公司发展战略为基本准则，多层次、多板块全面覆盖公司各个业务板块。多层次方面，中高层培养项目融合经济环境下最新视角，结合公司战略发展，开展多方面的课程培训，如"赢在微创新""领越领导力"课程培训，拓宽中高层管理者的战略视角；经理接班人训练营以"双导师"制为支撑，保证各个关键岗位人才储备的充足。基层训练营以业务板块核心基层管理者为主要培养对象，打造一体化的人才培养方式；体系化的应届大学生培养项目实现学生角色转变，快速融入华帝文化中。多板块方面，为提升公司技术研发项目实力，与211、985工程院校重庆大学合作共建华帝股份在职研修班——工程硕士班，与华南理工大学合办两期MBA在职研修班，院校科研与企业实践双剑合并，突破瓶颈，实现技术创新的卓越转变。华帝将师训培养训练营为行动项目，打造强有力的内部讲师体系及课程体系，实现华帝股份培训体系由外向内的卓越转变。

党团文化建设方面，华帝党委成立于2006年，共有109名党员、150名团员；2013年成为中山市两新组织党员教育基地培育点，同时建设以党支部为基础的中山市非公有制企业关心下一代工作组织，在同行中较早推出工业旅游品牌宣传，由党委和团委共同推进，旅游参观者有企事业的党员、中小学生等；同时，每年定期组织各项党团建设活动，响应中山市两新组织党工委号召，开展小榄镇两新组织党组织"品质两新读书悦"活动，响应小榄镇委组织人事办公室号召，举行历史文献纪录片《筑梦中国》观后感文章等活动；与市、镇党团委保持密切的联系；获得优秀员工、优秀管理者、年度绩效S级员工的党员有40余人次。目前，党员担任各部门中层以上职务的有35人。同时，党组织长期资助小榄镇贫困大学生完成学业，积极组织党员参与社会志愿服务。依靠华帝"1+2红领巾助学工程"，党员与华帝希望小学的贫困学子结对帮扶；定期向企业捐助的"1+2图书室"捐献图书。党团文化对公司良好企业形象的品牌宣传起到很大的助力作用。

(资料来源：佚名.追求卓越的质量"工匠"[N].中国质量报，2016-5-18.)

案例13 卓越绩效管理的实践与成果——亨通光电案例

亨通光电股份有限公司(以下简称"亨通光电")成立于1993年,目前是国家级高新技术企业,2003年在上海证券交易所上市,目前位于全球光纤光缆行业前四强。根据英国商品研究所(Commodity Research Unit,CRU)的排名,在产能产量方面,亨通光电是全球第二大光纤光缆制造商。公司目前在全球有30余家全资或控股的子公司,在国内九个省市设立了研发和生产基地,在海外有三个研发生产基地(巴西、马来西亚、印度)。另外,公司还有31个海外代表处,产品覆盖112个国家和地区。

卓越绩效模式推进过程

亨通光电从通信电缆起家,1993—1995年是创业阶段。在1996年,开始发展光通信。2000—2005年,从光纤光缆发展到光纤光棒研发。2006年,导入卓越绩效管理模式,并开始了整个国际化的布局。目前,公司正在转向智能制造,整个亨通光电的总体战略是全球化的战略。

发展战略方面,战略目标定位是:领军国内线缆制造业,进入全球前三强。公司提出了"三大转型"战略,一是从生产型企业转变为生产研发企业;二是从产品提供商向系统提供商转变;三是从本土企业转变为国际企业。公司还提出"三步战略迈向国际",第一步是产品国际化,第二步是资本国际化,第三步是品牌国际化;目标是50%的产品销往国外、50%的资本国际化、50%的人才国际化。根据国家智能制造、中国制造2025战略和德国工业4.0,公司提出了"三化建设"战略,即信息化、智能化、精益化,通过"三化"推动国际化。

亨通光电的主要成功因素有五大方面。

第一方面有完善的产业链。因为光纤光缆行业越到上游,如光棒,技术含量越高,目前国内的企业只有少数的几家能生产,公司有光棒自主研发的能力,包括装备的研发、产品的研发、工艺的研发。从光纤光缆到光器件,亨通光电实现全产业链的产品研发。另外,公司的年产能超过了5 000万芯公里,在全球是前二十强。

第二方面是技术研发实力雄厚。公司有五大研发平台、七大技术中心。有国家级的技术中心,也有博士后流动站,还有院士工作站,省级、国家级的研究院,光通信的研究院。

第三方面是管理创新。整个集团每年举办运营研讨会,另外每隔3年有一个战略研讨会,在战略研讨会上,把国内光通信领域的大多数院士请来,给企业做诊断。然后根据国家战略,包括国际发展的趋势,制定公司的三年规划。另外还有"金点子"创新平台。

第四方面是快速反应能力。公司对制造过程的快速反应要求非常高,建立并有效运行的系统有企业管理解决方案(SAP)、制造企业生产过程执行系统(MES)、客户关系管理系统(CRM)、供应商管理系统(SRM)、过程跟进与督导系统(PTS)、办公自动化系统(OA)等,以此提高快速交付能力。

第五方面是优秀的企业文化。公司的企业文化是"水"文化,"上善若水,道法通变",这八个字是企业文化的核心。

公司从2006年开始推进卓越绩效模式,到现在已10年了。刚开始时是通过培训、请咨询机构对内部进行诊断,找差距,不断地持续改进,这样一步一步走来。

推行卓越绩效模式取得可喜成效

通过持续推进卓越绩效模式，公司取得了很大的成效。在与标杆竞争企业对比方面，亨通光电在全球光纤光缆行业排名第4位，在中国光纤光缆行业排名第2位。

在行业地位方面，公司连续10年进入中国企业500强，2014年排在328位；在2014年中国电子元件百强企业里面排第一位，在2014年全国电子信息百强里面排第14位。在品牌价值及影响力方面，根据2014年世界品牌研究室的报告显示：公司的品牌价值每年持续提高。这都得益于十多年的推进卓越绩效管理模式的结果。公司由此获得了第十三届全国质量奖鼓励奖，2013年、2014年江苏省质量管优秀奖。

在技术成果方面，目前授权的专利1500项，其中发明专利170项；参与国家、国内行业标准139项，其中主持制定标准14项；获得省级以上的高新技术奖174项。

形成了亨通特色的水文化。其特点如下。

第一个特点是清澈透明。亨通光电坚持公开、公平、透明的原则，不管是绩效、考核，还是员工的待遇，公司都是本着这个原则。员工下班之后就知道今天挣了多少钱。

第二个特点是海纳百川。在人才方面，公司有十二字方针："引得进、留得住、育得出、用得好。"

第三个特点是滴水穿石。公司发展过程形成了"三借""四敢"等精神。例如，"四敢"是敢为人先、敢创大业、敢创一流、敢攀高峰。"三借"是"借鸡生蛋""借梯登高""借船出海"等。

第四个特点是源源不断。包括前面提到的"三大转型""三化融合"等。根据中国制造2025、工业4.0，公司提出了智能化工厂的建设，围绕着三个目标，第一个是增效、第二个是减员、第三个是加薪。要通过工厂自动化提升效率。同时，公司提出口号"能用机器人的不用人，能用机器手的不用人手"，工厂大部分工作劳动强度比较大，还有安全问题，如果都靠机器操作，就能改善工作环境，把安全的风险大大降低。通过增效和减员，公司把员工的工资提高了。

组织主要优势分析

第一是产业链优势。公司最早从光缆开始，后来整个产业链往上延伸，做光纤，然后做光棒，光棒的技术含量是最高的，往下是光器件和连接系统，最后提供集成服务。2014年收购了一家电信公司，现在可以提供EPC(公司受业主委托，按照合同约定对工程建设项目的设计、采购、施工、试运行等实行全过程或若干阶段承包)的服务，可以从产品到服务到工程，这样把整个企业的业务链都做得非常好。公司是上市公司，在年报里面可以查到，2016年亨通光电的利润增加了60%，上交利税增长了50%。在光纤光缆通信行业里面，这样的增长速度，也得益于国家的发展战略。

第二是创新优势。公司的创新不仅在工艺产品上创新，而且注重制造装备上创新。公司的制造设备都是自己研发的，特别是光棒。通过研发，亨通在光棒制造方面形成了自己独特的优势和核心竞争力，改变了光棒长期依赖进口的局面。

第三是商业模式转型优势。公司通过并购设计院、工程公司，建立全球供应链平台等，并获得"中国全网ISP"(提供全国范围互联网接入服务的单位)，成功实现从传统生产型企业向系统集成服务商的商业模式转型。

李克强总理在2015年政府工作报告中关于互联网的讲话和指示，对于通信行业的发展有很大的促进作用。中国的网速在全球排80多位，说明带宽不够。提速以后，怎么样把费用降低？大家知道光纤到家、光纤到户有很多障碍，电信、移动、联通，都没有这么大的精力铺到最后一公里，因为商业模式不划算。现在国家鼓励民营资本参加，2015年9月，公司拿到了接入服务、光缆和运营牌照，可以进行光纤到户的工程施工和服务。在光纤光缆行业，包括全球"一带一路"跨洋通信方面，互联网企业还有很多的发展机会。

（资料来源：许人东.卓越绩效管理的实践与成果——亨通光电案例[J].上海质量，2016.）

模拟试卷 6

一、名词解释(10分，每题5分)

(1) 组织战略

(2) 卓越绩效

二、填空题(16分，每空2分)

(1) 《卓越绩效评价准则》的总体架构包括_____个类目。

(2) 我国企业界质量管理的发展包括_____、_____和_____阶段。

(3) 新版 GB/T 19580—2012《卓越绩效评价准则》于_____发布，_____开始实施。

(4) 顾客成为现代组织最重要的_____，顾客决定着组织的_____。

三、单项选择题(12分，每题3分)

(1) 戴明奖是_____国家或地区的质量奖的名称。

    A. 美国   B. 日本   C. 加拿大   D. 欧洲

(2) 顾客和市场的需求、期望以及机会是组织确定_____时应考虑的关键因素

    A. 社会责任   B. 战略制定   C. 顾客与市场   D. 绩效分析

(3) _____应具有适应内外环境和因素变化的敏捷性。

    A. 组织治理   B. 战略部署   C. 过程管理   D. 改进创新

(4) 《卓越绩效评价准则》与"三大奖"类目的比较，最接近的是_____。

    A. 日本质量奖   B. 美国质量奖   C. 加拿大质量奖   D. 欧洲质量奖

四、多项选择题(16分，每题4分)

(1) 《卓越绩效评价准则》是对以往的全面质量管理实践的_____。

    A. 制度化   B. 标准化

    C. 科学化   D. 条理化

    E. 具体化

(2) 对《卓越绩效评价准则》标准的作用，可形容为_____。

    A. 听诊器   B. 诊疗仪

    C. 方向盘   D. 仪表盘

    E. 组织规划的设计图

(3) 管理创新应包括的创新有_____。

　　A. 管理思想　　　　　　　　B. 组织结构

　　C. 规章制度　　　　　　　　D. 运行机制

　　E. 业务流程

(4) "领导作用"三角实际上包含的内容有_____。

　　A. 领导　　　　　　B. 战略　　　　　　C. 资源

　　D. 过程管理　　　　E. 顾客与市场

五、判断题(10分，每题2分)

(1) "卓越绩效"即"一种综合的组织绩效管理方式"。　　　　　　　　(　　)

(2) 基于事实的管理就是强调"用数据说话"。　　　　　　　　　　　(　　)

(3) 波多里奇奖获奖企业可以在信签、名片、广告等上面使用其获奖标识。(　　)

(4) 测量、分析与改进是卓越绩效评价准则的中心。　　　　　　　　　(　　)

(5) 结果是标准中最重要、分值最高的类目。　　　　　　　　　　　　(　　)

六、简答题(20分，每题10分)

(1) 制定评价准则标准的目的是什么？

(2) 申报全国质量奖的价值有哪些？

七、论述题(16分)

试述《卓越绩效评价准则》中体现的核心价值观。

第三篇 方 法 篇

第七章 常用的收集整理数字资料的方法

通过对本章的学习，要求了解和掌握以下内容。

● 统计数据及其分类。

● 随机抽样的方法。

● 常用的统计特征数。

● 排列图、直方图、过程能力指数、控制图、散布图的应用步骤和作图方法。

在质量管理、质量控制和质量改进活动中，经常会遇到两类资料：一类是可以用数字表示的资料，称为数字资料；一类是不能用数字表示的资料，称为非数字资料。对数字资料的收集、整理、分析和推断，可用数字资料的工具和技术，如排列图、直方图、控制图、过程能力指数、散布图等；对非数字资料的加工、分析和判断，可用非数字资料的工具和技术，如因果图、系统图、流程图、对策表、水平对比法等。本章主要讲述收集整理数字资料的方法，收集整理非数字资料的方法将在第八章中讲述。

第一节 预 备 知 识

一、统计数据及其分类

(一)收集数据的目的

数据就是反映客观事物的资料和数字，如产量、直径、尺寸、重量、化学成分、硬度、强度、压力、温度、时间、不合格品数、不合格品率、合格品数、合格品率等。现代质量管理的一大特点就是用数据说话，根据事实采取行动，从现场收集数据并加以整理和分析是极其重要的。收集整理数据的目的表现在以下几个方面。

1. 用于调研和分析

如为了进行生产管理，需要了解生产车间出了多少不合格品，不合格品的品类是什么等，以便进行分析。

2. 用于调节和控制

如了解生产过程是否处于受控状态时，在控制图上标记的数据，就是这类数据。

3. 用于检验和判断

如将产品质量指标检测结果与标准进行对比，判断是否合格的数据，进行抽样检验，估计批量产品质量的数据，就是这类数据。

(二)统计数据的种类

从统计角度看，按数据所遵从的分布，一般将统计数据分为两类：计量值数据和计数值数据。

1. 计量值数据

凡是可以连续、任意取值的，或者说可以用测量工具具体测量出小数点以下数值的这类数据，就是计量值数据，如长度、重量、化学成分、产量、温度、容积等。例如，长度在 1 mm～2 mm，还可以连续测出 1.1 mm、1.2 mm、1.3 mm 等数值。

2. 计数值数据

凡是不可以连续取值的，或者说即使用测量工具也得不到小数点以下的数据，而只能得到 0、1、2、3、4 等自然数的这类数据，就是计数值数据，如不合格品数、疵点数、缺席人数等。测量不合格品数，只能得到 1 件、2 件、3 件等；统计缺席人数，只能得到 1 人、2 人、3 人等。根据数据统计规律的不同，计数值数据还可以进一步分为计件数据和计点数据。计件数据是指按件计数的数据，如不合格品数、产品台数、质量检测项目数等；计点数据是指按缺陷点计数的数据，如疵点数等。

当数据以百分比表示时，要判断它是计量值数据还是计数值数据，应取决于数据分子的计量单位。

当分子是计量值数据时，则该百分比数据是计量值数据；当分子是计数值数据时，则该百分比数据就是计数值数据。例如，生产 1 000 台电视机，有 12 台不合格品，其不合格品率为 1.2%，从数据 1.2% 来看，虽然它是小数点以下数据，但因为计算公式的分子 12 台是计数值数据，所以，电视机不合格品率 1.2% 应是计数值数据。

二、总体、个体和样本

对于大批量生产的产品和零部件，要了解其质量状况，我们不可能也没必要对其进行逐一全面检验，只能从中抽取一定数量的样品进行检测，从样品的检测结果来推断整批产品的质量状况。

总体是指在某一次统计分析中研究对象的全体，也称母体。总体可以是有限的，也可以是无限的。例如，某企业某日生产手机零部件 10 万个，尽管数量相当大，但总是可以数得清的，因此这批 10 万个手机零部件称为有限总体。而该企业过去、现在和将来生产的该零部件总量就称为无限总体。

个体是指组成总体的每一个基本单元(产品或零件的质量特征数据)，常用 X_i 表示。总体中包含的个体数称为总体含量或总体大小，常用符号 N 表示。

样本是指从总体中随机抽取出来，并对其进行详细研究分析的一部分个体(样品)，样本中包括的样品数目称为样本量或样本大小，常用符号 n 表示。

例如，从一批数量为 10 000 件的产品中随机抽取 50 件产品，对其直径进行测量，总体 (N) 为 10 000 件，样本 (n) 为 50 件，样本中的个体 (每一个数据) 分别用 x_1，x_2，…，x_{50} 表示。

三、随机抽样的方法

(一)抽样与随机抽样的概念

(1) 抽样是指从总体中抽取样品组成样本的过程。

(2) 随机抽样是指要使总体中的每一个个体都有同等机会被抽取出来组成样本的过程。

抽取样本的过程只是手段，目的是通过研究局部(样本)来推断全部(总体)，从而达到保证和提高产品质量的目的。当然，运用样本估计、推断总体不会是百分之百正确，会存在"存伪""弃真"现象。只不过要根据目的不同，采取适当的方法减少错误的发生。

(二)随机抽样方法

1. 一般随机抽样法

一般随机抽样法是指总体中的每一个个体被抽到的机会是相等的。为实现抽样的随机化，可采用抽签(抓阄)、查随机数值表等方法。例如，要从 100 件产品中随机抽取 10 件组成样本，可把 100 件产品从 1～100 编号，然后用抽签的方法，任意抽取 10 个号码，假如抽到的编号是 5、8、13、22、24、56、63、71、85、93 共 10 个，那么就将与 10 个编号对应的产品拿出来组成样本。随机抽样的优点是误差小；缺点是抽样手续较为繁杂。

2. 顺序随机抽样法

顺序随机抽样法又叫等距抽样法或机械抽样法。例如，要从 100 件产品中抽取 10 件组成样本，首先应将 100 件产品按 1、2、3、4、…、100 顺序进行编号；其次用抽签或查随机数表的方法确定 1～10 号中的哪一件产品入选样本(如 5 号)；再次按等距原则确定入选样本编号，15 号、25 号、35 号、45 号、55 号、65 号、75 号、85 号、95 号；最后抽取编号为 5、15、25、35、45、55、65、75、85、95 的 10 件产品组成样本。顺序随机抽样的优点是简便易行；缺点是容易出现偏差。一般来说，在总体会发生周期性变化的场合，不宜采用这种抽样方法。

3. 分层抽样法

分层抽样法是指从一个可以分成不同子总体(分层)的总体中，按规定的比例从不同层中抽取样品(个体)的方法，也叫类型抽样法。例如，有甲、乙、丙 3 个工人在同一台机器设备上倒班生产同一种零件，他们加工完了的零件分别放在 3 个地方，如果现在抽取 15 个零件组成样本，采用分层抽样法，应从堆放零件的 3 个地方分别抽取 5 个零件，合起来一共 15 个零件组成样本。这种抽样方法的优点是样本的代表性比较好，抽样误差比较小；缺点是抽样手续较一般随机抽样法还要烦琐。此方法常用于产品质量验收。

4. 整群抽样法

整群抽样法又叫集团抽样法，是在整体中，不是抽取个别样品，而是抽取整群的产品。这种方法是将总体分成许多群，每个群由个体按一定方式结合而成，然后随机地抽取若干群，并由这些群中的所有个体组成样本。其抽样法的背景是：有时为了实施上的方便，常以群体(公司、工厂、车间、班组、工序或一段时间内生产的一批零件等)为单位进行抽样，凡抽到的群体就全面检验，仔细研究。例如，对某种产品抽取 5%的抽样检查来说，每隔 20 小时抽出其中 1 小时的产量组成样本，然后对这些抽出来的样本进行质量检验并推断总体的质量情况。这种抽样方法的优点在于抽样实施方便；缺点是由于样本只来自个别几个群体，而不能均匀地分布在总体中，因而代表性差，抽样误差大。这种方法常用在工序控制中。

下面举例说明 4 种抽样方法的运用。

设有某种成品零件分别装在 10 个零件箱中，每箱各装 100 个，总共是 1000 个。如果想从中取 100 个零件作为样本进行测试研究，那么应该怎样运用上述 4 种抽样方法呢？

(1) 将 10 箱零件倒在一起，混合均匀，并将零件从 1～1000 逐一编号，然后用检查随机数表或抽签的办法从中抽出编号毫无规律的 100 个零件组成样本，即是一般随机抽样。

(2) 将 10 箱零件倒在一起，混合均匀，并将零件从 1～1000 逐一编号，然后用检查随机数表或抽签的办法先决定起始编号，如 6 号，那么后面入选样本的零件编号依次为 16、26、36、46、…、906、916、926、…、996。于是就由这样 100 个零件组成样本，即是顺序抽样。

(3) 对所有 10 箱零件，每箱都随机抽出 10 个零件，共 100 件组成样本，即分层抽样。

(4) 先从 10 箱零件中随机抽出 1 箱，然后对这 1 箱零件进行全数检验，即把这 1 箱零件看成是"整群"，由它们组成样本，就是整群抽样。

四、常用的统计特征数

统计方法中常用的统计特征数可分为两类，一类是表示数据的集中趋势，如样本平均值、样本中位数等；一类是表示数据的离散程度，如样本方差、样本标准偏差、样本极差等。下面介绍常用的几个重要的统计特征数。

(一)样本平均值

样本平均值是表示数据集中位置的各种特征数中最基本的一种，常用符号 $\bar{x}$ 表示，其计算公式为：

$$\bar{x} = \frac{1}{n}\sum_{i=1}^{n} x_i \tag{7.1}$$

式中：$\bar{x}$ 为样本的算术平均数；n 为样本量。

例如，有 5 个统计数据 2、3、4、5、6，其平均值为：

$$\bar{x} = (2+3+4+5+6)/5 = 4$$

(二)样本中位数

把收集到的统计数据 x_1，x_2，$\cdots$，x_n，按大小顺序重新排列，排在正中间的那个数就叫中位数，用符号 $\tilde{x}$ 表示。

当 n 为奇数时，正中间的数只有 1 个；当 n 为偶数时，正中位置有 2 个数，此时，中位数为正中 2 个数的算术平均值。

例如，在 1.2、1.1、1.4、1.5、1.3 这 5 个统计数据中，其中位数 $\tilde{x}$=1.3。

又如，有 1.0、1.2、1.4、1.1 这 4 个统计数据，则中位数 $\tilde{x}$=(1.1+1.2)/2=1.15。

中位数也是表示数据集中位置的一种特征数，只是较样本平均值所表示的数据集中位置要粗略一些，但可减少计算的工作量。

(三)样本方差

样本方差是衡量统计数据分散程度的一种特征数。其计算公式为：

$$S^2 = \frac{1}{n-1}\sum_{i=1}^{n}(x_i - \bar{x})^2 \tag{7.2}$$

式中：S^2 为样本方差；$x_i - \bar{x}$ 为某一数据与样本平均值之间的偏差。

例如，有 5 个统计数据 2、3、4、5、6，其方差值为：

$$S^2 = \frac{1}{5-1}\left[(2-4)^2 + (3-4)^2 + (4-4)^2 + (5-4)^2 + (6-4)^2\right]$$
$$= \frac{1}{4}\left[(-2)^2 + (-1)^2 + 0^2 + 1^2 + 2^2\right] = \frac{1}{4}\times 10 = 2.5$$

(四)样本标准偏差

国际标准化组织规定，把样本方差的正平方根作为样本标准偏差，用符号 S 来表示。其计算公式为：

$$S = \sqrt{\frac{1}{n-1}\sum_{i=1}^{n}(x_i - \bar{x})^2} \tag{7.3}$$

(五)样本极差

极差是一组数据中最大值与最小值之差。常用符号 R 表示，其计算公式为：

$$R = x_{max} - x_{min} \tag{7.4}$$

式中：x_{max} 为一组数据中的最大值；x_{min} 为一组数据中的最小值。

例如，有 2、4、6、8、10 一组数据，其极差 R=10-2=8。

极差也是表示数据分散程度的一种特征数，由于只用了一组数据的两极数据，没有考虑到数据的全貌，因此，极差反映实际情况的准确性较差。

五、收集数据应注意的问题

收集数据时，应注意下列问题。

(1) 为了使数据正确地反映客观现状，避免人为因素，要用随机抽样的方法。

(2) 在现场收集数据时，要力求准备充分、方法简单、迅速快捷。

(3) 抽样与测定要尽量标准化，要按照规定的标准进行操作。

(4) 在取得数据后，要尽快进行作图和分析。

(5) 计算过程要予以保存，便于复核。

第二节　调查表、分层法与简易图表

一、调查表

(一)概念

调查表又叫作检查表、核对表或统计分析表，是用以收集和整理信息资料的事先设计好的一类表格。

调查表被人们经常使用，在社会实践中其种类成百上千。在质量管理活动中，因调查对象、目的的不同大致可分为：11 不合格项目调查表、22 不合格原因调查表、33 产品故障调查表、44 质量成本调查表、55 缺陷位置调查表、66 质量分布调查表、77 过程质量调查表、88 矩阵调查表、99 工作质量调查表、1010 废品分类统计、1111 顾客需求调查表、1212 顾客意见调查表、1313 顾客满意度调查表等。

(二)用途

调查表的作用是系统地收集资料、积累信息、确认事实，并可对数据进行粗略的整理和分析。调查表在质量管理活动中的主要用途如下。

(1) 选择 QC 小组活动课题或质量改进的目标。

(2) 为质量分析进行现状调查。

(3) 为应用排列图、直方图、控制图、散布图等工具和技法，做前提性的工作。

(4) 为寻找解决问题的原因、对策，广泛征求意见。

(5) 为检查质量活动的效果或总结质量经营的结果收集信息资料。

(三)应用步骤

应用调查表的步骤如下。

(1) 明确收集资料的目的和所需收集的资料。

(2) 确定负责人和对资料的分析方法。

(3) 设计格式，并报批。

调查表的种类、形式多种多样，应根据调查的目的和对象不同，具体进行设计，如不合格品项目调查表(见表 7.1)、缺陷位置调查表(见表 7.2)、频数分布调查表(见表 7.3)、矩阵调查表(见表 7.4)等。

例如，某卷烟厂在月成品抽样检验中，对 250 批共 2500 箱卷烟进行外观质量的检查，对外观不合格项目做了记录，形成不合格品项目调查表如表 7.1 所示。

表 7.1　成品抽样检查及外观不合格品项目调查表

批次	产品号	成品量/箱	抽样数/支	不合格品数/支	不合格品率/%	外观不合格项目								
						切口	贴口	空松	短烟	过紧	钢印	油点	软腰	表面
1	烤烟型	10	500	4	0.8	1		1			1			1
2	烤烟型	10	500	4	0.8		1	2	1					
3	烤烟型	10	500	3	0.6		1	1				1		
4	烤烟型	10	500	4	0.8		2	1		1				
5	烤烟型	10	500	4	0.8	1		1						1
⋮	⋮	⋮	⋮	⋮	⋮									
250	烤烟型	10	500	2	0.4			1		1				
合计		2500		990	0.8	80	297	458	35	28	10	15	12	55

调查者：王××　　　　　　　　　　　　　　　　　日期___年___月___日

地点：卷烟车间

表 7.2 是反映汽车车身喷漆质量的缺陷位置调查表。从图 7.1 中可以看到色斑，尤其是车门处的色斑缺陷很明显，因此工厂应首先从这里采取措施提高喷漆质量。

表 7.2　汽车车身喷漆质量的缺陷位置调查表

车　型	TJ1301 型		检查处		车　身
工序	喷漆		检查者		王亮
调查目的	喷漆缺陷		调查数		2139 辆
色斑	28	尘粒	3	流漆	7

●色斑　　　　　　年　　月　　日
○流漆
△尘粒

图 7.1　汽车车身喷漆质量图

表 7.3 是某产品重量实测值分布的统计调查表。该产品的重量要求为 1000g～1050g(表中数据经过处理都被减掉 1 000)，表中共分成 10 个区间，可以看出落入 25.5～30.5 区间内的次数最多(32 个)，从数据分布的状况看大致形成了正态分布。

表 7.3　某产品重量实测值分布调查表

调查人＿＿＿＿＿　　　　调查数(N)＿＿＿＿＿　　　　调查日期　年　月　日

频数	1	3	6	14	26	32	23	10	4	2

（上表为频数统计，下方为以正字计数的频数分布图，横轴为重量/g：0.5, 5.5, 10.5, 15.5, 20.5, 25.5, 30.5, 35.5, 40.5, 45.5, 50.5；纵轴频数：0, 5, 10, 15, 20, 25, 30, 35, 40）

表 7.4 是某厂两台注塑机生产的塑料制品的外观质量的矩阵调查表。

表 7.4　塑料制品外观质量矩阵调查表

机号	2月5日 上午	2月5日 下午	2月6日 上午	2月6日 下午	2月7日 上午	2月7日 下午	2月8日 上午	2月8日 下午	2月9日 上午	2月9日 下午	2月10日 上午	2月10日 下午
1	○● ×○	●□	○○	×□ ×	△ ○ △×	○	○○○ ○ ● △ ○○	○○● △ ○ ○ ○△	□○	○△	○×	×× ●
2	○● △	○○ ●○ ×	○× ×× ●	●● △△ ×	●● ●△ △	○○ ×× ×	○○○ ●△○ ○○○	○○○ ●△× ○○○ ○	×● ○○	×○ △□	○○ ×	□×

调查者：李××　　　　时间：×年×月×日　备注

地点：××厂××车间

调查方式：实地观测

缺陷符号：○气孔　△成形　●疵点　×变形　□其他

从表 7.4 中可以看出：

① 横向：2 号机生产产品的外观质量缺陷较多，进一步分析原因是该机的维护保养较差。

② 纵向：2 月 8 日两台注塑机生产产品的缺陷都比较多，气孔尤其多，经查原因为当

天的原材料湿度较大。

③ 一边进行调查，一边做记录。

④ 分析整理调查记录的结果。

(四)注意事项

设计调查表时，应注意下列事项。

(1) 不论哪种调查表，在设计格式时，均应包括调查者、调查时间和地点几个栏目。

(2) 调查表设计完成后，应检查栏目有否不足或多余、概念不清或不便于记录等现象。

(3) 必要时，应评审或修改调查表的格式。

(4) 在做调查记录时，应力求准确、清楚，可由其他人或组长对调查结果进行复核。

二、分层法

(一)概念

1. 定义

分层法又叫分类法、分组法。它是按照一定的标志，将收集到的大量质量特征数据按其数据的不同来源进行归类、整理和汇总的一种方法。

分层的目的在于将杂乱无章和错综复杂的数据加以归类汇总，使其增加可比性、显示规律性。

分层的原则是使同一层次内的数据波动幅度尽可能小，而层与层之间的差别尽可能大，否则就起不到归类汇总的作用。

2. 分层的标志

在对数据进行分层时，必须选择适当的分层标志。一般来说，分层可采用如下标志。

(1) 人员，可按操作人员的年龄、工级和性别等分层。

(2) 机器，可按设备的类型、新旧程度、不同生产线等分层。

(3) 材料，可按材料的产地、批号、制造商、成分等分层。

(4) 方法，可按不同的工艺要求、操作参数和方法等分层。

(5) 测量，可按不同的检测设备、测量方法、测量人员等分层。

(6) 时间，可按不同的班次、日期等分层。

(7) 环境，可按温度、湿度、照明度、清洁度等分层。

(8) 其他，可按地区、使用条件、缺陷部位和内容等分层。

(二)用途

分层法的作用主要是归纳整理所收集到的统计数据。具体用途如下。

(1) 对生产或工作现场发生的质量问题进行归类分析。

(2) 与其他统计方法，如直方图、排列图、控制图、散布图等配合应用。

(3) 为寻找较佳的解决问题的方法、实施质量改进提供途径。

(三)应用步骤

应用分层法的步骤如下。

(1) 收集数据。

(2) 将采集到的数据根据不同目的选择分层标志。

(3) 分层与归类。

(4) 画出分层归类图(表)。

例如，某装配厂的汽缸盖之间经常发生漏油。经抽查 50 件产品后发现，一是由于三个操作者的操作方法不同，二是所使用的汽缸垫分别由两个厂家提供。在用分层法分析漏油原因时分别采用：按操作者分层(见表 7.5)，按汽缸垫供应厂家分层(见表 7.6)，按操作者、材料厂家综合分层(见表 7.7)。

表 7.5　按操作者分层

操　作　者	漏油/个	不漏油/个	漏油率/%
王师傅	6	13	32
李师傅	3	9	25
张师傅	10	9	53
合　计	19	31	38

表 7.6　按汽缸垫供应厂家分层

供　应　厂	漏油/个	不漏油/个	漏油率/%
A 厂	9	14	39
B 厂	10	17	37
合　计	19	31	38

表 7.7　按操作者、材料厂家综合分层　　　　　　　　单位：个

操　作　者	现　　象	A 厂	B 厂	合　计
王师傅	漏油	6	0	6
	不漏油	2	11	13
李师傅	漏油	0	3	3
	不漏油	5	4	9
张师傅	漏油	3	7	10
	不漏油	7	2	9
合　计	漏油	9	10	19
	不漏油	14	17	31
共　计		23	27	50

从表 7.5 和表 7.6 可以得出，为降低漏油率，应采用李师傅的操作方法和选用 B 厂的汽缸垫。但采用此方法后，漏油率并未降低，由表 7.7 可以得出，漏油率为 3/7≈43%。因此，运用分层法时，不宜简单地按单一因素分层，而应考虑各种因素进行综合分层。从表 7.7 可以得出正确的方法应当是：当采用 A 厂生产的汽缸垫时，应采用李师傅的操作方法；当采用 B 厂生产的汽缸垫时，应采用王师傅的操作方法。实施这样的改进，漏油率可以达到平均为 0%。

(四)注意事项

采用分层法时，应注意下列事项。

(1) 采集数据时要具体，尽可能将影响质量问题的因素都收集到。

(2) 分层时，要考虑多种因素进行综合分层。

(3) 分析原因时，要采取层层推进的方法，直至找到解决问题的最佳方法和途径。

三、简易图表

简易图表有许多种，在此仅介绍饼分图、环形图、雷达图、甘特图、折线图和砖图等几种常用的图表。

(一)饼分图

1. 概念

饼分图也称圆形图，是指在平面图上，通过圆心将该圆划分为若干份后所得到的图形。在饼分图内，任意两条相邻直线与所对圆弧围成扇形。

2. 用途

(1) 饼分图用于表示总体中各组成部分所占比例，一般用百分比表示。

(2) 凡研究结构性问题，均可用饼分图直观地表示。

3. 应用步骤

(1) 收集数据。收集所要研究总体中各个部分的数据，这些数据必须是同类数据。

例如，某商场在进货检验一批 A 商品时，发现包装破 50 台、划伤 20 台、缺零件 3 台、无合格证 100 台、其他质量问题 7 台，试作饼分图。

(2) 列表计算比例。所研究的总体是饼分图整个圆的面积，其比例为 100%，该总体各部分占的比例用圆内的各个扇形面积表示，所以，先将收集到的各部分数据列表，并计算比例。计算公式为：

$$P_i = \frac{n_i}{N} \times 100\% \tag{7.5}$$

式中：P_i 表示第 i 部分的百分比；n_i 表示第 i 部分的数据；N 为总体的数值。

各部分比例占圆弧的度数=$360° \times P_i$

将收集到的数据列表，如表 7.8 所示，并计算。

表 7.8　饼分图数据表

项　　目	包 装 破	划　伤	缺 零 件	无合格证	其　他	合　计
问题数/台	50	20	3	100	7	180
比例/%	27.78	11.11	1.67	55.56	3.88	100
占圆弧度数/(°)	100	40	6	200	14	360

(3) 画饼分图，如图 7.2 所示。

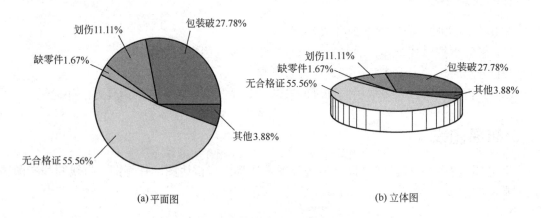

(a) 平面图　　　　　　　　　　　　(b) 立体图

图 7.2　A 产品质量问题饼分图

4. 注意事项

绘制饼分图时，应注意下列事项。

(1) 计算要准确，总体的各部分的比例之和为 100%。

(2) 饼分图只能分析一个总体内各部分之间的关系，不同的总体不能混淆。

(二)环形图

1. 概念

在饼分图上以圆心为中心挖空一个圆形面积，余下部分的图形就是环形图。该环形的面积表示一个总体，总体中的每一部分数据用环中的一段面积表示。以同一圆心依次画许多个环，则成为放在一起的多个环形图。

2. 用途

一个环形图的用途与饼分图的用途相同，用于分析一个总体内各个部分之间的比例关系，多个环形图可同时分析多个不同总体和同一个总体不同时期内各个部分之间的比例关系。

3. 应用步骤

环形图与饼分图的应用步骤相同，但要分别计算各个总体的各个部分的数据的比例和各个部分的比例占圆弧的数值。

4. 注意事项

绘制环形图时的注意事项与饼分图相同。

例如，某厂每季度进行一次顾客满意度调查，调查结果如表 7.9 所示，试用环形图分析顾客满意度变化情况。

步骤 1：收集数据。

步骤 2：计算。

步骤 3：画出环形图，如图 7.3 所示。

表 7.9 顾客满意度调查结果

满意度项目	一 季 度		二 季 度		三 季 度		四 季 度	
	户 数	百分比/%	户 数	百分比/%	户 数	百分比/%	户 数	百分比/%
非常满意	100	10	100	10	50	5	200	20
满意	200	20	200	20	200	20	300	30
一般	500	50	500	50	500	50	500	50
不满意	200	20	200	20	150	15	0	0
非常不满意	0	0	0	0	100	10	0	0
合计	1 000	100	1 000	100	1000	100	1000	100

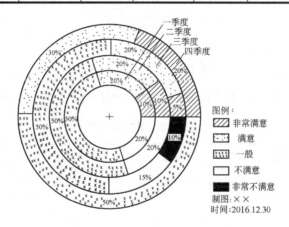

图 7.3 环形图示例

(三)雷达图

1. 概念

雷达图是指形状与电子雷达图像相似的图形，也称蜘蛛图。其基本图形如图 7.4 所示。雷达图由若干个同心圆构成，由圆心向外引出若干条射线，它们之间等距，每个圆代表一定的分值，由圆心向外分值增加，每条射线末端放一个被研究的指标。

2. 用途

雷达图既可用于同时对多个指标在不同时期前后变化的对比分析，也可用于对同一指

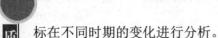

标在不同时期的变化进行分析。

3. 应用步骤

(1) 确定分析指标。

(2) 收集指标的数据。如果是做前后对比分析的话,应收集指标对比前和对比后的数据。

(3) 画出雷达图。先画若干个同心圆,如满分为 5 分,则画 5 个同心圆,每个圆为 1 分,圆心为 0 分。再将圆周等分,等分数等于被分析的指标数。例如,同时分析 5 个指标,则将圆周分成 5 等份;然后将圆周上的分点与圆心用直线连接,将指标写在连接线的末端,每一条线末端只写一个指标;最后,将指标前后的数值点在连线与圆相交的点上,将各点相连,即得到一个多边形的雷达图,如图 7.4 所示。

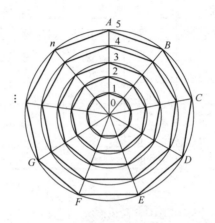

图 7.4 雷达图基本图形

例如,某产品产量统计如表 7.10 所示,画出产品产量雷达图,如图 7.5 所示。

表 7.10 某产品产量统计   单位:吨

月　份	产　量	月　份	产　量
1	20.2	6	20.1
2	21.0	7	22.1
3	20.1	8	21.1
4	16.1	9	20.2
5	19.1	10	15.1

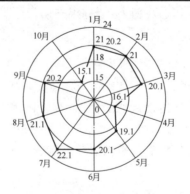

图 7.5 某产品产量雷达图

4. 注意事项

绘制雷达图时，应注意下列事项。

(1) 指标数不要太少，否则就失去了雷达图的优越性。

(2) 使用雷达图应有相应的数据表，以便作图和核对。

(四)甘特图

1. 概念

甘特图是指在一个表内有计划内容、日期及完成计划的箭头的图示方法。

2. 用途

甘特图用于安排各种活动计划，在质量活动中有广泛应用。

3. 应用步骤

(1) 确定活动内容。将一个过程中展开时间有相互关系的各个程序区分开，并分别计算它们展开的起始和终了时间。

(2) 画出甘特图。即将时间顺序排在最上列，将各程序排在最左边一行，用箭头将每个程序完成时间标出来，箭尾是起始时间，箭头是终了时间。虚箭头表示计划时间，实施后把实箭头画在虚箭头下面，表示实际完成时间，这样便于对照检查和考核。

例如，图 7.6 是一个工程建设甘特图。

单位	2014年			2015年												2016年		负责人
	10月	11月	12月	1月	2月	3月	4月	5月	6月	7月	8月	9月	10月	11月	12月	1月	2月	
土方班																		各班班长
一班																		
二班																		
三班																		
四班																		
装饰班																		

说明：- - - - → 计划　　——→ 完成

制图：何林
日期：2016.5.20

图 7.6　某工地工程建设甘特图

4. 注意事项

绘制甘特图时，应注意下列事项。

(1) 一张甘特图只能展开一个过程的各程序间的时间计划。

(2) 最早开展的程序作为第一项，最后开展的程序画在最后，中间各项按开展时间的先后顺序从上往下排列。

(五)折线图

1. 概念

折线图是指在平面直角坐标系内，有一条或若干条折线的图示方法。x 轴代表过程展开的时间，y 轴代表过程的量值。

2. 用途

凡是与时间有函数关系的量均可用折线图进行统计分析，它的用途非常广泛。

3. 应用步骤

(1) 收集数据。按时间展开的先后顺序收集过程的数据，并制成统计表。

(2) 画出折线图。按统计表中的数据画折线图，x 轴表示时间，y 轴表示量值，两个坐标轴的长短应成比例，如图 7.7 所示。

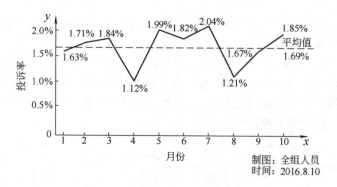

图 7.7　用户投诉折线图

4. 注意事项

绘制折线图时，应注意下列事项。

(1) 一张折线图如果绘有多条折线，这些折线所代表的数据应是同一种类数据。

(2) 不同类过程不能绘在一张图中进行比较分析。

(六)砖图

1. 概念

外观像用方砖砌起来的图示方法称为砖图。其基本图形如图 7.8 所示。

图 7.8　砖图示意图

2. 用途

砖图用于比较一个总体中各个构成部分的变化情况，以预测其发展趋势。

3. 应用步骤

(1) 收集数据。收集一个总体中各部分的数据，并计算其占总体的比例。

(2) 画出砖图。将总体作为 100%，画出各部分占总体的比例，或者按各部分的数值的绝对值画。

例如，图 7.9 是某厂几种产品合格率的变化情况。

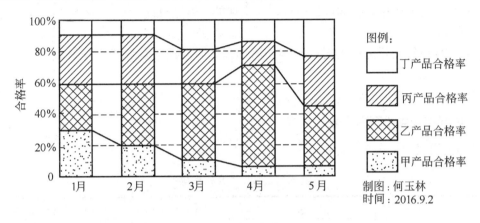

图例：

☐ 丁产品合格率

▧ 丙产品合格率

▨ 乙产品合格率

░ 甲产品合格率

制图：何玉林
时间：2016.9.2

图 7.9　产品合格率砖图

4. 注意事项

砖图只能用于分析同一个总体内各部分之间的相互关系。

第三节　排列图、直方图、过程能力指数

一、排列图

(一)概念

排列图又叫帕累托图。它是将质量改进项目从最重要到最次要进行排列而采用的一种简单的图示技术。排列图由一个横坐标、两个纵坐标、几个按高低顺序排列的矩形和一条累计百分比折线组成。

排列图建立在帕累托原理的基础上。帕累托原理是意大利经济学家帕累托在分析意大利社会财富分配状况时得到的"少数关键，多数次要"的结论。在质量改进的项目中应用这一原理，意味着少数的项目往往具有主要的、决定性的影响。通过区分最重要和其他次要的项目，就可以用最少的努力获得最大的改进。

(二)用途

排列图有以下三个作用。

(1) 按重要性顺序显示出每个质量改进项目对整个质量问题的作用。

(2) 识别进行质量改进机会。

(3) 比较改进前后的效果。

(三)应用步骤

1. 确定要进行质量分析的项目和收集数据

(1) 选题。选择要进行质量分析的项目。

(2) 选择用于质量分析的度量单位，如出现的次数(频数)、成本、不合格品数、金额或其他度量单位。

(3) 选择进行质量分析的时间范围。所选择的时间段应足够长，以使数据具有一定代表性。

(4) 确定收集数据的方法，采集数据。

2. 填制和计算排列图用表

排列图用表参见表7.11。

表7.11　某厂不合格品排列

项　目①	频　数②	累计频数③	累计频率/%④
沾污	102	102	51
裂纹	50	152	76
油漆	26	178	89
电镀	14	192	96
变形	4	196	98
其他	4	200	100
合计	200		

3. 画出排列图

(1) 画横坐标。按质量单位量值递减的顺序自左向右在横坐标上列出项目，将量值最小的1个或几个项目归并为"其他"项，把它放在最右端。

(2) 画纵坐标。在横坐标的两端画两个纵坐标，左边的纵坐标按度量单位规定，其高度必须与所有项目的量值和相等，右边的纵坐标应与左边纵坐标等高，并按0～100%进行标定。

(3) 在每个项目上画矩形，其高度表示该项目度量单位的量值，用以显示出每个项目的作用大小。

(4) 由左至右累加每一项目的量值(用%表示)，并画出累计频率曲线，此曲线又叫帕累托曲线，用来表示各项目的累计百分比。

4. 利用排列图确定质量改进的最重要项目

例如，某厂为提高电阻的成品率，对10月份生产的不合格品进行分类，表7.11是按不合格项目统计的数据，试用排列图对此问题进行描述。

步骤1：针对所存在的问题，收集一定期间的数据，此期间不可过长，以免统计对象波动太大；也不可过短，免得只反映一时情况而不全面。然后将数据按导致不合格的项目进行分类，并统计各项目的不合格品数量(频数)，见表 7.11 中的第②列。

步骤 2：将各项频数按从大到小的顺序排列，计算累计频数和累计频率,计算结果见表 7.11 的第③、④列。

步骤 3：将横坐标按不合格品数从大到小的顺序，依次列出各种不合格的项目。

步骤 4：以左侧纵坐标为累计频数，右侧纵坐标为累计频率。

步骤 5：在横坐标上的每个不合格项目处，画出与其不合格品数量对应的矩形。

步骤 6：由左至右累加每个不合格项目的比例，画出累计频率曲线。

从图 7.10 中可以看出，出现不合格品的主要项目是沾污与裂纹，只要解决了这两个问题，不合格品率就可以降低 76%。

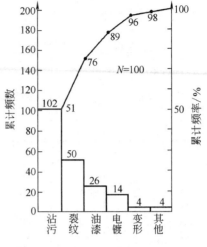

图 7.10 不合格品排列图

(四)注意事项

绘制收图时，应注意下列事项。

(1) 横坐标的项目应写在每个矩形的中间，不要写在两个矩形的分界处。

(2) 横坐标两端不要留空白。

(3) 左纵坐标顶端刻度应$\leqslant N$，确定顶端数值后，以下均匀刻度。

(4) 右纵坐标顶端刻度为 100%，且与左纵坐标等高，以下均匀刻度。

(5) 纵坐标应比横坐标长一些，建议比例为 10∶7。

(6) 在图的左上角或空白处，注明总数 N。

(7) 当第一项频数小于 $N/2$ 时，可考虑以第一项频数×3÷2，取近似值的办法确定左纵坐标顶端刻度。例如，$N=500$，第一项频数为 242，则以 242×3÷2=363，而取 360 为顶端刻度，以使第一项矩形的高度约占左纵坐标的 2/3。

二、直方图

(一)概念

直方图是频数直方图的简称，是指用一系列宽度相等、高度不等的矩形表示数据分布的图。矩形的宽度表示数据范围的间隔，矩形的高度表示在给定间隔内的数据频数，变化的高度表示数据的分布情况。通过对数据分布形态和与公差的相对位置的研究，可以掌握过程的波动情况。

(二)用途

(1) 显示质量波动分布的状态。

(2) 较直观地传递有关过程质量状况的信息。

(3) 分析质量数据波动状态,就能掌握过程的状况,为质量改进提供机会。

(三)应用步骤

1. 收集数据,要求收集的数据 $n \geq 50$

现在以某厂生产的产品重量为例,对直方图的应用程序加以说明。该产品的重量规范要求为1000~1050g。在生产过程中收集了100个数据,如表7.12所示。

表7.12　某产品重量数据表

测量单位/g									
43	28	27	26	33	29	18	24	32	14
34	22	30	29	22	24	22	28	48	1
24	29	35	36	30	34	14	42	38	6
28	32	22	25	36	39	24	18	28	16
38	36	21	20	26	20	18	8	12	37
40	28	28	12	30	31	30	26	28	47
42	32	34	20	28	34	20	24	27	24
29	18	21	46	14	10	21	22	34	22
28	28	20	38	12	32	19	30	28	19
30	20	24	35	20	28	24	24	32	40

说明:表中数据是实测数据减去1 000g的简化值。

2. 计算数据的极差 R

$$R = x_{\max} - x_{\min} = 48 - 1 = 47$$

3. 确定分组的组数 K 和组距 h

分组的组数 K 一般取 $n/10$ 为宜,但当 $n>200$ 时,一般只需分20组即可。本例 $n=100$,故 $K=10$。

$$h = \frac{47}{10} = 4.7 \approx 5$$

组距一般取测量单位的整数倍,以便分组。

4. 确定各组界限

为避免数据落在分组界限上,组的边界值单位应取最小测量值的1/2,本例数据中的最小值为1,因此:

第1组下边界值为1-0.5=0.5;

第1组上边界值为下边界值加组距,即0.5+5=5.5;

第2组下边界值即为第1组上边界值,即5.5;

第2组上边界值为第2组下边界值加组距,即5.5+5=10.5;

第3组下边界值为第2组上边界值,即10.5;

第3组上边界值为第2组下边界值加组距,即10.5+5=15.5;

以此类推,可确定各组的界限值。

5. 制作频数分布表

将收集到的原始数据分别归入相应的组中,在"频数统计"栏相应的组号行画上记号,可用"正"字或斜杠，然后统计各组的数据个数，即频数 f，填好后应检查频数总和是否与数据总和相等，以避免重复或遗漏，如表 7.13 所示。

表 7.13　频数分布表

数据记录表№____			频 数 分 布 表 ___年__月__日 №__						交叉法	
组号	组 界 小→大	组中值	频 数 统 计		f	u	fu	fu^2	I	II
1	0.5~5.5	3	/		1	−5	−5	25	1	1
2	5.5~10.5	8	/ / /		3	−4	−12	48	4	5
3	10.5~15.5	13	/ / / / / /		6	−3	−18	54	10	15
4	15.5~20.5	18	/ / / / / / / / / / / / / /		14	−2	−28	56	24	39D
5	20.5~25.5	23	/ / / / / / / / / / / / / / / / / / /		19	−1	−19	19	43C	0
6	25.5~30.5	28	/ /		27	0	0	0	0	0
7	30.5~35.5	33	/ / / / / / / / / / / / / /		14	1	14	14	30A	0
8	35.5~40.5	38	/ / / / / / / / / /		10	2	20	40	16	25B
9	40.5~45.5	43	/ / /		3	3	9	27	6	9
10	45.5~50.5	48	/ / /		3	4	12	48	3	3
11										
12										
13										
14										
	$h=5$		$x_0=28$		$n=100$		−27	331	$E=97$	
结果计算	计算公式： $\bar{x}=x_0+h\times\dfrac{\sum f_i u_i}{n}=x_0+h\times\dfrac{(A+B)-(C+D)}{n}$ $S=h\times\sqrt{\dfrac{\sum f_i u_i^2}{n}-\left(\dfrac{\sum f_i u_i}{n}\right)^2}=h\times\sqrt{\dfrac{A+B+C+D+2E}{n}-\left[\dfrac{(A+B)-(C+D)}{n}\right]^2}$								制表：	

6. 绘制直方图

以横坐标表示质量特性(本例的质量特性就是重量)，纵坐标表示频数；在横轴上标明各组组界，以组距为底，频数为高，画出一系列的直方柱，就是直方图。

直方图画好后，在图上作必要的说明，表明收集数据的时间、数据个数 n、平均值 $\bar{x}$、标准偏差 S 等，如图 7.11 所示。

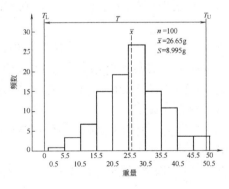

图 7.11　直方图

7. 直方图的观察分析

(1) 图形形状分析(见图 7.12)。

要求对直方图进行观察，看其是否符合正态分布。如果基本符合正态分布，则说明过程正常；如果不符合正态分布，则认为过程不正常。常见的直方图形态有如下几种。

① 正常型。直方图中间高、两端低，左右基本对称，数据符合正态分布，说明过程处于正常状态，如图 7.12(a)所示。

② 偏向型。直方图的顶峰偏向一侧，形成不对称图形，是由于操作者倾向性加工引起的，如图 7.12(b)所示。

③ 双峰型。直方图的图形出现两个高峰，其数据来源于两个总体所形成的结果，如图 7.12(c)所示。

④ 孤岛型。在正常直方图旁出现一个小直方图，形成孤岛，说明过程中有短暂异常因素在起作用，如图 7.12(d)所示。

⑤ 平顶型。直方图的顶部呈现较大范围的平顶形状，说明过程中有缓慢的异常因素在起作用，如图 7.12(e)所示。

⑥ 锯齿型。直方图出现参差不齐的形态，一般是由于分组过多或测量装置示值误差过大所致，如图 7.12(f)所示。

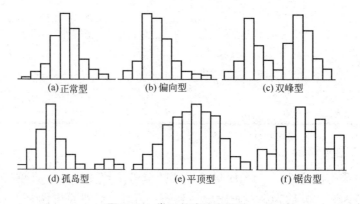

(a)正常型　　(b)偏向型　　(c)双峰型

(d)孤岛型　　(e)平顶型　　(f)锯齿型

图 7.12　常见的直方图形态

(2) 对照公差(标准)分析(见图 7.13)。

当直方图形状为正常型时，还需对照标准进行比较，以判定过程满足标准要求的程度。常见的典型直方图有如下几种。

① 理想型。分布中心与公差中心相重合，图形对称分布，且两边有一定余量(见图 7.13(a))，此时过程能力指数 C_P=1.33，过程不合格品率为 60×10^{-6}。

② 无富余型。图形上没有余量(见图 7.13(b))，此时过程能力指数 C_P=1，过程不合格品率为 0.27%，应采取措施，减小标准偏差 S。

③ 能力富余型。直方图只占公差范围的少部分(见图 7.13(c))，此时，过程能力指数 $C_P \geqslant 1.67$，过程不合格品率 $\leqslant 0.6 \times 10^{-6}$。

④ 能力不足型。直方图较大超出公差范围(见图 7.13(d))，此时过程能力指数 $C_P \leqslant 0.67$，过程不合格品率 $\geqslant 4.55\%$。

⑤ 偏心型。分布中心与公差中心不一致(见图 7.13(e)),导致过程能力严重下降,不合格品率大幅度增加,应调整分布中心,使其与公差中心重合。

⑥ 陡壁型。陡壁型直方图(见图 7.13(f))是不完整的直方图,是由于剔除了不合格品后的数据所做的直方图。

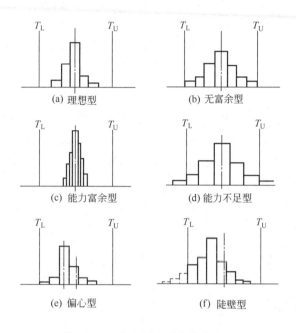

(a) 理想型　　　　　(b) 无富余型

(c) 能力富余型　　　(d) 能力不足型

(e) 偏心型　　　　　(f) 陡壁型

图 7.13　直方图对照公差分布

(四)注意事项

绘制直方图时,应注意下列事项。

(1) 对数据分组要适当,在 $n=100$ 左右时,一般取 $k=10$,但也不是绝对的,还要看数据分布的实际情况而定,如可取 $k=9$ 或 $k=11$ 等。

(2) 分组组界的上、下限一定要能包含实际的数据,不能恰好落在分界线上。

(3) 画图时,横坐标与纵坐标之间要留有一段距离,以备标注公差界限之用。

(4) 纵坐标顶端的刻度,以略大于各组中最多的频数取整数为宜。

三、过程能力指数

(一)相关概念

1. 过程

ISO 9000:2015 标准中对过程的定义是:利用输入转化为预期结果的相互关联或相互作用的一组活动。过程由输入、输出和相关的活动所组成。

2. 过程质量

过程质量是指该过程输出产品的质量波动幅度。引起质量波动的因素有两大类：

(1) 正常因素，也称随机因素，是过程中固有的，不可避免的因素。例如，机床的固有振动、刀具的正常磨损等。由正常因素引起的质量波动称为正常质量波动(或偶波)。

(2) 异常因素，也称系统因素，是造成异常质量波动的因素。例如，原材料成分有问题、设备故障、操作者违反操作规程等因素。由异常因素引起的质量变异称为异常质量波动(或异波)。

3. 过程能力

过程能力也叫工序能力，是指受控状态下工序的实际加工能力，用 B 表示。通常 $B=6\sigma$。6σ 是质量特性值总体分布的 6 倍标准偏差 $\mu\pm3\sigma$，总体分布的另一个特征值是分布中心 μ。在实际工作过程中，μ 和 σ 一般不可知，故用样本均值 $\bar{x}\approx\mu$，用样本标准偏差 $S\approx\sigma$。因此，过程能力也可表示为：

$$B=6\sigma\approx 6S \tag{7.6}$$

4. 过程能力指数

过程能力指数，也称工序能力指数，是指工序质量标准的范围与工序能力的比值，也即过程结果满足质量要求的程度，用 C_P 表示。

过程能力指数的表达式为：

$$C_P = \frac{T}{B} = \frac{T_U - T_L}{6S} \tag{7.7}$$

式中：T 为公差范围，即产品设计所规定的质量标准；T_U 为公差上限；T_L 为公差下限；B 为过程能力；S 为标准偏差。

(二)过程能力指数计算

当质量特性值属于计量值数据时，过程能力指数 C_P 的计算方法如下。

1. 双向公差，且数据分布中心($\bar{x}$)与公差中心(M)重合时

$$C_P = \frac{T_U - T_L}{6S}$$

例如，某零件的质量要求为(20±0.15)mm，抽样 100 件，测得 $\bar{x}=20.00$mm，$S=0.05$mm，求 C_P。

$$C_P = \frac{20.15 - 19.85}{6\times 0.05} = 1$$

2. 双向公差，且数据分布中心($\bar{x}$)与公差中心(M)不重合时

$$C_{PK} = \frac{T - 2\varepsilon}{6S} \tag{7.8}$$

式中：ε 为中心偏移量　　　　　　　　　　$\varepsilon = \left| M - \bar{x} \right|$

M 为公差中心　　　　　　　　　　　　$M = \dfrac{T_U + T_L}{2}$　　　　　　　　　　(7.9)

例如，某零件的质量要求为 (20 ± 0.15)mm，抽样 100 件，测得 $\bar{x}$=20.05mm，S=0.05mm，求 C_{PK}。

$$\varepsilon = \left| M - \bar{x} \right| = \left| 20 - 20.05 \right| = 0.05$$

$$C_{PK} = \frac{0.30 - 2 \times 0.05}{6 \times 0.05} = 0.67$$

3. 单向公差，且只给定公差上限时

$$C_{PU} = \frac{T_U - \bar{x}}{3S} \tag{7.10}$$

例如，某部件清洁度质量要求为 ≤96 毫克，抽样结果得 $\bar{x}$=48 毫克，S=12 毫克，求 C_{PU}。

$$C_{PU} = \frac{96 - 48}{3 \times 12} = 1.33$$

4. 单向公差，只给定公差下限时

$$C_{PL} = \frac{\bar{x} - T_L}{3S} \tag{7.11}$$

例如，某金属材料抗拉强度的要求为 ≥ 32kg/cm^2，抽样后测得 $\bar{x}$=38 kg/cm^2，S=1.8kg/cm^2，求 C_{PL}。

$$C_{PL} = \frac{38 - 32}{3 \times 1.8} = 1.11$$

(三)过程(工序)能力指数的评定

过程能力指数的评定是对过程能力能够满足质量标准的程度作出判断。其目的是对过程(工序)进行预防性处置，以确保生产过程的质量水平。理想的过程能力既要满足质量要求，又要符合经济性要求。过程能力指数评定标准如表 7.14 所示。

表 7.14　过程能力指数评定标准

C_P	$C_P > 1.67$	$1.67 \geq C_P > 1.33$	$1.33 \geq C_P > 1.00$	$1.00 \geq C_P > 0.67$	$C_P \leq 0.67$
等 级	特级	一级	二级	三级	四级
评 价	过高	充分	尚可	不充分	不足

对不同过程能力状态，应在过程中采取以下不同的措施。

1. 特级($C_P > 1.67$)

(1) 提高产品质量要求。当工序质量特性是产品的关键或主要质量项目时，进一步缩小公差将对提高产品性能产生明显的效果。

(2) 为提高工效、降低成本，可适当放宽波动幅度，如延长刀具的调整周期、放宽尺寸的范围等。

(3) 降低设备、工装的精度要求。

2. 一级$(1.67 \geq C_P > 1.33)$

(1) 对非关键质量特性或非主要项目,可适当放宽对波动幅度的要求。
(2) 适当降低对原材料的要求。
(3) 简化质量检验,如改全数检验为抽样检验、减少抽样检验的频次等。

3. 二级$(1.33 \geq C_P > 1.00)$

(1) 必须采取控制手段对过程实施监控,以便及时发现异常波动。
(2) 对产品按正常规定进行检验。

4. 三级$(1.00 \geq C_P > 0.67)$

(1) 分析工序能力不足的原因,制定措施加以改进。
(2) 加强质量检验,必要时实施全数检验或增加检验频次。
(3) 在经济等因素可行的条件下,提高工装精度。

5. 四级$(C_P \leq 0.67)$

(1) 一般应立即停产整顿,找出原因、采取措施、改进工艺,提高工序能力。
(2) 实施全数检验,剔除不合格品。

(四)企业提高过程能力的作用

组织致力于提高过程能力的作用如下。
(1) 提高过程能力能够大幅度降低不合格品率,提高经济效益。
(2) 提高过程能力能够有效地减少资源浪费,增加社会效益。
(3) 提高过程能力能够相应地提高组织产品质量等级品率。
因此组织应适时监控过程能力状况,定期或不定期测量过程能力指数。当过程能力达不到标准要求时,应分析原因,采取改进措施,使过程能力达到标准要求。

第四节　控制图和散布图

一、控制图

(一)概述

1. 控制图的由来

20 世纪 20 年代,美国贝尔电话实验室成立了以休哈特为首的过程控制研究组,提出了过程控制理论和监控过程的工具——控制图。第一张控制图诞生于 1924 年 5 月 16 日。休哈特可称为统计过程控制理论(Statistical Process Control,SPC)的创始人。

2. 控制图的原理

(1) 正态分布的重要结论。

通过对正态分布各相关范围内的概率计算，得到如图 7.14 所示的重要结论。

① 在 $\mu\pm\sigma$ 范围内的概率值为 68.26%。

② 在 $\mu\pm2\sigma$ 范围内的概率值为 95.45%。

③ 在 $\mu\pm3\sigma$ 范围内的概率值为 99.73%。

④ 在 $\mu\pm4\sigma$ 范围内的概率值为 99.99%。

(2) 控制图设计原则(见图 7.15)。

① 3σ 原则，以 $\mu\pm3\sigma$ 设计控制图的控制界线，受控概率达 99.73%；同时还体现在以 $\mu\pm3\sigma$ 为控制界限时，是最经济的原则。

② 控制图以典型分布的分布中心 μ 为控制中心线，符号为 CL。

③ 控制图以典型分布的 $\mu+3\sigma$ 为控制上限，符号为 UCL。

④ 控制图以典型分布的 $\mu-3\sigma$ 为控制下限，符号为 LCL。

⑤ 在控制图中加入 $\mu\pm\sigma$、$\mu\pm2\sigma$ 4 条线，将控制图划分为 6 个区域，以利于控制图的分析。

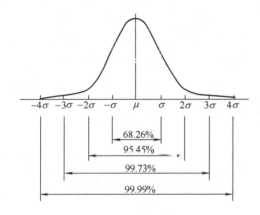

图 7.14　正态分布重要结论

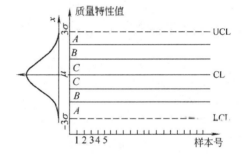

图 7.15　控制图基本图形

3. 控制图的定义

控制图(control chart)是对过程质量特性值进行测量、记录、评估，从而监测过程是否处于受控状态的一种用统计方法设计的图。图上有中心线 CL、控制上限 UCL、控制下限 LCL，并有按时间顺序抽取的样本统计量数值的描点序列，如图 7.16 所示。UCL、CL 和 LCL 统称为控制线。如果控制图中的描点落在 UCL 和 LCL 之外，或者描点在 UCL 和 LCL 之间排列不随机(有规律或某些缺陷)，则表明(从统计学的角度)过程出现异常。控制图就像心电图一样有一个很大的优点，即在图中将描点与控制界限相比较，从而能够直观看到过程是否正常。

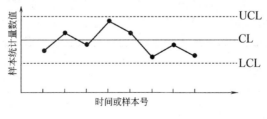

图 7.16　控制图示例

4. 控制图的分类

控制图按数据的性质一般可划分为计量控制图和计数控制图，其中用到的系数(如 A_2、A_3、D_3、D_4 等)可参见表 7.15 计量控制图参数表。

表 7.15 计量控制图参数表

样本量	均值控制图			标准差控制图						极差控制图							中位数控制图	
	控制界限系数			中心线系数		控制界限系数				中心线系数			控制界限系数				控制界限系数	
n	A_1	A_2	A_3	C_4	$1/C_4$	B_3	B_4	B_5	B_6	d_2	$1/d_2$	d_3	D_1	D_2	D_3	D_4	m_3	m_3A_2
2	2.121	1.880	2.659	0.7979	1.2523	0	3.267	0	2.606	1.128	0.8865	0.853	0	3.686	0	3.267	1.000	1.880
3	1.732	1.023	1.954	0.8862	1.1284	0	2.568	0	2.276	1.693	0.5907	0.888	0	4.358	0	2.574	1.160	1.187
4	1.500	0.729	1.628	0.9213	1.0854	0	2.266	0	2.088	2.059	0.4857	0.880	0	4.698	0	2.282	1.092	0.796
5	1.342	0.577	1.427	0.9400	1.0638	0	2.089	0	1.964	2.326	0.4299	0.864	0	4.918	0	2.114	1.198	0.691
6	1.225	0.483	1.287	0.9515	1.0510	0.030	1.970	0.029	1.874	2.534	0.3946	0.848	0	5.078	0	2.004	1.135	0.549
7	1.134	0.419	1.182	0.9594	1.0423	0.118	1.882	0.113	1.806	2.704	0.3698	0.833	0.204	5.204	0.076	1.924	1.214	0.509
8	1.061	0.373	1.099	0.9650	1.0363	0.185	1.815	0.179	1.751	2.847	0.3512	0.820	0.388	5.306	0.136	1.864	1.160	0.432
9	1.000	0.337	1.032	0.9693	1.0317	0.239	1.761	0.232	1.707	2.970	0.3367	0.808	0.547	5.393	0.184	1.816	1.223	0.412
10	0.949	0.308	0.975	0.9727	1.0281	0.284	1.716	0.276	1.669	3.078	0.3249	0.797	0.687	5.469	0.223	1.777	1.176	0.363
11	0.905	0.285	0.927	0.9754	1.0252	0.321	1.679	0.313	1.637	3.173	0.3152	0.787	0.811	5.535	0.256	1.744		
12	0.866	0.266	0.886	0.9776	1.0229	0.354	1.646	0.346	1.610	3.258	0.3069	0.778	0.922	5.594	0.283	1.717		
13	0.832	0.249	0.850	0.9794	1.0210	0.382	1.618	0.374	1.585	3.336	0.2998	0.770	1.025	5.647	0.307	1.693		
14	0.802	0.235	0.817	0.9810	1.0194	0.406	1.594	0.399	1.563	3.407	0.2935	0.763	1.118	5.696	0.328	1.672		
15	0.775	0.223	0.789	0.9823	1.0180	0.428	1.572	0.421	1.544	3.472	0.2880	0.756	1.203	5.741	0.347	1.653		
16	0.750	0.212	0.763	0.9835	1.0168	0.448	1.552	0.440	1.526	3.532	0.2831	0.750	1.282	5.782	0.363	1.637		
17	0.728	0.203	0.739	0.9845	1.0157	0.466	1.534	0.458	1.511	3.588	0.2787	0.744	1.356	5.820	0.378	1.622		
18	0.707	0.194	0.718	0.9854	1.0148	0.482	1.518	0.475	1.496	3.640	0.2747	0.739	1.424	5.856	0.391	1.608		
19	0.688	0.187	0.698	0.9862	1.0140	0.497	1.503	0.490	1.483	3.689	0.2711	0.734	1.487	5.891	0.403	1.597		
20	0.671	0.180	0.680	0.9869	1.0133	0.510	1.490	0.504	1.470	3.735	0.2677	0.729	1.549	5.921	0.415	1.585		
21	0.655	0.173	0.663	0.9876	1.0126	0.523	1.477	0.516	1.459	3.778	0.2647	0.724	1.605	5.951	0.425	1.575		
22	0.640	0.167	0.647	0.9882	1.0119	0.534	1.466	0.528	1.448	3.819	0.2618	0.720	1.659	5.979	0.434	1.566		
23	0.626	0.162	0.633	0.9887	1.0114	0.545	1.455	0.539	1.438	3.858	0.2592	0.716	1.710	6.006	0.443	1.557		
24	0.612	0.157	0.619	0.9892	1.0109	0.555	1.445	0.549	1.429	3.895	0.2567	0.712	1.759	6.031	0.451	1.548		
25	0.600	0.153	0.606	0.9896	1.0105	0.565	1.435	0.559	1.420	3.931	0.2544	0.708	1.806	6.056	0.459	1.541		

当 $n > 25$，$A_1 = \dfrac{3}{\sqrt{n}}$，$A_3 = \dfrac{3}{C_4\sqrt{n}}$，$C_4 = \dfrac{4(n-1)}{4n-3}$，$B_3 = 1 - \dfrac{3}{C_4\sqrt{2(n-1)}}$，$B_4 = 1 + \dfrac{3}{C_4\sqrt{2(n-1)}}$，$B_5 = C_4 - 3\sqrt{1-C_4^2}$，$B_6 = C_4 + 3\sqrt{1-C_4^2}$

(1) 计量控制图的种类。

① 均值-极差控制图($\bar{x}$ - R 图)。

$\bar{x}$ 图的上、中、下控制限计算公式为：

$$UCL_{\bar{x}} = \bar{\bar{x}} + A_2\bar{R} \tag{7.12}$$

$$CL_{\bar{x}} = \bar{\bar{x}} \tag{7.13}$$

$$LCL_{\bar{x}} = \bar{\bar{x}} - A_2\bar{R} \tag{7.14}$$

R 图的上、中、下控制限计算公式为：

$$UCL_R = D_4\bar{R} \tag{7.15}$$

$$CL_R = \bar{R} \tag{7.16}$$

$$LCL_R = D_3\bar{R} \tag{7.17}$$

② 均值—标准差控制图（$\bar{x} - S$ 图）。

$\bar{x}$ 图的上、中、下控制限计算公式为：

$$UCL_{\bar{x}} = \bar{\bar{x}} + A_3\bar{S} \tag{7.18}$$

$$CL_{\bar{x}} = \bar{\bar{x}} \tag{7.19}$$

$$LCL_{\bar{x}} = \bar{\bar{x}} - A_3\bar{S} \tag{7.20}$$

S 图的上、中、下控制限计算公式为：

$$UCL_S = B_4\bar{S} \tag{7.21}$$

$$CL_S = \bar{S} \tag{7.22}$$

$$LCL_S = B_3\bar{S} \tag{7.23}$$

③ 中位数—极差控制图（$\tilde{x} - R$ 图）。

$\tilde{x}$ 图的上、中、下控制限计算公式为：

$$UCL_{\tilde{x}} = \bar{\tilde{x}} + m_3A_2\bar{R} \tag{7.24}$$

$$CL_{\tilde{x}} = \bar{\tilde{x}} \tag{7.25}$$

$$LCL_{\tilde{x}} = \bar{\tilde{x}} - m_3A_2\bar{R} \tag{7.26}$$

R 图的上、中、下控制限计算公式为：

$$UCL_R = D_4\bar{R} \tag{7.27}$$

$$CL_R = \bar{R} \tag{7.28}$$

$$LCL_R = D_3\bar{R} \tag{7.29}$$

④ 单值—移动极差控制图（$x - R_s$ 图）。

x 图的上、中、下控制限计算公式为：

$$UCL_x = \bar{x} + 2.66\bar{R}_s \tag{7.30}$$

$$CL_x = \bar{x} \tag{7.31}$$

$$LCL_x = \bar{x} - 2.66\bar{R}_s \tag{7.32}$$

R_s 图的上、中、下控制限计算公式为：

$$UCL_{R_s} = 3.267\bar{R}_s \tag{7.33}$$

$$CL_{R_s} = \overline{R}_s \qquad (7.34)$$

$$LCL_{R_s} = -3.267\overline{R}_s \qquad (7.35)$$

(2) 计数控制图的种类。

① 不合格品率控制图(p 图)，其计算公式为：

$$UCL_p = \overline{p} + 3\sqrt{\overline{p}(1-\overline{p})/n} \qquad (7.36)$$

$$CL_p = \overline{p} \qquad (7.37)$$

$$LCL_p = \overline{p} - 3\sqrt{\overline{p}(1-\overline{p})/n} \qquad (7.38)$$

② 不合格品数控制图(pn 图)，其计算公式为：

$$UCL_{pn} = \overline{pn} + 3\sqrt{\overline{pn}(1-\overline{p})/n} \qquad (7.39)$$

$$CL_{pn} = \overline{pn} \qquad (7.40)$$

$$LCL_{pn} = \overline{pn} - 3\sqrt{\overline{pn}(1-\overline{p})/n} \qquad (7.41)$$

③ 缺陷数控制图(c 图)，其计算公式为：

$$UCL_c = \overline{c} + 3\sqrt{\overline{c}} \qquad (7.42)$$

$$CL_c = \overline{c} \qquad (7.43)$$

$$UCL_c = \overline{c} - 3\sqrt{\overline{c}} \qquad (7.44)$$

④ 单位缺陷数控制图(u 图)，其计算公式为：

$$UCL_u = \overline{u} + 3\sqrt{\overline{u}/n} \qquad (7.45)$$

$$CL_u = \overline{u} \qquad (7.46)$$

$$LCL_u = \overline{u} - 3\sqrt{\overline{u}/n} \qquad (7.47)$$

5. 控制图的判断准则

(1) 控制图判断原理。

控制图对过程的判断是以概率事件原理为理论依据。所谓小概率事件原理，也称小概率事件不发生原理。如果事件 A 发生的概率很小(如 1%)，现经一次试验，事件 A 居然发生了，就有理由认为事件 A 的发生是异常的。

在统计技术应用中，首先应设置对异常判断的小概率 α(如 0.01、0.05 等)。设置的小概率 α 实际是判断错误的概率，称为风险度或显著水平。与风险度相对应的是置信度($1-\alpha$)，若 $\alpha=0.01$，则 $1-\alpha = 1-0.01=0.99$。

(2) 判稳准则。

控制图中的描点在随机排列情况下，符合下列条件之一时即可判稳。

① 连续 25 个点，落在控制界外的点数为 0。

② 连续 35 个点，落在控制界外的点数小于或等于 1。

③ 连续 100 个点，落在控制界外的点数小于或等于 2。

(3) 判异准则。

GB/T4091—2001《常规控制图》标准规定有 8 种判异准则模式，如图 7.17 所示。

(4) 对判断异常的处置原则。

对控制图中的异常现象，应按"查明原因，采取措施，加以消除，不再出现，纳入标准"的原则处置。

(二)用途

控制图可以直接控制生产过程，起到预防为主、稳定生产、保证质量的作用。其用途可归纳为以下几个。

(1) 应用于质量诊断。评估过程(工序)的稳定性，即过程是否处于受控状态。

(2) 应用于质量控制。决定某一过程(工序)何时需要调整，何时需要保持原有状态。

(3) 应用于质量改进。可以用来确认过程是否得到了改进，以及改进到何种程度。

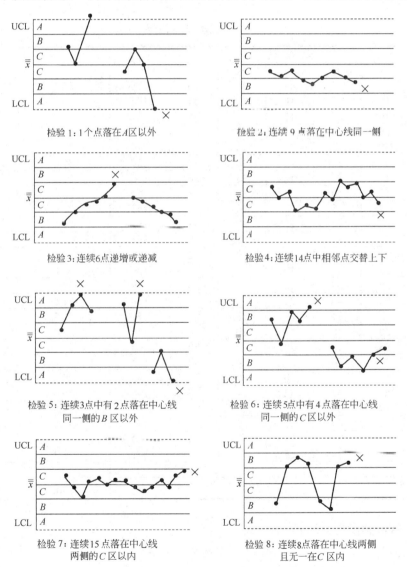

图 7.17　判断异常的检验准则

(三)应用步骤

现以均值-极差控制图($\bar{x} - R$ 图)为例,对控制图的应用进行介绍。

1. 确定控制对象,采集数据

(1) 样本数据至少要采集 25 组。

(2) 样本量 n 通常取 4～5 个。

(3) 合理分组。

例如,某厂生产食用油,采用灌装机灌装,每桶标准重量为(5000±50)g,采用 $\bar{x} - R$ 控制图对灌装过程进行控制。现决定每桶抽取样本 $n=5$,共取 25 组,记入控制图表,如表 7.16 所示。

表 7.16　控制图表

组　号	测　量　值					$\sum x_i$	$\bar{x}$	R
	x_1	x_2	x_3	x_4	x_5			
1	47	32	44	35	20	178	35.6	27
2	19	37	31	25	34	146	29.2	18
3	19	11	16	11	44	101	20.2	33
4	29	29	42	59	38	197	39.4	30
5	28	12	45	36	25	146	29.2	33
6	40	35	11	38	33	157	31.4	29
7	15	30	12	33	26	116	23.2	21
8	35	44	32	11	38	160	32.0	33
9	27	37	26	20	35	145	29.0	17
10	23	45	26	37	32	163	32.6	22
11	28	44	40	31	18	161	32.2	26
12	31	25	24	32	22	134	26.8	10
13	22	37	19	47	14	139	27.8	33
14	37	32	12	38	30	149	29.8	26
15	25	40	24	50	19	158	31.6	31
16	7	31	23	18	32	111	22.2	25
17	38	0	41	40	37	156	31.2	41
18	35	12	29	48	20	144	28.8	36
19	31	20	35	24	47	157	31.4	27
20	12	27	38	40	31	148	29.6	28
21	52	42	52	24	25	195	39.0	28
22	20	31	15	3	28	97	19.4	28
23	29	47	41	32	22	171	34.2	25
24	28	27	22	32	54	163	32.6	32
25	42	34	15	29	21	141	28.2	27
合计							746.6 $\bar{\bar{x}}=29.86$	686 $\bar{R}=27.44$

2. 计算控制图表中的 $\bar{x}$,R,求 $\bar{\bar{x}}$,$\bar{R}$

本例:$\bar{\bar{x}} = 746.6 \div 25 = 29.86$

$\qquad \bar{R} = 686 \div 25 = 27.44$

3. 计算 $\bar{x}$ 图和 R 图的控制界线

$\bar{x}$ 图：　$\text{UCL} = \bar{\bar{x}} + A_2 \bar{R} = 29.86 + 0.577 \times 27.44 = 45.69(\text{g})$

$\qquad\qquad \text{CL} = \bar{\bar{x}} = 29.86$

$\qquad\qquad \text{LCL} = \bar{\bar{x}} - A_2 \bar{R} = 29.86 - 0.577 \times 27.44 = 14.03(\text{g})$

R 图：　$\text{UCL} = D_4 \bar{R} = 2.114 \times 27.44 = 58.01(\text{g})$

$\qquad\qquad \text{CL} = \bar{R} = 27.44$

$\qquad\qquad \text{LCL} = D_3 \bar{R} = 0 \times 27.44 = 0$

A_2、D_4、D_3 可通过控制图系数表查得。

4. 画控制图并描点

如图 7.18 所示为溢出量 $\bar{x}$-R 控制图。

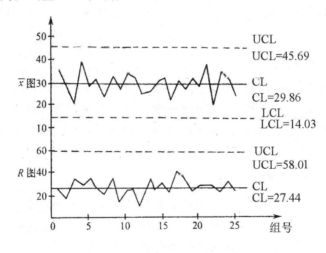

图 7.18　溢出量 $\bar{x}$-R 控制图

5. 对控制图进行分析判断

若判异，则需执行"查明原因，采取措施，加以消除，不再出现，纳入标准"20 字方针，并重新转入第 1 步收集数据。

若判稳，则转入下一步。

本例根据判稳准则，并无异常，可判稳。

6. 计算过程能力指数，C_P 是否充分

过程能力指数一般要求 $C_P \geqslant 1$。

若 $C_P \geqslant 1$，则转入下一步。

若 $C_P < 1$，则需采取措施提高过程能力。

本例 $C_{PK} = 0.64 < 1$，故过程能力严重不足，需对灌装机进行技术改造。

7. 延长上述 $\bar{x}$-R 图的控制界线，以实现对过程的日常控制

(四)注意事项

应用控制图时，应注意以下事项。

1. 控制图的应用范围

原则上讲，控制图适用于任何需要控制的过程，但必须符合以下要求。

(1) 所选择的控制对象(质量指标)应能够定量。

(2) 所控制的过程必须具有可重复性，即具有统计规律。

2. 控制对象的选择

一个过程往往具有各种各样的特性，需要选择能代表过程的主要质量指标作为控制对象。例如，电动机装配车间，如果对电动机轴的尺寸要求很高，那么就应该将机轴直径作为控制对象。

3. 控制图类型的选用

如何选用控制图，主要依据所控制质量指标的数据性质来进行选择。例如，数据为计量的，应选择 $\bar{x}$-R 图、$\bar{x}$-S 图、$\tilde{x}$-R 图或 x-R_s 图等，且要求先判断所取得的数据符合正态分布；数据为计件的，应选择 p 或 pn 图；数据为计点的，应选择 c 图或 u 图。另外，还需要考虑其他一些要求。

4. 控制图的分析与判断

在控制图中，如果点子未出界，且排列也是随机的，则认为过程处于受控状态；如果点子出界，且排列呈现一定的规律性，则认为过程出现异常。但这种"认为"是基于统计学的角度，所谓"异常"，并不意味着产品质量一定不合格。

5. 判断过程异常的处置

一般来说，控制图只起预警作用，而不能告知产生的原因。因此，发生异常时，应先把异常点数据剔出，重新计算上、下控制界限和中心线，打点、画图、判断；如果还有异常点，则再次剔出，重新打点、画图，直至没有异常点时为止；然后执行 20 字原则。

6. 控制图的重新制定

控制图是根据稳态下的条件(如人员、设备、材料、工艺方法、测量、环境)来制定的，当条件发生变化时，控制图也必须重新制定。同时，控制图是科学管理生产过程的重要依据，因此，经过一段时间后，应重新抽取数据进行计算，加以检验。

7. 控制图的保管

控制图的计算以及日常记录都应作为技术资料加以妥善保管，以便对该过程的质量水平有清楚的了解。

二、散布图

(一)概念

散布图(scatter diagram)是一种研究成对出现的、两组相关数据之间关系的图示技术。

在散布图中，成对的数据形成点子云，研究点子云的分布状态，便可推断成对数据之间的相关程度。当 x 值增加，y 值也相应地增加，就称 x 和 y 之间是正相关；当 x 值增加，而 y 值相应地减少，则称 x 和 y 之间是负相关。散布图中的点子云形状，如图 7.19 所示。

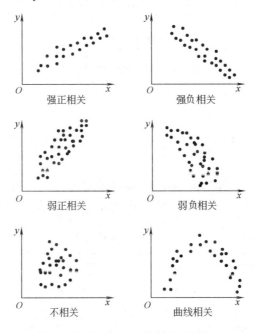

图 7.19　散布图中的点子云形状

(二)用途

(1) 散布图可以用来发现两组相关数据之间的关系，并确认两组相关数据之间预期的关系。

(2) 分析两组相关数据之间的关系主要是确认其相关性质，即正相关或负相关；相关程度，即强相关或弱相关。点子云的形态可以反映出相关的性质和程度。

(3) 两个随机变量的关系可能有函数关系、相关关系和没有关系 3 种状态。其中函数关系可以看作为强相关的强度达到极限程度时的状态，故称为完全相关。而当弱相关达到极限程度时即为不相关，两个随机变量的关系如图 7.20 所示。

(4) 对散布图可以进行定性分析，也可以进行定量分析。

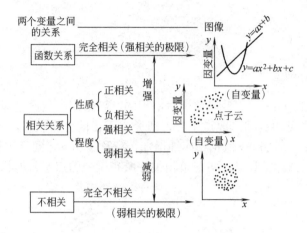

图 7.20　两个随机变量的关系

(三)应用步骤

1. 收集成对数据(x，y)

收集成对数据最好在 20 对以上。

例如，某酒厂要判定中间产品酒醅中的酸度和酒度 2 个变量之间有无关系，存在什么关系。使用散布图，收集 30 对数据进行分析和判断，所收集的数据如表 7.17 所示。

表 7.17　收集的数据

序　号	酸度(x)	酒度(y)	序　号	酸度(x)	酒度(y)
1	0.5	6.3	16	0.7	6.0
2	0.9	5.8	17	0.9	6.1
3	1.2	4.8	18	1.2	5.3
4	1.0	4.6	19	0.8	5.9
5	0.9	5.4	20	1.2	4.7
6	0.7	5.8	21	1.6	3.8
7	1.4	3.8	22	1.5	3.4
8	0.9	5.7	23	1.4	3.8
9	1.3	4.3	24	0.9	5.0
10	1.0	5.3	25	0.6	6.3
11	1.5	4.4	26	0.7	6.4
12	0.7	6.6	27	0.6	6.8
13	1.3	4.6	28	0.5	6.4
14	1.0	4.8	29	0.5	6.7
15	1.2	4.1	30	1.2	4.8

2. 确定坐标并标明刻度

横坐标 x 轴为自变量，纵坐标 y 轴为因变量，且两个轴的长度大体相等。

本例 x 轴为酸度，y 轴为酒度。

3. 描点，形成散布图

当两组数据相等时，即数据点重合时，可围绕数据点画同心圆表示，或者在离第一个点最近处画上第二个点表示，如图 7.21 所示。

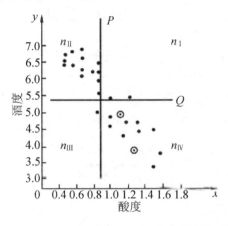

图 7.21　酒醅中酸度与酒度的散布图

4. 图形分析

根据点子云的形状，确定相关关系的性质和程度。对散布图的分析判断方法有以下两种。

(1) 对照典型图分析法。

将绘制的散布图与 6 种典型图相对比，从而确定其相关关系和程度。

(2) 简单象限法。

① 在图上画一条与 y 轴平行的 P 线，使 P 线的左、右两侧的点数相等或大致相等。

② 在图上再画一条与 x 轴平行的 Q 线，使 Q 线的上、下两侧的点数相等或大致相等。

③ P、Q 两线把图形分成 4 个象限，计算各象限区域内的点数，线上的不计。

④ 计算对角象限内的点数，即 $n_\mathrm{I}+n_\mathrm{III}$，$n_\mathrm{II}+n_\mathrm{IV}$。

当 $n_\mathrm{I}+n_\mathrm{III}>n_\mathrm{II}+n_\mathrm{IV}$ 时，为正相关；

当 $n_\mathrm{I}+n_\mathrm{III}<n_\mathrm{II}+n_\mathrm{IV}$ 时，为负相关；

当 $n_\mathrm{I}+n_\mathrm{III}=n_\mathrm{II}+n_\mathrm{IV}$ 时，为不相关。

利用上述两种方法进行分析，可以认为酸度与酒度之间存在着弱负相关关系。

(四)注意事项

应用散布图时，应注意下列事项。

(1) 数据的性质要相同，否则会导致不真实的判断结果。

(2) 散布图相关性规律的运用范围一般局限于观测值数据的范围内，不能任意扩大相关推断范围。

(3) 散布图中出现的个别偏离分布趋势的异常点,应当查明原因予以剔除。

案例14 统计方法的应用(实例之一)
——排列图在 QC 小组活动中的应用

兴旺钢结构工程有限公司承接奥林匹克中心体育场的建设任务,该公司的钢结构 QC 小组为确保工程 V 型钢管支柱空间定位安装精度,于 2004 年 11 月到 2005 年 2 月开展了 QC 小组活动并获得了成功。以下是该 QC 小组在现状调查阶段制作的调查表和排列图。

在钢管支柱安装之前,QC 小组邀请了有关专家、设计及专业技术人员对以往类似的工程进行分析论证和对比,就如何保证支柱安装质量进行了研讨,并且参观考察了一些大型体育场馆工程。收回信息 80 条,反映出支柱安装的问题,总结归纳为六大类,做出统计调查表,如表 7.18 所示。根据调查表所做的排列图如图 7.22 所示。

表 7.18 V 型钢管支柱安装问题调查表

序 号	项 目	频 数	累计频数	累计频率/%
1	钢管支柱安装位置偏差	32	32	40
2	钢管底座安装位置偏差	28	60	75
3	V 型柱夹角角度偏差	8	68	85
4	V 型柱垂直度偏差	6	74	92.5
5	钢管投影位置偏差	4	78	97.5
6	其他	2	80	100

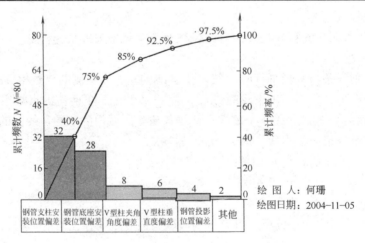

图 7.22 V 型钢管支柱安装问题排列图

钢管支柱安装位置偏差和钢管底座安装位置偏差是我们要解决的主要问题。

(资料来源:选自天津市第 27 届 QC 小组成果发表会资料)

案例 15　统计方法的应用(实例之二)
——简易图表在质量改进小组中的应用

　　LD 公司在推行持续质量改进活动时，生产技术部质量改进小组确定了 6 项质量目标。在作现状调查时因指标项目多，且指标值不同，他们结合国内标杆企业和国际同类企业先进水平的情况制作了调查统计表(见表 7.19)。

表 7.19　质量情况调查统计表

指标项目	本公司	国内标杆企业	国际先进水平
产品合格率/%	97.05	98.85	99.88
一次交验合格率/%	94.6	98	98.5
指标平均值/g	196	199	200
指标标准差/g	4.5	2.5	2
过程能力指数 C_P	1.15	1.25	1.38
质量成本占比/%	30.5	22	14

　　根据调查统计表，绘制的雷达图如图 7.23 所示。

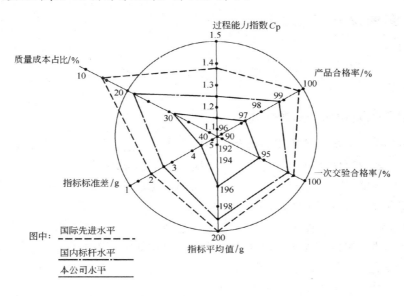

图 7.23　雷达图

　　对产品的一次交验合格率逐月统计，得到数据表(见表 7.20)，并绘制了折线图(见图 7.24)。

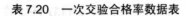

表 7.20　一次交验合格率数据表

月份	3	4	5	6	7	8	9	10	11	12
一次交验合格率/%	94.9	95.5	94.5	96.8	98.2	98.5	97.9	98.5	98.9	98.6

从折线图可以看出，由于采取了适当的措施，产品的一次交验合格率总体上呈上升趋势，10月份以后稳定在98%以上。

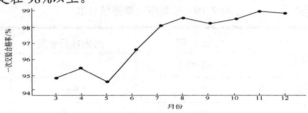

图 7.24　折线图

(资料来源：选自清华大学出版社《质量管理学》(第2版)案例)

模拟试卷 7

一、名词解释(12 分，每题 4 分)

(1) 排列图

(2) 过程能力指数

(3) 控制图

二、单项选择题(12 分，每题 3 分)

(1) 在总体会发生周期性变化的场合，不宜采取_____。

　　A. 一般随机抽样法　　　　　　　　B. 顺序随机抽样法

　　C. 分层抽样法　　　　　　　　　　D. 整群抽样法

(2) 无富余型的直方图其 C_P 值为_____。

　　A. 0.68　　　　　　B. 1　　　　　　C. 1.33　　　　　　D. 1.67

(3) 能同时在一张图上表示不同的指标项目和指标值的简易图表是_____。

　　A. 折线图　　　　B. 饼分图　　　　C. 雷达图　　　　D. 甘特图

(4) 描述一批数据是否符合正态分布的工具是_____。

　　A. 排列图　　　　B. 直方图　　　　C. 控制图　　　　D. 散布图

三、多项选择题(16 分，每题 4 分)

(1) 常用的统计特征数有_____。

　　A. $\bar{x}$　　　　　　B. S　　　　　　C. R　　　　　　D. C_P　　　　　　E. S^2

(2) 造成锯齿型直方图的原因可能有_____。

A. 分组不当　　　B. 短暂异常　　　C. 测量不准　　　D. 工艺原因
E. 材料因素

(3) 散布图点子分布的相关性可分为_____。

A. 强正相关　　　B. 强负相关　　　C. 曲线相关　　　D. 弱负相关
E. 不相关　　　　F. 弱正相关

(4) 对于计数值数据，可供选择使用的控制图有_____。

A. $x\text{-}R_s$ 图　　　B. $\bar{x}\text{-}R$ 图　　　C. pn 图　　　D. c 图
E. $\bar{x}-S$ 图

四、判断题(10 分，每题 2 分)

(1) 开箱合格率 95.48%，该数据为计量值数据。　　　　　　　　　　( )
(2) 无论数据多少，直方图分组均应取 10 组。　　　　　　　　　　( )
(3) 方差表示一批数据的离散程度。　　　　　　　　　　　　　　　( )
(4) 在控制图中只要点子没超出控制界限即可判稳。　　　　　　　　( )
(5) 散布图的点子云呈左低右高的趋势可能为正相关。　　　　　　　( )

五、计算作图题(32 分，每题 8 分)

(1) 某服装厂缝制车间检查了一批服装，不合格项目为断线 72 件，棱角不好 12 件，做工不一致 117 件，脏污 3 件，线不直 23 件，对称不够 8 件，其他问题 5 件。试绘制排列图。

(2) 某空调器外壳长度质量要求为(828±0.5)mm，随机抽检 10 件，得 $\bar{x}$ =827.8mm，S=0.11mm。求过程能力指数，并判断等级。

(3) 如图 7.25 所示，该直方图属于什么类型？由于什么原因所致？

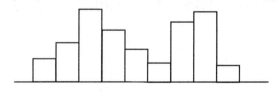

图 7.25　直方图

(4) 请根据以下数据绘制散布图，且判断相关性。

x	4	4.6	5	5.4	5.8	6.2	6.5	7	12	14	4.8
y	52	60	62	70	70	78	84	85	100	120	58
x	5.2	8.5	13.6	13.5	7.8	6	14.2	13	11	8.8	10
y	71	49	108	115	89	78	126	140	105	90	84

六、简答题(18 分，每题 9 分)

(1) 制作排列图时，应注意哪些事项？
(2) 简述控制图的设计原则。

第八章　常用的收集整理非数字资料的方法

通过对本章的学习，要求了解和掌握以下内容。
- 因果图、关联图、系统图的应用步骤和作图方法。
- 矩阵图、流程图、亲和图的应用步骤和作图方法。
- 过程决策程序图、矢线图的应用步骤和作图方法。
- 对策表、水平对比法、头脑风暴法的应用步骤及注意事项。

推行全面质量管理需要组织的全体人员参与，建立并保持质量管理体系需要组织中的各个部门都能行动起来，而追求卓越绩效更是上至最高管理者下至每一个员工大家共同的目标，尤其是管理人员更是首当其冲。第七章介绍的各种常用的收集整理数字资料的方法，多适用于技术人员和现场的工人。管理人员若能真正参与到质量管理活动中去，也需要借助于一些工具、技法。管理人员所面临的问题总是掌握语言文字资料多于数字资料，定性的情报多于定量的情报。随着国际上"目视管理"的盛行，管理人员(实际上也包括技术人员和现场的工人)需要学会并运用把复杂的现象用图形、表格予以表现的方法。这就是本章要介绍的常用的收集整理非数字资料的方法，包括老七种工具的一部分和新七种工具的大多数方法。

第一节　因果图、关联图、系统图

一、因果图

(一)概念

因果图又叫石川图、特性要因图、树枝图、鱼刺图等，是分析原因与结果之间关系的一种图示技术，属于老七种工具之一。

质量管理活动的措施之一是要发现问题、解决问题，而问题是由各种各样的因素引起的，因素之间又有大、中、小层次之分。把构成问题的各种因素，用树木分枝或鱼刺的形状表现出来，以揭示质量特性波动与其潜在原因的关系就是因果图。

(二)用途

在质量管理活动中，凡因果关系比较直接、简单的问题，均可使用因果图予以分析，尤其在 QC 小组活动中应用频次更高。具体用途如下。

(1) 对生产或工作现场存在的质量问题分析因果关系。

(2) 职能部门在开展质量分析时，表达因果关系、积累经验。

(3) 在进行质量改进时，作为寻找达到目标的途径。

(三)应用步骤

(1) 简明扼要地确定结果、特性或目标，如把"电梯门头装配能力低"作为结果，放在图的右端，其因果图示例如图 8.1 所示。

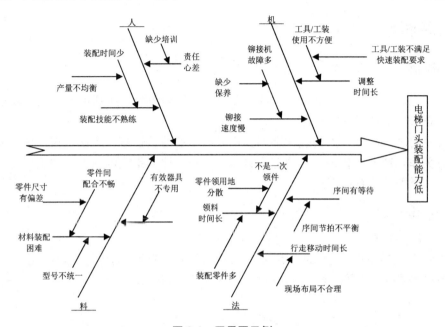

图 8.1 因果图示例

(2) 确定可能发生的原因的主要类别，如人、机、料、法等。把它们分别放在图中主干的两旁，类别大枝与主干需形成 60°～75°的夹角。

(3) 循着某个原因类别寻找第一层次的大原因，如"人"类别下的"装配技能不熟练""责任心差"等，把它们用箭线分列在类别大枝的两旁，箭线应与主干平行。

(4) 对第一层次的大原因，再继续问为什么，以确定第二层次的中原因，以箭线指向大原因，箭线应与类别大枝平行。

(5) 对第二层次的中原因，还应继续再问为什么，以确定第三层次的小原因，同样以箭线指向中原因，箭线应与主干平行。

(6) 对其他类别大枝也需要按第(3)到第(5)步骤进行，然后整理出因果图。

(四)注意事项

绘制因果图时，应注意下列事项。

(1) 在质量管理活动中，找几个对解决问题较熟悉的人一起作图。

(2) 一个问题做一张图。

(3) 原因类别大枝不一定都是人、机、料、法，可根据实际问题确定，大枝的数量一般取 3～6 个，最好是 4～5 个。

(4) 原因分析要透彻，对大枝的分析至少要到第二个层次，如有必要的话还应继续追溯到第三或第 n 个层次，可以再问一句为什么，能找到措施为止。

(5) 在每一类别大枝上，凡最末层次的因素均为末端原因，如"人"类别下的"产量不均衡""缺少培训"等，在图 8.1 中这样的末端原因有 11 个。

(6) 图画好后要仔细验证因果关系，以避免出现颠倒现象。

二、关联图

(一)概念

关联图也叫关系图，是分析单一或多项目的、比较复杂的构成因素之间关联情况的图示技术，属于新七种工具之一。

在质量管理实践中，人们往往会遇到构成问题的因素较多、关系比较复杂、类别大枝之间也有关系，或一次作图需解决多个目标等情形。比因果图的应用范围更广，表现形式更灵活。其类型主要有以下几种。

1. 单一目的型

(1) 中央集约式。

把"问题""结果""目的"(用〇或□表示)放在图的中间位置，因素(用〇表示)随机地摆放在它的周围，箭线(➝)有向中间集约的趋势，如图 8.2 所示。

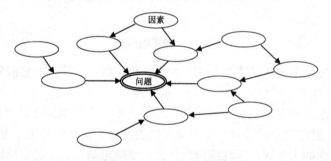

图 8.2　中央集约式关联图

(2) 单向汇集式。

把"问题""结果""目的"放在图的一端，因素往往按流程关系摆放，箭线大多指向同一个方向，如图 8.3 所示。

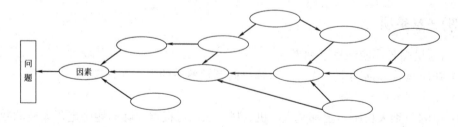

图 8.3　单向汇集式关联图

2. 多项目的型

(1) 关系表示式。

只表明因素与因素之间的关系，不一定有"问题"(◎)，如图 8.4 所示。

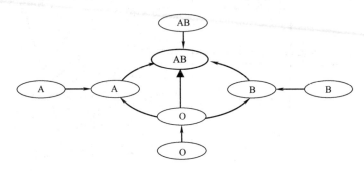

图 8.4　关系表示式关联图

(2) 组合应用式。

关联图可与其他的工具、技法组合起来应用，以增强其表现力。

① 与矩阵图相组合的形式。边框是矩阵图的两个因素，中间是各构成事项及它们之间的关系，如图 8.5 所示。

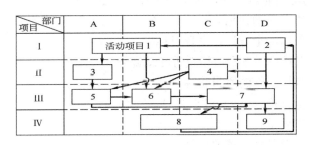

图 8.5　应用型关系图(1)

② 与 KJ 法(亲和图)相类似的形式。在中央集约式关联图的基础上，将相互关系密切的因素归为一类，如 KJ 法一样的表现，如图 8.6 所示。

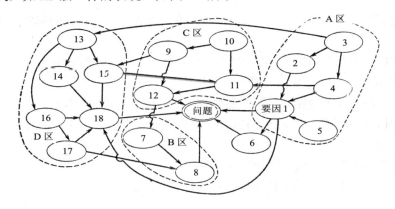

图 8.6　应用型关系图(2)

③ 与系统图相组合的形式。一个系统图、一个关联图组合起来进行应用，对系统图末梢手段之间的关系予以表现，如图 8.7 所示。

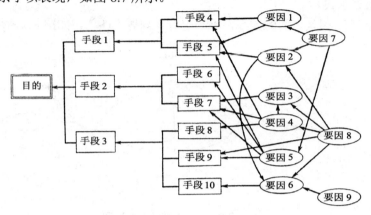

图 8.7　应用型关系图(3)

(二)用途

关联图适合于由多方管理者和有关人员密切配合，并在广阔的范围内进行卓有成效合作的情形。其应用的范围非常广泛，可应用于以下方面。

(1) 研讨、制订质量活动计划。

(2) 研讨、制定部门质量方针、质量目标。

(3) 确定 QC 小组活动课题和质量改进活动课题。

(4) 推进外购、外协工作的质量管理。

(5) 进行过程质量分析。

(6) 改进部门工作质量。

(7) 为提高服务质量寻找改善的措施。

(8) 其他方面。

(三)应用步骤

(1) 确定需要分析的问题，将相关的问题画在一张图上，不相关的问题不要用一张关联图进行分析。

(2) 寻找每一个问题的原因，将它标在该问题附近，用椭圆圈起来，并用箭头指向问题。寻找原因时要找全、找准、挖深，做到不漏掉一个原因。

(3) 在关联图上找末端原因，即"要因"，在关联图上表现为箭头"只出不进"。"问题"在关联图上表现为箭头"只进不出"。箭头"有进有出"的是中间环节，箭头"出多进少"的是关键的中间环节。

(4) 将寻找出的要因在现场进行验证，并确认，用"▲"标识。

例如，图 8.8 是某零件外径和内径尺寸超差关联图。

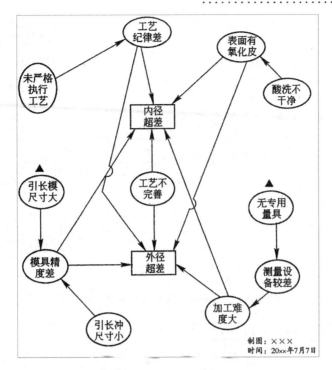

图 8.8 外径和内径超差关联图

(四)注意事项

绘制关联图时，应注意下列事项。

(1) 在一张关联图上的诸问题之间必须是相关的，不相关的问题不能用一张关联图。

(2) 寻找问题与问题、原因与原因、上层原因与下层原因之间的关系，要依据它们之间的逻辑关系，不能混乱和颠倒。

(3) 要因必须从末端原因中寻找，且要到现场进行验证确认。

三、系统图

(一)概念

系统图也称树图，它是表示某个质量问题与其构成要素之间的关系，从而明确问题的重点，以寻求最佳措施和手段的一种树枝状图示技术。系统图的类型划分如下。

1. 按层间关系划分

(1) 因素展开型系统图。它是为解决因果图展开层次不能过多这一弱点而设计的新型图形，与因果图可以相互转化，如图 8.9 所示。

(2) 措施展开型系统图。它反映的层间关系是"目的—手段"的逻辑关系，弄清事物的分支关系，寻找解决有效问题的一种方法，如图 8.10 所示。

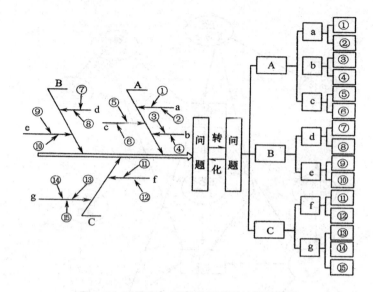

图 8.9　因果图与因素展开型系统图的转化

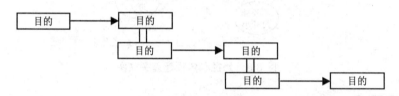

图 8.10　措施展开型系统图

2. 按图的形状划分

(1) 侧向型系统图。树枝向右倒形成的图形称为侧向型系统图，如图 8.11 所示。

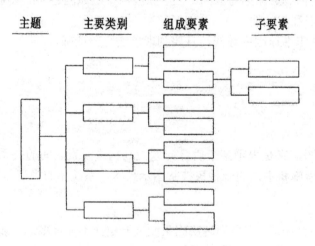

图 8.11　侧向型系统图

(2) 宝塔型系统图。树枝向下形成的图形称为宝塔型系统图，如图 8.12 所示。

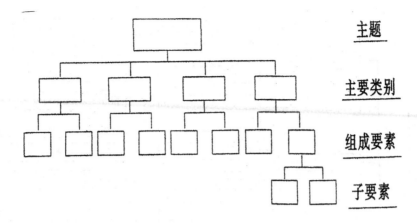

图 8.12 宝塔型系统图

(二)用途

系统图的用途很广泛，主要用途如下。

(1) 组织战略规划的展开。

(2) 质量方针、目标、实施项目的展开。

(3) 在新产品开发中进行质量设计的展开。

(4) 制订质量保证计划，对质量保证活动进行展开。

(5) 工序分析中对影响质量主导因素的展开。

(6) 明确部门职能、管理职能的展开。

(7) 对解决企业有关质量、成本、产量等问题所采取措施的展开。

(8) 可用于对因果图的进一步展开。

(9) 价值分析中的功能分析展开。

(10) 用于安全与故障分析的展开。

(三)应用步骤

(1) 简明扼要地阐述要研究的主题，明确应达到的最终目标。

(2) 提出手段和措施，一般是从高一级手段开始逐级展开，第一级展开的手段就是第二级展开的目的。

(3) 评价手段和措施，从末梢手段开始，要对提出的手段、措施一一进行评价，评价可用〇符号表示可行；用△符号表示尚不确定是否可行；用×符号表示不可行。

(4) 绘制系统图。

例如，某厂 QC 小组在对油泵渗油现象进行分析后，绘制了系统图，如图 8.13 所示。

(5) 制订为达到目标所需进行的实施计划。

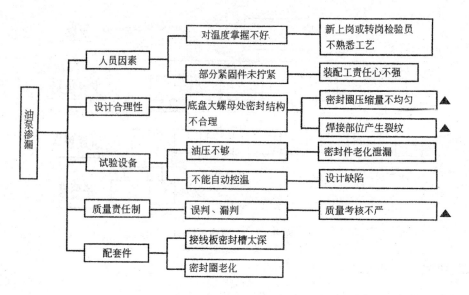

图 8.13 油泵渗油系统图

(四)注意事项

绘制系统图时，应注意下列事项。

(1) 在绘制系统图的过程中，主题、主要类别、组成要素和子要素之间需存在逻辑因果关系，做到上下顺序无差错。

(2) 目标分解时，要从上往下；实现目标时，要从下往上。

第二节 矩阵图、流程图、亲和图

一、矩阵图

(一)概念

矩阵图是指利用矩阵的形式分析因素之间相互关系的图形，它由三个部分组成：对应事项、事项中的具体元素、对应元素交点处表示相关程度的符号。这种用矩阵图并根据各因素之间的相关程度寻找解决问题的方法，就是矩阵图法。

矩阵图是从作为问题的现象中找出成对的要素 A 和 B，把属于要素群 A 的若干要素 a_1、a_2，…，a_m 和属于要素群 B 的若干要素 b_1，b_2，…，b_n 分别排列成行和列，然后分别在交点处用符号表示出 A 与 B 各要素之间的相互关系和相关程度。表示相关程度的常用符号有三种：◎表示强相关(有密切关系)；○表示弱相关(有关系)；△表示不相关(或可能有关系)。矩阵图的类型主要有以下几种。

1. L 型矩阵图

L 型矩阵图是最基本的矩阵图。一般是将两个对应事项 A 和 B 的要素，分别按行和列进行排列，用于分析多个目的和达到这些目的的手段，以及多种结果和多种原因之间的关系，如图 8.14 所示。

		B				
		b_1	b_2	b_3	$\cdots$	b_n
A	a_1					
	a_2					
	a_3					
	$\vdots$					
	a_m					

图 8.14　L 型矩阵图

2. T 型矩阵图

T 型矩阵图是把 A 与 B 的 L 型矩阵图和 A 与 C 的 L 型矩阵图组合在一起，即 A 要素与 B 要素和 C 要素相对应的矩阵图，如图 8.15 所示。

C	$\vdots$					
	c_4					
	c_3					
	c_2					
	c_1					
A		a_1	a_2	a_3	a_4	$\cdots$
B	b_1					
	b_2					
	b_3					
	b_4					
	$\vdots$					

图 8.15　T 型矩阵图

3. Y 型矩阵图

Y 型矩阵图是把 A 与 B、B 与 C、C 与 A 三个 L 型矩阵图组合在一起，表示三对要素之间关系的矩阵图，如图 8.16 所示。

4. X 型矩阵图

X 型矩阵图是把 A 与 B、B 与 C、C 与 D、D 与 A 四个 L 型矩阵图组合在一起，表示四对要素之间关系的矩阵图，如图 8.17 所示。

5. C 型矩阵图

C 型矩阵图是以 A、B、C 三个要素群为边所形成的立体矩阵图。C 型矩阵图中要素的交叉点是三维空间点，如图 8.18 所示。

C 型矩阵图的分析难度比较大，为便于分析，应首先从组合成 C 型矩阵图的 *A* 与 *B*、*B* 与 *C*、*C* 与 *A* 三个 L 型矩阵图入手，综合三个 L 型矩阵图的分析结果，就成为 C 型矩阵图的分析图。

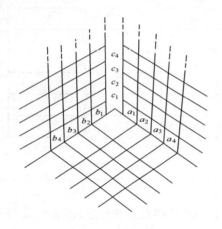

图 8.16　Y 型矩阵图

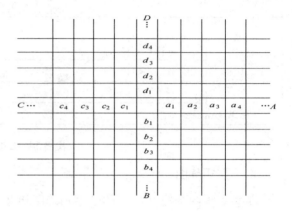

图 8.17　X 型矩阵图

(二)用途

(1) 确定系列产品的研制或改进的着眼点。

(2) 原材料的质量展开。

(3) 寻找产品的不良现象与原材料、设备、工艺之间的关系。

(4) 拟定与市场相关联的产品战略方案。

(5) 加强质量审核，使质量管理体系更加有效。

(6) 明确产品质量特性与管理职能或责任部门的关系。

(7) 明确用户质量要求与工序管理项目之间的关系。

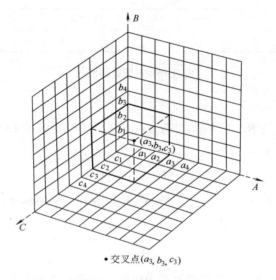

• 交叉点(a_3, b_3, c_3)

图 8.18　C 型矩阵图

(三)应用步骤

现以 L 型和 T 型矩阵图为例说明其应用步骤。

(1) 绘制图形,在图上画出纵横的栏,每栏设定一个事项。

(2) 将各要素填入各栏,填写时,可按重要程度或发生频率等顺序填写。

(3) 分别确定两栏间对应两项内容的关联关系,并根据关联的强弱程度,用符号相应地标记在交叉点上。

(4) 对各交叉点标记的关联符号所表示的强弱程度分别进行评价。

L 型矩阵图应用,如图 8.19 所示。

原因 ＼ 性能	绝缘强度低	耐压击穿	功率大	转速低	起动性能差
绝缘漆浓度低	◎	○			
预供时间短	◎	○			
定子性能差			◎	◎	◎
转子缺陷			◎	◎	○
风叶不配套			○	◎	○
风叶角度与电机不匹配			◎	○	△
轴承不合格			△	○	△
精加工精度差			◎	○	◎

图 8.19　性能原因分析矩阵图

T 型矩阵图应用,如图 8.20 所示。

原料		透光率	挥发粉	灰分	水分	澄清度	外观	黑点
	1,2,6 酚色泽深							
	2. 催化剂含量大	○				△	△	
	3. 甲酯酸值大	○				△	△	
影响因素 ＼ 质量特性 ＼ 影响工序		透光率	挥发粉	灰分	水分	澄清度	外观	黑点
生产工序	1. 烷化	△						
	2. 加成	○					○	
	3. 中和	○						
	4. 酯交换	◎				○	○	
后外处理工序	5. 过滤	○		○		△	○	○
	6. 结晶	○	△				△	
	7. 离心	○	○			△	△	
	8. 洗涤	○				△	△	
	9. 运料	△					△	○
	10. 干燥	○	○	△	○	○	△	○
	11. 包装			○	△			
检验工序	12. 联样代表性	○	○	○	○	○	○	○
	13. 仪器误差	○	△	△	△			△
	14. 随机误差	○		△	△			△

图 8.20　抗氧剂 1010 产品质量矩阵图

(四)注意事项

绘制矩阵图时,应注意下列事项。

(1) 矩阵图只能用于分析相关因素之间的关系,不相关因素不能放在一张矩阵图上分析。

(2) 矩阵图所谓的纵向、横向的概念不是绝对的,根据绘图设计者的意愿也可对其调整。

(3) 图中大量使用有关符号,是其简单易读的特点。习惯地以符号◎表示关系密切或有严重影响;以○表示关系一般;以△表示未必有关系。符号的含义也可自行确定。

二、流程图

(一)概念

流程图是将一个过程(如工艺过程、检验过程、质量改进过程等)的步骤用图的形式表示出来的一种图示技术。流程图用一系列规定的、易于识别的符号(标志)绘制。其常用符号如下。

(1) 端点符:用圆(○或椭圆(⬭))表示,表示一个过程的开始或结束。

(2) 处理符:一般用长方形(☐)表示,表示对活动中一项工序的说明。

(3) 判断符:一般用菱形(◇)表示,表示对事物的判断和决策。

(4) 停顿符:一般用倒三角形(▽)表示,表示工作的暂时停留。

(5) 流线符:用带箭头的线段表示,表示一个活动到另一个活动的流向。其中单线箭头(⟶)表示按顺序连接活动与活动之间的符号,并不占用时间;而双线箭头(⇨)表示需要时间的活动与活动之间的流转,在工艺流程图中表示非加工工序,如搬运。

(二)用途

(1) 用于描述一个过程中各活动间的相关关系,便于发现质量问题的潜在原因。

(2) 可以用于质量改进。

(3) 可以用于设计一个新的过程。

(4) 可以广泛应用于QC小组活动和卓越绩效模式及六西格玛管理中。

(三)应用步骤

1. 描述现有过程的流程图

(1) 确定过程的开始和结束。

(2) 观察从开始到结束的整个过程。

(3) 确定过程中的步骤(输入、活动、判定、输出)。

(4) 绘制该过程的流程图草图。

(5) 与相关人员评审流程图草图。

(6) 根据评审结果改进流程图。

(7) 与实际情况比较,验证、确定正式流程图。

(8) 注明正式流程图的形成日期及绘制者,以备将来使用时参考。

2. 设计新过程的流程图

(1) 确定过程的开始和结束。

(2) 将过程中的每一个步骤具体化(输入、活动、判定、输出)。

(3) 绘制表示该过程的流程图草图。

(4) 与参与该过程的相关人员评审流程图草图。

(5) 根据评审结果，改进流程图，确定正式流程图。

(6) 标明流程图的形成日期及绘制者，以备将来使用时参考。

3. 改进原有过程的流程图

(1) 根据应用程序绘制原有过程流程图。

(2) 运用方法研究和时间研究等方法，对流程图中的每一个环节进行评审、改进。

(3) 绘制改进后的过程流程图。

(4) 标明流程图的形成日期及绘制者，以备将来使用时参考。

(四)注意事项

绘制流程图时，一定要用 ISO 规定的符号，当不用通用符号时，应加以说明。

如图 8.21 所示为复印文件流程图示例。

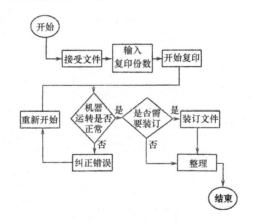

图 8.21　复印文件流程图

三、亲和图

(一)概念

亲和图又叫 KJ 法、A 型图解、近似图解。它是将收集到的大量有关某一特定主题的意见、观点、想法和问题，按它们之间的近似性加以归类、汇总的一种图示技术。

(二)用途

(1) 用于归纳整理所收集到的由头脑风暴法所产生的意见、观点和想法等语言资料。

(2) 用于质量保证和质量改进活动。

(3) 用于 QC 小组开展质量活动。

(三)应用步骤

(1) 确定活动小组的讨论主题，组织者应明确说明将要研究的质量问题，活动小组成员最多不应超过八人。

(2) 收集语言资料并使之卡片化，用卡片尽量记录客观采集到的意见、观点和想法。每张卡片只记录一条意见、观点和想法。

(3) 将卡片全部随机放置，然后开始下一步。

(4) 归类卡片。将有关联的卡片归为一组；一组最多归纳十张卡片，单张卡片不要勉强归入某组；找出一张代表该组内容的主卡片；将主卡片放在最上面；按组将卡片中的信息登记、汇总。

(5) 根据之前的归类画出亲和图。

如图 8.22 所示为某溶剂厂醪液浓度和蒸汽用量关系的语言资料亲和图示例。

图 8.22　亲和图应用示例

(四)注意事项

绘制亲和图时，应注意下列事项。

(1) 按相互间的近似性加以归类素材资料，是指根据素材卡片上文字相近和意思相近进行归类。

(2) 亲和图法与整理语言文字资料的其他方法不同，它不靠逻辑关系而靠"情念"(触景生情，产生意念)去整理思路。

(3) 使用 KJ 法之前，相关人员应先经过一段时间的训练，掌握应用的技巧后，再予以应用。

第三节　过程决策程序图、矢线图

一、过程决策程序图

(一)概念

过程决策程序图(Process Decision Program Char，PDPC)法，是指为了完成某项任务和目标，在制定行动方案时，预测可能出现的障碍和结果，并相应地提出多种应变计划以达到预期目标的一种方法。

(二)用途

利用 PDPC 法，可以从全局和整体的角度掌握过程状态，以便做出全局性的判断。具体用途如下。

(1) 制订目标管理中的实施计划。

(2) 制订新项目的实施计划。

(3) 对整个系统的重大事故进行预测。

(4) 制定控制工序的措施。

(三)应用步骤

(1) 确定要解决的课题。要解决的课题是从不良状态 A_0 到理想状态 Z，如图 8.23 所示。例如，从目前的生产效率低的不良状态到将生产效率提高 20%。

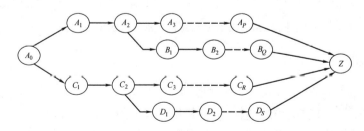

图 8.23　PDPC 法示意图

(2) 召集相关人员讨论，提出达到理想状态的途径和措施，如 $A_1 \rightarrow A_2 \rightarrow A_3 \cdots A_P$。

(3) 对提出的途径和措施，列举出预测的结果，并提出方案行不通时的备选方案和措施，如 $A_1 \rightarrow A_2 \rightarrow B_1 \rightarrow B_2 \cdots B_Q$，$C_1 \rightarrow C_2 \rightarrow C_3 \cdots C_R$，$C_1 \rightarrow C_2 \rightarrow D_1 \rightarrow D_2 \cdots D_S$。

(4) 将各方案按紧迫程度、所需工时、实施的可能性和难易程度进行分类，特别是对目前要采取的方案和措施，应根据预测的结果，明确首先应该做什么，并用箭头将其往理想状态方向连接。

(5) 决定各项方案实施的先后顺序。

(6) 确定实施负责人及实施期限。

(7) 不断修订 PDPC。在实施过程中，可能会出现新的情况，需要定期检查 PDPC 的执行情况，并按照新的情况和存在的问题，重新修改 PDPC。

(四)应用举例

如图 8.24 所示是提高 20%的生产效率的 PDPC 法。

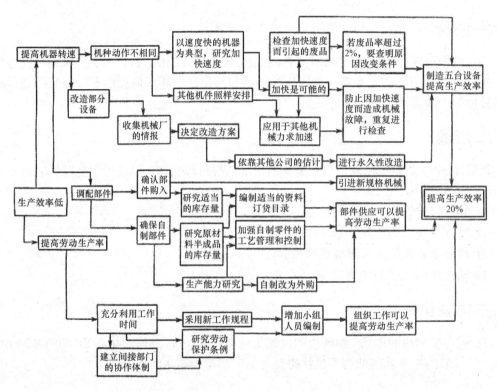

图 8.24 提高 20%生产效率的 PDPC 法

(五)注意事项

绘制过程决策程序图时，应注意下列事项。

(1) 状态 Z 一般为理想状态，但也可将其作为非理想状态。

(2) 当 Z 为理想状态时，对设想的第一方案用"否定式"提问法补充、完善若干个备选方案，要确保一个方案从 $A_0 \sim Z$ 成为通路，以实现目标。

(3) 当 Z 为非理想状态时(如重大事故、出现大批产品不合格或开发设计失败等)，对设想的第一种情形用"演绎式"提问法再提出一些假设情形，要采取措施是从 $A_0 \sim Z$ 无一条路径成为通路，以防止不理想状态的出现。

二、矢线图

(一)概述

1. 矢线图定义

矢线图也称网络图，是指在实施进度管理、安排最佳日程计划时，将所必需的各项工作按其从属关系和时间顺序，用网络形式表示的一种箭条图。

在安排日程计划方面，以前常使用甘特图，如图 8.25 所示。但是，由于甘特图不能表达各工序之间的时间关系，因而不适合大规模生产、施工和工程计划的需要。而矢线图可以明确各工序间的时间关系，确定出关键工序和关键路线，从而成为制订最佳日程计划的有效管理方法。如图 8.26 所示是根据甘特图绘制的矢线图。

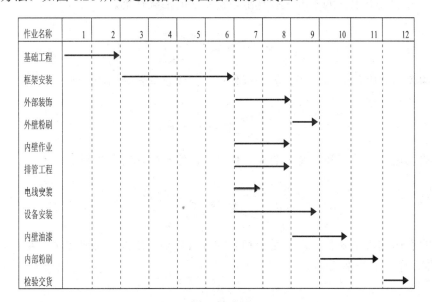

图 8.25　工程计划甘特图

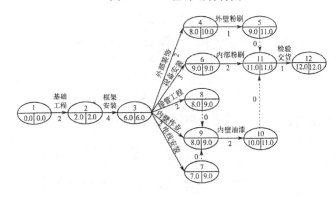

图 8.26　工程计划矢线图

2. 矢线图的构成与符号

(1) 结点。结点是表示某项作业(工序)的开始、结束或(和)其他工序的交接点。在图中用符号 $\boxed{t_E \mid t_L}$ 表示。图中 1(或 2，3，…)表示结点的编号，表明工序之间的顺序关系。图中 t_E 表示结点最早开工时间。图中 t_L 表示结点最迟完工时间。

(2) 作业。作业活动用箭条 $\longrightarrow$ 表示，箭条上方的文字表示作业名称，箭条下方的数字表示作业活动所需时间。$\longrightarrow$ 矢线表示需要时间的作业。┈┈▶ 虚矢线表示不需要时间的作业，也叫虚拟作业。$\blacksquare\!\!\longrightarrow$ 加粗的矢线表示该作业为关键。

3. 矢线图的常用表达式

(1) 先行作业与后续作业表达式。

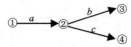

上面的表达式表示 a 为 b 的先行作业，b 为 a 的后续作业。

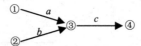

上面的表达式表示 a 为 b 和 c 的先行作业，b 和 c 是 a 的后续作业。

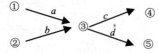

上面的表达式表示 a 和 b 是 c 的先行作业，c 是 a 和 b 的后续作业。

上面的表达式表示 a 和 b 同时是 c 和 d 的先行作业，c 和 d 同时是 a 和 b 的后续作业。

(2) 并行作业的表达式。

上面的表达式表示 a 和 b 为并行作业，应添加虚矢线来表示。

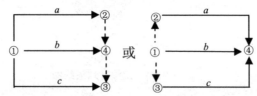

上面的表达式为错误表达式，不符合作图规则，因为 $a(1，2)$ 和 $b(1，2)$ 表达式重复。

上面的表达式表示 a、b、c 为平行作业。

(3) 交叉作业的表达式。

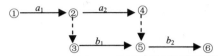

上面的表达式表示 a 和 b 作业可以分段实施,交叉进行作业。

(二)用途

(1) 制订详细的计划。

(2) 可以保证计划的周密性。

(3) 进入实施阶段后,能够根据情况的变化进行适当的调整。

(4) 能够具体了解某项工作工期延误对总体工作的影响,从而尽早采取措施。

(三)应用步骤

(1) 列出作业项目。接受一项任务时,需列出完成该项任务所需的作业项目或工序。

(2) 制作各作业项目(工序)卡片。每一项作业项目或每一道工序用硬纸片制作卡片,其内容为 作业名称 t_E | t_L 。作业名称根据实际工序填,t_E、t_L 暂不填写。

(3) 研究所有作业项目(工序)之间的关系,形成流程图。

(4) 按各作业项目(工序)之间的关系,绘制矢线图草图。

(5) 确定每一作业项目(工序)所需的作业时间。

(6) 计算结点时间。

计算各结点的最早开工时间(t_E)和最迟完工时间(t_L)有两种计算方法,图算法和表算法。现以某工程矢线图为例来说明结点时间的计算,如图 8.27 所示。

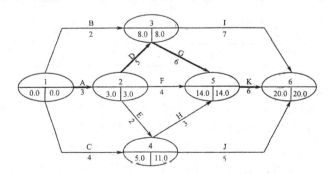

图 8.27 结点时间计算实例

①结点时间图算法。

最早开工时间 t_E 的计算如下。

结点 1 从零开始,即 $t_E(1)=0$;

结点 2 最早开工时间为 $t_E(2)=t_E(1)+t(1,2)=0+3=3$;

结点 3 最早开工时间为

$$t_E(3) = \max \left\{ \begin{array}{l} t_E(2) + t(2,3) = 3 + 5 = 8 \\ t_E(1) + t(1,3) = 0 + 2 = 2 \end{array} \right\} = 8$$

以此类推，可得到 $t_E(4)=5$，$t_E(5)=14$，$t_E(6)=20$。

结点最迟完工时间 t_L 的计算如下。

结点 6 的最迟完工时间为 $t_L(6)=20$；

结点 5 的最迟完工时间为 $t_L(5)=t_L(6)-t(5,6)=20-6-14$；

结点 4 的最迟完工时间为

$$t_L(4) = \min \left\{ \begin{array}{l} t_L(5) - t(4,5) = 14 - 3 = 11 \\ t_L(6) - t(4,6) = 20 - 5 = 15 \end{array} \right\} = 11$$

以此类推，可得到 $t_L(3)=8$，$t_L(2)=3$，$t_L(1)=0$。

②结点时间表算法如表 8.1 所示。

表 8.1　矢线图作业时间计算表

工序代号 ①	结点号 ②	作业时间 ③	最早开始时间 ④= t_E	最早完成时间 ⑤=④+③	最迟开始时间 ⑥=⑦-③	最迟完成时间 ⑦= t_L	总时差 ⑧=⑥-④
A	(1，2)	3	0	3	0	3	0
B	(1，3)	2	0	2	6	8	6
C	(1，4)	4	0	4	7	11	7
D	(2，3)	5	3	8	3	8	0
E	(2，4)	2	3	5	9	11	6
F	(2，5)	4	3	7	10	14	7
G	(3，5)	6	8	14	8	14	0
H	(4，5)	3	5	8	11	14	6
I	(3，6)	7	8	15	13	20	5
J	(4，6)	5	5	10	15	20	10
K	(5，6)	6	14	20	14	20	0

(7) 关键工序、关键线路的确定。

关键线路所经过的结点无时差，关键线路的时间相对最长。最早时间与最迟时间相等的结点为关键结点。从表 8.1 可以看出，A、D、G、K 为关键工序，图 8.27 中的①→②→③→⑤→⑥为关键线路，关键线路在矢线图中一般用加粗矢线表示。

(8) 矢线图的优化。矢线图的优化即利用时差不断改进网络计划的方法，达到工期最短、资源利用最有效和费用最少的一种方法，包括工期优化、成本(费用)优化和资源优化等内容。

(四)注意事项

绘制矢线图时，应注意下列事项。

(1) 矢线图中每一项作业(工序)都应有自己的结点编号，编号从大到小，不能重复。

(2) 矢线图中不能出现闭环，即箭头不能从某一结点出发，最后又回到该结点上去。

(3) 矢线图不能有缺口。

(4) 相邻两个结点间，只能有一项作业，即只能有一条矢线。

(5) 矢线图只能有一个始结点和一个终结点。

第四节　对策表、水平对比法、头脑风暴法

一、对策表

(一)概念

对策表又叫措施计划表，是针对质量问题的主要原因而制定的应采取措施的计划表。对策表中的栏目包括要因、对策、目标、措施、完成地点、完成时间和责任人等。在 QC 小组活动和质量改进活动中，将排列图、因果图结合使用，称为"两图一表"。

(二)用途

(1) 面对需控制的问题，提出拟解决的方向，策划需实现的目标，以及为达到目标需采取的具体办法，以期使问题受控。

(2) 用于针对显在与潜在不合格原因，防止再发生甚至不发生不合格情况而制订的纠正措施或预防措施计划。

(3) 检查和评价所采取措施的结果及其有效性。

(三)应用步骤

(1) 明确要控制的问题或经分析后影响问题的主要原因。

(2) 明确消除主要原因的对策。

(3) 明确对策形成需达到的目标。

(4) 提出实现目标的措施方法、责任人和完成时间等。

(5) 制表，审查，必要时需经批准。

例如，某厂 QC 小组制定的对策表，针对所确认的要因，逐条制定了对策(解决要因的方向)，并且针对对策内容明确了实现对策的目标，目标值是量化的，为了完成确定的目标制定了具体实施的措施。同时，也相应地明确了实施地点、完成时间和责任人，如表 8.2 所示。

表 8.2　对策表

要　因	对　策	目　标	措　施	地　点	时　间	负责人
压缩空气管道泄漏	调整管道安装位置，变更管道材质	压缩空气压力保持0.68MPa	1.确定管道材质、安装位置	化学车间	2016.3.7	××××
			2.安装支架、安装不锈钢管道			
			3.确定泄漏接头数量、位置			
			4.拆除泄漏管道，安装耐压软管			

续表

要　因	对　策	目　标	措　施	地　点	时　间	负责人
阀门垫片尺寸不合适	调换法兰垫片尺寸	法兰垫片对阀瓣转动卡涩频数为0项	1.测量阀门尺寸，确定垫片数量 2.调整法兰垫片尺寸，确定规格 3.拆除旧垫片，安装调整后垫片	超滤厂房	2016.3.7	×××
集气联箱有水	设计新型集气联箱	集气联箱存水量0ml	1.依照联箱存水原因，设计新集气联箱并绘制新联箱图纸 2.拆除旧联箱，安装新集气联箱	超滤厂房	2016.3.7	×××
O型密封圈失效	改进O型圈材质	O型密封圈泄漏量0ml	1.选择耐腐、耐磨O型圈 2.解体反洗阀、更换O型圈	超滤厂房	2016.3.7	×××

(四)注意事项

绘制对策表时，应注意下列事项。

(1) 一个完整的对策表应落实5W1H的问题，即Why(原因)、What(对策)、Who(责任人)、Where(地点)、When(时间)和How(措施)。

(2) 在制定对策表的目标时，最好用定量数据表示。在不能用定量指标表示时，应以肯定的定性语言表示。

(3) 所制定的对策和措施必须具体，并具有可操作性。

二、水平对比法

(一)概念

水平对比法就是把产品、服务或过程质量及性能与公认的市场领先者(标杆)进行比较，以识别改进机会的一种方法。

(二)用途

(1) 应用于通过对比，找出差距，促进质量改进。

(2) 应用于确定企业的产品质量水平、质量方针和质量目标等。

(三)应用步骤

(1) 确定对比项目。对比项目应是过程输出的关键特性，如性能、成本、价格、油耗等。对比时，要"以己之短比他人之长"，要把自己工作中的不足或与顾客要求的差距作为对比项目。

(2) 确定对比对象。对比对象可以是直接竞争对手，也可以是行业内公认的领先者或是标杆企业，当然也可以是国际上的先进企业。

(3) 收集资料。所收集的资料应来源于对比对象和顾客的要求。获取资料可以通过直接接触、考察、访问、专家调查及技术刊物等方式取得。

(4) 分析资料。分析的目的在于针对有关项目制定最佳的目标。

(5) 进行对比。根据顾客的需要和对比对象的绩效确定质量改进的机会，这种机会体现为目前工作状况与顾客的需求及对比对象工作业绩之间的差距。

(6) 制定改进措施。通过对措施计划的实施、检查和处置，决定是否还有必要继续进行PDCA循环。不断地循环，持续地改进，才能真正达到"比、学、赶、帮、超"的目的。

(四)注意事项

运用水平对比法时，应注意下列事项。

(1) 水平对比法是对领先企业和具体的领先过程进行连续不断地测量和比较，因此，在应用中应采用PDCA循环，以达到持续改进的目的。

(2) 在对比中要做到不断地测量、分析、比较、学习和创新，不能一味地模仿复制。

(3) 水平对比法的难点在于如何准确地收集到竞争对手的有关资料，因此做好信息情报工作是水平对比法的关键。

(4) 落后企业要始终向前看，瞄准领先企业，进行赶超。

(5) 水平对比法一般用折线图、柱状图、雷达图等予以表现。

例如，表 8.3 是我国某光学玻璃厂为了改进产品质量，提高产品的竞争力，而与日本HOYA 公司和客户要求进行水平对比的情况。

表 8.3　光学玻璃水平对比

质量指标\企业名称	折射率	均匀性	应力	条纹度	气泡度	光吸引
本公司	$\pm 5 \times 10^{-5}$	1	2	无	0.03～0.10	0.003
日本 HOYA	$\pm 2 \times 10^{-5}$	1	2	无	<0.03	0.001
客户要求	$\pm 2 \times 10^{-5}$	1	2	无	<0.03	0.001

从表中可以看出，某企业生产的光学玻璃在折射率、气泡度、光吸引三个方面与日本HOYA 公司和客户的要求有差距，因此要在这三方面进行改进。

三、头脑风暴法

(一)概念

头脑风暴法又叫畅谈法、集思法。它是采用会议方式，引导小组成员围绕某个中心议题广开言路，激发灵感，在头脑中掀起思想风暴，毫无顾忌、畅所欲言地发表独立见解的一种集体开发创造性思维的方法。

(二)用途

(1) 在调查研究过程中获得大量的信息、意见、观点等基本资料。

(2) 在新产品开发过程中获得大量的新设想。

(3) 识别存在的质量问题并寻求解决的方法。

(4) 用于 QC 小组活动，寻找质量改进的机会。

(5) 在开展合理化建议活动中，启发员工的思维以获得更多的建议。

(三)应用步骤

1. 准备步骤

(1) 确定课题。明确解决问题的主题并做好充分的准备，如课题的现状、存在的问题、需要解决的问题和达到的目标等。

(2) 确定主持人。主持人必须对课题有充分的了解，并具有一定的组织协调能力和敏捷广阔的思维。

(3) 选择参加人员。参加人员除选择专业人员外，还需考虑其他相关人员，以便集思广益，从各方面获取解决问题的途径。

(4) 扩展思维训练，以便使参加人员尽快进入头脑风暴状态。

2. 产生阶段

(1) 主持人公布课题，介绍基本情况，以便使参加人员明确讨论的主题和解决问题的方向。

(2) 展开突破性思维，要求参加人员大胆地进行自由联想，尽可能多地提出设想。

(3) 主持人进行思路提示。

(4) 努力创设一种适宜的会议气氛。

3. 整理阶段

(1) 设想的筛选和转换。通过调查研究，排除错误和不存在的设想。设想可分为实用型、平凡型和幻想型。在整理阶段要注意把平凡型和幻想型设想转换为实用型设想。

(2) 将每个人的观点复述几遍，以使参加人员的知识全部设想成观点，去掉重复、无关的观点，对各种见解和设想进行论证，并进行归纳整理。

(四)注意事项

1. 头脑风暴法的会议规则

(1) 绝对禁止批评，做到不批评、不反驳、不争论，创设一种"知无不言、言无不尽"的民主气氛。

(2) 提倡扩展思维。

(3) 追求设想的数量，不追求设想的质量，尽可能多地获取信息。

(4) 对任何人提出的设想不作结论性判断。

(5) 要始终围绕主题展开讨论。

(6) 所有参加人员不分职务高低、资历深浅，一律平等。

(7) 有设想应立即表达，不要私下议论。

(8) 各种设想无论好坏，都要如实记录。

2. 要努力激活思维

(1) 开拓思维的广度，学会从不同角度去观察问题。

(2) 要善于比较，不要谋求答案的唯一性。

(3) 要以反习惯思维去破除思维定式。

(4) 要有强烈的质疑意识。

(5) 要重视意外的发现，不轻易放弃任何观察到的现象。

(6) 要扩大知识面，不要封闭于自己的专业领域。

(7) 经常加强创造性思维训练。

3. 采取有竞争性的组织形式

把参加人员分成若干竞争小组，要求在规定的时间内尽可能多地提出设想，形成强烈的竞争意识。

案例 16　工具技法的应用(实例之一)

大站阀门总厂以生产闸阀、蝶阀为主，兼生产柱塞阀、排污阀、底阀等阀门产品，年产量 1.5 万吨，产品内销全国各地，外销俄罗斯、西欧、中东等国家和地区。厂领导非常重视产品质量管理，20 世纪 80 年代就荣获市优和部优产品称号；1996 年荣获天津市名牌产品称号；1997 年通过 ISO 9002 质量体系认证，2001 年通过 ISO 9001: 2000 版认证；1999年获天津市著名商标；2003 年被国家质检总局批准为全国免检产品；2004 年经国家工商总局认定，阀门"力字图商标"为国家驰名商标。虽然"力"字牌阀门产品在全国市场上知名度很高，但厂长及技术人员们仍在不断向卓越境界发展。2007 年，为解决主导产品闸阀的单重超标和外观质量问题，厂长让技术科牵头，组织了由铸造和机加工车间的有关人员共 9 人形成的质量改进小组，确定的目标为单重控制在 ±3% 之内，外观光滑平整无瑕疵。图 8.28 所示为质量改进小组在分析闸阀单重不受控原因时所绘制的因果图。

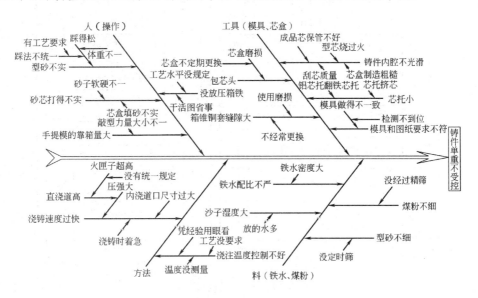

图 8.28　铸件单重不受控的因果图

(资料来源：选自全国第 27 届 QC 小组成果发表会资料)

案例 17　工具技法的应用(实例之二)
——提升门急诊综合满意度

天津市环湖医院市场部 QC 小组响应天津市人民政府和医院领导提出的"必须加强人文性服务以满足不同患者的需求"的号召,于 2004 年 2 月至 2005 年 6 月开展了 QC 小组活动,取得了显著的效果。小组活动成果在天津市和全国 QC 小组成果发布会上发表,得到了很好的评价。该小组成果在 10 个活动程序中均有工具技法的应用,尤其是对非数字资料的技法应用得较多。以下摘录其部分内容,供参考。

一、选择课题 (略)

二、现状调查 (略)

三、确定目标(亲和图)

确定目标的亲和图如图 8.29 所示。

四、分析原因(因果图)

分析原因的因果图如图 8.30 所示。

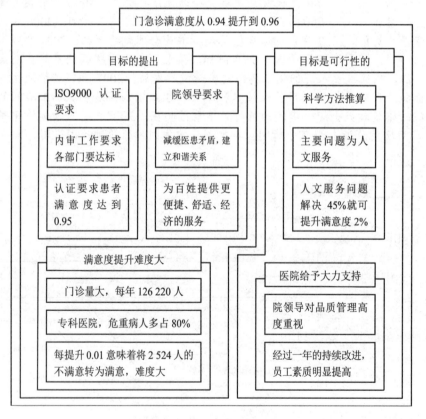

图 8.29　确定目标(亲和图)

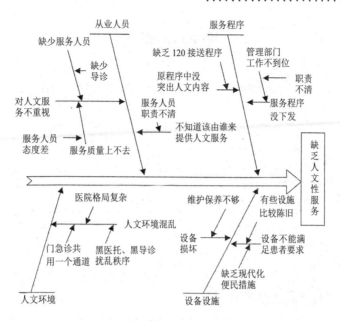

图 8.30 分析原因(因果图)

五、确定要因(矩阵图)

对列举的末端因素逐一加以确认,本着尊重客观事实的理念进行现场验证,并通过矩阵图确定要因,如图 8.31 所示。

	患 者		患者家属		本小组成员		领 导		是否为要因
缺乏高效导诊队伍	43%	○	82%	◎	92%	◎	78%	◎	是
服务人员态度差	67%	◎	77%	◎	68%	◎	63%	◎	是
服务人员职责不清					39%	○	23%	△	否
缺乏 120 接送程序	97%	◎	100%	◎	92%	◎			是
管理部门职责不清					46%	○	49%	○	否
设施比较陈旧					36%	○			否
缺乏现代化便民措施	56%	◎	66%	◎	73%	◎			是
设备维护保养不够					45%	○			否
医院格局复杂			47%	○	32%	○	41%	○	否
黑医托、黑导诊扰乱秩序	65%	◎	76%	◎	88%	◎	78%	◎	是
门急诊共用一个通道			22%	△	47%	○	32%	○	否

注:图中◎表示密切相关,○表示有一定关系,△表示未必,空格表示不知道

图 8.31 确定要因(L 型矩阵图)

评估结果:我们通过对患者、患者家属、本小组成员、领导进行问卷调查,将认为密切相关超过三项的末端因素确定为要因。

(资料来源:选自全国第 27 届 QC 小组成果发表会资料)

模拟试卷 8

一、名词解释(12分，每题4分)

(1) 因果图

(2) 流程图

(3) 矢线图

二、填空题(16分，每空2分)

(1) 系统图按层间关系可分为＿＿＿＿＿＿和＿＿＿＿＿＿。

(2) 对策表是针对质量问题的＿＿＿＿＿＿而制定的应采取措施的＿＿＿＿＿＿。

(3) 亲和图又叫＿＿＿＿＿＿、＿＿＿＿＿＿。

(4) 头脑风暴法又叫＿＿＿＿＿＿、＿＿＿＿＿＿。

三、单项选择题(12分，每题3分)

(1) 在整理非数字资料的方法中有一种不靠逻辑、靠意念归纳素材的方法是＿＿＿＿＿＿。

A. 矩阵图　　　　B. 亲和图　　　　C. 关联图　　　　D. 矢线图

(2) 流程图的终端应使用的符号形状为＿＿＿＿＿＿。

A. 椭圆形　　　　B. 菱形　　　　C. 方框　　　　D. 倒三角

(3) 一张完整的因果图展开的层次为＿＿＿＿＿＿。

A. 二层　　　　B. 三层　　　　C. 四层　　　　D. 到可采取措施为止

(4) 水平对比法是一种＿＿＿＿＿＿方法。

A. 过程调研　　　　　　　　B. 质量特性比较

C. 货比三家　　　　　　　　D. 找差距赶先进

四、多项选择题(16分，每题4分)

(1) 三因素的矩阵图有＿＿＿＿＿＿。

A. L 型　　　　　　　　B. T 型

C. Y 型　　　　　　　　D. C 型

E. X 型

(2) 属于单一目的型的关联图的有＿＿＿＿＿＿。

A. 关系表示式　　　　　　　B. 中央集约式

C. 矩阵式　　　　　　　　　D. 单向汇集式

E. KJ 法式

(3) 在矢线图中构成关键线路的条件有＿＿＿＿＿＿。

A. 线路所经结点无时差　　　　B. 时间相对最长

C. 时间相对最短　　　　　　　D. 把所有无时差的结点都连起来

E. 始结点最早与最迟时间相等

(4) 可用来分析影响结果的原因的方法有＿＿＿＿＿＿。

A. 矩阵图　　　　　　　　　B. 因果图

C. 系统图　　　　　　　　　　D. 关联图

E. 亲和图

五、判断题(8 分，每题 2 分)

(1) 使用头脑风暴法应首先考虑领导的意见。　　　　　　　　　(　　)

(2) PDPC 法就是过程决策程序图法。　　　　　　　　　　　　(　　)

(3) 关联图既可以解决单一目标问题，也可以解决关系比较复杂的多目标问题。

　　　　　　　　　　　　　　　　　　　　　　　　　　　　(　　)

(4) 对策表的前三个栏目应为"要因、现状、对策"。　　　　　(　　)

六、简答题(20 分，每题 10 分)

(1) 关联图的应用步骤是什么？

(2) 亲和图的注意事项是什么？

七、论述题(16 分)

试述头脑风暴法的注意事项。

第四篇 应 用 篇

第九章 质量经济性分析与质量成本管理

通过对本章的学习，要求了解和掌握以下内容。

- 质量的经济性管理。
- 质量经济性分析的含义。
- 质量经济性分析的原则与内容。
- 质量成本管理的含义与特征。
- 质量成本管理的原则与内容。
- 质量成本的分类与分析。
- 质量成本控制的原则与方法。
- 质量成本控制过程。

质量对问题实际上是一个经济问题，质量经济分析和管理是一个组织追求经营成功的重要环节，也是衡量一个组织质量管理有效性的重要标志。质量经济涉及利益和成本等诸多因素，对组织和顾客都具有重要意义。在质量经济性分析中，质量成本分析是其中的重要内容，强化质量成本管理，有利于控制和降低成本，满足顾客对质量成本方面的要求，提升产品质量。

第一节 质量经济性分析

一、质量经济性分析的含义

(一)质量与经济

质量对组织和顾客而言都有经济性的问题。例如，从利益方面考虑：对顾客而言，必须考虑减少费用、改进适用性；对组织而言，则需考虑提高利润和市场占有率。从成本方面考虑：对顾客而言，必须考虑安全性、购置费、运行费、保养费、停机损失和修理费，以及可能的处置费用；对组织而言，必须考虑识别顾客需要和设计中的缺陷，包括不满意的产品返工、返修、更换、重新加工、生产损失、担保和现场修理等发生的费用，以及承担产品责任和索赔风险等。

(二)质量经济性

质量经济性是人们获得质量所耗费资源的价值量的度量，在质量相同的情况下，耗费资源价值量小的，其经济性就好，反之就差。

可以把质量经济性的概念分为两种，即狭义的质量经济性和广义的质量经济性。前者是指质量在形成过程中所耗费资源的价值量，主要是产品的设计成本和制造成本及应该分摊的期间费用；后者是指顾客获得质量所耗费的全部费用，包括质量在形成过程中资源耗费的价值量和在使用过程中耗费的价值量。这样，可以用单位产品成本和分摊的期间费用之和，来反映组织某种产品的狭义的质量经济性，用寿命周期成本来反映广义的质量经济性。

(三)质量经济性分析

质量经济性分析是围绕产品(服务)的适用性，通过对产品(服务)的质量、成本、利润之间关系的分析，以求得组织和社会协同经济效益的方法。

质量经济性分析的核心是探求产品(服务)的适用性。质量经济性分析的目的是获得组织和社会协同经济效益。质量经济性分析的主要对象是产品(服务)质量的产生、形成和实现的全过程。质量经济性运用的是经济方法。

质量经济性分析力求从利益和成本两个方面进行衡量，寻求投入与质量形成有机的契合点，力争在一定量投入的基础上，以较少的质量资本投入，获取经济效益。同时，以较高的产品(服务)的适用性满足需求，获取较好的社会效益。

二、质量经济性分析的原则

加强质量管理，提高组织经济效益包含两层含义：一是增加收入、利润和扩大市场份额；二是降低经营资源成本，减少资源投入。质量经济性分析的基本原则主要包括：从组织方面考虑，降低经营资源成本，实施质量成本管理；从顾客方面考虑，提高顾客满意度，增强市场竞争能力。

(一)增强顾客满意度

增强顾客满意度包括两个方面：一是开发新产品(包括服务)；二是改进现有产品(服务)的市场营销。在开发新产品方面应重点做好：开发具有创新性的产品(服务)；开发独特的产品(服务)；缩短新产品的推出时间；改进现有的产品(服务)。在改进现有产品(服务)的市场营销方面应重点做好：增强信誉；讲求"诚信"，取得顾客的信任，提高顾客满意度指数；增强顾客忠诚度。反映顾客忠诚度的三个标志为：顾客自己是回头客；说服亲属、朋友购买；能自觉地将对生产者及其产品的意见向生产者反映和交流。因此，组织应加强营销策略的研究，加强营销网络的建设，采用先进的营销手段，增强顾客满意，从而不断扩大市场占有率。

(二)降低过程成本

降低成本也包括两个方面：一是降低合格(符合)成本；二是降低不合格(不符合)成本。

降低合格(符合)成本的途径有：①提高现有的过程能力，即应从提高人员素质、改进设备性能、采用新材料、改进加工艺方法和改善环境条件等方面提高工序能力，提高产品(服务)的合格率、降低损失；②培养操作人员的职业素养，提高操作技能；③对过程再设计，即重新对过程进行设计，如采用新的工艺流程和方法，设计全新的生产(服务)作业过程，提高产品(服务)质量、降低损失。

降低不合格(不符合)成本的途径有：①减少停工所造成的损失；②减少顾客退货，可以从确保产品的实物质量、产品的防护与及时交付的质量，以及售后服务质量等方面，避免或减少顾客退货及其所造成的损失；③减少超支，主要是减少计划外的额外开支，防止偏离计划造成的额外损失；④降低能耗和污染损失。

三、质量经济性分析的主要内容

(一)质量成本分析

质量成本分析是从保证产品(服务)质量标准而支出的有关费用和未达到既定质量标准而造成的损失入手，将质量成本核算后的各种质量成本资料，按照质量管理要求进行分析比较，探求以最少的质量资本投入获得较好的经济效益的方法。质量成本分析主要包括质量成本总额分析、质量成本构成分析、内部故障和外部故障成本分析及其他质量成本分析。

质量成本分析是质量管理必不可少的重要工具，是组织获得长期竞争优势的保障。通过质量成本分析，可以找出影响产品质量的主要缺陷、质量管理工作的薄弱环节和适宜的质量总成本，为提出质量改进意见提供依据。早在 20 世纪 50 年代，朱兰博士就提出了"矿中黄金"的概念，认为废品损失就像亟待开采的"金矿"，只要管理得当，降低废品费用就如同从金矿中开采出黄金，指出了质量成本分析的重要性。最早运用质量成本分析的组织是美国的通用电气公司，负责设计该公司质量成本体系的就是著名质量管理专家菲根鲍姆。20 世纪 50 年代初期，他为通用电气公司设计了一个质量成本报告体系，向公司管理层提供有关质量问题影响组织经济效益的资料，并有针对性地提出质量改进建议、质量改进方案及其经济重要性，以引起管理层对质量管理工作的重视，便于管理者正确进行质量决策。

质量成本由两个部分构成：一是为达到产品既定的质量标准而支出的费用；二是由于质量低劣而造成的经济损失。前者称为质量控制成本，后者称为质量损失成本。

质量成本中的控制成本和损失成本是对立的，如果强化质量控制，虽然降低了损失成本，但同时也加大了控制成本；如果降低控制成本，但同时又可能加大损失成本。质量成本分析的要义就是将控制成本和损失成本协同考虑，寻求适宜的质量水平，即最佳的质量点，使质量总成本最低，确保质量与经济的平衡。

(二)质量损失分析

质量损失是指在生产、经营过程和活动中，由于产品的质量问题而导致的损失，即由于质量低劣而产生的内、外部损失。质量损失的存在在于资源的潜力没能得到充分的发挥，这也正是质量改进的意义所在或质量改进的机会所在。

质量损失可分为两种形式，即有形损失和无形损失。

(1) 有形损失是指由于内部故障而直接发生的费用，如因返工、低效的人机控制、丧失机会等引起的低工作效率，并由此造成的资源和材料的浪费等。

(2) 无形损失是指由于顾客不满意而发生的未来销售的损失，如因顾客不满意而失去顾客、丧失信誉，从而失去更多销售机会或增值机会所造成的损失。无形损失不是实际的费用支出，常常难以统计和定量，并且它对组织的影响大且长久，因而，它是一种很重要的损失。

日本质量管理学家田口玄一认为产品质量与质量损失密切相关。质量损失是指产品在整个生命周期的过程中，由于质量不满足规定的要求，对生产者、使用者和社会所造成的全部损失之和。田口玄一用货币单位来对产品质量进行度量，质量损失越大，产品质量越差；反之，质量损失越小，产品质量越好。

干扰引起了产品功能的波动，有波动就会造成质量损失。如何度量由于功能波动所造成的损失，田口先生提出了质量损失函数的概念，它把功能波动与经济损失联系起来。田口先生把产品(或工艺项目)看作一个系统，这个系统的因素分为输入因素(可再分为可控因素 X 和不可控因素 Z)和输出因素(即质量特性或响应)y，系统的设计目标值为 m。

田口先生认为系统产生的质量损失是由于质量特性 y 偏离设计目标值造成的，有偏离，就会有损失。质量损失函数为：

$$L(y)=k(y-m)^2$$

式中：$L(x)$ 为质量损失函数；m 为目标值；y 为质量特性值；k 为常数，称为损失函数系数。

k 值的确定方法有以下两种。

① 由功能界限 Δ_0(判断产品能否正常发挥功能的界限值)和 A_0(产品丧失功能的损失)求得。

当 $|x-m| \leq \Delta_0$ 时，产品能正常发挥功能的界限值。

当 $|x-m| > \Delta_0$ 时，产品丧失功能。设产品丧失功能时给社会带来的损失为 A_0 元，则：

$$k = \frac{A_0}{\Delta_0^2}$$

② 由功能界限 Δ(容差)和 A(产品不合格损失)求得。

当 $|x-m| \leq \Delta$ 时，产品为合格品。

当 $|x-m| > \Delta$ 时，产品为不合格品。设产品为不合格品时，组织可采取报废、降级或返修等处理，此时给组织带来的损失为 A 元，则：

$$k = \frac{A}{\Delta^2}$$

例如，某电视机电源电路的直流输出电压 Y 的目标值为 $m=115V$，功能界限 $\Delta_0=25V$，丧失功能的损失为 $A_0=300$ 元。

① 求损失函数中的系数 k。

② 已知不合格时的返修费为 $A=1$ 元，求容差。

③ 若某产品的直流输出电压为 $Y=112V$，此产品该不该投放市场。

则：

① $k = \dfrac{A_0}{\Delta_0^2} = \dfrac{300}{25^2} = 0.48$ 元$/v^2$，所以损失函数为：$L(y) = 0.48(y-115)^2$

② 由 $k = \dfrac{A_0}{\Delta_0^2} = k = \dfrac{A}{\Delta^2}$ 得：

$$\Delta = \sqrt{\frac{A}{A_0}} \times \Delta_0 = \sqrt{\frac{1}{300}} \times 25 = 1.4v$$

③ 当 $Y=112V$ 时，相应的损失为：

$$L(112) = 0.48(112-115)^2 = 4.23(元)$$

若不经返修就投放市场，工厂虽然少花 1 元返修费，但给用户造成 4.23 元的损失。

(三)质量投资效益分析

投资效益是指投资活动所取得的成果与所占用或消耗的投资之间的对比关系。从财务学角度来看，组织的投资效益取决于收入(或产出)和成本(或投入)两个因素，即用收入(或产出)减去成本(或投入)得到的利润(或净收入)是衡量组织投资效益的关键性指标，也是评价该组织生产(服务)过程经济性的主要指标。所以，从这个意义上讲，以较低的投入获得较高的收益是组织追求的经济性目标。相对而言，质量投资效益也可以根据财务学的原理进行推断。在一定时期内，组织要确保或提高产品(服务)的质量，就需要投入一定量的质量成本，这些投入又需要与质量水平相关的质量收入予以补偿和增值，主要包括以下几个方面：由于产品(服务)质量提高带来的单位售价提高而增加的收入；由于质量提升使得信誉提高、销量增加而增加的收入；由于废品和次品的减少、合格品的增加而增加的收入；由于质量保证使得减少折让、退货而增加的收入。质量收入可用以下公式表示：

质量收入=(实际产品合格率-计划产品合格率)×销售收入+(实际等级品率-计划等级品率)×销售收入

由此，质量收入减去质量成本获得的效益是衡量组织质量投资效益的标志。但是，单纯地将质量收入或质量成本作为质量经济性的单一坐标都是不可取的。

为持续获得更高的质量收入，获取更大的市场竞争优势，组织就需要持续提高产品(服务)质量水平，而这就意味着质量成本投入的持续提高。通常来讲，品质高的产品(服务)理应获得较高的市场占有率，亦将通过提高单位售价而增加的收入来补偿质量成本的投入。但是，当产品(服务)的质量水平足以满足顾客需求的前提下，再追加更高的质量投入以获取超出顾客需求的质量水平，进而再提高单位售价，往往会失去顾客市场。在一定量的前提下，维持固有的单位售价，增加的质量成本抵减了质量收入，不能获得预期的质量投资效益。而要达到预期的质量投资效益目标，就意味着扩大销售量，从而导致市场运营成本的增加，对于组织运营来讲是不可取的。

为降低质量成本，组织就需要充分地预防，从而降低产品(服务)的缺陷数或不合格率。这样的做法虽然内外部损失会大大降低，但是，预防成本会相应增加。同时，当组织维持较低的不合格率目标时，组织需要花费较长的时间和检查费用，则鉴定成本和预防成本也会随之增加。这样，都会导致质量总成本的上升，降低预期的质量投资效益，对于组织运营来讲也是不可取的。

因此，进行质量投资效益分析的要义是促使组织充分关注质量收入和质量成本两方面

因素，确定"最适宜的质量水平"，从而提高质量投资效益。

第二节　质　量　成　本

一、质量成本的含义

质量成本的概念是由美国质量专家菲根鲍姆在 20 世纪 50 年代提出来的。他将质量预防和鉴定成本与产品质量不符合要求所造成的损失一并考虑，形成质量报告，为高层管理者了解质量问题对组织经济效益产生的影响，进行质量管理决策提供重要依据。

有关质量成本的含义，可借鉴菲根鲍姆的定义：为了确保和保证满意的质量而发生的费用，以及没有达到满意的质量所造成的损失，是组织生产总成本的一个组成部分。

质量成本是变动成本，当质量水平发生变化时，其相应的质量成本总额和比值结构也必然发生变动。质量成本是机会成本，不局限于已经发生的经济活动，而是着重于分析和预测可能或应当发生的经济活动，有利于作出决策。质量成本是估计成本，带有一定的假定性，是对可能出现的问题提出各种方案，为决策提供依据。

二、质量成本的分类

(一)质量成本的开支范围

掌握质量成本的分类，应首先了解质量成本核算中规定的质量成本开支范围。

(1) 为开展质量管理和改进产品质量而消耗的各种原材料、动力、燃料、物品的费用。

(2) 质量管理人员、质量检验人员的工资总额及提取的职工福利基金、工会经费、职工教育经费及各种津贴补助。其他从事质量管理、质量检验、售后服务等工作人员按规定计算的工资总额及提取的职工福利基金。

(3) 质量管理部门和检验部门使用的设备、仪器、仪表的折旧费，以及实际支付的中、小修理费，日常维护校准费和为进行质量管理和质量检验使用的工具、量具等低值易耗品的摊销费用。

(4) 质量管理部门、检验部门及其他部门产生的与质量管理有关的办公费、旅差费、劳保费等。

(5) 因质量不符合要求造成的停工损失、返修、报废、减产、降级等内部损失费，以及因质量未达到标准造成的对外维修、销售、服务等部门的外部质量损失费。

(6) 质量机构对质量进行抽查、认证、测试，以及对质量管理体系进行审核、咨询等所支付的费用。

(7) 与质量管理、质量检验和产品质量有关的其他费用和质量奖金。

(二)质量成本的分类

根据国际标准(ISO)的规定，质量成本是由两部分构成，即运行质量成本(或工作质量成本、内部质量成本)和外部质量保证成本。

运行质量成本是指为保证和提高产品质量而支付的一切费用以及因质量故障所造成的损失费用之和。它又分为四类，即内部损失成本、外部损失成本、鉴定成本和预防成本。

外部质量保证成本是指提供要求的客观证据所支付的费用。它主要包括：为提供特殊附加的质量保证措施、程序、数据所支付的费用；产品的验证试验和评定的费用；进行质量体系认证所发生的费用。

(三)内部损失成本

内部损失成本又称内部故障成本，是指产品在交付前因不能满足规定的质量要求所损失的费用。它主要包括报废损失费、返修费、降级损失费、停工损失费、质量事故处理费等。

(1) 报废损失费是指因产品达不到质量要求且无法修复或在经济上不值得修复造成报废所损失的费用，以及在采购、运输、仓储、筛选等过程中因质量问题所损失的费用。

(2) 返修费是指为修复不合格品并使之达到质量要求所支付的费用。

(3) 降级损失费是指因产品质量达不到规定的质量等级而降级所损失的费用。

(4) 停工损失费是指因质量原因造成停工所损失的费用。

(5) 质量事故处理费是指因处理内部产品质量事故所支付的费用，如重新筛选或重复检验等所支付的费用。

(四)外部损失成本

外部损失成本是指产品交付后因不满足规定的质量要求，导致索赔、修理、更换或信誉损失等所损失的费用。它主要包括索赔费、退货损失费、折价损失费和保修费等。

(1) 索赔费是指因产品质量未达到规定的标准，对顾客提出的申诉进行赔偿、处理所支付的费用。

(2) 退货损失费是指因产品质量未达到规定的标准造成顾客退货、换货所损失的费用。

(3) 折价损失费是指因产品质量未达到规定的标准折价销售所损失的费用。

(4) 保修费是指根据保修规定，为顾客提供修理服务所支付的费用和报修人员的工资总额及提取的福利基金。

(五)鉴定成本

鉴定成本是指评定产品是否满足规定的质量水平所支付的费用。它主要包括试验检验费、质量检验办公费、工资及福利基金、检测设备维修折旧费等。

(1) 试验检验费是指对采购件及外协件和在制品、半成品、产成品按质量要求进行试验、检验所支付的费用。

(2) 质量检验办公费是指质量检验部门为开展日常检验工作所支付的办公费。

(3) 工资及福利基金是指从事试验、检验工作人员的工资总额及提取的福利基金。

(4) 检测设备维修折旧费是指检测设备的维护、校准、修理和折旧费。

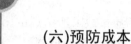

(六)预防成本

预防成本是指用于预防产生不合格品与故障等所支付的费用。它主要包括质量培训费、质量管理活动费、质量改进措施费、质量评审费、工资及福利基金等。

(1) 质量培训费是指为达到质量要求或改进产品质量的目的,以及提高全员的质量意识和质量管理的业务水平进行培训所支付的费用。

(2) 质量管理活动费是指为推行质量管理工作所支付的费用。例如,质量管理协会经费、质量管理咨询诊断费、质量奖励费、质量情报费;为制定质量政策、计划、目标而编制相关文件等一系列活动所支付的费用;质量管理部门的办公费用。

(3) 质量改进措施费是指为保证或改进产品质量所支付的费用。

(4) 质量评审费是指进行产品质量评审和质量管理体系审核所支付的费用,以及新产品投产前进行质量评审所支付的费用。

(5) 工资及福利基金是指从事质量管理人员的工资总额及提取的福利基金。

(七)外部质量保证成本

外部质量保证成本主要包括质量保证措施费、产品质量证实试验费、评定费。

(1) 质量保证措施费是指应顾客特殊要求而增加的质量管理费用。

(2) 产品质量证实试验费是指为顾客提供产品质量受控依据进行质量证实试验所支付的费用。

(3) 评定费是指应顾客特殊要求进行产品质量认证所支付的费用。

第三节　质量成本管理

一、质量成本管理的含义

质量成本管理是指组织为确保产品(服务)质量,对全面质量成本进行的有计划、有组织、有控制的活动过程。

质量成本管理的目的是确保产品(服务)质量,无论是传统的可接受质量目标和现代的零缺陷质量目标,都需要通过强化质量成本管理予以实现。

质量成本管理的对象是全面质量成本。20 世纪 60 年代后,费根鲍姆在研究全面质量管理的过程中,把质量成本管理的范围扩大到产品生命周期,形成从市场调查、产品设计、技术装备、物资供应、生产制造、产品销售到用户使用的全过程的质量成本管理,并提出五类重要的质量成本,即间接质量成本和卖主质量成本;无形质量成本与"责任暴露"质量成本;质量设备成本;寿命周期成本;用户质量成本。20 世纪 80 年代,哈林顿在《不良质量成本》一书中把质量成本改名为"不良质量成本",并划分为直接不良质量成本和间接不良质量成本。在间接不良质量成本中,把用户损失成本、信誉损失成本、用户不满损失成本等全部包括在不良质量成本之中。哈林顿还将质量检测、试验设备和有关报告质量数据的设备投资,如计算机、打印机等列为不良质量成本。对操作者特别是管理者的差错造成的内部损失和外部损失也列为内部差错成本和外部差错成本。扩大了质量成本和质量成本管理范围。

质量成本管理是具有组织性、计划性、控制性的活动过程，是筹划、实施、检查、处置的闭环系统。组织性体现为确定质量成本管理方针目标，整合质量成本管理的资源，构建合理的质量成本管理权责结构。计划性体现为围绕质量成本管理方针目标，制定具有针对性、可行性、约束性的方法措施、职责制度、文件要求、实施步骤等。控制性体现为围绕质量成本管理方针目标和计划性要求，对实际运行过程是否符合预定目标进行测定分析并采取措施，确保组织目标的实现。

二、质量成本管理的特征

(一)全面化

现代组织的质量成本管理具有广泛的内涵，它既体现为对产品(服务)质量成本的管理，又体现为对质量成本管理工作质量的考量。因此，现代质量成本管理不仅反映产品(服务)质量成本状况，还应反映质量管理工作效果状况。成本管理工作质量的高低是影响产品(服务)质量成本状况的制约因素，过剩的质量水平、返工或返修、不合格的产生、过多的退货等直接或间接损失所带来的质量成本的增加，均是由于工作质量造成的。所以，组织在进行质量成本管理过程中，应树立全面、系统的理念，将产品(服务)质量成本控制与造成不良质量成本状况的工作质量统筹兼顾、协同管理。

(二)全程化

质量成本是在产品(服务)的产生、形成和实现过程中构成的，组织的质量成本管理理应树立全程、动态的理念，在市场调研、设计试验、原料采购、制造、检验、储运、销售、安装、使用和维修等各个环节中都应关注质量成本的状况。同时，随着产品(服务)质量适用性的变化，应保持动态创新，根据新的质量要求，如现代新型产品必须具有环保、无污染、节能和更高的安全性等质量要求，及时考虑新型产品质量成本的投入及其经济性要求。所以，组织应既要考虑符合产品(服务)新型质量要求，又要考虑质量成本投入效益的要求，以此寻求新的适宜质量水平。

(三)全员化

全员参与是全面质量管理的本质特征和根本要求，而产品(服务)质量的优劣又直接导致质量成本状况的优劣，这些都与全员的质量意识和影响质量的工作密不可分。因此，组织应构建全员参与质量成本管理模式，使全员参与到质量成本管理中，做到全员有责、全员参与、全员管理、全员创新，以此全方位致力于优化质量成本、有效控制质量成本、实现良好的质量成本投入效益。

(四)科学化

质量成本管理是经济活动，组织的质量成本管理工作必须遵循管理活动的经济规律。

应采取科学的方法对质量成本数据进行计量核算，运用科学的方式对质量成本数据进行统计分析，以此为组织管理层进行质量成本决策提供科学的依据。同时，质量成本作为资本增值的管理成本，通过分析一定量的质量改进资本投入与由此产生的质量收益之间的相互关系，用以寻求两者之间的最佳结构。所以，现代质量成本管理不仅应能及时、有效地反映质量成本支出，而且还要反映质量投入收益，进行质量成本效益核算和决策，从而为组织在市场竞争、顾客的需求和组织生存、获利之间进行权衡决策提供全面的价值依据。

(五)体系化

管理的本质是控制管理对象和管理活动，按照一定的规则和程序有组织地运行，并持续地调整和改进，促使结果达到预期效果。这就需要将所有的资源、过程和环节构成完整的体系，明确职责和运行规则，有筹划、有实施、有考核、有处置。组织的质量成本管理本身是管理活动，理应构建质量成本管理组织体系和管理体系。组织体系需要构建的是组织结构和职责体系。组织结构解决的是明确层级构架、领导关系、职权分配和分工协作体系；职责体系解决的是明晰各层级承担的职责，只有做到关系明确、权责对等，才能提供组织保障。管理体系需要构建的是大流程和小流程。大流程即按照闭环原理，确定筹划、实施、检查(考核)、处置(改进)程序，事事有计划、有执行措施、有过程和事后监督、有处理或改进对策；小流程即确定质量成本管理各环节运行程序，事事有流程或流转规定，各环节有衔接、有痕迹，按照质量成本管理的自然规律顺畅运行。

三、质量成本管理的目的

(一)有利于加强对总成本的控制并降低成本

质量成本是组织总成本中的重要组成部分，随着顾客需求的持续变化，促使产品(服务)技术更新持续升级，使产品(服务)质量成本在总成本中所占的比重不断增多。成本是耗费的显现，又是补偿的尺度。在质量成本中属于成本开支范围的显性成本，可以直接通过核算从价格或收入中得到补偿。而属于产品质量成本而实际并未支付，但应计算的降级折价损失、质量事故的停产损失等隐含成本，并不包含在成本核算之中，往往不能从价格或收入中得到补偿。所以，明确质量成本的内容及分类，在总成本控制中综合考虑，增强定价政策的可靠性，以此为组织获得良好的投资效益目标提供依据。从另一角度分析，当质量预防成本投入后，由于次品率和赔偿金额的减少抵消了质量成本的增加，总成本相应的减到最少；而随着质量预防成本的不断投入，由于次品率和赔偿金额的减少不能抵消质量成本的增加，总成本则相应的增加。因此，质量成本管理的优劣直接反映出总成本控制的优劣，最终影响投资效益，加强质量成本的管理有利于加强总成本的控制，并为降低成本提供途径。

(二)有利于强化全面质量管理

质量成本管理是全面质量管理的重要组成部分，是编制质量计划、确定质量方针，进行质量决策的重要依据。而进行质量成本预测、计划、核算及控制、分析，需要将质量成本指标层层分解，并落实到组织各个部门和各个环节，要求各部门、各环节对质量成本指标承担相应的经济责任，从而促使经济责任制的建立和完善。质量成本管理在于强化组织各部门的质量责任，考核组织全面质量管理的经济效益，促进提高产品质量。质量成本管理的重点在于核算差异，明确质量主管部门的责任，揭示矛盾，及时采取措施，防患于未然，从而有助于改进和提高产品质量。

(三)有利于实现经济效益和社会效益的统一

产品(服务)质量是生产经营成果在使用价值上的重要体现，又是获得经济效益的重要条件。产品(服务)质量低劣，不能满足顾客需求，使用价值则不能被社会承认，丧失竞争力而失去在市场的存在价值，不能达到预期的投资效益目标；而产品(服务)质量过剩，形成过剩的质量损失，增加了无谓的质量成本投入，在相同的竞争性价格前提下，过多地抵销了利润，则同样也不能达到预期的投资效益目标。可见，质量水平与经济效益之间有一个最优结合的问题，即存在"最佳质量成本决策"问题，当产品质量确定在这一点时，产品的质量总成本最低，因而投资效益也会达到最大化。同时，由于加强质量成本管理，可以减少废品、次品率，提高生产效率，优化资源配置，从而在一定程度上有利于社会效率的提高，有利于社会的可持续发展和人民生活的逐步改善。

(四)有利于提高管理水平

通过质量成本分类，使与质量有关的项目得到了进一步细化，扩大了质量成本分析和管理的范围。同时，将质量管理与成本管理有机结合起来，能够促使组织的管理工作更富有成效。质量成本是一种变动成本，它随着质量合格水平的变动而变动。组织可以运用科学的方法，从分析其变化趋势中探求最佳的质量水平。同时，质量成本又是机会成本，组织可以通过质量改进的办法来减少损失，从而降低质量成本占总成本的比例，获得更多的收益。因此，就要求组织增强预见性，着重于分析和预测可能或应当发生的经济活动，充分估计不确定的机会成本，搞好计划与预测工作，从而提高管理水平。

四、质量成本管理的原则

(一)寻求适宜的质量成本

任何组织都有与其资源条件、管理方式和人员素质等相适应的质量成本。开展质量成本管理的目的就是通过适宜的质量成本控制方式，优化质量成本。因此，组织应以寻求适宜的质量成本为手段，提高质量管理水平和质量保证能力。而要达到管理要求，就应掌握以下规则：①质量是要达到已经确定的要求，而不是追求更好；②达到质量要求是依靠预防系统控制的，即抓好前端工作，把事情做正确，强化过程预防，预防不符合的发生或重复发生，而不是靠事后的检验；③强化零缺陷标准，即第一次就按照技术标准、管理标准、工作标准把工作做对，不接受错误、不放过错误，将发生错误的概率降到最低，而不是讲求"差不多就好"；④消除由于第一次没有把工作做对而造成的额外损失(PONC)，控制第一次就把工作做对而付出的成本，包括为预防 PONC 而实际付出的特别的成本，提高经济效益，而不是单纯用指数的形式衡量质量成本水平。

(二)用真实、准确的数据说话

数据是衡量效率的最有利依据，又是工作绩效的量化考核标准，所以，"用数据说话"是质量成本管理的主要原则之一。要保证工作的零缺陷和工作环节信息的准确性，用数据说话就成为管理活动最基础的要求，只有用数据说话，所体现的结果才能更明确、更准确、更精确。质量成本管理的最终效果是用数据衡量的，因此，在实施质量成本管理过程中，必须要对成本数据进行细致的核算和分析，必须确保提供的各种数据和记录的真实、准确、可靠，这样才能做到核算准确、分析透彻、考核真实、控制有效。

(三)完善配套的制度体系

实施质量成本管理应注重制度建设，必须有一整套成熟定型的制度作为保障，包括作业标准、各种管理规范等。倘若缺乏完备的制度基础，质量成本管理只能是纸上谈兵、空中楼阁，质量成本管理难以持续。在质量成本管理制度建设中，"以人为本"是质量成本管理文化的基石，约束与激励是质量成本管理的核心；组织架构是质量成本管理的重心；完备的运行规程是质量成本管理关注的焦点。因此，组织在构建制度体系时应重点考虑以下几点：①建立全员参与型管理体系，明确质量职责，人人参与质量成本管理，人人关注质量成本；②构建相匹配的组织结构，明确质量职能，提高组织效能；③制定和执行完备的质量成本管理标准、办法、规定等体系，促使在产品(服务)产生、形成和实现全过程的质量成本管理工作均有章可循、有法可依、有据可查；④建立健全激励约束机制，充分激发员工的潜能，持续改进质量成本，为强化质量成本管理提供动力。

(四)注重对价值流的梳理

价值流是指从原材料转变为成品、并给它赋予价值的全部活动，信息流也是价值流的一部分。完整的价值流包括：增值活动，即创造出真正能让顾客接受的价值的行动；必要但不增值活动，即指那些不创造价值，但是产品开发、补充订货、生产系统还需要，因而不能马上取消的活动；不增值活动，即纯粹的浪费，它包含那些不能创造用户所能接受的价值，并且可以立即取消的活动。研究表明，组织用于增值活动的时间仅占整个流程的极小部分，大部分时间都花在非增值的活动中。而质量成本管理工作则是尽量寻求一种合适的路径去消除不增值活动，尽量减少必要但不增值活动，提升竞争优势。因此，在质量成本管理工作中，应遵循价值流规律，必须重视价值流的梳理，对业务流程进行详尽的梳理和再造，从末端的顾客开始，识别顾客的有效需求，确定流程输出的关键质量指标，然后逆向确定组织的宏观流程，确立达到和符合顾客需求的流程输入质量指标，并保证流程顺畅地流动起来，防止停顿和中断。通过价值流的梳理，发现和揭示流程中的浪费，去除不增值活动或作业流程，使质量成本达到合理的区间值，最终的目的是管住质量成本、节约质量成本、降低质量总成本。

五、质量成本管理的内容

(一)构建质量成本管理体系

质量成本管理是质量管理组成部分，因此，强化质量成本管理亦应按照质量管理规律构建管理体系。质量成本管理体系主要负责组织、协调、落实质量成本工作及质量成本改进工作，确定管理职责范围和管理程序。

一般而言，最高管理者全面负责质量成本管理工作。最高管理者下设三个主管，其中总会计师负责质量成本预测、计划、核算、质量成本数据经济分析等工作；总工程师(或其他副职)负责质量成本的综合分析和改进工作；总经济师(或其他副职)负责质量成本指标的下达、控制、考核等工作。

财务部门负责：制订年度质量成本计划；确定质量费用科目；收集、统计和核算质量成本数据；组织质量成本经济分析并提供经济分析报告；编制质量成本所需报表。

质量管理(控制)部门负责：落实、监督和考核质量成本计划；组织质量成本综合分析并提供质量成本报告；根据质量成本综合分析结果制订质量成本改进计划并组织协调落实；对有争议的质量成本责任做出仲裁。

其他部门负责：落实本部门的质量成本计划；收集、核算并提供本部门的质量成本数据和质量成本分析报告。

质量成本管理一般包括以下程序。

(1) 对全员进行质量成本管理知识教育，对质量成本管理有关人员进行业务培训。

(2) 建立质量成本管理体系，明确职责，为实施质量成本管理提供组织保证。

(3) 结合实际情况制定质量成本管理办法，使质量成本管理有章可循。

(4) 根据质量成本目标制定质量成本计划。

(5) 定期对质量成本的各项费用进行核算和分析。

(6) 定期对质量成本进行考核。

(7) 根据质量成本分析编制质量成本报告，为质量改进提供依据。

(8) 根据质量成本报告，结合具体情况，确定质量改进目标及相应的改进措施并组织落实。调整质量管理工作重点，发挥质量管理体系的有效性。

在构建质量成本管理体系时应重视四个关键问题：①完善质量成本的测量与报告体系，特别应保证不良质量成本信息和数据的收集渠道畅通，既要全面收集显在质量成本，尤其还要重视隐含质量损失成本数据的收集与分析；②加强质量成本管理和质量改进间的联系，质量成本管理的根本目的就是明确和界定不良质量成本，通过质量改进消除它，从而提升组织的总体质量水平；③提高质量成本管理信息化的能力，信息化能力的提高可改变手工数据收集中的高强度劳动和低效率，实现连续、动态、实时的数据监控，提高了数据的质量，实现信息的实时更新和共享；④加强质量成本管理与绩效管理的结合，将质量成本管理的相关指标加入绩效评价指标体系中，可更全面地衡量管理效果，同时还能通过对质量改进项目的评价，激活全员主动参与质量改进活动的热情和主动性。

(二)建立质量成本目标体系

开展质量成本管理工作应有明确的目标体系，这是质量成本管理工作的基础。

建立质量成本目标体系，应注意以下几点：①目标要有突破性。所谓突破性，就是要在现有的质量成本基础上有所突破，质量成本总量要有一定幅度的降低；②目标要有可控性。所谓可控性，就是可通过强化日常控制，把质量水平和质量指标维持在一定的水平上。③目标要有可实现性。所谓可实现性，就是通过努力目标是可以实现的，不可把目标定得过高、难以实现，导致丧失信心；④目标应力求量化。尽量避免使用一些不确定语言，多用数字表述目标，便于操作和验证。

建立质量成本目标，既要有总目标，也要有分目标。总目标规定质量成本总体控制水平，是在一定时间内应达到的成果或要求。将总目标进行分解就成为一系列分目标，如将总目标分解成采购质量成本目标、制造质量成本目标、销售质量成本目标等分目标，这些分目标由相应的部门来完成。

(三)质量成本预测和计划工作

质量成本目标能否顺利实现，关键在于质量成本计划制订得是否完善、合理，而质量成本计划的完善、合理程度又取决于对质量成本的预测工作。质量成本预测是制订质量成本计划的主要依据，是通过分析各种质量要素与质量成本的依存关系，对一定时期的质量成本目标做出长期、中期、短期的趋势估计。质量成本预测的主要依据为：组织的历史资料、方针目标、国内外同行业的质量成本资料、所需的技术条件及质量要求和顾客的特殊要求。

组织在制订质量成本计划时，应与综合运营计划、质量计划和成本计划相协调，应依据质量成本预测结果制订符合性的质量成本计划。质量成本计划一般包括单位产品(服务)质量成本计划、总质量成本计划、质量成本构成比例计划、质量改进措施费用计划。质量成本计划应规定达到的质量成本目标、完成质量成本计划应采取的措施、检查与考核质量成本的指标。

(四)质量成本科目设置与核算工作

质量成本科目的设置是质量成本管理的基础性工作，也是做好质量成本核算的前提性工作。组织在进行质量成本科目设置时应遵循以下原则：必须符合国家现行成本核算有关制度；能够具体反映质量管理和经济核算的要求；便于统计、核算、比较、分析，有利于质量改进；应依据质量费用的用途和发生范围设置；应根据实际情况设置。质量成本包括三个级别的科目：一级科目为质量成本；二级科目为预防成本、鉴定成本、内部损失成本和外部损失成本，如有特殊要求可增设外部质量保证成本；三级科目为二级科目下设的质量成本费用明细科目。

质量成本核算是质量成本管理的重要环节。质量成本核算应按照质量成本的各级科目进行，显见质量成本按会计科目进行核算，隐含质量成本按统计项目进行核算，质量成本是显见的质量成本和隐含质量成本之和。质量成本核算通常与相应的产品(服务)成本核算周期相一致。质量成本核算责任归口要便于统计核算与明确责任，可根据质量成本科目的具体内容、费用开支范围和费用发生的区域，将其归口到有关部门，建立核算点，明确传递程序，建立完善的费用归集、分配体系及相应的费用数据报表，进行责任归口管理。

(五)质量成本综合分析和报告工作

开展质量成本综合分析对提高产品(服务)质量、降低成本、提高经济效益具有重要的作用。质量成本综合分析的核心是质量，要与质量管理的总目标密切保持一致。质量成本分析的目的是用尽量少的费用、时间达到合理的质量水平。质量成本综合分析包括如下内容：质量成本构成及趋势分析；报告期质量成本计划指标执行情况，以及与基期和前期的对比分析；典型事件分析等。质量成本综合分析的结果应包括：指出报告期内影响质量成本的关键区域和主要因素，明确主攻方向，提出改进措施；对质量管理体系的有效性做出定性或定量评价；提出下期质量成本管理的工作重点和目标。

质量成本报告是对上期质量成本管理活动或某一典型事件进行调查、分析、建议的书面材料。定期编制并提供质量成本报告是对质量成本进行监控的有效措施，有利于评价质量管理的适用性和有效性、及时发现需要注意的问题、确定质量和质量成本目标。质量成本报告一般包括如下内容：依据质量成本统计、核算结果，计算适当的分析比例，进行质量成本水平分析和质量成本对比分析，并提出相应的分析结果；分析并提出影响质量成本的关键因素，确定改进措施；提出对典型事件的具体分析结果。

(六)质量成本控制与考核工作

质量成本管理的实质性工作是质量成本控制，而质量成本管理约束机制的重要环节是质量成本考核工作。质量成本控制应贯穿于质量形成的全过程，包括事前控制、事中控制和事后处置。组织应依据所确定的质量成本目标制订控制计划，依据质量成本目标和控制计划制订并实施具体控制措施。应按照质量成本的发生区域，将质量成本目标进行层层分解，施行归口分级控制，落实控制计划，结合具体情况制定措施、实施控制。同时结合具体情况制定考核办法，依据质量成本计划指标和改进计划，对完成情况进行考核。

第四节 质量成本控制

一、质量成本控制的含义

质量成本控制是指通过采取有效的措施管控质量成本，达到预期目标的管理活动，是成本控制的组成部分，也是质量管理、质量成本管理的重要内容。

质量成本控制是对质量成本目标的控制。质量成本目标的制定应符合投资效益规律，即以最少的投入获取较大的收益。质量成本目标若违背此规律，则需要运用质量成本控制方式重新审定和修正质量成本目标，使其保持较好的水平。

质量成本控制是对质量成本目标完成过程的控制。质量成本目标完成的过程，也是质量成本形成过程。此时，组织应采取一系列有效措施，对生产经营活动中发生的各项质量费用实施有效的控制，若发现偏差，应及时采取有效措施予以纠正，从而保证质量成本目标的实现。

质量成本控制是对质量改进和优化质量成本的控制。质量成本控制不仅应对当前的质量成本实施控制，也要对将要发生的质量成本实施控制。因此，应采取有效的应对措施为持续的质量改进和优化质量成本提供保障。

二、质量成本控制的意义

质量成本控制是确保质量管理活动达到预期效果的重要手段，是质量成本管理的重要环节，加强质量成本控制具有十分重要的意义。

(一)质量成本控制是质量成本管理的重要环节

质量成本管理是由质量成本的预测、决策、计划、控制、核算、分析和考核等环节构成的管理体系。质量成本的预测、决策和计划具有事前控制的职能；控制、核算具有事中控制的职能；分析和考核具有事后控制的职能。质量成本的预测、决策和计划为质量成本控制提供了依据，核算、分析和考核反映了质量成本控制的效果。而质量成本控制既要保证质量成本目标的实现，又要渗透到质量成本的预测、决策和计划中，同时，还要影响到质量成本的核算、分析和考核。因此，质量成本控制既是质量成本管理的重要环节，又与其他环节紧密联系，对质量成本管理产生重要影响。

(二)质量成本控制是降低成本的重要方法

质量成本控制的首要目标是达到质量成本目标规定的预期效果，其根本目标是为持续的质量改进、降低质量成本、促进和提高质量而寻求有效的措施。因此，通过质量成本控制，有利于实现质量成本目标，最终达到提高质量、降低成本的目的。

(三)质量成本控制是推动改善全面质量管理的手段

全面质量管理水平对产品质量成本水平有直接的影响。实施质量成本控制，要建立相应的控制标准和控制制度，并切实强化各项管理工作，确保质量成本控制工作的有效运行，从而推动全面质量管理工作的持续改进，丰富全面质量管理的内容。

(四)质量成本控制有利于建立健全经济责任制及职责

实施质量成本控制，首先应将质量成本目标予以分解，落实到各部门、各环节和各岗位，必然要制定相应的经济责任制及职责，并要求各部门、各环节和各岗位按照责任制的有关要求承担相应的经济责任。因此，经济责任制及职责的确定是有效实施质量成本控制的重要保证，而实施质量成本控制又可以促进内部经济责任制及职责的建立与完善，确保经济责任目标的实现。

三、质量成本控制的内容

(一)严把产品的设计试制质量成本控制关

产品的设计质量决定着产品质量，它是生产过程中必须遵守的标准和依据。如果开发设计过程的质量管理薄弱，设计不周，必然将对后续的工艺和生产过程造成严重影响，不仅严重影响设计质量及投产后的生产秩序和其他一系列准备工作，使内部故障成本上升；而且会导致产品销售后的退货、保修、索赔事件的发生，导致外部故障成本增大。因此，要严把产品设计试制关，不断提高产品设计质量。

然而，提高产品的设计质量，往往会导致质量成本的上升，特别是用于预防和鉴定方面的成本开支增大。例如，提高零件精度、光洁度，就会增加工时消耗，要求采取必要的工艺措施，增加工艺装备和检验工具，进行试验和研究，或者改用较贵重的原材料等，从而引起相应费用增加。但在优质优价条件下，产品质量的提高也会相应提高产品的销售价格，从而获得更多的收益。

(二)严把生产过程中质量成本控制关

分析产品质量成本的构成，不难发现占总质量成本很大比重的内部故障成本是在生产过程中形成的，造成内部故障成本的原因是多方面的，既有由于检测手段不先进和检验人员的素质不高而造成的复检费用，也有由于操作工人技术水平不高或操作失当而造成的废品损失和返修费用等。因此，对于生产过程中的质量成本控制应抓好以下工作。

(1) 组织好技术检验工作。为了保证产品的质量，必须根据技术标准，对原材料、在制品、半成品、产品及工艺过程质量进行检验，严格把关。因为不合格的原材料、零件、半成品等由于验不严而转入后序生产，既消耗了人力、物力资源，又使质量成本大幅上升。因此，要保证不合格的原材料不投产，不合格的零部件不转序，不合格的半成品不使用，不合格的成品不出厂，这是降低质量成本的关键。

技术检验工作质量水平的高低，受制于两大因素：①检验手段是否满足检验工作质量的要求。低水平的检验工具、设备、仪器等难以满足高质量产品检验工作的要求；②质量检验人员的素质。质量检验人员业务素质的高低不同，对产品质量存在或潜在问题的分析、判断、处理的结果也是不相同的。这都涉及生产过程中的质量成本控制，因此，在适当投入满足质量检验工作要求的仪器、设备的同时，要不断提高质量检验人员的业务水平。

(2) 不断提高生产操作人员的素质。产品质量的好坏与操作人员业务素质水平的高低有很大的关系。因此，应不断提高生产人员理论知识水平和实际操作能力，要严格按照规章制度、操作标准办事，树立"质量是产品生命力"的观念，由被动地接受检验转变为我要检验、自我检验、相互检验，使整个生产过程处于质量监督保证体系之下，只有这样才能在不断提高产品质量的同时，降低产品的质量成本费用，提高经济效益。

(三)严把建立健全质量成本控制制度关

1. 建立质量成本控制责任制

在质量成本控制过程中，应明确质量总成本由质量检验部门负责，各类质量成本应分解、落实到各责任部门。预防成本应由技术部门负责，控制在质量管理、产品开发设计、工艺和检验等阶段所发生的质量预防费用；鉴别成本应由质量检验部门负责，控制在原材料、工序检验、成品检验、设备检验及其他检验方面所发生的费用；内部故障成本应由生产车间负责，控制在生产过程中可能发生的废品损失、降级损失、停工减少损失及其他损失；外部故障成本由销售部门负责，控制在产品销售后可能发生的保修费用、退换损失、索赔费用等。只有明确各职能部门的质量成本控制责任制，才能更好地做好质量成本控制工作。

2. 建立质量成本核算管理

制定质量成本核算的目的是加强考核和管理。可按照质量成本的分类设置对应的预防成本台账、鉴别成本台账、内部故障成本台账、处部故障成本台账，反映各种费用的归集情况，以便确定质量成本发生的结构及质量总成本。质量成本核算是一项复杂的系统工程，必须建立完整的管理制度。一般可按照"职能部门归口统计、分级管理、集中核算、财务部门统一汇总" 的原则进行。要明确领导责任，确定归口管理部门，同时把分工原则、分工方法、所用资料、编写质量成本报告、进行质量分析和控制等纳入质量成本控制制度中去，以完善规范的制度，保证质量成本控制的实施。

四、质量成本控制的原则

(一)效益性原则

质量成本控制不仅仅局限于将实际质量成本消极地限制在质量成本目标范围之内，而要从人力、物力、财力等方面的投入情况和工作效果等产出情况出发，全面均衡，使质量成本的支出以最少的投入，取得较大的收益。

(二)全面性原则

在质量成本控制中应贯穿全员参与、全过程的控制。质量成本控制是综合性较强的工作，所有部门和全员的工作业绩对质量成本投资效益都有直接或间接的影响。因此，要实施对质量成本的有效控制，达到尽可能降低质量成本的目的，就必须充分调动所有部门和全员的积极性和主动性。同时，全面质量管理是对产品产生、形成、实现过程的全面管理活动，与此相适应，质量成本控制也应是全过程的控制，要求管控好各流程、环节和岗位质量成本以符合质量成本目标的要求，在保证产品质量的前提下，合理设计质量目标和合理安排质量投入，降低质量成本，提高质量效益。

(三)差异性原则

在质量成本日常控制中，主要是通过对实际发生的质量成本与质量成本目标的全面对比分析，寻找差异，发现存在的问题，进而通过整改工作挖掘降低质量成本的潜力，提出持续改进的具体措施，以此控制实际发生的质量成本达到质量成本目标的要求。

(四)例外原则

例外原则是管理控制中普遍采用的方法，在质量成本日常控制中，管理人员不应将主要精力和时间分散在全部成本的差异上，而应将注意力集中于属于不正常、不符合常规的关键性差异上，即在例外事项上要予以追溯，查明原因，及时反馈给有关部门，迅速采取有效措施加以改进或纠正。

五、质量成本分析

(一)质量成本分析的概念

质量成本分析是指分析产品质量与成本升降因素及其对经济效益影响程度。质量过高或过低都会造成浪费，均不能使组织获得较好的效益。因此，为了使组织产品质量和成本达到较佳的质量水平，就应围绕目标分析内外各种影响因素。外部的影响因素主要的是顾客考虑产品性能、可靠性、维修性与产品价格之间的关系。内部影响因素就是考虑提高质量与为此所消耗的费用之间的关系。从某种意义上讲，计算质量成本不是目的，其目的是找出影响产品质量的主要缺陷和质量管理体系的薄弱环节，为质量改进提供依据，为降低成本、调整质量成本结构、寻求最佳质量水平指出方向，为质量管理决策做方案准备。

(二)质量成本分析的主要内容

1. 质量成本总额分析

质量成本总额应包括计划期内质量成本总额和计划年度内质量成本的累计总额。对于质量成本总额的分析可从三个方面展开，即质量成本总额的计划目标分析、相关指标分析和趋势分析。

(1) 计划目标分析。质量成本总额的计划目标分析是指在质量成本核算的基础上，计算出计划期内质量成本总额和计划年度内质量成本累计总额，并与原定的质量成本计划控制目标比较，求出增减值和增减率，分析质量成本计划控制目标的执行情况。

(2) 相关指标分析。质量成本总额的相关指标分析是指将计划期内质量成本总额和计划年度内质量成本累计总额与其他有关的经营指标进行比较，计算出产值质量成本率、销售质量成本率、利润质量成本率、总成本质量成本率和单位产品质量成本等，并与这些相关指标的计划控制目标进行比较分析。这些相关指标从不同的角度反映了质量成本与经营状况的数量关系。

(3) 趋势分析。质量成本总额的趋势分析是指将质量成本总额的计划目标分析和相关指标分析中的各种计算结果分别按时间序列作图进行分析，观察各种指标值的变动情况，直观推断质量成本的变化趋势。

2. 质量成本构成分析

质量成本构成是指质量成本总额中预防成本、鉴定成本、内部损失成本、外部损失成本的发生金额和各自占的比重。对于质量成本构成分析一般可从两个方面展开，即质量成本构成的计划目标分析和构成比例分析。

(1) 计划目标分析。质量成本构成的计划目标分析是指根据质量成本核算的结果计算计划期内预防成本、鉴定成本、内部损失成本和外部损失成本的发生额，以及在计划年度内的累计发生额，分别与原定的计划控制目标进行比较求出增减值和增减率，分析计划控制目标的执行情况。

(2) 结构比率分析。质量成本构成的结构比率分析是指计算和分析在计划期内计划年度的预防成本、鉴定成本、内部损失成本、外部损失成本占质量成本总额的比重，以及相互的比例关系。

开展质量成本构成分析可以对质量成本总额的构成情况有清楚的认识，对质量改进、调整质量成本结构、降低质量成本将发挥较大的影响。

3. 质量损失分析

质量损失包括内部损失和外部损失。由于发生的预防成本和鉴定成本一般而言计划性较强，所以，一般将质量损失分析列为提示产品质量缺陷和质量管理体系薄弱环节的工作重点。

(1) 对各责任部门的质量损失分析。造成质量损失问题的原因是多方面的，涉及各个部门。对各责任部门展开质量损失的计算分析，目的是通过问题的揭露来掌握各部门的质量管理和质量保证状况，这样既可以促进各部门自觉加强和改进质量管理工作，又有利于对各部门的质量管理工作进行监督和控制，及时帮助各部门抓好质量整改工作。

(2) 对组织外部质量损失的分析。在组织实践中，对于同样的产品质量缺陷，在交货前和交货后所造成的损失是不一样的。同样的产品质量缺陷，对组织造成的外部质量损失远远大于内部质量损失。因此，组织必须特别关注外部质量损失的情况，专门对外部质量损失进行分析。组织外部质量损失分析一般可从质量缺陷、产品及顾客等方面着手。

① 按质量缺陷分类进行分析。其造成外部质量损失，组织质量检验部门应承担重要的责任。但是，开展外部损失分析的主要目的不是追究谁没有把好关，而是通过分析找出原因来消除或降低损失。按质量缺陷分类进行外部质量损失的分析，不仅可以找出组织质量检验工作中的薄弱环节，还能提示造成损失的主要质量缺陷及其问题的原因，是组织进行外部质量损失分析的重要工作内容。

② 按产品分类进行 ABC 分析。为了有效地杜绝和减少外部质量损失，组织可以按产品分类对外部质量损失进行归集分析，找出外部质量损失发生金额排列前几位的少数产品作为 A 类分析对象，通过进一步的研究来确定组织实施质量改进的目标。

③ 按顾客特点进行分析。虽然这一做法组织中还不常见，但在实施这一方面分析的组织中却已取得很大的成效。顾客所处的地理环境(如海拔高度、气候等)、风俗文化等因素的

差异往往会引起产品使用中不同的质量问题，按顾客特点进行外部损失分析，就很容易提示质量问题发生的原因，在制订和实施组织质量改进计划以及完善组织售后服务时能有效做到对症下药。

(三)质量成本责任分解

根据全面质量管理理论，各部门和各岗位在质量管理体系中都发挥着相应的作用，同时，其工作成绩或失误都会对质量成本的发生产生影响，尤其是对于质量损失的发生都应承担各自相应的责任。由于各部门和各岗位的工作质量存在缺陷，将直接导致质量成本损失的产生。因此，在进行质量成本分析时，组织不应将主要精力都投入对具体数据的统计、分析、报告等工作方面，而应扩大视野，追根溯源，划分清楚各部门和各岗位应承担的质量成本责任，从各部门和各岗位履行的职责和承担的责任进行深入剖析，寻找问题的根本原因，以利于制定并实施有效的纠正和预防措施，从根本上解决问题，防止质量成本损失问题的再发生。需要说明的是，最高管理者对于质量成本问题造成的损失都应负有不可推卸的领导责任。例如，最高管理者质量意识淡薄，没有按照质量管理的基本原则开展全面质量管理工作，没有为质量管理体系的有效运作提供足够的资源支持等。这部分内容在前述章节有关最高管理者的作用中有专门论述，本章节只对重要部门需要承担的质量损失责任进行论述。

1. 质量管理部门需承担的责任

质量管理部门在质量成本管理体系中担负主要职责，是代表最高管理者负责质量成本管理的主管部门。因此，质量管理部门在牵头抓质量成本管理的工作中，应首先明确在发生质量成本损失问题中应承担的责任。

(1) 对质量因素的识别不充分。质量管理部门未定期或按规定程序进行质量因素的识别与评价，或者未列出重要质量因素汇总表，从而造成在建立质量管理目标、质量管理指标和质量管理方案时，对有关重要影响因素考虑不周或有误。

(2) 外部沟通工作有缺陷。质量管理部门未能及时有效地获取、传达和实施有关质量的法律、法规、标准、规范及投资方的要求，造成组织或员工的行为存在缺陷。

(3) 质量评审工作有缺陷。质量管理部门在建立和评审质量管理目标时，未能充分考虑各方面因素，或者未能按规定时间进行评审，导致组织不能保证质量管理目标和各项指标的先进性、适用性及持续改进。

(4) 质量管理方案陈旧或可操作性差。质量管理部门未能及时对质量管理方案进行修订，使质量管理方案不能适应组织质量管理目标和各项指标的变化，或者未能将质量管理方案形成文件，并制定相应的作业指导书，使质量管理方案难以操作，不能确保质量管理目标和指标的实现。

(5) 质量教育不够完善。质量管理部门未能有序、持续地开展质量意识教育和业务能力培训，导致与组织的要求不相适应，阻碍组织质量改进的进程。

(6) 管理信息系统的支持力量较弱。质量管理部门未能有效借助于管理信息系统的支持及有效组织内、外部的质量信息交流，阻碍了组织在质量管理方面的正常决策及各项质量管理活动的顺利开展。

(7) 质量管理体系运作不正常。质量管理部门未能有效保证组织质量管理体系的正常运作，对于质量管理体系运作的控制、记录及改进活动存有缺陷，包括未能根据组织的质量管理目标和指标对实物质量和质量管理绩效进行有效监督检验和测量，以及未能有效实施对检验、测量和试验设备的控制等。

(8) 质量问题应急准备不够。质量管理部门未能建立应急准备和相应的工作程序，或者对于应急程序的有效性未作演习和验证，造成在质量问题发生时不能有效地预防或减少伴随而来的负面影响。

(9) 纠正和预防措施不力。质量管理部门未能有效地针对不符合问题进行调查、及时处置和制定并实施纠正和预防措施，不能避免不符合问题再次发生及由于不符合问题而产生的负面影响。

(10) 内部质量审核不规范。质量管理部门在开展内部质量审核时，其审核过程或审核员人选不符合规定要求，从而影响内部质量审核工作的顺利进行和最终审核效果。

2. 采购部门需承担的责任

采购部门在采购原材料、零部件或器具的过程中，会由于其失误而导致质量损失的发生。采购过程中发生的质量问题主要有：进货检验查出缺陷，由此引起一系列的筛选、修复、运输等费用支出和因例外放行使用、放宽使用等造成的经济损失；进货缺陷在验收时未被查出，导致后续工序的一系列经济损失；供方未能及时供货而引发的一系列问题和经济损失，等等，这些质量损失均将造成质量成本的损失。因此，采购部门应承担如下责任。

(1) 采购部门在选择供方时未执行相应的工作程序，存在严重的不符合问题，所选定的供方没有能力履行采购合同。

(2) 采购部门在采购合同的签署过程、合同内容的确定及合同管理等方面未执行相应的工作程序，采购合同存在缺陷，不能保证满足生产和经营过程的要求。

(3) 采购部门工作操作程序文件不全或存在缺陷，因无依据造成标准化、规范化作业程度低等。

3. 开发与设计部门需承担的责任

开发与设计部门是质量管理体系中的一个重要环节，也是发生质量成本问题较多的一个重要责任部门。例如，开发与设计中的技术缺陷，将导致产品质量形成过程中的"先天不足"，从而造成鉴定成本过大和质量损失；开发与设计中的工作缺陷，还将导致一系列的生产技术准备不符合要求，延误生产计划的实施进度，从而造成经济损失等。因此，开发与设计部门应承担如下责任。

(1) 开发与设计部门在产品开发过程中，未执行相应的工作程序，没有充分、全面地了解顾客的要求和市场供需状况，或者未能准确地传达顾客的要求。

(2) 开发与设计部门在产品技术设计过程中，未执行相关的工作程序，没有正确地理解和体现顾客的要求。

(3) 开发与设计部门未有效地实施设计评审，设计输出存在技术性缺陷而引起质量问题，包括未能考虑为生产和经营过程预防质量问题提供依据。

(4) 开发与设计部门的工作存在非技术性缺陷，即未执行相关的工作程序而引发质量问题，如错误提供技术文件等。

(5) 开发与设计部门工作操作程序文件不全或存在缺陷，因无依据造成标准化、规范化作业程度低等。

4. 生产技术、检验与制造部门需承担的责任

生产技术、检验与制造部门的任务包括生产技术准备、产品检验和生产制造，是质量问题、质量损失较多的环节，也是质量损失的重要责任部门。例如，生产工艺装备等技术准备工作存在缺陷，导致生产制造过程出现严重质量问题，造成经济损失；未经开发与设计部门允许而变更工艺方案，引起一系列的质量问题和纠纷；因生产工人违反工艺规程的要求而造成的现场质量问题；因检验工作缺陷造成不合格品的产生，等等。因此，生产技术、检验与制造部门应承担如下责任。

(1) 生产技术与制造部门在生产技术准备或生产制造过程中未执行规定的程序，出现生产技术准备和生产资料准备不及时、有缺陷等不符合程序要求的情况，以及工艺方案变更的随意性导致生产过程系统的不协调等。

(2) 生产技术与制造部门的工作过失造成质量不合格问题，包括人、机、料、法、环、测等方面质量控制的缺陷。

(3) 由于检验部门或岗位未执行检验规程、检验设备未按照规定校准而失效、检验产品未按照规定进行区域隔离等工作过失，造成质量不合格，致使质量成本损失，因混合存放致使不合格品放行与交付，造成产品实现过程的质量成本损失。

(4) 生产技术、检验与制造部门工作操作程序文件不全或存在缺陷，因无依据造成标准化、规范化作业程度低等。

5. 物流管理部门需承担的责任

物流环节的质量问题及造成的质量损失会对组织构成很大的影响。例如，对生产制造现场的供配货出现差错，导致生产制造过程频繁出现质量问题或停产；对待检、已检或待处理等货物的管理不规范，包括没有实施标识等，导致物流差错而影响生产制造的正常进行；储运管理不规范，导致货流在仓库储存或搬运过程中发生损坏或差错，等等。因此，物流管理部门应承担如下责任。

(1) 物流管理部门在物流操作过程中未执行相应的工作程序，导致供配货、搬运、仓储和车间内货物控制中出现质量问题。

(2) 物流管理部门没有制定快速反应程序，在紧急情况下出现物流失控，引发争议性的质量问题。

(3) 物流管理部门的工作操作程序文件不全或存在缺陷，因无依据造成标准化、规范化作业程度低等。

6. 销售及售后服务部门需承担的责任

销售及售后服务部门在质量成本管理活动中是最容易被忽视的，因为组织在开展质量成本管理时都比较关注生产制造过程的质量成本问题，而事实上，销售及售后服务部门的工作对于质量成本的影响是很大的。例如，产品售后安装调试时未能提供专用工具，导致安装调试中的质量问题或时间延误，造成损失；销售时未能及时向顾客提供产品使用说明

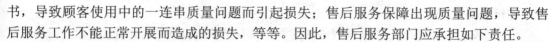

书，导致顾客使用中的一连串质量问题而引起损失；售后服务保障出现质量问题，导致售后服务工作不能正常开展而造成的损失，等等。因此，售后服务部门应承担如下责任。

(1) 销售及售后服务部门在销售时没有向顾客提供安装调试的指导文件，或没有特别指出不允许和不合理的安装调试方法。

(2) 销售及售后服务部门在销售后的安装调试及使用过程中未向顾客提供规定的托运及维修所需的专用工具或设备，或者虽然提供了专用工具，但专用工具未达到规定标准。

(3) 销售及售后服务部门在销售后提供给安装和试验用的设备和仪器，没有按规定程序实施控制。

(4) 销售及售后服务部门在销售时，没有向顾客提供产品使用说明书，或者使用说明书没有经过适用性验证。

(5) 销售及售后服务部门没按规定程序提供售后服务所需的后勤保证。

(6) 销售及售后服务部门工作操作程序文件不全或存在缺陷，因无依据造成标准化、规范化作业程度低等。

总之，组织中的质量管理部门，以及采购部门、开发与设计部门、生产技术、检验与制造部门、物流管理部门、销售与售后服务部门等，对组织质量成本都负有重要责任。强化这些部门履行职责，担负责任，有利于降低质量成本损失，提高质量成本管理效果。

案例 18　质量成本管理在船舶企业的应用

沪东中华造船(集团)有限公司是中国船舶工业集团公司下属造船企业之一。公司是既造军用船舶、民用船舶，又造大型钢结构船舶的综合型集团公司。近年来，公司全面实施"数字造船，绿色造船"发展战略，努力建成世界一流造船企业。为规避经营风险、提高竞争优势，公司建立了以成本控制为核心的预算管理模式，提出了加大质量成本控制，优化企业质量成本管理，向质量要效益，探索出一套质量成本管理的方法。

一、公司质量成本科目的设置和管理

公司自质量管理体系建立起就开展了质量成本管理，这一方面是认证的需要，另一方面是由于随着严峻的船市行情下滑，特别是各种能源的消耗及原材料费用的不断上升，产品的建造成本日趋增加，降本增益迫在眉睫。质量成本管理是一项系统工程。它是对企业的产品生产和交付及交付后所发生的质量成本有组织、有系统地进行预测、决策、计划、实施、控制、核算、分析、考核和改进等一系列科学管理工作。

公司开展质量成本管理从预防成本、鉴定成本、内部损失成本、外部损失成本、外部质量保证成本五个、二级科目细化 17 个三级科目进行数据归集，按事前定标、事中控制和事后处理三个步骤实施管理。事前根据质量成本计划所定的目标确定质量成本控制的标准；事中严格控制质量成本的形成过程；事后查明造成质量成本偏离的原因，在此基础上提出相应的对策措施。细化质量成本科目内容，按职能分配实施归口管理和统计分析及会计核算。

公司质量成本管理采用预算控制方法，由上而下在落实年度质量成本预算目标的细化同时，明确控制方法。在年初下达公司年度质量方针目标管理工作时，明确质量成本考核目标和实施要求，每季度对质量成本目标开展情况实施汇总分析，并按公司绩效考核条款实施管理。在持续增强顾客满意基础上提高经济效益。

二、实施质量成本管理的具体步骤

1. 每年年初细化全年度质量成本预算目标，明确控制方法

公司各部门在年初细化质量成本预算目标的同时，认真策划好部门质量成本管理，组成管理小组，由部门负责人任组长，配有专职或兼职质量成本核算和管理人员，实施质量成本的控制。

建立健全公司质量成本管理制度，完善公司和部门质量成本管理的基础工作，各部门认真按质量成本科目内容建立好部门明细台账，翔实记录费用情况。注重质量成本的收集、分析、处理和利用工作，每月自查科目明细台账的准确性，做好原始凭证和报表的统计，用会计核算和统计核算相结合的方法对部门质量成本核算，按月、季、半年、全年度填报质量成本报表并实施分析，报公司质量管理部门和财务部门。

2. 强化质量成本责任制的落实

健全公司质量成本指标体系，结合质量方针目标管理，层层分解，细化管理或控制要求，落实质量成本管理责任制，实行成本分级归口管理的控制与考核。定期分析、考量部门质量成本指标的实施和管理有效性，以责任制强化工作的符合性。

① 质量成本基本指标及计算公式如下。

预防成本率＝预防成本÷总质量成本×100%，说明预防成本占总质量成本的比率；

鉴定成本率＝鉴定成本÷总质量成本×100%，说明鉴定成本占总质量成本的比率；

内部损失成本率 ＝ 内部损失成本÷总质量成本×100%，说明内部损失成本占总质量成本的比率；

外部损失成本率 ＝ 外部损失成本÷总质量成本×100%，说明外部损失成本占总质量成本的比率；

外部质量保证成本率＝外部质量保证成本÷总质量成本×100%，说明外部质量保证成本占总质量成本的比率；

质量损失率＝(内部损失成本＋外部损失成本)÷工业总产值×100%

② 质量成本目标指标(变动指标)是在一定时期内质量成本总额及质量成本二级科目的增减率。通用计算公式如下。

增减值＝报告期(本期)质量成本值－基期(上期或上年同期)质量成本值

增减率＝质量成本增减值÷基期质量成本×100%

③ 质量成本相关经济指标及其计算公式如下。

百元产值质量成本＝总质量成本÷总产值×100

百元销售额质量成本＝总质量成本÷销售总收入×100

百元总成本质量成本＝总质量成本÷产品总成本×100

百元利润质量成本＝总质量成本÷产品销售总利润×100

3. 质量成本考核

每年明确考核指标目标值，增强过程控制，每月实施质量成本的考核，采取与经济责任制和质量否决权相结合方法，通过公司在绩效考核管理中细化项目内容，以经济的杠杆来衡量质量管理体系和质量管理活动的效果。

与质量成本有关的主要考核指标(设定目标值)有焊接 X 光拍片一次合格率、施工评级项目一级品率、质量损失率、制造质量损失率、工艺纪律贯彻率。

4. 加强过程控制，提升管理实效

倡导"第一次就把事情做好"的理念，抓好源头的输入和输出，优化设计，完善技术状态管理机制，畅通信息流转渠道，加强多发病和常见病控制措施的落实，严肃工艺纪律，对质量问题认真执行"四不放过"(即问题产生的原因未查明不放过、责任人未处理不放过、整改措施未落实不放过、有关人员未受到教育不放过)，强化不合格品控制和双五归零管理，减少废返损失，做细做实数据采集，借助系统应用软件，不断完善模块功能，增强数据统计的真实性和准确性。强化内部管理的实效，促进产品成本不断下降。

采取各种有效措施保护船用物品，减少缺损件发生。努力提高产品交付时的状态完整性，减少产品交付时的遗留项目和未了工程。要让每一个部门、每一位员工真正地明白，只有努力提高产品建造过程中的设计质量、施工质量才能从源头上控制、降低售后服务成本。

加强数据分析的深度，为企业降本工作寻找突破口。这就需要对采集的数据加以细化、分类，融化质量损失的冰山一角，将隐含的损失成本包括不可测量的损失成本反映出来，采取措施加以预防或改进，因预防比检测更省钱，而且对其产生的负面影响可以减少或消除。达到优化公司的质量成本、提高企业经济效益的目的。采用的分析方法一般为质量成本指标分析、质量成本构成分析、质量成本有关指标分析、质量成本变动分析、质量成本排列图分析、典型事件的分析。

创建先进的企业质量文化，牢固树立"质量是生命、质量是责任、质量是财富"的质量价值观；树立"诚信为本、优质为荣"的质量道德观；树立"照章办事、一次做对"的质量行为准则；培育"重心前移、系统防御"的质量文化氛围，全面推进"零缺陷"管理和预防型质量文化建设。

5. 阶段分析，总结提高

依据公司质量成本管理规定和程序要求，公司通过每季汇总，半年和全年各个阶段对公司的预防成本、鉴定成本、内部损失成本、外部损失成本、外部质量保证成本进行数据统计并结合会计核算，量化分析公司质量管理体系运行的有效性。同时每月、每季进行跟踪检查，并纳入绩效考核，定期将实际完成情况与公司预定目标进行对照，实事求是地结合生产要素(人、机、料、法、环、测等)，从多方位剖析、分析影响产品质量、增加成本的关键因素，找出新的增长点和制约企业发展的不利因素，提出改进措施，提高产品质量，达到降本增益的目的，为企业的成本控制和企业领导对企业持续改进的战略决策提供依据。

(资料来源：王社勤. 质量成本管理在船舶企业的应用[J]. 上海质量，2011.)

模拟试卷 9

一、名词解释(12 分，每题 4 分)

(1) 质量成本管理

(2) 质量成本分析

(3) 质量成本控制

二、填空题(24 分，每空 3 分)

(1) 狭义的质量经济性是指质量在_____所耗费资源的价值量。

(2) 质量成本是由_____和_____构成。运行质量成本是指为保证和提高产品质量而支付的一切费用及因_____所造成的损失费用之和。外部质量保证成本是指提供要求的_____所支付的费用。

(3) 成本控制是_____的组成部分，也是_____、_____的重要内容。

三、单项选择题(12 分，每题 3 分)

(1) 广义的质量经济性是指_____获得质量所耗费的全部费用。
    A. 企业   B. 顾客   C. 供方   D. 相关方

(2) 质量培训费、质量管理活动费、质量改进措施费、质量评审费称为_____。
    A. 鉴定成本   B. 外部质量保证成本
    C. 内部损失成本   D. 预防成本

(3) 质量经济性分析的核心是探求产品(服务)的_____。
    A. 适用性   B. 适时性   C. 有用性   D. 有效性

(4) 质量成本是_____。
    A. 固定成本   B. 变动成本   C. 管理成本   D. 制造成本

四、多项选择题(12 分，每题 3 分)

(1) 质量经济性分析的原则包括_____。
    A. 提高产品质量   B. 增强顾客满意
    C. 降低过程成本   D. 降低内部损失

(2) 质量成本控制的原则有_____。
    A. 效益性原则   B. 全面性原则
    C. 差异性原则   D. 例外管理原则

(3) 质量成本包括_____。
    A. 内部损失成本   B. 外部损失成本   C. 鉴定成本
    D. 预防成本   E. 外部质量保证成本

(4) 质量成本管理的特征包括_____。
    A. 全面化   B. 全员化   C. 全程化
    D. 科学化   E. 体系化

五、判断题(8 分，每题 2 分)

(1) 进行质量投资效益分析的要义是确定"最适宜的质量水平"。   (   )

(2) 在质量成本日常控制中，应将注意力集中于全部成本的差异上。   (   )

(3) 所有部门和全员的工作业绩对质量成本投资效益都有直接的影响。   (   )

(4) 质量成本管理的最终效果是用数据衡量的。   (   )

六、简答题(16 分，每题 8 分)

(1) 质量成本管理的内容有哪些？

(2) 质量成本控制的意义和内容有哪些？

七、论述题(16 分)

试述质量成本管理的目的和原则。

第十章 产品(服务)质量产生、形成和实现过程的控制

通过对本章的学习，要求了解和掌握以下内容。
- 顾客要求的识别与确认。
- 产品与服务设计与开发的控制。
- 外部提供过程、产品和服务的控制。
- 生产和服务提供过程的控制。
- 质量信息与顾客满意的控制。

产品质量是如何形成的，有没有规律性？现在，人们已经认识到，产品质量不是单纯检验出来的，也不是宣传出来的，如果只是依靠产品出厂前的严格检验来保证出厂产品的质量，不仅可能严重损害企业的经济效益，而且，从某种意义上讲，检验是对资源的浪费。如果只是依靠媒体的宣传广告来塑造企业产品的质量形象，那么当产品质量名不副实的真实面貌被市场顾客识破后，产品的前途和企业的形象必将毁于一旦。那么，产品的质量能否被认为是生产出来的呢？如果产品设计和开发的创意和市场的实际需求有所偏差，或者产品设计的功能、质量目标的定位不当，或者产品的销售导向及服务不尽如人意，那么即使生产过程完全满足符合性要求，产品仍然不能很好地满足顾客明示和隐含的要求。从顾客的立场来看，这种产品的质量还是不能令其满意。显然，产品质量是产品实现全过程的结果，产品质量有一个从产生、形成和实现的过程，在这一个过程中的每一个环节都直接或间接地影响到产品的质量，这些环节就是质量职能。

所谓质量职能，就是指产品和服务质量产生、形成和实现过程中全部活动的总和。质量职能所包括的各项活动，既有在企业内各部门所进行的，也有在企业外部供方、顾客中所进行的。所有这些活动，都对产品质量有贡献或影响。一般来说，质量职能和质量职责既有区别又有联系，质量职能是针对过程控制需要而提出来的质量活动属性与功能，是质量形成客观规律的反映，具有科学性和相对稳定性；而质量职责则是为了实现质量职能，对部门、岗位与个人提出的具体质量工作分工，其任务通过责、权、利予以落实。可以认为，质量职能是制定质量职责的依据，质量职责是落实质量职能的方式或手段。

根据质量职能概念，在产品和服务质量产生、形成和实现过程中的各个环节，均分布在企业的各个主要职能部门，质量管理所要解决的基本问题，就是要对分散在企业各部门的质量职能活动进行有效的计划、组织、协调、检查和监督，从而保证和提高产品质量。根据美国质量管理学家朱兰的质量螺旋模型，可以把质量职能划分为以下几个重要环节。

(1) 产品和服务质量产生过程的质量职能。其主要包括以下两个环节：①市场调研、

顾客要求的识别与确认的质量职能，主要是进行市场调查，掌握顾客需求；分析市场动态，掌握竞争形势；研究市场环境，进行市场预测；②产品设计与开发的质量职能，它是把顾客要求转化为材料、产品和过程的技术规范。

(2) 产品和服务质量形成过程的质量职能。其主要包括以下两个环节：①外部提供过程、产品和服务的质量职能，它构成了产品的组成部分，影响着产品的质量，需要对该过程进行控制；②生产和服务提供的质量职能，它是通过对生产过程中各个工序和环节、机器设备、工艺方法、测量与检验等过程进行控制，稳定而经济地生产出符合设计要求、质量标准的产品和服务。

(3) 产品和服务质量实现过程的质量职能。其主要包括以下两个环节：①产品与服务使用过程的质量职能，主要是产品的包装、运输、库存、安装、使用等售后服务的质量职能；②收集产品和服务的质量信息，确保顾客满意的质量职能。

第一节　产品(服务)质量产生过程的控制

在产品与服务质量的产生过程中，主要包含了两大质量职能：一是进行市场调研，识别和确认顾客要求；二是根据顾客要求，进行产品和服务的设计与开发。这两个环节在产品和服务质量产生过程中起到导向性作用。

一、识别和确认顾客要求

顾客要求是指"明示的、通常隐含的或必须履行的需求和期望"。识别和确认顾客要求是一项复杂的工作，通常可以使用 SIPOC 过程方法进行描绘和分析。

(一)SIPOC 过程方法

SIPOC 过程方法是供方(Supplier)、输入(Input)、过程(Process)、输出(Output)和顾客(Customer)的第一个英文字母的缩写。用来表示一个满足顾客的产品和服务实现过程中的主要活动或子过程。在识别和确认顾客要求时，经常可以使用 SIPOC 概要工作表，它是从供方—输入—过程—输出—顾客的思考角度形成的(见表 10.1)。

表 10.1　SIPOC 概要工作表

	供方	输入	过程	输出	顾客
具体要求					

(二)顾客要求

在 SIPOC 概要分析的基础上，确认出关键的顾客(组织内部的或外部的)，然后从顾客的角度明确哪些可能是令人满意的因素和特征，哪些可能是令人失望的因素和特征，哪些会符合顾客的优先需求或真正令顾客兴奋或喜悦的因素和特征。也就是从顾客的期望(认知)和组织的绩效(感知)两个方面比较，从而识别出顾客的要求，体现顾客明示的、通常隐含的或必须履行的需求和期望，如表 10.2 所示。

表 10.2　顾客要求与输出要求(产品)

顾客要求	输出要求(产品质量特性)
方便快捷的机械手	快速启动，不超过 2 秒
	敏捷，移动速度 0.3 米/秒

(三)输出要求

输出要求即产品要求，通常反映对产品质量特性和服务质量特性的描述。在明确识别顾客要求的基础上，转化设计(新产品)或比较分析(老产品)输出的要求，也就是产品或服务的要求，即定义出能够使顾客满意或符合法律法规要求的产品或服务的质量特性(定性或定量)，如表 10.3 所示。

表 10.3　顾客要求与输出要求(服务)

顾客要求	输出要求(产品或服务质量特性)
交货迅速	在 3 个工作日内完成承诺的交货

顾客对产品要求有许多种，一般都与最终产品的有用性和有效性相联系。在许多情况下，可以比较客观、具体地描述出顾客对产品的要求。与产品要求相比，服务要求更主观且更具有情景适应性，很难对这些要求作出定量描述。区分这两种要求在相当大的程度上取决于所描述的过程及其顾客界面的清晰程度，因为有些因素既可以归入产品要求，也可以归入服务要求。生产无缺陷的产品和消除服务上的差错同样重要，从项目开始就注意从产品和服务两个方面满足顾客要求，就可以更好地了解顾客，提高顾客的满意度。关键的顾客要求可称为关键质量特性。

1. 顾客要求的描述

在进行顾客要求描述时，应符合以下几点要求。

(1) 在描述产品性能、规范或因素时，必须清楚地描述顾客需求和期望是什么，或顾客评价的依据是什么。

(2) 使用可观察或可测量的因素来表达，即将顾客的产品要求转换成可观察或可测量的指标(质量特性值)来表达。

(3) 建立"可接受的"或"不可接受的"标准，即顾客要求描述必须清晰、明确、具体，如表 10.4 所示。

(4) 详细且简洁。

表 10.4　产品要求与输出要求描述

不可接受的描述	可接受的描述
迅速地递送	要求在收到订单的 2 个工作日内送达
简单的说明书	不超过 2 页 16 开大小的说明书

2. 顾客要求描述表的步骤

(1) 识别产品状况或服务对象。

(2) 识别顾客或细分顾客群。

(3) 标出顾客反馈资料的数据来源，评审可利用的数据。

(4) 草拟需求说明(包括用于证明已满足顾客需求的可观察和可测量的客观因素)。

(5) 标出用于得出需求说明结论的有效方法并确认要求。

(6) 修正顾客要求描述，确定输出要求。

(四)顾客要求分析排序并确定关键质量特性

在得出输出要求的情况下，需要对顾客要求进行排序。顾客要求排序和确定关键质量特性是顾客要求识别和确认的重要步骤。依据 Kano 模型，理所当然质量对应基本要求，一元质量对应可变的要求，魅力质量对应潜在的要求，采取排列图、树图、质量功能展开等方法进行排序。关键顾客要求展开如表 10.5 所示。

表 10.5　关键顾客要求展开

	顾客要求	输出要求
良好的顾客服务	专业性答复	①答案都是正确的 ②问题能在 3 分钟内回答 ③需事后答复的在 2 天内答复
	礼貌服务	①顾客的名字能被叫出 ②顾客发言不被打断 ③必须使用敬语或礼貌用语
	很短的等待时间	①等待时间不超过 30 秒 ②电话能立即转到被呼叫的人

二、产品(服务)设计与开发

(一)产品(服务)设计与开发的基本任务

(1) 通过市场调研，将顾客对产品的适用性需求转化为产品构思，并将顾客要求转化为产品的概念质量、产品功能与性能参数、质量特性和遵循的法律法规要求等。

(2) 通过产品的设计开发，将概念质量转化为能够实现的可测量的规范质量。

(3) 完成样品和小批量试制。

(4) 通过小批试制和顾客确认，实现产品的设计定型。

(二)产品(服务)设计与开发的质量职能

产品(服务)的设计与开发是一项复杂的系统工程，必须遵循科学的程序和该阶段的质量职能实施有效的控制。该阶段的质量职能主要包括下几个。

(1) 进行产品(服务)设计与开发的策划，包括设计与开发活动的性质、持续时间、复杂程度；所需的设计与开发的过程、评审、验证和确认等阶段；设计与开发阶段的职责权限；所需的内外部资源及设计与开发人员间接口的控制；顾客及相关方参与设计与开发的需求，等等。

(2) 明确产品(服务)设计与开发过程的输入和输出。

(3) 对产品(服务)设计与开发过程实施有效的控制，包括评审、验证、确认和更改等活动。

(三)对产品(服务)设计与开发的控制

对产品(服务)设计与开发过程实施有效的控制，主要应做好以下工作。

(1) 研究和掌握顾客对产品的要求，做好技术经济分析，确保产品具有竞争力和适宜的质量水平。

(2) 运用可靠性技术和早期预警手段，加强产品质量的先期策划，确保设计工作质量。

(3) 做好产品质量特性重要度分析和传递工作，为过程的控制、确认提供依据。

(4) 组织好设计开发的评审、验证、确认活动。评审活动是评价设计与开发的结果满足要求的能力；验证活动是确保设计与开发输出满足输入的要求；确认活动是确保形成的产品和服务能够满足规定的使用要求或预期的用途要求。设计与开发评审、验证和确认活动是重要的早期报警措施，其目的在于确定设计与开发达到预期目标的程度，评价满足要求的能力，及时发现不能满足产品适用性要求的缺陷和无助于产品适用性而无谓增加成本等问题，并采取必要的措施。

(5) 潜在失效模式及后果分析。为降低潜在的风险和避免事后损失，事先应进行潜在设计失效模式及后果分析(Failure Mode Effects Analysis，FMEAs)，它是以产品的元件或系统为分析对象，通过设计人员的逻辑分析，预测结构元件或装配中可能发生的设计方面的潜在故障，研究故障的原因及对产品质量影响的严重程度，并在设计上采取必要的预防措施，以提高产品可靠性的一种有效方法。

(6) 进行产品质量特性重要度分级与传递。产品质量是由质量特性的组合和关联所决定，各个质量特性值如果超出规定的极限时，将会对产品质量造成不同程度的影响和后果。因此，要规定分级要求，给出关于未达到规定的质量要求时，将造成不同后果的信息，以反映设计与开发的完整意图和要求。

第二节 产品(服务)质量形成过程的控制

在产品(服务)质量的形成过程中，主要包含了两大质量职能：一是对外部提供过程、产品和服务(采购与外包环节)的控制；二是对生产和服务提供(生产制造环节)过程的控制。这两个环节在产品和服务质量形成过程中起到主体性作用。

一、外部提供过程、产品和服务(采购与外包环节)的控制

随着企业生产活动分工越来越细，专业化程度越来越高，某一产品不可能由一个企业从最初的原材料开始加工直至形成顾客最终使用的产品，往往是通过多个企业分工协作来完成的。外部供方提供的过程、产品和服务质量在很大程度上直接决定着企业的产品质量和成本，影响着顾客对企业的满意度。另外，先进生产方式的广泛应用，如准时生产、敏捷制造、零库存等，使企业与外部供方的关系愈加密切，企业与外部供方的关系也由单纯的买卖关系向互利共赢的合作关系演变。因此，加强对外部供方提供的过程、产品和服务的质量控制，已成为企业提升产品质量水平的重要途径。

ISO 9001：2015标准8.4.1条款规定"组织应确保外部提供的产品和服务满足规定的要求。"8.4.2条款规定"组织应根据外部供方按组织的要求提供产品的能力，建立和实施对外部供方的评价、选择和重新评价的准则。"因此，需要对外部供方进行选择、评价、评定和控制，以确保外部供方提供的产品和服务满足规定的要求。

(一)外部供方(含供应商与外包)的选择

选择合适的外部供方是对外部提供产品和服务进行控制的最有效手段，如果外部供方选择不当，无论后续的控制方法如何先进、控制手段多么严格，都只能起到事倍功半的效果。因此，要对外部供方进行质量控制，首先必须科学合理地选择外部供方。

1. 外部供方基本情况的调查

外部供方基本情况调查包括以下三个工作环节。

(1) 外部供方选择的策划。外部供方选择的策划是整个采购工作的起点。策划阶段的主要工作包括了解采购要求、明确拟采购产品的质量标准、制定外部供方的评价准则。外部供方的评价准则要由设计人员、采购人员、制造人员和管理人员共同制定，同时满足技术、采购和法律法规的要求。

(2) 潜在外部供方群的确定。一般而言，每一个企业都有自己相对稳定的外部供方群，这是企业的重要资源之一。企业选择潜在外部供方的途径包括企业的合格供方名录、第三方电子商务平台、行业协会网站、专业期刊报纸、贸易博览会、电话黄页等。

(3) 潜在外部供方的调查。在确定潜在外部供方群之后，企业还要对每一个外部供方进行独立的评价。评价的内容需要根据外部供方的类型、采购的价值和采购产品的重要程度来确定。通常包括以下信息。

① 外部供方的基本信息。

② 生产与检测设备的技术水平。

③ 过程能力与供货能力。

④ 主要原材料来源。

⑤主要顾客及其反馈信息。

⑥ 信誉情况。

⑦ 信息化水平。

2. 外部供方的审核

企业在分析外部供方基本情况的基础上，对于重要外部供方，必要时可以对其进一步审核，也可以对预选合格、列入合格供方名录的外部供方进行排序，确定哪些外部供方可以优先成为外部供方和战略伙伴。外部供方的审核一般包括产品审核、过程审核和质量管理体系审核三类。

(1) 产品审核。产品审核主要是确定外部供方的产品质量，必要时还可以要求外部供方改进产品质量以符合企业的要求。产品审核的重要内容包括产品的功能性审核、产品的外观审核和产品的包装审核等。

(2) 过程审核。过程审核可以视企业的实际情况而定，不是每一种采购产品都需要进行过程审核。一般而言，只有当外部供方提供的产品和服务对生产工艺有很强的依赖性时，特别是关键过程和特殊过程，才有必要进行过程审核。

(3) 质量管理体系审核。它是对外部供方整个质量管理体系进行的审核。一般而言，对外部供方审核的顺序应该是，首先进行产品审核，只有在产品审核合格的基础上才能继续进行其他形式的审核；然后进行过程审核；最后进行质量管理体系审核。对于不同的产品、不同的外部供方，并不是三种审核都是必需的，当采用一种或两种审核就能够证明外部供方的能力时，就没有必要进行其他审核。

3. 外部供方的评价原则

(1) 全面兼顾与突出重点原则。评价和选择外部供方的指标体系必须全面反映外部供方当前的综合水平，同时兼顾重点指标。

(2) 科学性原则。评价和选择外部供方的指标体系设置要具有科学性，指标既不能过多也不能过少，要满足对该外部供方的评价需要，能够证明其能力即可。

(3) 可操作性原则。评价和选择外部供方的指标体系应具有足够的灵活性和可操作性，使评价与选择工作易于进行。

4. 外部供方的选择程序

任何一个运作规范的企业在选择外部供方的过程中都会遵循一定的程序，尽管不同的企业对外部供方的选择程序往往会存在差异，但其基本步骤大体可以归纳如下。

(1) 建立外部供方评审组。一般由质量管理部门牵头，由企业的技术、生产、采购和管理人员构成。

(2) 确定外部供方候选名单。对候选外部供方提交的材料进行评审。

(3) 对候选外部供方提供的产品进行检验。符合企业的质量要求和法定的标准。

(4) 评审组到外部供方现场考察。考察取样后，应写出综合分析报告。

(5) 评审组对评审结果进行分析，选定外部供方，将其纳入外部供方管理系统。

5. 外部供方的选择方法

选择外部供方的方法较多，一般可根据外部供方的数量多少、对外部供方的了解程度及企业对所购原料的重要程度和时间紧迫程度来确定。常用的方法包括直接判断法、招标法、协商选择法、采购成本比较法、层次分析法、质量与价格综合优选法等。

(1) 直接判断法。直接判断法是根据征询和调查所得的资料并结合分析判断，对外部供方进行分析、评价的一种方法。这种方法主要是倾听和采纳有经验的采购人员的意见或直接由采购人员凭经验作出判断。常用于企业主要原料的采购或紧急采购。

(2) 招标法。招标法是由企业提出招标条件，外部供方进行投标、竞标，然后由企业决标并与提出最有利条件的外部供方商签协议的一种方法。当采购数量大，外部供方竞争激烈，可选用招标法。

(3) 协商选择法。协商选择法是由企业选择几个合格的外部供方，同其分别就采购产品的质量、价格、交货期、交付方式、付款期限等方面进行深入探讨与协商，再从中确定适当的外部供方的一种方法。当采购时间紧迫、竞争程度小、采购产品技术条件复杂时，往往采用协商选择法。

(4) 采购成本比较法。采购成本比较法是通过计算分析各个不同外部供方的采购成本，选择采购成本较低的外部供方的一种方法。对于质量和交货期都能满足要求的外部供方，则需要通过计算采购成本进行比较分析。采购成本一般包括售价、采购费用、运输费用等。

(5) 层次分析法。层次分析法是 20 世纪 70 年代由著名运筹学家赛惕(T.L.Satty)提出，然后由韦伯将之应用于外部供方的选择。其基本原理是根据具有梯阶结构的目标、子目标、约束条件、部门等来评价外部供方，采用两两比较的方法确定判断矩阵，然后把判断矩阵的最大特征相对应的特征向量的分量作为相应的系数，最后综合给出各方案的权重。该方法由于计算较为复杂，企业往往较少采用。

(6) 质量与价格综合优选法。质量与价格综合优选法就是企业通过性比价进行分析，来选择外部供方的一种方法。

(二)外部供方的业绩评定

对外部供方进行业绩评定是企业进行外部供方质量控制的重要内容，也是企业对外部供方进行管理的依据和前提。特别是对于外部供方较多的企业来说，外部供方的业绩评定还能促进外部供方之间的良性竞争，从而达到提高采购产品的质量，降低采购成本的目的。

1. 外部供方选择评价与业绩评定的区别

外部供方选择评价的目的在于选择合适的合作伙伴，评价的重点在于考察外部供方的规模实力、质量管理体系、设备先进程度、外部供方的顾客反馈、产品的质量水平等，通过对这些因素的评价来推断外部供方未来满足企业需求的能力。外部供方业绩评定的目的在于对外部供方满足企业要求的结果进行评定，及时肯定优秀的外部供方、鞭策合格的外部供方、淘汰不合格的外部供方。评定的重点在于对外部供方的产品及服务质量、供货及时率、订货满足率等方面进行综合评价，并根据结果及时对外部供方进行业绩分级。

2. 外部供方的评定指标

(1) 外部供方的产品和服务的评定指标。

① 产品质量指标，主要考察四个方面：一是产品实物质量水平，主要通过产品的主要

性能指标来反映；二是检验质量，主要通过批次合格率、让步接收情况、质量问题重复出现情况等；三是投入使用质量；四是产品寿命。

② 服务质量，包括外部供方的售前、售中、售后服务质量。

(2) 订货满足率与供货及时率指标。对于外部供方较多的企业，经常或有个别外部供方不能按量或按时交货问题，这就要求企业对所有外部供方建立供货档案，定期统计每个外部供方的供货时间和实际供货数量，并进行供货情况统计分析，必要时对同类外部供方进行比较分析，为对外部供方业绩评定提供依据，对所造成的损失按协议进行追偿。

3. 外部供方的分级

根据外部供方的业绩评定，可以将所有外部供方划分为 A、B、C、D 四级。

(1) A 级外部供方。A 级属于优秀外部供方。对于优秀外部供方企业可以加大订单比例、采用更短的付款周期等措施来鼓励该类外部供方继续保持或改进供货业绩水平。

(2) B 级外部供方。B 级属于良好外部供方。企业应本着互利共赢的原则，加强与 B 级外部供方的沟通，及时支付货款。

(3) C 级外部供方。C 级属于合格外部供方。合格外部供方能够满足企业的基本采购要求。

对于所有的 B 级外部供方，企业应提出警示，促使其由合格外部供方发展到良好供方。

(4) D 级外部供方。D 级属于不合格外部供方。不合格外部供方不能满足企业的基本采购要求。企业应终止与不合格外部供方的合作，并代之以更好的外部供方。

(三)对外部供方的质量控制

1. 设计与开发策划阶段对外部供方的质量控制

产品的设计与开发策划阶段对外部供方的质量控制，是在对外部供方进行初步选择的基础上进行的，需要外部供方的参与，以充分利用外部供方的技术优势和专门经验。一般可采取以下控制方法。

(1) 邀请外部供方参与产品早期的设计与开发。鼓励外部供方提出降低成本、改善性能、提高产品质量和可靠性、改善可加工性的意见。

(2) 对外部供方进行培训。明确目标质量，与外部供方共同探讨质量控制过程，达成一致的质量控制、质量检验、最终放行的标准。

2. 产品试制阶段对外部供方的质量控制

在产品试制阶段，要求外部供方提供样件或样品，这就存在着检验、试验与不合格品的控制问题。在该阶段，对外部供方应采取以下控制方法。

(1) 与外部供方共享技术和资源。首先要与外部供方签订试制合同，明确包括技术标准、产品接收准则、保密要求等内容。

(2) 对外部供方提供的样件进行质量检验。由于还处于试制阶段，需要对外部供方提供的产品进行全数检验。

(3) 对外部供方质量保证能力的初步评价。企业对外部供方评价的内容包括质量、价格、供货及时性、信誉等内容。

(4) 产品质量问题的解决。在产品试制阶段，对产品质量问题的解决一般包括改进、妥协、更换外部供方等方法。

3. 产品批量生产阶段对外部供方的质量控制

在产品批量生产过程中，企业对外部供方的质量控制主要包括监控外部供方的过程能力、审核外部供方的质量管理体系、进货质量检验、推动外部供方的质量改进等内容。

(1) 对外部供方质量保证能力的监控。对外部供方质量监控的目的主要是：防止外部供方的质量保证能力出现下降的情况，确保最终产品和服务的质量，满足顾客满意；与外部供方共同发现改进的机会，寻找改进的切入点，在更高层次上创造价值。

(2) 外部供方提供产品的检验。产品质量检验的管理主要是进货检验及对外部供方进行适当的评价和控制。

二、生产和服务提供过程的控制

生产和服务提供过程是指以经济的方法，按质、按量、按期、按工艺要求生产出符合设计规范的产品并稳定控制其符合性质量的过程。生产和服务提供过程的质量控制是实现设计与开发意图，形成产品和服务质量的主要环节，是实现企业质量目标的重要保证。

(一)生产和服务提供过程质量控制的原则

1. "质、量、期"三位一体

按质、按量、按期完成生产计划是生产的首要任务。其主要依据是工艺标准、生产质量控制计划和作业计划，三者要相互协调、平衡。

2. "点、线、面"相结合

对需要确认的过程、特殊过程的重要质量特性和部位设立过程质量控制点，对重要生产线以控制点为核心，建立重要生产线的现场质量控制系统；对过程按照工艺规范，运用质量控制方法进行全面控制。

3. 预防与把关相结合，以预防为主

预防就是把质量隐患消除在不合格发生之前，对产品实行严格的检验、试验，防止不合格品流入下一个过程；把关就是杜绝不合格品的交付。预防和把关相结合，强调缺陷的预防，减少变差和浪费。

4. 严格履行质量职能

各相关部门要各司其职，各负其责。生产和服务提供过程的质量控制通常是以车间或现场管理为主体，以工艺部门为主导，由检验部门实施执法把关，设备、工装、计量、生产、安全等部门分别履行质量职能，质量管理部门负责协调、分解、落实质量职能。

(二)生产和服务提供过程质量控制的任务

(1) 严格执行生产质量控制计划。根据技术要求及生产质量控制计划，建立责任制，对

影响过程质量的"人、机、料、法、环、测"等因素实施有效控制。

(2) 确保过程质量处于受控状态。运用各种控制方法和手段，及时、准确发现质量异常，并找出原因，采取纠正措施使过程始终处于受控状态，以确保产品质量稳定。

(3) 有效控制生产节拍，及时处理质量问题。严格按质、按量、按期要求组织生产，有效控制生产节拍，适时开展预防、协调活动，及时处理质量问题，均衡地完成生产任务。

(三)生产和服务提供过程质量控制的内容

1. 工艺准备的质量控制

工艺准备是根据产品设计要求和企业生产规模，将原料、生产设施与设备、工装、测量、专业技术与操作人员等资源有效组织和利用，进行过程策划，规定工艺方法和程序，分析影响质量的因素，采取有效措施，使产品质量稳定地符合设计要求和控制标准的全部活动。工艺准备是生产技术准备工作的核心，对确保产品质量、提高生产效率、降低成本、增加经济效益起到决定性作用。

(1) 制定生产和服务提供过程的质量控制计划。在产品投入批量生产前，必须对生产和服务提供过程的质量控制进行统筹安排，制订质量控制计划并特别关注以下几点。

① 编制必要的产品检验、试验计划，明确程序、方法、手段、质量特性，对重要质量特性要设置质量控制点。

② 当过程的输出不能由后续的监视和测量加以验证时(包括仅在产品使用或服务已交付之后问题才显现的过程)，应对任何这样的过程实施确认，以证实这些过程所策划的结果和能力。

③ 确认在产品和服务形成适当阶段的验证，对所有特性和要求明确接收准则。

④ 研究和改进生产和服务提供过程的质量和提高过程能力的措施和方法。

(2) 过程能力的验证。过程是产品和服务质量形成的基本构成，过程能力是体现过程质量保证能力的主要参数，是过程能稳定地生产出合格产品的能力，也即过程处于受控状态下的实际生产能力。

2. 生产和服务提供过程的质量控制

生产和服务提供过程质量控制的基本任务就是严格贯彻设计意图和执行技术标准，对过程实施控制，以确保过程能力，并建立起能够稳定地生产出符合要求的产品和服务的生产系统。其控制节点主要包括以下方面。

(1) 加强工艺管理，执行工艺规范和作业指导书，坚持安全、文明、均衡生产。

(2) 加强预防，严把质量关，实施有效的监视和测量。

(3) 实施产品和状态标识的可追溯性控制。

(4) 应用统计技术，掌握质量动态，开展失效模式及后果分析，减轻风险。

(5) 加强不合格品的控制。

(6) 当过程的输出不能由后续的监视和测量加以验证时，对这样的过程实施确认。

(7) 综合运用质量控制方法，建立健全过程质量控制点。

(8) 识别、验证、保护和维护顾客财产并实施有效防护。

(9) 对生产和服务提供过程质量成本的数据进行分析。

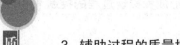

3. 辅助过程的质量控制

辅助过程主要包括设备维护保养、工艺装备及工具、动力供应、后勤保障、仓储物流等。辅助过程的质量控制同样是不可忽视的环节，在此不再详述。

第三节　产品(服务)质量实现过程的控制

在产品和服务质量的实现过程中，主要包含了两大质量职能：一是产品与服务使用过程的质量职能，主要包括产品的包装、运输、库存、安装、使用等售后服务的质量职能。二是收集产品和服务的质量信息，确保顾客满意的质量职能。

一、产品和服务使用过程的控制

产品和服务使用过程是指从产品生产过程向市场、顾客或使用领域延伸的过程。在产品向流通、消费领域延伸过程中，还要进行产品的包装、标识、储存、运输、安装与调试、交付与使用和售后服务等环节，这些环节会影响到产品质量和产品的使用寿命。因此，企业需要对产品和服务的使用过程实施控制。

1. 产品的包装

包装是产品生产制造过程的最后一道工序，其功能在于保护产品、方便储存运输、促进销售的作用。包装材料的好坏、处理技术和方法的优劣，直接影响着产品质量。因此，对产品的包装要采用适当的方法和手段加以控制。

2. 产品的标识

产品的标识是产品外观的一部分，它对产品的出厂、贮存、防护、运输、接收、交付等均有直接关系。其功能主要在于方便识别和可追溯性，当产品质量出现问题时，可按产品标识进行追溯、追回。因此，企业在生产加工过程中，应实施可追溯性管理。

3. 产品的储运与防护

产品在生产转序、入库、交付、使用过程中，搬运的方式、储存的条件等影响着产品质量。因此，在保持原有产品质量的前提下，采用适当、经济的方式对产品的搬运、贮存等实施有效的防护和控制。

4. 安装与调试

安装与调试是企业为顾客提供技术支持与服务的活动之一。其功能在于在规定的技术和规范的方法下进行安装和调试，确保产品正常运行和使用。不按规定的技术和规范的方法对产品进行安装与调试，必然影响产品的正常运行和使用，进而对产品的质量产生影响。因此，企业要对安装与调试环节加以控制，避免影响产品的正常运行和产品的使用寿命。

5. 交付与使用

产品交付是指产品从产品仓库到顾客收货地点，并由顾客完成产品检验的整个过程。

在交付产品的同时，要附带产品使用说明，确保顾客规范的运行和使用商品。因此，在交付的各个环节，企业应采取相应的控制措施。

二、顾客信息反馈系统与顾客满意控制

(一)建立顾客信息反馈系统

ISO 9001：2015 标准要求"组织应监视顾客对其要求满足程度的数据"，这些数据包括顾客反馈和顾客对组织及其产品和服务的意见和感受，并确定获取和利用这些数据的方法。监视顾客对企业满足其要求满足程度与感受方面的信息，应包括信息的来源，收集信息的内容与频次及对收集数据的分析评审。

1. 收集顾客信息的来源

获取顾客信息的渠道和方式多种多样，通常包括与顾客的直接沟通、问卷调查、委托收集与分析信息、专业团体、消费者组织的报告、各种媒体的报告、行业研究报告等。

2. 收集顾客信息的内容

收集顾客信息的内容包括顾客对产品和服务质量的意见、对产品和服务的需求和期望、顾客抱怨和投诉等。

3. 建立顾客信息反馈系统

建立顾客信息反馈系统使顾客之声(Voice Of the Customer，VOC)能够准确、快速地传递。

(1) 有效获取顾客之声的方法。

① 建立顾客反馈系统，清晰界定过程的顾客，了解企业外部顾客。

② 收集用于建立顾客反馈系统的数据与信息，这些顾客包括当前感到满意的顾客、当前感到不满意的顾客、流失的顾客、竞争对手的顾客、潜在顾客等。

③ 采用多种多样的方法，如顾客调查表(记分卡)、定向或分层访谈与调查、数据库、顾客评审、供应商评审、质量功能展开等。

④ 采集具体数据，使用有效信息。

⑤ 明确顾客反馈系统的目标、步骤和起点，逐步实施。

(2) 有效处理顾客之声的方式。

① 针对顾客的大规模满意度调查。调查抽样一般不小于 200 个样品，包括对形象、关系、产品质量、服务质量、价格等方面的调查。调查的主要结果是识别顾客满意度驱动因素的评估模型。

② 在某种类型的事件发生后进行事务调查。例如，在顾客抱怨、服务电话等后对顾客进行调查。事务调查比较简短，一般不到 20 个问题，但每个问题都必须具体、详细。

③ 分析顾客对产品和服务的抱怨。顾客抱怨经常是产品和服务提供过程是否必须改善的一个指示信号，要对顾客抱怨进行分析、分类。

④ 对丢失顾客的分析。需要对流失到竞争对手的顾客进行调查，了解顾客流失的原因

并及时进行调整。

⑤ 积极联系顾客。了解顾客对使用产品和服务的信息，其联系的形式有定点访问、跟踪调查等。

⑥ 开展顾客关系管理。顾客关系管理是企业为了建立与顾客长期良好的关系，赢得顾客满意和忠诚，保留有价值顾客，挖掘潜在顾客，赢得忠诚顾客，并最终获得顾客长期价值而实施的一种管理方法。

(二)顾客满意控制

顾客满意是指顾客对其要求已被满足的程度的感受。顾客抱怨是一种满意程度低的最重要表达方式，但没有抱怨并不一定表明顾客很满意。即使规定的顾客要求符合顾客的愿望并得到满足，也不一定确保顾客很满意。

顾客满意度是指顾客对某一产品和服务的感知质量(实际感知效果)与认知质量(顾客期望)之比。如果顾客的感知质量低于认知质量，则顾客不满意；如果顾客的感知质量与认知质量相匹配，则顾客就满意；如果顾客的感知质量超过认知质量，则顾客就会很满意，直至顾客忠诚。

顾客忠诚是指顾客对于某种品牌的产品或某个企业做出的长期购买的承诺。顾客忠诚来源于顾客满意，又不同于顾客满意。顾客满意更多地体现在态度上，而顾客忠诚则体现在行动上。企业要想获取稳定的赢利和市场份额，更加应该增加顾客忠诚度，培养企业的忠诚顾客群。

1. 顾客满意的特性

(1) 主观性。顾客的满意是建立在其对产品和服务的体验上，因此具有主观性特点。顾客满意的程度与顾客的自身条件，如知识经验、收入状况、生活习惯、价值观念等有关，也与媒体传播的引导等有关。

(2) 层次性。处于不同需求层次的顾客对产品和服务的评价标准不同，因而不同地区、不同层次的顾客或一个人在不同条件下对某种产品和服务的评价不尽相同。

(3) 相对性。顾客由于对产品和服务的技术指标和成本等经济指标不熟悉，往往会与其他同类产品或以前的购买经验进行比较，因此得到的满意与不满意具有相对性。

(4) 阶段性。任何产品都具有寿命周期，服务也具有时间性，因此顾客对产品和服务的满意程度也具有阶段性特点。

2. 顾客满意度的测评

顾客满意度需要明确测量指标，其中很重要的指标包括质量优、供货及时、服务配套、价格适中等。顾客的需求和期望可以归纳为一系列绩效指标，这些测量和评价指标可以因企业、产品和服务的不同而有所差异。

(1) 设置顾客满意度指标的原则。①设置的绩效指标必须是重要的。也就是顾客最关心、最在意的那些指标。②设置的绩效指标必须能够控制。顾客满意测量和评价会使顾客产生新的期望，因此企业在设置这些指标时，必须是企业可以控制的并能持续改进的。③设置的绩效指标必须是具体的、可测量的。顾客满意度的评价指标应便于调查、统计和分析，不使顾客和调查人员产生异议而影响效果。

(2) 顾客满意度指标体系。顾客满意度指标体系可采用层次分析结构，首先是总目标——顾客满意；然后分解为若干测量和评价子目标——产品、价格、供货、购买、服务等，如图 10.1 所示。①与产品有关的指标，包括产品的特性、经济性、可靠性、安全性、美学性等。②与价格有关的指标，包括价格的合理性、费率、折扣等。③与供货有关的指标，包括供货方式、供货的迅捷程度、搬运等。④与购买有关的指标，包括沟通、礼貌、获得的难易程度、公司信誉、竞争力等。⑤与服务有关的指标，包括保修期、售前、售中、服务、顾客抱怨等。

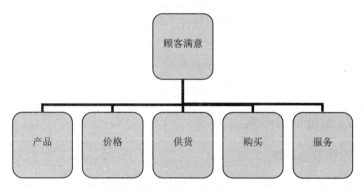

图 10.1　顾客满意度指标

顾客满意度评价指标可以因企业不同而有所差异，以体现独特的企业文化。

(3) 顾客满意度与质量特性的关系。日本质量专家狩野(Kano)将质量特性划分为三种类型，理所当然质量、一元质量和魅力质量，这种划分方法也称 Kano 模型。Kano 模型很好地描述了质量特性与顾客满意度之间的关系。①理所当然质量。当质量特性不充足(不能满足顾客要求)时，顾客很不满意；当质量特性充足(满足顾客要求)时，顾客无所谓满意或不满意，充其量满意。理所当然质量是最基本的满足要求，是隐含的必须履行的要求，如冰箱制冷、安全等就属于理所当然的质量特性。②一元质量。当质量特性不充足时，顾客不满意；充足时，顾客就满意。这种质量特性越不充足顾客越不满意，越充足越满意。一元质量一般是明示的需求，如冰箱能耗指标质量特性。③魅力质量。当质量特性不充足时，顾客无所谓，无关紧要；当质量特性充足时，顾客就十分满意。魅力质量体现了质量的竞争元素，具有全新的功能、新颖、极大提高顾客满意和忠诚度的特点，如冰箱门上的电脑显示或声音提示等质量特性，就属于魅力特性。

(4) 提高顾客满意度的途径。①明确定义企业的关键顾客群和市场，并对顾客进行细分，同时也要考虑竞争对手和潜在顾客的情况。②了解顾客长、短期需求和期望。③明确顾客的意见与设计、生产和交付过程之间的关系。④培养坚固的顾客关系。⑤建立有效的顾客抱怨管理系统。⑥测量顾客满意度并与竞争对手进行比较，以改进企业内部过程。

3. 顾客忠诚

满意顾客不等于忠诚顾客，满意的顾客会购买我们的产品，但也会光顾竞争对手，而忠诚的顾客则主要或只向我们购买。不满意的顾客很难是忠诚的顾客，但满意的顾客未必就是忠诚的顾客。因此，顾客忠诚会给企业带来持续不断的附加值。例如，忠诚的顾客会持续购买企业的产品和服务，增加企业的消费额；忠诚顾客的正面宣传是一种免费的广告资源；忠诚顾客的服务成本较小；忠诚顾客对价格的敏感度较低，利润潜力较大。顾客忠诚度可以从以下指标进行测量。

(1) 重复购买的可能性。一般而言，顾客的满意度越高，忠诚度也就越高，重复购买的倾向也就越大；相反，不满意的顾客可能会降低重复购买的可能性，甚至成为竞争对手的顾客。

(2) 价格变化的容差。满意顾客对价格上涨的承受能力较强；反之，则承受能力较低，少许涨价就可能使他们放弃重复购买。降价并不是吸引满意顾客保持忠诚的主要因素，但对于不满意顾客，则往往是促进其保持忠诚的主要因素。

上述关于顾客忠诚的行为描述不一定符合具有垄断特征的企业情况。在垄断市场上，顾客很少甚至根本没有对产品和服务的选择余地，产品价格弹性系数很小，频繁的重复购买现象反映的是虚假的忠诚和被掩盖的满意度。

(四)顾客抱怨或投诉的控制

1. 建立顾客抱怨管理系统

顾客抱怨管理系统(Customer Complaints Management Systems，CCMS)是获取顾客持续满意和顾客忠诚度必不可少的工具。对顾客抱怨的有效管理，其实就是将已经做错的事做好，或者从开始就做好每件事。顾客抱怨管理的目的有以下几个。

(1) 顾客抱怨的有效解决。

(2) 恢复顾客的信任。

(3) 从顾客的抱怨中获取教训。

(4) 向所有相关人员传递有关信息，以消除抱怨根源并更好地满足顾客要求。

(5) 收集各方面的顾客抱怨信息并予以评审和利用。

(6) 通过系统性行为不断改进管理。

(7) 有效的顾客抱怨管理系统可以将不满意的顾客转变为满意的、忠诚的顾客。

2. 顾客投诉的处理

任何企业在其生产经营活动中总会遇到顾客投诉的问题，关键是如何处理和面对。为了指导组织处理好顾客投诉的问题，明确和规范顾客投诉处理程序，ISO 10002:2014《质量管理—顾客满意—组织投诉处理指南》阐述了顾客投诉的处理程序。

(1) 通过创造开放的包括投诉等反馈在内，以顾客为关注焦点的整体环境来提高顾客满意程度，解决所收到的任何投诉问题，提出组织改进其产品和顾客服务的能力。

(2) 高级管理层参与。通过适当方式进行评价，调配包括人员培训在内的有关资源。

(3) 识别投诉中所包含的需要和期望。

(4) 给投诉者提供开放、有效与易于使用的投诉渠道。

(5) 为改进产品和顾客服务质量而分析和评价投诉。

(6) 评审投诉处理过程。

(7) 评审投诉处理过程的有效性和效率。

投诉处理过程的运行包括: 沟通—接受投诉—投诉跟踪—投诉确认—投诉初次评估—投诉调查—投诉回应—决定的沟通—投诉终止。

案例 19 上汽通用汽车有限公司质量管理案例分析

一、案例背景

随着我国社会经济的不断发展,保证并提升产品质量已经成为目前企业不容忽视的问题。2014 年 5 月,习近平总书记明确指出,要推动中国制造向中国创造转变,中国速度向中国质量转变,中国产品向中国品牌转变。同年 9 月 15 日,在首届中国质量大会中,李克强总理强调,提升质量是中国发展之基、兴国之道、强国之策,应把经济社会发展推向质量时代。这说明中国未来将把发展的立足点转到提高质量和效益上,而这基于企业对其产品的重视。

汽车是我们出行必不可少的交通工具之一,其质量与消费者的生命财产安全紧密关联,故而汽车质量的有效管理,将会对社会经济生活产生很大的推动作用。本文将以上海通用汽车有限公司(以下简称"上汽通用")为例,从生产现场管理六要素角度来分析该公司的质量管理水平。

二、案例简介

案例一: 2015 年 7 月 16 日,上汽通用向国家质检总局备案了召回计划,将自 2015 年 10 月 1 日起,召回部分进口 2009 至 2012 年款别克昂科雷汽车,生产日期为 2008 年 8 月 15 日至 2012 年 2 月 1 日。据该公司统计,在中国大陆地区共涉及 23 309 辆。本次召回范围内的车辆,在长期使用后,后举升门气压撑杆内可能有杂质颗粒进入,导致气压下降,由于后举升门的保护程序不够完善,极端情况下,气压撑杆不足以将后举升门维持在全开状态,若人员忽视或未注意到车辆的报警提示,并在后举升门开启区域内停留,会增加人员受伤风险,存在安全隐患。上汽通用将为召回范围内的车辆采取对后举升门的保护程序进行升级并检修后举升门压撑杆的措施,以消除该隐患。上汽通用将通过别克特约售后服务中心主动与用户联系,安排免费检修事宜。用户可拨打免费客户服务热线、登录国家质检总局网站进出口商品检验栏目或缺陷产品管理中心网站及关注微信公众号来了解本次召回的详细信息,此外,还可拨打国家质检总局缺陷产品管理中心热线电话或地方出入境检验检疫机构的质量热线反映在召回活动实施过程中的问题或提交缺陷线索。

案例二: 2015 年 10 月 23 日,第十五届全国质量奖获奖名单揭晓,上汽通用凭借业内领先的卓越绩效管理和企业综合质量与竞争能力,一举荣获第十五届全国质量奖,并在 6 家获奖企业中以优异的成绩名列首位。上汽通用的质量优势首先体现在通用汽车的全球体系中。目前,通用汽车 GM 全球 169 家工厂中有 22 家获得"BIQ Level4"的精益制造最高级别认证,上汽通用的工厂就占据四席,还有两家上汽通用新工厂已经通过现场评审,正在终评的公示阶段。本届全国质量奖评委从卓越绩效模式的各个维度全面考核了上汽通用

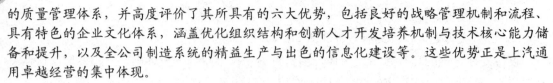

的质量管理体系，并高度评价了其所具有的六大优势，包括良好的战略管理机制和流程、具有特色的企业文化体系，涵盖优化组织结构和创新人才开发培养机制与技术核心能力储备和提升，以及全公司制造系统的精益生产与出色的信息化建设等。这些优势正是上汽通用卓越经营的集中体现。

三、案例分析

上汽通用是如何进行全面质量管理的呢？它在质量管理上又有哪些秘诀？相信在阅读案例后，我们都会发出这种疑问。接下来本文将结合案例内容与上汽通用其他实际情况，用 5M1E 法分析上汽通用在人、机、料、法、测、环等生产现场管理六要素中所做出的质量管理改进，探索上汽通用在质量管理过程中的秘诀。

(一)优秀的企业文化体系

1. 以客户为中心，以市场为导向

产品在使用过程中难免发生故障，产品发生故障后消费者、产品生产者的利益都会受到损失。降低产品故障率的重要措施之一就是加强售后服务。在案例一中，为消除安全隐患，上汽通用积极召回范围内汽车，主动联系客户并安排免费检修事宜，公布本次召回详细信息并且通过质量热线接收反馈意见，这些行为体现了上汽通用完善的售后服务及其优秀的经营战略头脑——既增加商品信誉、提升用户信任度，又通过热线反馈，直接了解客户要求，从而设计出更好的产品。它体现了上汽通用高标准要求的售后服务与区域营销，反映出上汽通用"以客户为中心，以市场为导向"的经营理念。

2. 企业质量文化建设

案例二中提到的上汽通用的卓越经营管理中的企业文化较于案例一，具有更丰富的含义。经过多年发展，上汽通用已形成了其独有的、优秀的企业文化，如"三不"原则和"三全"质量文化。

"三不"原则指的是"不接受、不制造、不传递缺陷"的质量价值观，"三全"指的是"全员、全时、全程，追求卓越质量"的核心质量文化，再加上"人人都是质量第一责任人"的质量管理理念等思想，构成了上汽通用的优秀企业质量文化。并通过宣讲、培训、建言、激励等方式强化质量理念，让质量文化建设形成了长效机制。这些企业文化思想加强了员工对质量的认识，激励员工提升个人素质，对企业产品质量和效益起到了明显的推动影响，为上汽通用竞争力的提高起到重要的支撑作用。

(二)先进的生产设备

案例二中提到，上汽通用有 4 家工厂达到"BIQ Level4"的精益制造标准，这与其先进的生产设备是分不开的。现代化厂房中先进的工艺装备、高自动化率的柔性生产线都是有效保证高质量制造的重要因素。以通过 BIQ Level 4 认证的 4 家工厂之一的上汽通用沈阳北盛工厂为例，其中先进的带有 800 吨压机、每分钟可冲压 18 次的全自动开卷落料生产线，以及拥有相当于"营级编制"的 518 台机器人的车身生产线、非接触式 3D 激光头检测，还有生产通用汽车全球新一代 Ecotec 小排量发动机的首个量产车间，都是名副其实的国内最先进、国际一流水平的制造设施和生产工艺。先进的制造设备及生产工艺在提高生产效率与产品质量的同时，降低了对员工体力的消耗与产品质量成本，是企业进行生产和制造质量管理中的重要部分。

此外，生产设备达到先进、一流水平程度后也为测量任务提供了便利，更容易达到所要求的测量准确度，以避免测量的异常波动导致质量问题。

(三)全过程控制

产品正式投产后，是否能达到设计质量标准，在很大程度上取决于制造部门的技术能力及生产制造过程中的质量管理水平。由案例二可知，上汽通用具有良好的战略管理机制和流程。它将质量文化建设向供应链延伸，从源头上加强质量控制，进一步完善全业务链质量保障体系，不断提升产品的质量表现。

对于上汽通用而言，车辆生产制造环节是质量保证的重点。上汽通用以通用汽车全球制造系统(GMS)为基础，采用全球领先的精益生产制造系统。在生产过程中，生产部门通过自检、100%全检、过程抽检等多种手段实施全过程控制。

全过程控制加强了原材料的进厂检验和厂内自制零部件的工序和成品检验，从而在材料上保证了产品的质量。

此外，选择合适的供应商，与供应商建立战略合作伙伴关系，同时做好供应商的质量改进，也是上汽通用减少因材料不合格而导致的产品质量异常问题的战略性管理机制的内容之一。

(四)柔性化与制造质量

1. 柔性化生产与柔性化质量管理

案例二中提到的信息化建设是上汽通用柔性化生产的一个必需条件，因为在柔性化生产中，需要清晰地定义不同系统间的信息流程，让各系统有效地协同运作，没有出色的信息系统建设，柔性化生产就无法发挥它应有的作用。

上汽通用的柔性化生产，是指在同一条生产线上同时共线生产多种不同平台、不同车型的车辆，从而实现快速灵活地响应客户订单需求及贯彻精益生产。柔性化生产能够增加企业生产效率，具有时间和成本方面的优势。在日益激烈的企业竞争中，能让企业获得更强的竞争力。

与柔性化生产相适应的是柔性化质量管理。柔性化质量管理将管理与技术充分结合，满足了消费者对产品质量的要求，并推动企业持续发展，不断前进。

2. 制造质量

结合案例二，可以得知上汽通用的精益制造是其质量管理体系的一大优势。上汽通用贯彻和实施精益制造的工具和体系是全球制造系统(GMS)，而制造质量(BIQ)则是用来衡量GMS实施水准和制造质量水平的一种精益制造标准。BIQ 是指在制造工序中，将质量引入工序中的方法，通过这些方法可以检测到缺陷的存在，从而实施对策以防止同样的缺陷再次出现。

制造质量管理的系统化，构成了"制造质量管理系统"，是质量管理中非常关键且实用的一种系统。

(五)本质安全化

生产环境对于产品质量具有一定程度上的影响，因为汽车生产工艺较为复杂，对环境有着更为严格的要求，如组装预测量精密汽车仪器时，需要质量高、中等湿度的空气。除了达到温度、湿度等一般汽车生产环境要求及规范员工行为外，上汽通用还不断改善作业现场环境、完善设备本质安全化以降低事故发生概率与严重度。

本质安全是指操作失误时，设备能自动保证安全；当设备出现故障时，能自动发现并自动消除，能确保人身和设备的安全。本质安全化就是使设备达到本质安全而进行的研究、设计、改造和采取各种措施的一种最佳组合。

本质安全化是对生产环境的一种改进，既保证员工人身安全，也确保了设备的安全和企业产品质量的稳定。

四、案例总结

上文分别从现场管理六要素的角度，逐步对上汽通用中的质量管理改进进行了分析。通过这些分析，不难看出，上汽通用实际上是在进行企业的全面质量管理，即一种以质量为中心，以全员参与为基础，目的在于通过顾客满意和本组织所有成员及社会受益而达到长期成功的管理途径。接下来，本文将全面地总结上汽通用全面质量管理的主要特点。

(一)全员性

上汽通用营造了一种优秀的企业文化体系，通过其中包含的"三不""三全"等质量文化教育提高了全体员工对于生产质量的关心程度和职业素养，人人关心质量，人人做好本职工作，这样生产出来的产品才能够让顾客满意、放心。

(二)预防性

产品质量是制造出来的，而不是检验出来的，之前分析所提到的上汽通用的全过程控制和制造质量管理都体现出其"预防为主、不断改进"的思想。

(三)服务性

该公司的服务性表现在它能够迅速识别客户需求，并满足客户的需要。其"以客户为中心"的经营理念与柔性化生产等过程，都很好地表现它为用户服务、对用户负责的态度。

(四)全面性

从质量职能的角度看，要保证与提高产品质量，就必须将分散到企业各部门的质量职能充分发挥出来。上汽通用为了制造出高质量、令顾客满意的商品，一直在加强各部门组织的协调，不断地完善自己的质量管理体系以构成一个有效的整体。

(五)科学性

上汽通用运用出色的信息化建设来进行质量管理，如其柔性化质量管理能充分满足质量和消费者的要求。只有将先进的科学现代化技术与先进的科学管理方法相结合，才能进行真正高效、科学的管理。优秀的质量文化建设、有效的质量管理体系、专业的员工队伍建设与科学的技术和管理方法令上汽通用的质量工作能够高效开展，极大地提高了该公司的质量管理水平，也就是这些关键因素引领着上汽通用走向获得2015年全国质量奖的荣耀之路。然而奖项只是卓越经营旅途中的一个里程碑，质量管理从来不可能止步于奖项。希望上汽通用今后继续发扬其在质量管理上的优势，在创新的过程中为消费者们带来更优质的产品与更满意的体验。同时，也希望其他企业能积极借鉴上汽通用卓越经营的案例，领会其精神，充分地意识到产品质量的重要性，从而建立健全自身质量管理体系，不断地学习质量管理思想和方法，完善自身产品质量。因为随着社会经济的发展，未来发展的立足点终将转到高质量和效益上去，质量将和平地占有市场，21世纪终将是质量的世纪。

(资料来源：周佳.上汽通用质量管理案例分析[J].广东经济，2016.)

案例20 追求卓越的质量"工匠"

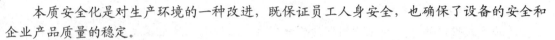

华帝始终如一坚持以质取胜的理念，始终将产品质量视为企业的生命，制定了"以市场为关注焦点，贯彻预防为主的质量原则，坚持源头控制的管理方法，持续推动质量改进，

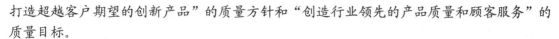

打造超越客户期望的创新产品"的质量方针和"创造行业领先的产品质量和顾客服务"的质量目标。

① 在产品的开发阶段,对新产品进行质量控制。在产品研发阶段,新产品开发质量管理是覆盖全过程的。在产品概念提出阶段,通过产品概念众筹会议(头脑风暴法)、市场调研结论(用户群访谈、问卷调查、产品体验评价法)、竞争环境分析(逆向工程、思维导图、第三方机构数据信息购买)、技术发展态势(跨国考察/参观、跨行业调研、文献/专利检索)等方式保障产品概念的适用性。在产品线策划过程中,采用"滚动式"制定模式,销售、技术、策划、开发等部门联合分析对产品线进行修正,针对在新产品开发过程中可能用到的物料或配件,制定相应的技术规格进行物料技术认证,并出具认证报告。在新产品过程中实施质量跟踪及开发阶段的质量关键点控制,并导入 APQP、QFD、FMEA 等先进研发质量策划方法,引入决策评审、技术标准及虚拟仿真技术、试验检测(寿命试验、强化试验、破坏性试验)、可靠性分析(FTA、FMEA)等,通过多维度、多手段来确保产品开发质量的稳健能力。

② 在采购质量管理中,对供应商进行质量把关。对于与华帝合作的 OEM 厂商进行 JQE 辅导计划,并向供应商派驻代表督促供应商质量管理落实。每年进行 SQE 在岗辅导计划,逐渐成立专业的供应商品质工程师辅导团队对供应商开展质量体系及过程质量控制工作的辅导培训,对战略供应商每年制订帮扶计划,督促建立质量管理体系并落实到具体的管控文件,实现检验与试验的标准化、规范化。同时,定期对成品抽检员进行厂家轮换,与供应商签订质量保证协议。

③ 在生产过程中,强化员工的质量意识。在整个的生产过程中,华帝尤其注重对员工进行质量意识、"下工序就是客户"的教育,举办各种形式的质量讲座、质量知识测验等活动明确产品与工作质量要求,让全体员工参与进来。此外,公司还制定质量控制流程,充分发挥品质部门的监督职能及生产一线员工的质量预防作用,通过 SPC 过程数据分析对过程能力波动的监测与改进提供依据,并通过精益制造、关键点控制、TQM、操作培训、工艺卡片、工装夹具、巡检、过程检验、成检等方法控制产品过程质量。通过 ISO 9001 质量体系认证确保生产过程产品质量处于控制范围,定期组织内、外部检查以及时解决质量管理中存在的问题。生产过程严格遵守作业指导书要求,所有岗位通过系统培训考试后实行上岗资格认定机制。关键工序设立质控点严格把关,将质量管理体系深入贯彻到生产全过程并继续改进。

④ 在检测设施和设备方面,华帝建立了一座建筑面积达 2250 平方米的实验室,其中配备了各类设备近 100 台(套),20 个实验室能够完成试验检测、产品级的 α、β、γ 版等多种测试,并成功通过了国家实验室认证(CNAS),保证产品质量安全符合行标、国标要求,满足用户的使用休验。

⑤ 在售后服务方面,建立卓越的售后服务体系,关注消费者服务体验,确保让消费者买得放心、使用舒心、维护省心。2008 年,华帝成立全国呼叫中心,建立统一的 400 服务热线,24 小时为消费者提供服务。为适应发展需求,2011 年进行呼叫平台的扩容与升级,建成拥有 200 座席的行业内较大的呼叫平台,持续推进星级服务网点建设,形成"速度服务"品牌旋风,为用户提供全新、专业、标准的用户体验。2012 年 2 000 辆服务车投放全国市场,提升对消费者服务需求的响应速度。2015 年实行"区域售后帮扶计划项目制模式",对经销商售后服务整体运营管理水平进行有针对性的帮扶提升。同时,2015 年 1 月 1 日开

始全面升级产品延保年限，灶具从 1~3 年延保至 5 年、抽油烟机从 1 年延保至 3 年、电热水器从 1 年延保至 3 年，最大化保障顾客购买产品的使用质量和消费者权益。

(资料来源：佚名. 上追求卓越的质量"工匠" [N]. 中国质量报，2016-5-18.)

模拟试卷 10

一、名词解释(共 20 分，每题 4 分)

(1) 质量职能
(2) 顾客要求
(3) 顾客满意
(4) 顾客忠诚
(5) 顾客关系管理

二、填空题(共 20 分，每空 2 分)

(1) 对外部供方的审核包括产品审核、_____和_____三种方式。
(2) SIPOC 概要工作表，它是从供方_____、_____、_____和顾客的思考角度形成的。
(3) 对外部供方选择的方法包括直接判断法、招标法_____、_____、_____和质量与价格综合优选法。
(4) 顾客忠诚度指标可以从_____、_____两个方面来衡量。

三、单项选择题(共 8 分，每题 2 分)

(1) _____属于理所当然质量。
    A. 冰箱的制冷   B. 冰箱的能耗   C. 冰箱的电子显示
(2) 顾客满意是顾客对其要求已被满足的程度的感受，如果顾客感知质量大于顾客认知质量，顾客就会_____。
    A. 满意   B. 很满意   C. 忠诚   D. 抱怨
(3) 产品功能性审核属于_____。
    A. 产品审核   B. 过程审核   C. 质量管理体系审核
(4) _____是最基本的满足要求，是隐含的、必须履行的需求。
    A. 理所当然质量   B. 一元质量   C. 魅力质量

四、多项选择题(共 12 分，每题 4 分)

(1) 评价与选择外部供方应坚持的基本原则有_____。
    A. 科学性原则   B. 可操作性原则
    C. 经济性原则   D. 可追溯原则
(2) 企业对外部供方业绩评价的主要指标包括_____。
    A. 产品质量指标   B. 利润指标
    C. 降低采购成本   D. 订货满足率

(3) 顾客满意度指标体系包括_____。

A. 产品 　　　　　B. 价格 　　　　　C. 供货

D. 购买 　　　　　E. 服务

五、判断题(共 8 分，每题 2 分)

(1) 顾客满意度是顾客对某一产品和服务的感知质量与认知质量之比。 (　　)

(2) 理所当然质量体现了产品的竞争元素。 (　　)

(3) 顾客满意更多体现在行动上，而顾客忠诚则大多体现在态度上。 (　　)

(4) 外部供方业绩评定的目的主要是选择外部供方。 (　　)

六、简答题(共 16 分，每题 8 分)

(1) 简述选择外部供方的原则和程序。

(2) 简述产品和服务提供过程质量控制的原则和任务。

七、论述题(共 16 分)

结合 ISO 9001：2015 标准 8.5 条款，试述产品和服务提供过程质量控制的主要工作节点。

第十一章 内审与管理评审

通过对本章的学习，要求了解和掌握以下内容。

- 质量管理体系审核的对象、目的和准则。
- 内部质量审核的一般程序。
- 内部质量审核的实施。
- 管理评审的目的、依据和任务。

内部质量审核是组织内部的审核活动，是依据 ISO 9000 系列标准所形成的文件化信息等所进行的一系列的策划、实施、报告和验证评价组织自身的质量管理体系是否持续满足规定的要求，是否正在有效运行的活动。管理评审是组织的最高管理者按计划实施的对自身质量管理体系是否保持持续的适宜性、充分性和有效性进行评审的活动。因此，在实施 ISO 9000 系列标准的组织中，都应按照计划的安排展开内部质量审核和管理评审工作，以不断地自我完善质量管理体系，改进产品和服务质量，以求达到满足顾客和法律法规的要求，提升组织的质量经营绩效。

第一节 质量管理体系审核概论

一、质量管理体系审核和基本原则

(一)质量管理体系审核的概念

1. 审核的定义

审核是指为获得客观证据并对其进行客观的评价，以确定满足审核准则的程度所进行的系统的、独立的并形成文件的过程。

在审核的定义中，审核证据是指与审核有关的、能够证实的各种记录、事实陈述或其他信息，审核证据可以是定量的或定性的；准则是指用作依据的方针、程序或文件的要求；而过程是指一组将输入转化为输出的相互关联或作用的活动。

通过对审核定义的分析可以得出，审核是一个十分广义的概念。任何一个组织、实体都可以是审核对象。既可以对管理活动、软件进行审核，也可以对硬件进行审核，同样可以对质量管理体系进行审核。

2. 质量管理体系审核的含义

质量管理体系审核是通过审核员，依据质量管理体系标准或所形成的文件，进行策划、实施、报告和验证等活动，获得质量管理体系运行是否有效和满足标准要求的程度的依据，对其进行客观、系统、独立的评价，并将策划内容转化为结果文件的过程。

在质量管理体系审核的含义中，依据是指质量管理体系标准或其所形成的文件化信息；

审核证据是指被审核方所涉及的各种表、单、证等记录和被审核方对事实的陈述或其他信息，审核证据可以是定量的或定性的；结果文件是指在审核过程中审核组或审核员形成的各种审核记录，如检查表、不符合项通知单、审核报告等。理解质量管理体系审核的含义，应从以下几点去体会。

(1) 质量管理体系审核是评价的活动。质量管理体系审核的目的，是评价组织的质量管理体系与组织所确定的各类审核依据之间的符合性和有效性。这些依据包括组织的方针、目标、文件化信息，顾客与组织之间的合同、协议等。

(2) 质量管理体系审核是客观评价的活动。质量管理体系审核的客观性在于它以审核证据为依据，以审核依据为准则。审核证据不应以人的情感意志而偏离审核依据，审核依据也不能因人的情感意志而偏离审核方向。

(3) 质量管理体系审核是系统的评价。质量管理体系审核是对质量管理体系所做的系统、整体的评价。审核的系统性是由质量管理体系的特性决定的，因为质量管理体系本身就是一个立体的、运动着的系统，缺一不可，所以必须对其做出系统的评价才可能是准确的评价。审核的系统性又是由审核本身的特性所决定的，质量管理体系审核本身具有严密的系统性，这一系统性集中体现在 ISO 9001 标准的规定中。

(4) 质量管理体系审核是独立的评价。质量管理体系审核的独立性特点，是指审核的实施、评价和结论，都应由审核员独立做出，而不应受任何其他因素干扰。只有在审核过程中收集到的审核证据都由审核员独立地做出评价，才不会使审核偏离计划的安排。

(5) 质量管理体系审核是形成文件的过程。质量管理体系审核的文件，是相伴于审核活动的逐步展开而相继产生的。在审核的策划、准备、实施、评价、报告和验证的各个阶段，都会形成文件，如审核的策划方案、检查表、不符合项报告、审核记录、审核报告、纠正和预防措施的验证等，这些文件都应自始至终地随形成、随收集、随保管。保存的文件力求原始化，具有真实性和完整性，杜绝事后的补充、誊写和闭门造车。

质量管理体系审核的方式是多种多样的，只要能够达到审核的目的，取得同样的效果，采取任何方式进行审核都是无可厚非的。国际标准中 ISO 19011 给出的审核，也是一种规范的审核模式，但不是唯一的方式。

(二)质量管理体系审核的基本原则

1. 客观性原则

审核应该是以事实为依据，以审核依据为准则来判断和评价质量管理体系的整体运行水平。而事实又必须以客观的证据为基础，没有掌握客观证据的任何信息，均不能作为审核结论的依据，证据不充分或没有验证的，同样也不能作为审核评价的依据。客观的证据必须是来自已经发生的事实，而且可以陈述、验证和追溯，不应含有个人的臆断和空想。

2. 系统性原则

要求审核活动有策划、有组织、按程序进行；要求审核范围按审核依据，充分体现审核的覆盖性。

3. 独立性原则

质量管理体系的审核，本身就是一项非常严肃的工作，应保持一定的独立性。审核应

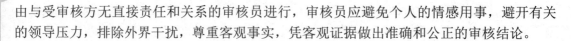

由与受审核方无直接责任和关系的审核员进行，审核员应避免个人的情感用事，避开有关的领导压力，排除外界干扰，尊重客观事实，凭客观证据做出准确和公正的审核结论。

4. 抽样原则

抽样是指在审核中对接触到的人员、文件、证据和客观事实，采取随机抽样的方法。而抽样就会产生风险，即抽样的结果与体系的实际状况可能会发生偏离。为了减少和避免这种偏离，使审核的评价结果处于审核方和受审核方均能认可的范围之内，在抽样过程中，审核员应注意以下几点。

(1) 抽取有代表性的样本。

(2) 提前策划，随机抽样。

(3) 抽样的数量比例应能说明整体的数量，一般为3～12个。

(4) 注意发现系统的缺陷，关注主要问题中的主要方向。

(5) 抽样结果并不能证明体系是完美的。

5. 保密原则

在审核过程中审核员获得的任何受审核方的信息都应予以保密，除非这些信息已经发表。审核员不得因自己的泄密行为给受审核方造成任何的损失，否则要承担相应的责任。

6. 采信原则

审核的采信原则是指审核员在审核过程中，对所收集到的审核证据应进行验证和确认，以使对方能采用和信任。具体实施应注意以下几点。

(1) 所采信的审核发现和客观证据是通过正当渠道获得的。

(2) 所有审核发现和客观证据均应进行验证和被受审核方确认。

(3) 所有采信的陈述均应出自受审核方主要应审人员之口，不应随意收集。

7. 正面证实原则

审核员对其发现和收集到的审核证据，应进行正面的证实，分析和研究其中严密的逻辑关系。审核员在收集审核证据时应注意以下要点。

(1) 以事实为依据，以审核依据为准则。

(2) 正面证实，考虑因果关系。

(3) 严密的逻辑关系，注意外延与内涵的一致性。

(4) 当反面推论时，采取无过错推定原则。

(5) 以平常的心态，进行正常和冷静的思考。

(6) 不偏离审核的策划，不以表现自我为目的。

二、质量管理体系审核的范围和类型

(一)审核范围

审核的范围是审核的广度和界限。范围通常包括对地理位置、组织单元、活动和过程，以及被覆盖的时间段的描述。一般来说，在确定一个组织具体的审核范围时，应考虑以下因素。

(1) 实施审核活动所覆盖的受审核方质量管理体系所涉及的场所区域,包括地理位置和职能部门。

(2) 实施审核活动所涉及的产品类别和产品实现的活动与过程。

(3) 基于受审核方及其产品的特点的不同,有关审核准则的应用或删减范围(具体删减的应用见 ISO 9001：2008 标准的 1.2 条和 4.2.2a)条款)。

(4) 实施审核活动所覆盖的时间段的要求。

在实际的审核活动中,可根据审核范围的确定,有区别地进行全面审核和部分审核。

① 全面审核。组织质量管理体系的审核,不管是组织本身第一方的内审,还是第二方或第三方的外审,如果这种审核已经覆盖了组织产品质量形成的各个过程、各个方面,就都属于全面审核。

② 部分审核。对组织质量管理体系过程有选择性的审核。对质量管理体系过程或针对某一特定项目或部门安排的专项审核,认证机构实施的年度监督审核,或者以验证上次审核后采取纠正措施是否有效实施为目的而进行的跟踪审核等,这些审核仅覆盖组织产品质量形成的某个过程、某个部门和某个场所,称为部分审核。

(二)审核类型

质量管理体系审核可分为三个基本类型,即第一方的内审和第二方、第三方的外审。

1. 第一方审核

第一方审核用于内部目的,是组织对其自身的产品、过程或质量管理体系进行的审核。审核员通常来自组织的内部。通过审核,对组织的质量管理体系是否符合产品实现策划的安排和审核准则的要求,综合评价质量活动及其结果,对审核中发现的不符合项提出纠正和改进措施。内部质量审核也可作为组织自我声明符合质量管理体系要求的基础。

进行第一方审核的主要理由如下。

(1) 质量管理体系标准的要求。

(2) 增强满足质量要求的能力,可促进系统的完善和保持。

(3) 在接受外审前,及时采取纠正和预防措施。

(4) 推动组织质量管理体系持续改进。

2. 第二方审核

第二方审核是顾客对供方开展的审核,也就是由组织的顾客或由其他人以顾客的名义进行的审核。审核员通常来自组织的顾客,或者来自其顾客的外部聘请。无论是哪种情况,审核员均是被授权的,代表组织的顾客实施审核。通过审核,对组织质量管理体系及其产品、过程和质量活动做出公平、公正的评价,其审核结果通常作为顾客最终采购决定的依据。

进行第二方审核的主要理由如下。

(1) 质量管理体系标准的要求。

(2) 选择、评定合格的供方。

(3) 加深双方对质量要求的理解。

(4) 为改进供方的质量管理体系提供帮助。

3. 第三方审核

第三方是指根据 ISO/IEC 导则 62 及 IAF 关于 ISO/IEC 导则 62 应用指南的规定,并经国家认可机构按规定的认可程序,审核和认可批准/注册,具有明确的法律地位的、独立的社会认证机构。其审核员是符合 ISO10011 和 IATCA 有关质量管理体系审核员注册准则规定,并经国家审核员注册机构按规定的认可程序批准/注册,经认证机构聘用的。在第三方审核中,鉴于第三方的独立性和公正地位,通常审核员不应提出纠正和改进的建议和意见。受审核方质量管理体系经第三方认证审核证实符合要求,认证机构将签发质量管理体系注册证书。证书有效期一般为 3 年,到期后,需申请复审换证。

第三方审核的主要理由如下。

(1) 通过体系认证,获准注册。

(2) 避免重复的第二方审核,减少组织和顾客双方不必要的开支。

(3) 提高组织的信誉,增强市场竞争能力。

(4) 改进组织的质量管理体系。

三种审核的区别如表 11.1 所示。

表 11.1　三种审核的区别

项目\类型	第一方审核	第二方审核	第三方审核
委托方	本组织	顾客或供方	受审核方
审核员	来自组织	组织的顾客或其代表	独立的认证/注册机构
审核准则(依据)	组织的质量管理体系文件化信息,法律法规,标准	合同要求,标准,法律法规,供方的质量管理体系文件化信息	标准和法律法规,受审核方的质量管理体系文件化信息,合同要求
审核目的	推动内部改进	选择、评定或控制供方	认证注册
审核覆盖面	全面审核、部分审核	合同要求	注册认证或复审换证为全面审核,监督审核或跟踪审核为部分审核
纠正措施	要提出	取决于顾客方针	不提出
审核时间	按计划的时间间隔和组织决定	双方协商	按 LAF 导则 62 应用指南规定的人/日数

三、质量管理体系审核的对象、目的和准则

(一)审核对象

审核的对象是指将要接受审核的组织质量管理体系,审核对象必须是规范的体系。衡量体系规范性时应注意以下几点。

(1) 具备了完整的质量管理体系文件化信息。

(2) 文件的控制必须符合标准规定的要求。

(3) 体系的运作符合质量管理体系文件化信息规定的要求。

(4) 体系运作的时间满足追溯的需要。

(二)审核目的

就质量管理体系审核的目的看，主要有以下两个方面。

1. 评价质量管理体系满足标准要求的程度

其满足标准要求的程度包括三方面的内容。

(1) 符合性评价。这包括质量管理体系文件化信息与标准规定的符合性评价，质量管理体系的运作与质量管理体系文件化信息规定的符合性评价。

(2) 有效性评价。这是对质量管理体系运行效果进行评价，也应该对质量管理体系文件化信息是否被有效地实施进行评价。

(3) 适宜性评价。这是对质量管理体系活动是否适宜于达到组织的质量目标所进行的评价，如果体系的运作活动达不到既定的目标要求，应考虑对影响的因素加以改进。

2. 评价质量管理体系的运作是否需要采取改进或纠正措施

在质量管理体系的审核中，总能审核发现不符合项，组织应针对其具体的内容进行分析和研究，制定出改进或纠正措施并加以实施，使质量管理体系不断得到完善和提高。

(三)审核准则

质量管理体系的审核准则就是审核依据，审核依据的确定，一般是按照审核目的，以及审核依据对组织本身的重要程度而进行的。审核依据基本概括为以下几个。

(1) 合同的要求。

(2) 组织的质量管理体系文件化信息。

(3) ISO 9001:2008 标准。

(4) 法律法规的要求。

(5) 顾客投诉。

(四)审核的两个阶段

1. 文件审核阶段

(1) 审查用于证实受审核方建立了质量管理体系文件化信息。

(2) 文件化信息内容是否充分满足了标准规定的有关要求。

(3) 了解受审核方的基本情况，以策划审核。

2. 现场审核阶段

(1) 审核受审核方质量管理体系的运作是否符合审核准则的要求。

(2) 评价受审核方质量管理体系满足要求和持续改进的能力。

(3) 跟踪验证审核与监督审核。

第二节　内部质量审核

一、内部质量审核概述

组织内部质量审核，是组织依据质量管理体系标准评价，验证组织自身的质量管理体系是否持续满足标准所规定的要求，并且正在有效运行的一种活动。组织通常是依据ISO 9000系列标准所形成的文件化信息来进行审核的。

内部质量审核是组织自我改进的一种十分重要的管理手段，它能及时地发现体系在运行过程中存在的问题，以便进行改进和采取纠正措施，使体系不断地改进和完善，并为迎接第二方、第三方的外部审核做好准备。

(一)内部质量审核的范围和依据

1．内部质量审核的范围

内部质量审核的范围包括对过程、区域和活动的审核。

(1) 过程。组织所依据的审核标准ISO 9001中有许多的过程，审核时，视情况可以一次涉及所有的过程，也可以每次只涉及一个或几个，但从整个审核周期看，应覆盖全过程。

(2) 区域。区域是指活动涉及的部门和地区等场所。凡是与产品质量形成活动有关的部门或地区，均应列入审核范围之内。

(3) 活动。这是指与产品质量形成有关的活动。它主要包括所涉及的产品范围。在内审时，所有涉及的正常生产的产品，以及按文件规定研发的新产品，或者按某个质量计划生产的特殊产品，均应包括在内审范围之内。

审核的产品范围也是可以变化的，如在内审时采用滚动式审核，有时某次审核只针对少数产品，但在一个周期内，应考虑全部产品的覆盖性。

2．内部质量审核的依据

内部质量审核的依据主要包括ISO 9001标准、文件化信息、国家有关的法律法规、合同和顾客投诉等。

(二)内部质量审核的时机与频次

一个组织的内部质量审核选择的第一次审核时机，基本是在质量管理体系文件化信息已全部编制完毕、颁发实施，并且已经运行了足够的时间，便于各项质量活动均有记录可追溯。第一次内审的主要任务，是对刚刚建立并运作的质量管理体系的有效性做出评价。

内部质量审核通常可分为常规的例行审核和特殊情况下的追加审核。常规的例行审核，是按预先编制的年度审核计划的安排进行的，一般是每年进行1～2次，集中审核各部门和各过程，也可以每月对一个或几个部门(过程)进行审核，每年覆盖所有部门(过程)一次，年终形成整体的审核报告。这种内审的方式，有利于监督审核和跟踪审核，也经常被应用于质量管理体系的初建年份。因为这种审核方式的频次，是由在上次审核中发现问题的大小、多少以及该部门对产品质量形成过程的重要程度来决定的。

特殊情况下的追加审核，是在发生下列情况之一时进行的。

(1) 发生了严重的质量事故或有顾客的严重投诉时。

(2) 当组织的领导层、内部机构、产品、质量方针和目标、生产技术及加工工艺、生产场所等发生了较大变更时。

(3) 在第二方、第三方审核或法律、法规规定的审核之前。

内部质量审核的时机与频次，应由本组织的质量管理体系的主管部门提出和编制，由最高管理者组织实施。

(三)内部质量审核的一般程序

内部质量审核的程序，应明确地规定在程序文件中。内审的一般程序应包括审核方案策划、审核准备、实施审核、审核报告、纠正措施和汇总分析。

1. 审核方案策划

无论是采用集中审核还是滚动审核，都应纳入年度审核策划方案中。如果是特殊情况下的追加审核，审核策划中则要明确审核的目的、受审核的部门或过程。每次审核都要明确审核所采用的审核依据。

2. 审核准备

由内审员组成审核组、最高管理者指定审核组长。审核组长应领导和组织全组编制具体的审核日程计划表，并把审核的内容分配到各小组及每一位内审员。每个内审员都应当编制审核任务的检查表，报审核组长审核后再行实施。审核日程计划表确定后，应及早通知受审核部门负责人征求意见，并确定一名部门的主要陪同人员，协助内审工作的完成。

3. 实施审核

召开正式的首次会议，由审核组长主持并说明审核的目的、范围、审核依据和方法。实施审核应是以现场审核的客观事实为依据，以审核依据为准则，收集客观证据，做出公平、公正的判断和评价。对审核发现的不符合项，应按规定填写不符合项报告，并请受审核部门的主要陪同人员(或领导)对不符合事实确认签字。实施审核以末次会议结束现场审核。在末次会议上，各审核小组应报告各小组的审核结果，并宣读不符合项报告。审核组长应在会议上出示不符合项分布情况汇总，并宣读本次内审的结果。

4. 审核报告

内审的现场审核结束后，审核组长应在规定的时间内，按规定的格式形成正式审核报告，由最高管理者审定后，与不符合项报告一同转发给各受审核部门。

5. 纠正措施

各受审核部门在接到不符合项报告后，应举一反三，认真研究和分析造成不符合的原因，提出纠正措施，报审核组长。审核组长审定各部门上报的纠正措施，并组织内审员对纠正措施的实施进行跟踪验证。

6. 汇总分析

内审如果是采用集中方式时，汇总分析是在审核报告之后进行；如果是采用滚动方式时，则是在所有的部门和过程审核完成后，审核组长根据各部门(过程)的审核报告，汇总编写全面的年度审核报告之后进行。汇总分析，应评价整个体系运作的有效性，应将部门之间的审查结果，上次与本次的审核结果进行比较，并指出其进步与不足的情况。同时，还应对各部门实施改进和纠正措施的实施验证情况进行汇总分析。这些结果，均应上报组织的最高管理者，并作为管理评审的输入内容之一。

(四)内审员

内审员是组织挑选并经专业培训机构培训，取得内审员注册资格证书的人员。

1. 内审员的作用、主要工作和职责

内审员的作用包括：①对质量管理体系的运作起监督作用；②对质量管理体系的保持和改进起参谋作用；③在质量管理方面，起沟通领导与员工的纽带作用；④在外部审核中，起内外接口的作用；⑤在质量管理体系的有效运作方面起带头作用。

内审员的主要工作包括：①在确定的范围内实施审核；②保证客观性；③收集并分析与受审部门的质量管理体系有关的、足以对其下结论的证据；④客观评价受审核部门的质量管理体系的有效性；⑤能找出利于受审核部门改进质量管理体系过程的建议。

内审员的职责包括：①遵守相应的审核要求；②传达和阐明审核要求；③有效地策划和执行被赋予的职责；④将观察结果记录、形成文件并对其真实性负责；⑤报告审核结果；⑥验证由审核结果导致的纠正措施的有效性；⑦收存、保管、提交与审核有关的文件，保守审核文件的机密，对特殊信息谨慎处理。

2. 内审员的个人素质要求

内审员的个人素质直接影响审核工作的质量，也直接关系到内审程序的有效实施。内审员在审核活动中应能够充分体现以下素质。

(1) 正当地获取和公正地评定客观证据。

(2) 不卑不亢，忠实于审核目的。

(3) 在审核过程中注意观察结果和人际关系的影响。

(4) 处理好有关人员的关系，以取得最佳的审核效果。

(5) 尊重审核所在部门、区域的规定。

(6) 审核过程中排除干扰，自主地做出判断。

(7) 在审核过程中全神贯注，全力以赴。

(8) 在特殊情况下做出有效反应。

(9) 以审核观察记录为基础，得出能为大多数人所接受的结论。

(10) 忠实于自己的结论，不屈从于无事实根据要求改变结论的压力。

3. 审核组长的职责和主要工作

审核组长的职责。在质量管理体系审核阶段，绝大多数审核工作由审核组长全权负责，

审核组长应具备管理能力和经验，应有权对审核工作的开展和审核观察结果做出最后决定。因此，审核组长除履行审核员的职责外，还有如下审核管理职责：①选择审核组成员，并予以分工；②制订审核日程计划；③代表审核组同受审核部门的管理者接触；④提交审核报告。

审核组长的主要工作。在审核策划阶段的主要工作包括：①制订审核计划，起草工作文件；②代表审核组同受审核部门的管理者接触；③准备工作文件，给审核组成员布置工作，必要时确认其审核检查表。在现场审核中的主要工作包括：①主持首次会议、审核组的内部会议、末次会议；②对不符合报告的客观性、可信性负责；③及时向受审核部门通报严重不符合项；④对审核组成员进行必要的监控，提供必要的帮助和支持；⑤清晰、准确、完整、及时地报告审核结论，不无故拖延。

二、内部质量审核的实施

(一)内部质量审核的策划

审核策划是质量管理体系审核的重要步骤，是成功进行审核的基础。

1. 审核方案的策划

审核方案的策划由最高管理者负责，应充分考虑到以下几点。

审核策划的目的为：①确定组织质量管理体系符合 ISO 9001 标准的要求及组织所确定的质量管理体系的要求；②确定组织质量管理体系有效实施与保持的程度；③确定质量管理体系持续改进的有效性。

审核日期的策划应依据以下几点：①有利于迎接外审；②有利于改进和纠正措施的实施与跟踪验证；③有利于组织新产品的开发和其他工作的开展。

审核策划的主要内容包括：①审核的目的；②拟审核的过程和区域的状况和重要性；③以往审核的结果；④审核的准则、范围、频次和方法；⑤涉及法律、法规的要求；⑥审核的时间需求；⑦实施审核及报告结果；⑧记录保持；⑨跟踪审核及对所采取措施的验证结果的报告。

上述策划的内容及审核实施，以及相关职责和要求，应在组织的内部质量审核程序文件中做出规定。

2. 审核组的组成

(1) 参加审核活动的内审员，必须确保审核过程的客观性和公正性。

(2) 内审员应接受质量管理体系审核的培训，具有审核经验或资格，受组织的聘用。

(3) 审核组人数的多少，取决于组织产品和过程的复杂程度、规模及有关规定要求。

内部质量审核方案的策划结果不是一成不变的，组织可以根据其自身的实际情况、策划目的、实现的时机、策划时间因素的变更而更改。但是，所有修改都应按规定的程序进行。

内部质量审核策划表示例如表 11.2 所示。

表 11.2　内部质量审核策划表

审核目的	评价质量管理体系运行的符合性、有效性、迎接第三方的认证审核，推动质量管理体系及过程的改进			
审核范围	电动机设计和开发、制造、安装和服务涉及的所有部门、场所和过程			
审核依据	ISO 9001:2015 标准；适用的法律、法规			
策划安排				
受审核部门	频次		审核起止日期	纠正措施验证日期
办公室(含最高管理者)	第一次		20××年×月×日 1 天	20××年×月×日前
办公室	第二次		20××年×月×日 1 天	20××年×月×日前
物资部	第一次		20××年×月×日 1 天	20××年×月×日前
	第二次		20××年×月×日 1 天	20××年×月×日前
生产部	第一次		20××年×月×日 1 天	20××年×月×日前
	第二次		20××年×月×日 1 天	20××年×月×日前
技术部	第一次		20××年×月×日 1 天	20××年×月×日前
	第二次		20××年×月×日 1 天	20××年×月×日前
销售部	第一次		20××年×月×日 1 天	20××年×月×日前
	第二次		20××年×月×日 1 天	20××年×月×日前
质量部	第一次		20××年×月×日 1 天	20××年×月×日前
	第二次		20××年×月×日 1 天	20××年×月×日前
备注	1. 每次审核实施前，将提前下发审核日程计划 2. 每次审核实施前，将组成审核组，请各部门届时安排好本部门内审员的工作，确保审核任务的顺利完成			
编制人/日期：xx/20xx 年 x 月 x 日			批准人/日期：xx/20xx 年 x 月 x 日	

(二)内部质量审核的准备

1. 审核前的准备工作

内部质量审核的准备工作，通常是由审核组长组织进行的，包括以下内容。

(1) 编制审核日程计划。

(2) 组成审核组。

(3) 收集并审核有关文件。

(4) 编制检查表。

(5) 通知受审核部门并约定具体的审核时间。

2. 审核日程计划的编制

审核日程计划是由审核组长制定的、确定审核活动日程安排的指导性文件。

确定审核所需的时间。审核所需的时间，主要取决于以下因素：①审核的目的；②审核的范围；③受审核部门或过程活动的数量；④为取得客观、公正的结果，审核员需要查看客观证据的数量；⑤是否需要分组；⑥每位审核员的审核经验；⑦受审核部门或区域的规模及分布情况。

确定受审核部门或活动。由于现场审核有具体的时间控制，要合理地安排部门或活动的审核日程，以便使审核组对受审核部门或区域质量管理体系的实施情况和有效性、充分性有全面的了解，从而做出正确的安排。

内部质量审核日程计划示例如表 11.3 所示。

表 11.3　内部质量审核日程计划

审核目的	验证公司各部门/区域的质量管理体系与标准的符合性、充分性、有效性
审核范围及日期	电动机生产制造的全过程。20××年×月×日至×月×日
审核依据	ISO 9001:2015 标准；适用的法律、法规

审核组成员表			
职务	姓名	组别	审核范围
审核组长	××		
成员	××、××	×组	最高管理者、物资部
成员	××、××	×组	销售部、技术部、生产部
成员	××、××	×组	质量部、办公室

审核活动安排				
日期/时间		组别	部门	主要活动及涉及的标准条款
×月×日	8:00～8:30	内审组		首次会议
	8:30～11:30	×组	最高管理者	如质量方针等 如 5.2……
		×组	销售部	如交付后活动等 如 8.5.5……
	13:30～16:30	×组	物资部	如外部供方信息等 如 8.4.3……
		×组	技术部	如设计和开发的控制等 如 8.3.4……
	13:30～15:00	×组	质量部	如确定质量管理体系的范围等 如 4.3……
	15:00～16:30	×组	办公室	如文件化信息等 如 7.5……

审核活动安排				
日期/时间		组别	部门	主要活动及涉及的标准条款
1 月 12 日	16:30～17:00	内审组		小结会
1 月 13 日	8:00～11:30	×组	质量部	如不合格输出的控制等 如 8.7……
		×组	生产部	如生产和服务提供的控制等 如 8.5.1……
	13:30～15:00	×组	质量部	如内部质量审核等 如 9.2……
	15:00～16:30	内审组		审核组内部会议
	16:30～17:00	内审组		末次会议

编制/日期：××/20××-×-×	审定/日期：××/20××-×-×

3. 收集并阅读有关文件

收集并阅读有关文件是指质量管理体系文件等体系文件化信息，目的是熟悉文件中对质量活动和过程的规定。审核组长必须保证每一位内审员都能够阅读和掌握有关的文件内容，以便在编制检查表和后续的工作中能够正确运用和充分发挥。至于技术文件、质量标准等，则可在审核的现场索取。

4. 编制检查表

检查表是内审员进行审核时的一种自用工具，可帮助内审员加强记忆，指明审核的方向、途径，把握要点，并把要提出的问题事先想出来，保持审核工作的连续性，作为审核记录供后续工作参考。同时，检查表也可减轻内审员在审核过程中的精神压力。因此，结合审核工作的具体内容，根据审核依据规定的内容编写检查表，适当补充审核要点。检查表内容的多少，取决于受审核部门或过程的工作范围、职能、抽样方案及审核要求和方法。

检查表应是由接受了审核任务的各内审员编写，但编写完毕后，检查表应报请审核组长审阅，以检查有无遗漏或重复。

检查表的作用主要有以下几个：始终保持审核目的；抓住审核主题，确保审核计划的实施；减少审核偏见，排除外界干扰；确定审核思路和计划的策略，突出重点，照顾一般，确保审核的系统性和有效性。

检查表的编制要求主要有以下几点：检查表应采取统一的格式、统一的纸张，以利于保管；内审员在编制检查表前，应熟悉审核依据的全部内容，并掌握所分配任务部门的质量职能及过程情况；应选择典型、关键的过程内容和活动重点；选择具有代表性的样本及数量；突出重点，照顾一般，检查表详略得当；根据平时掌握的情况，有针对性地选择审核项目内容和客观证据；检查表应具备可操作性，检查项目具体，检查方法实用，客观证据容易收集。

内审检查表示例如表 11.4 所示。

(三)内部质量审核的实施

1. 召开首次会议

首次会议是现场审核的第一步，是审核组与受审核部门的正式接触，其进行的顺利与否，对随后将要进行的审核工作具有非常重要的影响。虽然在目前的首次会议程序中，没有主张组织的最高管理者出席和表态的要求，但是，经实践证明，组织最高管理者出席与否及其态度，对内部质量审核顺利与否至关重要。

首次会议由审核组长主持，时间一般控制在半小时左右。参加会议的人员为审核组全体成员、受审核部门管理人员或陪同人员及主要领导。首次会议的程序主要包括以下内容。

(1) 出席会议的人员签到。

(2) 介绍审核组成员及其所承担的审核任务。

(3) 确认审核目的、依据和范围。

(4) 明确审核日程计划。

(5) 说明审核的原则和方法。

(6) 明确陪同人员。

(7) 阐明澄清有关问题。

(8) 必要时领导讲话。

表 11.4 内审检查表

编制人/日期	××/20××-×-×		审核组长/日期	××/20××-×-×
受审核部门	办公室	审核依据		ISO 9001:2015 质量管理体系要求
序 号	涉及条款号	检查内容	检查记录	结论
1	7.2a)	1.询问主任是否按人员的能力需求编制了《岗位任职资格规定》		
	7.5.3.1a)	2.查看《岗位任职资格规定》，检查文件是否经批准		
2	7.2b)	1.随机验证部分员工的实际操作 2.检查培训计划的落实情况，查看 3 次培训计划的项目，抽查其中 3 份培训签到表、考核试卷或考核记录 3.查看 5 份教学大纲，了解师资的水平		
3	7.2c)	1.抽查 5 份员工培训评价表 2.询问有否经培训后评价达不到标准的员工及处置记录 3.抽查 10 份员工业绩评价记录		
4	7.2d)	1.随机抽取 10 份员工培训档案,查看其内容的完整性、真实性(可与培训考试试卷、评价记录核实) 2.查看全部培训档案的标识、储存、保护、检索和保存期限及处置情况		

2. 现场审核

现场审核在整个审核工作中占有非常重要的位置。审核工作的大部分时间是花在现场的审核上，其审核结论就是依据现场审核的结果做出的。所以，对现场审核的控制，以及现场审核中的一些审核策略和技巧的应用，就成为审核成功的关键所在。

1) 现场审核的原则

(1) 坚持以"客观证据"为依据的原则。这是最基本、最主要的原则。没有客观证据而收集的各种信息，都不能作为不符合项判断和评价的依据，客观证据应是能验证的，以事实为基础，可陈述的，且在现场审核发现。

(2) 坚持审核依据与审核证据相比较的原则。审核活动不能脱离审核依据，审核又是一个抽样的过程，并且是局限在某个部门、某个范围之内。所以，审核员应在审核依据与审核证据相比较核实后，才能得出符合与否的判断。

（3）坚持独立、公正的原则。审核判断时应坚决排除外界的干扰，自始至终都应维护和保持判断的独立性和公正性，不能因情面或畏惧而私自消化不符合项。

（4）坚持相信客观证据的原则。当审核按抽样方案经过验证后未发现不符合项时，应采取"无罪推定"的原则转入下一个审核项目。

2) 收集证据

收集证据时应注意：①现场收集客观证据；②抽样应公正、有代表性。

3) 现场审核记录

在审核中内审员的提问、验证和观察，均应做好记录，这些记录是内审员提出不符合项报告和审核结果的真实凭证。记录的作用有以下几个：作为编制不符合项报告和审核报告的依据；作为备忘、核实的依据；作为查阅、追溯的参考。记录的要求有以下几点：记录应清晰、全面、易懂、便于查阅和追溯；记录应准确、具体，如文件名称和编号、物资标识、产品编号、批号、设备编号、记录编号、合同号码；现场涉及的陈述人应避免记录姓名，只记录其职务或岗位名称；记录应及时、当场形成，避免事后回忆和追记。

记录的格式宜采用统一的表格，最好的方式是在编制检查表时留出审核记录的位置，这样可使审核内容与审核记录保持一致，也利于这些资料的保存与管理。

4) 现场审核的技巧

（1）面谈技巧。一次成功的面谈，有利于审核员与受审核方建立融洽的关系，消除对方的心理障碍，有助于争取受审核部门人员的合作，查明情况，获得需要的客观证据。在面谈时审核员应掌握的技巧有以下几个：得当的提问；少说，多听；保持融洽的气氛；选择适当的面谈对象。

在面谈时，审核员应自始至终保持礼貌、友善的态度，适时使用"请"和"谢谢"等词汇，避免打断、干扰和反驳对方的谈话。

（2）提问技巧。提问是审核中采用最多、最基本的方法，采用正确的提问方式，是审核员基本的沟通技巧。

提问按审核内容可分为两类：按审核检查表提问；根据审核进度情况提问。

提问按回答结果可分为三类：开放式提问，以能得到较广泛的回答为目的的提问方式，如"怎么样？什么？"这样的问式为开放式提问；封闭式提问，可以用"是""不是"或一两个字就能回答的提问方式，审核提问时应尽量少用封闭式提问，这样的提问往往会使面谈者情绪紧张；思考式提问，即围绕问题展开讨论以便获得更多信息的提问方式，提问方式常有"为什么？请告诉我"等。

审核员应根据计划了解的情况、面谈的对象和面谈发展的情况，来掌握提问的方式。但无论采取哪种方式，应注意以下几点：考虑被提问者的背景；观察其神态与表情；努力理解回答；不能建议或暗示某种答案；不说有情绪的话；避免连珠炮式的发问。

（3）聆听技巧。在审核过程中，审核员聆听的时间一般要占总时间的一半以上，谦虚和认真的聆听态度，有助于形成融洽的气氛和获得有价值的信息，有助于得出客观的审核证据。

聆听的技巧有以下几个：少讲，多听；不怕沉默；排除干扰；多提开放性问题；善意的态度。

聆听时应注意以下事项：保持平等、真诚的心态；专注、认真听；有耐心并能及时反

馈；不要做出不恰当的反应。

(4) 验证技巧。审核时要注意掌握如下验证技巧。

要注意辨别真伪：把对方的回答与环境因素作为一个整体考虑分析；通过多种渠道加以验证；从合适的角度分析、理解对方的回答；审核员要有职业的敏感性，善于从对方的回答中捕捉蛛丝马迹，顺藤摸瓜。

要按以下思路进行：有没有，不能凭对方回答得很圆满就结束审核，还要按审核依据的要求，验证应具备的体系文件、计划和记录等是否符合要求；做没做，不能因为有了体系文件、计划和记录，就认为符合要求，还要按照体系文件、计划进行观察、会谈、核查，评价其是否做了；做得如何，不能因为已按文件、计划做了，就认为审核到位，还要检查实际运作的结果是否有效，是否受控，是否达到了质量活动所规定的目标；记录，提问验证和观察中发现的客观证据应及时记录，并得到受审核部门负责人的确认。

5) 审核控制

现场审核控制的主要责任者是审核组长。审核控制应注意以下几点。

(1) 目标明确。在现场审核期间，审核员应时刻记住审核目标、范围和计划的安排，不要轻易偏离检查表，应经常对照检查表来校正审核方向。

(2) 紧密合作。审核时审核员应相互配合，避免重复或遗漏审核内容。需要去其他部门调取文件或抽取样本时，应由一名审核员随同受审核部门人员一同前去，以确保及时得到保证样本的真实性。

(3) 灵活性。检查表应该成为审核员的"工具"，而不应成为审核员的"主人"。在审核过程中，如果发现新的情况，可以偏离检查表甚至调整审核计划。通常，发现新的线索后，应首先记录，判断其重要性。对于一般的信息，可以不过问或稍带过问；对于有重要意义的新问题，在征得审核组长同意之后，可以偏离检查表或适度改变审核计划，对其进行跟踪调查。

3. 不符合项报告

1) 不符合项报告的内容、写法和要求

不符合项应简单明了，只陈述客观事实，不加分析，内容包括人物、地点、所发现的客观事实和违反的规定要求，既能反映出问题，又使受审核部门容易接受。因为受审核部门最终要依据不符合项报告分析问题的原因，制定纠正措施。

不符合项报告的内容和要求包括：①受审核部门及负责人姓名；②审核员姓名；③审核日期；④陪同人员姓名；⑤审核依据；⑥不符合事实描述，描述应力求具体，包括何时、何地、何人执行何事，发现了何种现象等，以及有些关键的细节，如符号、文件或记录编号、数量、设备编号等均应写入；⑦不符合类型，不符合问题的性质要用一两句话点明此事哪一点(或几点)做得不对，不符合标准或质量手册的哪个具体条款；⑧不符合性质；⑨给出纠正不符合项的期限；⑩纠正措施完成情况及验证。不符合项报告单如表 11.5 所示。

2) 不符合项的性质

在内审时，不符合项的性质按其严重程度一般可分为以下三类。①严重不符合。造成系统失效或纠正起来要投入较多的人力、物力和较长时间的；②一般不符合。人为的、孤立的或纠正起来比较简单的；③观察项。虽说未构成不符合，但有变成不符合的趋势或可

能暂时证据不足等潜在的不符合项。

3) 不符合项的确定

确定不符合项主要应考虑以下几个方面：①不符合项的证据是否确切；②是否包括了所有必要的细节；③违反的规定要求是否确切；④是否简明扼要；⑤是否容易被理解；⑥是否便于受审核部门采取纠正措施，等等。

表 11.5　不合格项报告单

受审核部门	质量部	部门经理	×××	审核日期	20×-×-××
审核依据	ISO 9001:2015 标准 8.7 条款"不合格输出的控制"				
审核员	×××、×××		陪同人	×××	

不符合实施描述：

　　审核装配车间时发现，编号为 041232、041278 的两台 YC90L-4(750W)电动机启动电容被击穿，经操作者换电容后，未按检验规范重新检验就转入包装工序打包装了。

　　以上事实不符合 ISO 9001：2015 标准第 8.7 条款中"当不合格的输出得到纠正时，应验证与要求的符合性"的规定。

受审核方签字：×××　日期：20×-×-×

不符合项性质：	□严重	■一般

原因分析：	纠正措施：(完成期限：×月×日前)
1.检验员对 ISO 9001：2015 标准第 8.7 条款理解不透；	① 立即纠正，查找并重验该两台电动机；
2.检验员和相关人员责任心不强，把好质量关的意识欠缺；	② 对已入库的产品进行抽样重检； ③ 由质量部经理负责对不合格品输出过程技术检验文件进行重新修订，加强程序的严格管控；
3.对不合格品输出过程控制有疏漏。	④ 组织检验员重新学习标准，加深对标准的理解。
受审核方：××××/20×-×-×	受审核方：××××/20×-×-×

纠正措施验证：

　　检验记录表明已进行了入库产品的抽验；×月×日已将"××××××××××"进行了修改；培训记录证实质量部对检验员进行了培训学习；×月×日至×日对"不合格品输出"的有关记录证明，已经履行了"××××××××××"文件，未发现新的违反 ISO 9001：2015 标准 8.7 条款的情况。纠正措施实施有效。

附件：检验记录、培训记录、文件更改申请单、已修改的文件。

审核员：×××、×××　　　日期：20××-×-×

4. 内审组会议及汇总分析

审核组长应在每天审核结束后召开简短的审核组内部会议，以便审核员交流审核情况，统一对审核中发现的问题协调安排及对审核中发现的不符合项进行讨论，对不符合项的性质和分布情况进行分析，以便对组织质量管理体系的符合性做出合理评价，准确做出审核结论。

在汇总时，要将全部不符合项按下列内容进行分析整理：①"严重"不符合项；②"一般"不符合项；③各质量管理体系要求不符合项的数量；④各部门、过程或区域不符合项的数量。

5. 末次会议

末次会议是对审核工作做出结论的会议，通常是在有关审核的全部调查和分析工作完成之后召开的。会议的主要目的是向受审核部门报告审核的结果。末次会议的参加人员基本上是出席首次会议的人员，由审核组长主持。

末次会议通常按以下程序进行。

(1) 出席会议的人员签到。

(2) 感谢受审核部门的合作与帮助。

(3) 肯定受审核部门在质量工作上的优点和成绩。

(4) 报告不符合项和观察项。

(5) 宣读审核报告。

(6) 请受审核部门负责人在不符合项报告上签字确认。

(7) 商定未尽事宜，包括纠正措施及跟踪审核安排。

(8) 结束会议。

通常，组织的最高管理者在出席末次会议时，都要做总结性发言，这种发言，应该委婉地安排在末次会议的最后一项。

6. 审核报告

审核报告是结束审核之前必须编制的一份文件，是对审核中的审核发现(不符合项)的统计、分析、归纳和评价。提交之前应与受审核部门负责人协商交底，核实、修正报告内容，提交最高管理者审查批准。

审核报告主要包括以下内容：①识别标志(报告编号)；②基本情况(组织名称、审核目的、范围、依据、审核日期等)；③审核发现的不符合项情况；④审核结论；⑤预计受审核部门采取纠正措施的时间；⑥审核组长的签字；⑦附件目录(如不符合项报告，观察项报告，首、末次会议签到表等)。

审核报告的编写要点如下：①审核报告一般由审核组长起草，也可由其内审员代为执笔，但审核组长对审核报告的准确性和完整性负责；②审核报告一般都编制了规范的表格，应按表格的栏目将有关内容填上；③审核报告应清楚明了，使用正确的语言，如实地反映审核工作的做法和结果，观点明确，叙述得体，结论客观、公正；④预计受审核部门采取纠正措施的时间一项，是审核组长根据受审核部门存在问题的类型、性质、范围，以及受审核部门对采取纠正措施的承诺而决定的，以便安排跟踪审核。

审核报告的分发，一般要分发至组织的主要领导和各职能部门。

内部质量审核报告示例如表 11.6 所示。

表 11.6　内部质量审核报告

审核目的	评价本组织质量管理体系的符合性、有效性和充分性，推动质量管理体系及过程的改进，迎接第三方审核
审核范围	电动机设计和开发、制造、安装和服务涉及的所有部门、场所和过程
审核依据	ISO 9001:2015 标准；适用的法律、法规
审核日期	20××年×月×日—×月×日

审核综述

本次内部质量审核，从 20××年×月×日开始至×月×日结束，历时××天。参加审核的内审员×××人。审核的全过程涵盖了 ISO 9001:2015 标准的全部内容，审核范围覆盖了本公司××××的所有部门、场所和过程。本次内部质量审核，共发现××个不符合项，其中严重不符合 0 项，一般不符合××项。本次内审虽然发现了一些不符合项，但基本上都是人为的和孤立的，纠正起来也比较容易，这也是新建质量管理体系初期运作的基本情况和正常情况。通过审核，也发现了本公司的许多优点，如本公司已按 ISO 9001：2015 标准建立和实施了质量管理体系；产品的一次投入产出合格率提高×%；公司上下贯彻"以顾客为关注焦点"，起到了良好的作用；体系运作中的文件化信息比较规范；工作环境良好，等等。

结论	通过本次内部质量审核的验证证明：本公司建立和实施的质量管理体系符合 ISO 9001：2015 的要求，是有效和充分的，纠正措施完成后可接受外审。
附件目录	1.不符合项报告(×××-01＃～16＃)；2.首次会议签到表；3.首次会议记录；4.末次会议签到表；5.末次会议记录

序号	问题点	纠正、预防措施	完成日期	负责人	验证人
	略	略	略	略	略
审核组意见	略 审核组长：××××/20××-×-×		批准意见	同意审核结论。 总经理：××××/20××-×-×	

(四)跟踪审核

跟踪审核是对受审核部门采取纠正措施进行的评审和验证，并对纠正结果进行判断和记录的一系列审核活动的总称。

1. 纠正措施要求的提出

审核组对在现场审核制定的不符合项报告，除要求受审核部门负责人予以确认外，还应要求其调查分析造成不符合的原因，并提出纠正措施的建议，包括纠正措施完成的期限。

受审核部门负责人在接到不符合项报告后，应组织本部门的有关人员，对不符合项逐条分析、研究，查找出造成不符合项的原因，并举一反三地制定出纠正措施，上报审核组长。

2. 纠正措施的认可

审核部门制定的纠正措施必须通过审核组长的认可，认可的目的在于审查该纠正措施是否针对不符合项原因采取了措施，以及纠正措施实施的可行性及有效性，经审核组长认可签字的纠正措施方可付诸实施。

3. 纠正措施的实施与落实

纠正措施的实施应落实在实施部门的具体人员上，在实施的过程中，部门负责人应使实施所需的资源得到保证。实施应先短期后长期，实施过程中产生的所有记录应予保存。

4. 跟踪和验证

通常，跟踪和验证的工作是由开具不符合项报告的内审员来完成。验证前，内审员应对该纠正措施的实施加以跟踪，以便督促进度和掌握详情，使纠正措施按期完成。纠正措施完成后，审核员应对纠正措施完成情况及时进行验证，并在不符合项报告上签署验证意见。如果验证达到了预定目的，应宣布该纠正措施的不符合项关闭。

纠正措施验证的内容如下。

(1) 措施是否按规定的日期完成。

(2) 措施的各项内容是否均已完成。

(3) 验证完成的效果，查看纠正措施实施以来类似问题是否发生。

(4) 实施过程是否形成了记录，记录是否符合规定的要求并妥善保管。

(5) 实施的结果有否引起了体系其他文件的修改，修改是否执行了规定的程序。

第三节 管 理 评 审

一、管理评审的目的、依据和任务

管理评审是为确保质量管理体系的适宜性、充分性、有效性，达到规定的目标所进行的活动。评审应评价组织的质量管理体系变更的需要，包括质量方针和质量目标。

(一)管理评审的目的

管理评审的目的是确保组织的质量管理体系适应组织内外环境变化的能力。

质量管理体系、质量方针、质量目标要能持续地满足顾客潜在的和未来的需求及期望。

(二)管理评审的依据

(1) 相关方的期望(顾客、供方、所有者、员工和社会的期望)。

(2) 组织经营发展的战略、目标。

(3) 质量方针和质量目标。

(4) 组织资源(实际的、潜在的)的实力和产品寿命周期。

(5) 组织质量环境及变化趋势。

(6) ISO 9000 族标准要求。

(三)管理评审的任务

(1) 检查和评价质量方针和质量目标的实施情况,确保组织不断满足顾客的期望和要求。

(2) 识别体系的薄弱环节,寻求改进的机会。

(3) 评价质量管理体系外部环境或质量战略变化而改进的需求。

(4) 当质量管理体系发生重大变化后,评价体系的有效性和适宜性。

(5) 检查和评价质量管理体系持续改进所需的各种资源。

二、管理评审的策划

管理评审应根据质量管理体系的整体运作要求,每年有一个计划,由最高管理者审批后发放实施。

(一)评审时机的策划

组织应按计划的时间间隔进行管理评审。通常,组织的第一次管理评审是在新体系运行一段时间、经第一次内部质量审核后、第三方外审前进行,这样既对内部质量审核的结果进行了评审,也达到了标准和体系文件所规定的要求。体系运行后的管理评审,一般安排在每年年末或年初进行。

质量管理体系环境发生重大变化后应适时组织评审。

(二)评审内容及参加人员的策划

1. 评审内容

为提高管理评审的效果,应有足够的适用信息输入,其输入信息应反映当前的业绩和改进的机会。ISO 9001：2015 标准给出了评审输入如下。

(1) 以往管理评审的措施的状况。

(2) 与质量管理体系有关的外部和内部变更。

(3) 质量管理体系绩效和有效性的信息,包括以下方面的趋势。

● 顾客满意和来自相关方的反馈。

● 质量目标的实现程度。

- 过程绩效及产品和服务的符合性。
- 不合格和纠正措施。
- 监视和测量结果。
- 审核结果。
- 外部供方的绩效。

(4) 资源的充分性。

(5) 所采取的应对风险和机会的措施的有效性。

(6) 改进机会。

2. 参加管理评审的人员

参加管理评审的人员应依评审的内容确定，一般需要组织的高层领导和部门负责人参加，必要时，可包括项目主管和特邀人员。

管理评审计划中，应将评审内容所需的资料准备工作分派到有关部门或人员，并提出完成的期限，于计划批准后发放到各部门和有关人员。

管理评审计划示例如表 11.7 所示。

表 11.7　20××年管理评审计划

审核目的	评价公司质量管理体系的适宜性、充分性和有效性，确定迎接第二方审核的日期		
评审时间	20××年×月×日		
评审的内容及任务安排			
序　号	内容与所需资料	完成期限	负责部门	负责人
1	提供内部质量审核报告	20××-×-×	内审组	×××
2	提供产品质量分析报告	20××-×-×	质量部	×××
3	提供市场分析和顾客满意度测量分析报告	20××-×-×	销售部	×××
4	质量方针、目标贯彻落实情况报告	20××-×-×	办公室	×××
5	提供方的评价报告	20××-×-×	物资部	×××
6	提供工序质量分析报告	20××-×-×	质量部	×××
7	改进能力分析报告	20××-×-×	办公室	×××
8	过程能力分析报告	20××-×-×	生产部	×××
9	提供部门工作报告	20××-×-×	各部门	×××
10	召开管理评审会议	20××-×-×	总经理	×××
编制/日期	×××/20××-×-×	批准/日期	×××/20××-×-×	

三、管理评审会议的召开

管理评审会议召开的方法是多种多样的，如列表评审法、集体讨论评审法、专题讨论评审法、问题导向评审法、统计分析评审法等。无论采用哪种方法，都应该考虑到科学、有效、经济、简便和实用的因素，以达到评审的最佳效果。

(一)评审准备

通常管理评审的准备工作由主管质量管理体系工作的部门或综合性管理机构负责，主要内容如下。

(1) 检查管理评审计划中分派任务的完成情况和任务质量。当认为不满足评审需要时，应补充和追加有关任务内容。

(2) 确定会议召开的时间。应与各部门负责人协商，以保证会议如期召开，并上报最高管理者。

(3) 确定会议的参加人员。

(4) 组织有关资料，作为评审的依据。

(二)评审会议

评审会议由组织的最高管理者主持，各部门负责人和有关人员参加，按评审内容展开讨论和评价，做好会议记录。主持人应在规定的时间内控制会议的进程、气氛和讨论的话题。主持人还应注意讨论结果的有效性，管理评审会议现场的控制，对管理评审实施的有效与否起着十分关键的作用。

(三)评审报告

根据管理评审输入和评审会议的记录，形成评审报告。管理评审报告可作为管理评审的输出，是一份完整的、规范的会议总结性文件。管理评审报告经最高管理者批准后发布。ISO 9001：2015 标准规定，管理评审的输出应包括以下方面有关的决定和措施。

(1) 改进的机会。

(2) 质量管理体系变更的需求。

(3) 资源需求。

管理评审报告示例如表 11.8 所示。

表 11.8　20xx 年管理评审报告

评审目的	评价公司新建质量管理体系的适宜性、充分性和有效性，确定迎接第三方认证审核的日期				
审核日期	20××年×月×日	地点	三楼会议室	主持人	×××
评审输入	略				
与会人员	见签到表				

续表

评审综述
质量管理体系建立工作概况(略)、质量方针贯彻、质量目标实现情况分析(略)、质量管理体系内审情况分析(略)、资源需求分析(略)、产品质量分析(略)、市场分析(略)、工序质量分析(略)、采用纠正预防措施情况(略)、各部门工作报告(略)、改进建议(略)

评审结论

　　公司质量方针、质量目标和质量管理体系是适宜、充分和有效的，能够以防止不合格品来满足顾客的要求，符合法律法规，能够贯彻公司的质量方针、实现公司的质量目标。本次评审反映比较欠缺的是数据分析和纠正措施等方面，是今后改进的重点，需要组织制定并实施

序号	问题点	改进措施	完成期限	负责人
⋮	略	略	略	略
批准意见	同意评审结论，对会上已确定的改进事项应抓紧落实并及时跟踪验证 批准人/日期：××/20××-×-×			

四、管理评审与内部质量审核的区别

　　管理评审与内部质量审核的区别如表 11.9 所示。

表 11.9　管理评审与内部质量审核的区别

类别 项目	内部质量审核	管理评审
目的	确定满足审核标准的程度	确保质量管理体系持续的适宜性、充分性和有效性
对象	组织的质量管理体系	组织的质量管理体系(包括质量方针和质量目标)等
评价依据	包括 GB/T 19001：2015；适用的法律、法规	顾客的期望和需求
主持者	审核组长	最高管理者
方法	系统、独立地获取客观证据，与审核准则对照，形成文件化的审核发现和结论的检查过程。以现场审核为主	以广泛的输入信息为事实依据，就质量方针、目标及顾客需求对质量管理体系的适宜性、充分性和有效性进行评价。以会议的方式进行
对输出结果要求	应对质量管理体系是否符合要求，以及是否有效实施和保持做出结论，并形成记录	应对质量管理体系持续的适宜性、充分性和有效性，体系的变更、过程和产品的改进，资源的需求，包括质量方针和目标做出评价，并形成记录

案例21 如何开展质量监督机构的质量体系管理评审工作

众所周知，自我国加入 WTO 之后众多外国产品纷纷进入中国市场，与此同时，质量监督占据了十分重要的比例，假如质量监督机构无法满足质量体系的管理工作与质量检测水平，则无法保证质量的全面性。其中为加强提高质量体系管理评审工作，质量监督机构的实验室设置了统一的要求与标准，并且成为提供质量保证的主要方法与手段。换而言之，质量体系管理评审工作的有序性从根本上保证了质量监督机构质量体系的发展。

一、质量体系要求

(1) 构建实验室，并要与其他活动范围相互适应，将政策、制度及计划、程序制定出文件，保证文件符合实验室检测的基本要求。

(2) 实验室质量体系的方针与政策需要保证符合相关的规定要求，要从质量手册中体现出来，总体目标需要以文件的形式写入质量方针的声明之中，并且还需要包括 5 点内容：实验室的管理层需要对职业行为客户提供检测的承诺；管理层需要对实验室的服务标准进行声明；要确定质量体系的主要目标；要保证实验室的人员都熟悉相应的质量文件，并且能够在整个工作中执行这一系列的政策与程序；实验室的管理层需要遵循相关的承诺。

(3) 质量手册需要包括的内容有支持性程序，并且还要进一步描述质量体系中所用文件的基本框架。

(4) 质量手册需要将技术管理层与质量主管的责任进行界定，保证遵循本标准的相关要求与责任。

二、开展质量体系评审工作

(一)质量体系评审的方法

在开展质量体系评审工作的时候，质量监督机构需要做好评审前的工作。另外，质量体系评审方法关系到评审工作的好与坏，主要采取集体讨论的方法，通常而言，这种方法需要在评审会议之前制作"管理评审计划"，并且要提前发放给相关的部门与人员，使其做好准备工作。另外，还需要通过评审会议对评审内容展开讨论与评价，要依据质量体系的充分性及有效性进行评价与总结，积极提出相关的解决措施，对措施与要求进行纠正与预防，最终形成审核报告。

(二)管理评审的步骤

(1) 需要质量负责人对评审内容进行策划与拟定，其中的内容主要包括了评审的目的、参加的人员、时间、地点以及各方面的资料与内容，等到审核批准之后需要以文件的形式下发到评审人员的手中，积极做好评审的准备工作。

(2) 需要进一步明确评审应该讨论的内容。正如上文所言，评审前的准备工作对评审效果起到了重要作用。相关部门的人员需要按照管理评审实施计划，对评审所需要的资料进行明确，等到批准之后及时下达给相关的部门负责人，从而做好评审前的准备工作。其一，质量负责人需要收集相关部门所提供的资料，包括质量方针与相关的监督报告。其二需要其他部门收集相关的资料，其部门包括人教部门、质量部门、技术管理部门、市场服务部门。

(3) 需要积极编制评审报告，在评审的时候需要由相关的管理人员召开会议，并且要保证各级领导与部门都参与，在会上需要对质量体系的运行现状进行分析。除此之外，各个部门的负责人需要向会议提供评审的工作报告与建议，要对报告进行评价与分析。在会议的最终环节则需要由实验室主任对评审内容加以总结，等到评审之后及时改进所提出的各项明确要求。在编写评审报告的时候需要依据会议的记录及工作汇总的情况编制评审报告，需要将评审报告由主任审批之后作为正式文件下发并存档，其中评审报告的主要内容有评审的目的，评审的依据、方法，参加评审的人员，评审的主要议题，并且还需要对当前质量体系进行充分性的分析与总结。其中需要对通过评审导致质量体系的文件与质量方针进行分析，如果发现其中存在问题，则需要及时提出相关的解决措施，并落实到各个责任部门。

(资料来源：孙婷. 如何开展质量监督机构的质量体系管理评审工作[J]. 视野·现代企业研究，2014.)

案例 22　企业质量管理体系内审和管理评审有效性探讨

一、提高对审核和管理评审的认识

企业内审的主要目的有以下几个方面：为企业通过和保持认证机构认证；在外部审核前纠正体系不足；保持企业质量管理体系、产品、过程或服务的符合性、有效性；为企业各部门提供改进机会和建议，并达到让顾客满意的最高目标。企业内审是促进质量管理体系符合性、有效性和充分性的重要环节，如果企业在建立质量管理体系后不能有效实施内审，其体系运行必然会产生脱节甚至停滞不前。企业管理评审是为了 QMS 有效运行。QMS有效运行的目的之一是企业要取得认证证书，拿到通往市场的通行证，在此基础上最终的目的是通过建立和保持 QMS，规范企业管理行为，从容面对日益激烈的竞争市场，使企业获得更大的生存、发展和壮大的空间。因此，企业要经常组织管理层及参加管理评审部门的领导和人员参加 GJB9001B 标准，以及本企业质量体系程序文件的学习，树立正确的审核和管理评审的观念，提高对质量管理评审目的、性质和意义的认识。

二、管理者职责和作用要履行到位

企业最高管理者要组织建设好企业各部门的职责、权限，明确各部门的定位、接口和相互部门及人员的职责，要组织制定好为企业过程、层次、部门的质量职能和质量活动提供履行质量管理体系要求的体系文件和评价标准；要建立企业中长远质量目标、评价和分析质量管理体系各过程的薄弱环节，领导和组织开展好各项持续改进工作；要强化全过程监督管理和信息反馈机制，及时把握企业质量管理体系总体运行的态势，及时采取和落实各项纠正措施和预防措施。针对企业管理者，要结合企业特点，对其明确必须履行的职责，如确保顾客要求得到满足、确保质量方针、确保质量目标、确保对 QMS 策划、确保管理评审等。在规定的职责下，企业各级管理者要成为推动企业质量内审和管理评审的动力源泉，从管理层面上逐级保证质量管理体系的有效运行，使质量内审和管理评审与日常管理融为一体，成为企业一种自觉、持续和永恒的内部管理行为。

三、建立并完善高素质和专业化能力强的内审队伍

质量管理体系对内审员的资格提出了严格而又标准的要求，内审员要具有较高学历，

要有从事企业管理、质量管理和工厂生产方面的经验；要了解和掌握相关标准、审核技巧；要能够制订审核计划、检查表、实施审核和编制审核报告；要公正、正直、责任心强；交流表达能力要强；要参加审核业务培训，长期保持较好的审核能力，等等。加强审核队伍能力的主要措施有，针对内审员要经常进行标准、体系文件的培训，以及质量意识、顾客意识、法制意识、服务意识等方面的教育，要求他们经常参加设计、工艺、生产、管理等方面的活动和质量问题分析会，同时要求他们自觉加强岗位技能、业务知识的学习，以不断提高内审人员的观察、判断与解决实际问题的能力，不断提高自身业务能力、技术专业水平等综合素质，使其成为有效内审的坚实基础。此外还可以给审核队伍建立档案，记载他们培训教育、审核的经历，并进行适时评价。在质量体系内部质量审核活动中，审核组成员实际就是操作人员，他们的素质、原则性、审核水平和经验直接关系到审核效果，因此建立一支高素质、高水平的审核队伍，可以为企业持续改进质量管理体系的有效性和确保质量方针、质量目标的实现打下重要基础。

四、开展周密的审核和管理评审工作策划

在策划期间，要认真做好审核前的组织工作和准备工作，审核的策划准备越充分，就越能保证审核工作的有效性。首先要挑选熟悉本企业管理、科研生产研制过程，且身份相对超脱具有一定权威性的资深审核员组成审核组，按不同的审核内容和区域尽可能地整体优化审核组的组合，同时要把审核的工作意图、目的向审核组交代清楚，并向审核组提供和做好审核文件资料、标准要求及情况介绍等方面的保障工作。其次要制订合理的审核计划，计划要按照国标条款要求并结合企业组织结构、质量管理体系过程和产品实现过程的具体情况作出适宜的安排。同时要将计划和企业各级管理者进行内部沟通，充分征求管理者对计划可靠性的了解和信任，如对企业质量体系活动及对产品质量有较大影响的过程或部门安排较多的审核时间；对生产流程、技术流程、管理流程等方面的被审核对象和审核内容要清晰识别，抓住重点，在审核的同时，要重点关注和开展过程审核和产品质量审核，实施有针对性、有企业特色的审核。另外，审核最好采取集中审核的方式，不宜采用流动方式进行审核，这样企业管理者也可以按时参加，审核各方不会拖拉疲惫，以确保审核高效并达到最优化。

五、将管理评审的3个环节作为重点控制

管理评审的3个环节是前期准备、中期评审、后期验证。在管理评审前期，要以充分的事实、数据、图表和分析结果对评审对象作出客观真实的评价。中期评审是重点，最高管理者要对输入信息作出综合分析与判断，从而提出有针对性、有分量的改进指令和决策。指令和决策能否出台是评判管理评审深度的依据。后期验证是关键，管理评审后，对改进指令和决策组织实施和验证，能否实施改进指令和决策的跟踪和验证，是评判管理评审是否有效的依据。在做好管理评审的3个环节控制的同时，要加强企业管理评审之间的相互学习，对评审的组织和评审报告的主要内容、问题的提出、措施的实施及后续改进过程与结果等方面的情况进行有针对性的交流，以全面促进企业管理评审效果的提升。

六、开展审核和管理评审过程评价

企业要组织对审核和管理评审过程的情况进行监视和测量，主要包括在审核和管理评审过程中，企业各级管理者的领导、组织、监督职责和作用的发挥和落实情况；内审机构相关职责落实；审核员素质素养的考核评价；审核和管理评审发现问题的充分性和采取措施的落实情况；审核策划、审核计划的合理性、有效性及审核记录文件、报告的质量情况；不符合项和整改项的原因分析、应对措施及落实闭环情况，等等。通过开展审核和管理评审过程评价，进一步确保和推进企业质量体系审核的有效开展。

(资料来源：陈智勇，薛辉. 企业质量管理体系内审和管理评审有效性探讨[J]. 质量探索，2014.)

模拟试卷 11

一、名词解释(16 分，每题 4 分)

(1) 审核

(2) 审核发现

(3) 客观证据

(4) 管理评审

二、填空题(20 分，每空 2 分)

(1) 质量管理体系审核是评价体系与审核准则的_____和_____。

(2) 审核是以_____为依据，以_____为准则来判断确保质量管理水平。

(3) 质量管理体系审核的类型可分为_____的内审，_____和_____的外审三种。

(4) 管理评审是为评价质量管理体系的_____、_____、_____。

三、选择题(12 分，每题 3 分)

(1) 在审核中的抽样，一般取样的数量为_____。

    A. 1～5   B. 2～8   C. 3～12   D. 5～20

(2) 如果审核已经覆盖了组织产品质量形成的各个过程、各个方面，则属于_____。

    A. 跟踪审核   B. 全面审核   C. 部分审核   D. 追加审核

(3) 内审员的工作是在确定的审核范围内_____。

    A. 起监督作用   B. 起参谋作用

    C. 实施审核   D. 起带头作用

(4) 管理评审的组织者是_____。

    A. 内审员   B. 外审员

    C. 管理者代表   D. 最高管理者

四、判断题(10 分,每题 2 分)

(1) 质量管理体系审核是评价的活动。   (   )

(2) 内部质量审核实质上就是为了迎接第三方外审的工作。   (   )

(3) 在审核过程中，任何受审核方人员提供的消息都是客观证据。   (   )

(4) 在内部质量审核发现的不符合项，内审员有提出纠正措施的必要。   (   )

(5) 管理评审的时间间隔是体系文件规定的，一般不超过 12 个月。   (   )

五、简答题(24分,每题8分)

(1) 质量体系审核的基本原则是什么?

(2) 内审员的职责有哪几项?

(3) 管理评审的内容有哪些?

六、编写题(18分,每题9分)

(1) 编写一份你熟悉的一个部门的内审检查表。

(2) 编写一份不合格项报告单。

第十二章　QC小组活动

通过对本章的学习，要求了解和掌握以下内容。

- QC小组的概念与特点。
- QC小组活动的程序。
- QC小组活动成果的总结。

QC小组即群众性的质量管理小组，是员工参与全面质量管理、质量管理体系和追求卓越绩效活动的一种非常重要的组织形式。它是实施质量管理八大原则中的"全员参与"原则，使全体员工动员起来，积极参与、努力工作、实现承诺，从而落实组织的方针目标的一种具体体现。在实践中，通过小组成员共同学习、互相切磋还有助于提高员工的素质，塑造充满生机和活力的企业文化。

第一节　QC小组概述

一、QC小组的概念与特点

(一)QC小组的概念

QC小组是在生产或工作岗位上从事各种劳动的员工，围绕企业的经营战略、方针目标和现场存在的问题，以改进质量、降低消耗，提高人的素质和经济效益为目的组织起来，运用质量管理的理论和方法开展活动的小组。

这个概念包含了4层意思。

(1) QC小组活动的成员可以是组织中任何岗位或职务的人员，不论是领导者、管理者，还是技术人员、工人、服务人员，都可以成为QC小组成员。

(2) QC小组活动应依据企业的经营战略、方针目标和现场存在的问题选择课题，活动内容非常广泛。

(3) QC小组活动的目标是提高人的素质，发挥人的积极性和创造性，改进质量，降低消耗，提高经营绩效。

(4) 开展QC小组活动时，应运用全面质量管理的理论和技法工具，有较强的科学性，不使用这些方法和工具的小组，不能称其为QC小组。

(二)QC小组的特点

QC小组具有以下几个主要特点。

1. 明显的自主性

从QC小组的组建来看，QC小组不同于作为企业基层组织的行政班组。它的建立不靠行政命令，以员工自愿参加为基础，实行自主管理、自我教育、互相启发、共同提高，充分尊重员工的主观能动性。

2. 广泛的群众性

从参与 QC 小组活动的成员来看，不仅包括领导人员、管理人员、技术人员，而且更注重发动在生产、服务现场的操作人员参加，参加 QC 小组活动的总体人员数量越多越好，涉及的层面越广越好。

3. 高度的民主性

从 QC 小组的分工和活动方式的角度来看，QC 小组的组长可以民主推选，一般成员可以轮流担任课题组长，大家都有发挥领导才能和锻炼成长的机会。小组活动分析、讨论问题时，每个成员无论职位、职称高低，均可平等地抒发见解、集思广益，高度发扬民主。

4. 严密的科学性

就 QC 小组活动所使用的方法而言，首先要遵循 PDCA 循环的工作方式；其次要严格按照 QC 小组活动的程序步骤进行；第三要坚持用数据说明事实，用统计技术和有关方法来分析、解决问题。

二、QC 小组活动的宗旨和作用

(一)QC 小组活动的宗旨

归纳一些世界著名质量管理专家和我国企业界对 QC 小组活动的共识，可将 QC 小组活动的宗旨整理如下。

(1) 尊重人，创造愉悦的环境。
(2) 激发员工的积极性和创造性，开发无限的人力资源。
(3) 提高员工素质，为企业和社会做贡献。
(4) 发扬自主管理和民主精神。

(二)开展 QC 小组活动的作用

开展 QC 小组活动，能够体现现代管理以人为本的精神，调动全体员工发挥聪明才智，积极参与组织的全面质量管理、质量管理体系和追求卓越绩效的活动，为组织的可持续发展贡献力量。具体来说可起到以下作用。

(1) 有利于开发智力资源，发掘人的潜能，提高人的素质。
(2) 有利于预防质量问题和改进质量。
(3) 有利于减少消耗、降低成本、提高劳动效率。
(4) 有利于改善和加强各项专业管理，提高整体管理水平。
(5) 有利于实现全员参与管理。
(6) 有利于建立和谐的人际关系，增强员工的团结协作精神。

(7) 有助于提高员工的科学思维能力、组织协调能力、分析与解决问题的能力，从而使员工岗位成才。

(8) 有利于提升顾客的满意度。

第二节　QC 小组的组建

一、组建 QC 小组的原则

(一)自愿参加，自由结合

建立 QC 小组不应靠行政命令，而应源自于小组成员对 QC 小组活动宗旨有比较深刻的理解与共识，并产生了自觉参与质量管理、自愿结合在一起、自主开展活动的要求。依靠行政命令组建的 QC 小组，也可能会产生活动成果，但小组成员之间总会感到有些被迫性或被动性，而缺乏自我实现的感觉。

(二)灵活多样，不拘一格

在组建 QC 小组时，不要搞一个模式、一刀切，形式可以灵活多样，如攻关型、现场型、服务型及创新型 QC 小组等。还有 一些企业，因为需解决的问题涉及范围广泛，组建了由技术人员、管理人员和操作者构成的"三结合"QC 小组，或包括领导者参与的"四结合"QC 小组，或跨部门的"一条龙"QC 小组，等等。

(三)实事求是，联系实际

由于各种组织、各个企业的情况不同，因此在组建 QC 小组时一定要从实际出发，实事求是地筹划。要循序渐进，当员工对 QC 小组活动尚无认识或不具有积极性时，不应追求普及率。开始时，可以先试点，或者组建少数几个能解决实际问题的 QC 小组，取得成功后再以点带面开展活动。

(四)自上而下，上下结合

自上而下是组建 QC 小组的过程，上下结合是组建 QC 小组的基础。"上"是指组织的高层管理者或企业中主管质量工作的部门，他们对 QC 小组的成立可起到引发、指导和协调的作用。"下"是指基层、车间、班组。自上而下、上下结合是组建 QC 小组成功的途径。

二、QC 小组成员

(一)QC 小组组长及对其要求

1. QC 小组组长的职责

一个 QC 小组能否有效地开展活动，组长的作用至关重要。组长的产生可以是自荐并经小组成员认可；也可由小组成员共同推举；在有些情况下，如攻关或完成一些特殊的任务时，也可由上级指定。在一个 QC 小组内，组长的人选一般只有一个，成员人数为 5～10 人；跨部门或成员人数超过 10 人的，可以设一副组长协助组长开展工作。

QC 小组组长的具体职责可概括为以下几个。

(1) 组织好质量教育。开展 QC 小组活动，抓好质量教育首当其冲。组长应组织好对全面质量管理的理论和统计技术、方法的学习。通过教育增强全体组员的质量意识、问题意识、改进意识和参与意识，使大家加深对 QC 小组活动宗旨的理解，能掌握对 QC 技法、工具的运用。

(2) 按计划组织好小组活动。QC 小组组长应带领组员一起分析并确定本小组活动课题，并依据课题制订出小组活动计划。还应按照 PDCA 循环的工作方式，结合本专业技术进行实施、检查和总结，以确保计划的完成，实现小组活动的目标。

(3) 抓好小组的日常管理工作。QC 小组组长要按照组织制定的 QC 小组管理制度，按一定的周期，召集全体组员开展 QC 小组活动。做到使小组有课题、有计划、有目标、有活动、有检查、有成果。当小组活动涉及其他部门时，组长应负责出面联络和协调。

2. 对 QC 小组组长的要求

(1) 应是推行全面质量管理的热心人。QC 小组组长不仅应是热爱企业、热爱本职工作、事业心和责任心强的业务骨干，而且对开展 QC 小组活动更要有很高的热情。在带领小组成员开展活动时，能任劳任怨，不怕挫折和困难，积极努力地工作。

(2) 业务知识比较丰富。QC 小组组长应是"多面手"，技术水平高、操作技能强、能掌握多种多样的 QC 技法和工具。在 QC 小组活动中他不单纯是组织者，还能当"小先生"，是多数员工比较信任的知识面广的人，这样才能带动组员不断提高技术业务素质。

(3) 具有一定的组织能力。QC 小组组长本身应具备一定的号召力和凝聚力，才能激发组员的积极性和创造性，善于群策群力，团结全体组员一起工作，这样，才能使 QC 小组在提高质量、降低消耗、改善管理、和谐人际关系和加强班组建设等方面做出贡献。

(二)对 QC 小组组员的要求

(1) 有责任心、上进心，参加 QC 小组活动出于自身的要求。

(2) 接受过不少于 48 课时的质量管理教育，会使用一些基本的 QC 技法、工具。

(3) 能按时参加 QC 小组活动。

(4) 能完成 QC 小组分配的任务。

(5) 有问题意识，能发现自己周围存在的问题和可以改进的机会，并提出合理化建议。

近些年来，我国有些 QC 小组为提高小组活动的水平和有效性，还聘请了一些领导、专家或技术人员作为 QC 小组的顾问。他们给 QC 小组活动以有益的指导或必要的协调，对 QC 小组活动取得预期效果起到了很好的促进作用，他们也可列入 QC 小组成员表。

三、QC 小组组建程序与注册登记

(一)QC 小组组建程序

1. 自上而下的组建程序

先由组织中主管质量工作的部门提出开展 QC 小组活动的设想、方案，然后与有关车间或部门的负责人协商达成共识，再根据需要选择课题及合适人选组成 QC 小组。这种组建程序对 QC 小组活动指导性强，关键突出，与质量战略、方针、目标结合紧密，易得到组织上层和有关部门的支持，成功率较高，在我国的 QC 小组活动实践中采用得相当普遍，特别适合于"三结合""一条龙"型 QC 小组的组建。

2. 自下而上的组建程序

先由基层的员工提出申请，然后由主管部门审核其选题、人员资格及活动能力，若符合要求则批准其建立 QC 小组。这种组建程序源自基层，小组成员热情高、有积极性，组织的领导和主管部门应予以支持和帮助。这种组建程序常适用于由同一班组、车间或部门成员组成的现场型、管理型或服务型的 QC 小组。

3. 上下结合的组建程序

这是介于以上两种组建程序之间的一种，上级有号召，基层有热情，上级推荐课题范围，基层部门选择认可，然后成立 QC 小组。这种组合使 QC 小组活动目的性强，可兼顾上、下各自的优势，对解决质量问题具有一定的攻关作用。

(二)QC 小组的注册登记

无论以哪种程序组建的 QC 小组都应做好注册登记工作。由组织中负责 QC 小组活动的主管部门发放注册登记表、登记编号和统一保管。

QC 小组注册登记的作用如下。

(1) 便于组织掌握整体 QC 小组活动概况。

(2) 便于纳入组织年度 QC 小组活动管理计划。

(3) 只有经登记注册后，才可参加各级优秀 QC 小组的评选。

(4) 便于主管部门督促 QC 小组坚持开展活动。

QC 小组的注册登记，不同于活动课题的注册登记。前者为每年一次，后者为每更换课题时登记一次。如果上一年度的活动课题尚未结束，则不能注册登记新课题，此时应向主管部门说明情况。

第三节　QC 小组活动程序

一、QC 小组活动的基本条件

要使 QC 小组活动取得良好的成效，组织需创造适宜的氛围，并应具备以下几个基本条件。

(一)领导重视

广泛开展 QC 小组活动是通过全员参与、追求卓越的一项重要措施，是增强组织竞争力的有效途径。各级领导要高度重视、热情支持、积极引导，并把它作为组织取得成功的关键要素来抓。

(二)员工有认识、有要求

在全面质量管理普及教育的基础上，使广大员工对开展 QC 小组活动的宗旨、作用有共识，有参加 QC 小组活动的愿望和要求，才能形成参与的自觉性和主动性，使 QC 小组活动扎根于广泛的群众沃土中。

(三)有一批活动骨干

QC 小组活动的主管部门要善于在质量管理工作中发现一些质量意识好、热心于不断改进质量的积极分子，有意识地对他们进行培养教育，使他们比别人先学一步、多学一些，既掌握质量管理理论，又会运用 QC 小组活动的有关知识和方法，还懂得如何组织好 QC 小组活动。

(四)建立健全有关规章制度

为使组织的 QC 小组活动持续、健康地发展，主管部门应把 QC 小组活动纳入质量管理体系的一部分，并对 QC 小组的组建、注册登记、活动、管理、培训、成果发表、评选和奖励等各项工作制定出相应的规章制度，使 QC 小组活动有章可循。

二、QC 小组活动的程序

QC 小组成立后，就要根据课题和目标开展活动，活动是小组生命力的源泉。小组活动应遵循 PDCA 循环，以事实为依据、用数据说话，正确、适宜地运用统计技术方法，并结合专业技术，才能达到预期目标，取得有价值的成果。

(一)问题解决类 QC 小组活动程序

现场型、服务型、攻关型、管理型的 QC 小组均属于问题解决类 QC 小组，其活动的具体程序如图 12.1 所示。

1. 选择课题

选择课题，旨在大家共同确定改善的目标。

1) 课题来源

课题的来源一般有三个方面：①指令性课题，即由主管部门根据组织生产经营活动中迫切需要解决的问题，以指令的形式向 QC 小组下达的课题；②指导性课题，是由主管部门根据组织实现经营战略、方针目标的需要，推荐公布一批可供各 QC 小组选择的课题，由

QC 小组结合自身条件任选；③自主性课题。

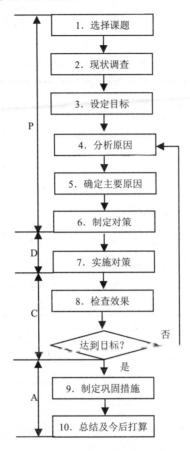

图 12.1　QC 小组活动的具体程序

QC 小组在自选课题时，可从以下三个方面考虑。

(1) 针对上级方针目标在本部门落实的关键点来选题。

(2) 从现场或小组本身存在的问题方面选题。

(3) 从顾客或本企业的下道工序(过程)不满意的问题中选题。

2) 选题应注意的问题

选题应注意以下三个方面的问题。

(1) 课题宜小不宜大。应尽量选择能解决具体问题的课题，课题小易于取得成果，更能发挥本组成员的创造性和积极性，且小课题比较容易总结成果。

(2) 课题的名称要直观、易懂、切忌抽象。应直接以目的设题，如"提高××××"或"降低××××"；不要以手段设题，如"应用正交设计，提高产品性能"或"提供特殊服务，提高顾客满意率"等，都是以手段(对策)来命题的。因为确定课题是 QC 小组活动的第一个程序，要解决问题还需调查现状、进行原因分析，然后才是制定对策，一开始就用对策命题可能会造成误导。课题也不宜过大或抽象，如"技术上赶贝尔，管理上超松下"，"团结、拼搏，开拓、进取"等，都不宜作为 QC 小组活动的课题。

(3) 关于选题理由，应直接写出选此课题的目的性和必要性，不宜长篇大论地陈述背景。

3) 课题类型

根据 QC 小组活动课题的特点、内容，可将活动课题分为两大类五种类型，如表 12.1 所示。

表 12.1　QC 小组课题类型

类 别	类 型	选题范围	适用人员
问题解决类	现场型	以稳定生产工序质量、改进产品质量、降低消耗、改善生产环境为选题范围	以生产和服务一线员工为主开展活动
	服务型	以推动服务工作标准化、程序化、提高服务质量和效益为选题范围	
	攻关型	以解决技术关键问题为选题范围	由管理人员、技术人员和操作人员三结合进行活动
	管理型	以提高业务工作质量、解决管理中存在的问题，提高管理水平为选题范围	以管理人员为主参与活动
创新类	创新型	QC 小组成员运用新的思维方式，创新的方法，开发新产品(项目)、新方法，实现预期目标	为科研人员、设计开发人员、技术人员、营销人员和管理人员使用

4) 应用的方法

选择课题常用的方法有分层法、调查表、排列图、简易图表和头脑风暴法，也可使用直方图、控制图、散布图、亲和图、矩阵图及水平对比法等方法。

2. 现状调查

现状调查，旨在要掌握问题严重到什么程度。现状调查在整个 QC 小组活动程序中起到承上启下的作用，要注意以下三个问题。

(1) 用数据说话。用数据说话准确、可靠、容易使人信服，但收集到的数据一定要有客观性、可比性和时间性。千万不要罗列假数据，因为假数据比没数据更可怕。

(2) 对数据进行整理。初始收集到的数据表面上看起来可能杂乱无章，但通过按一定的标志进行分类、分层分析，就可能把蕴藏在数据中的规律性的东西挖掘出来，由此帮助人们找到问题的症结所在。

(3) 注意掌握第一手资料。在进行现状调查时，不仅收集已有记录的数据，为确保数据的真实、可靠，更需要亲自到现场去观察、测量、跟踪，以掌握问题的实质。

现状调查常用的方法有分层法、排列图、调查表和简易图表，此外直方图、控制图、散布图、流程图和水平对比法也可在现状调查时予以应用。

3. 设定目标

设定目标，旨在确认要把问题解决到什么程度。设定目标是为检查 QC 小组活动的效果提供依据，也要注意以下几个问题。

(1) 目标要与问题相对应。课题所要解决的问题应在目标中得到体现，如课题名称是"提高关键过程一次交验合格率"，现状已调查清楚，设定目标就要回答出一次交验合格率由现在的多少，提高到多少。一个 QC 小组活动课题，通常只设定 1 个目标，最多不要超过 2 个。

(2) 目标要明确表示。所谓明确表示就是一看就清楚，效果可测量。为此需要设定量化的目标值，只有量化的目标，才能检查和对比。不能量化的目标，如"改善服务态度，达到顾客满意"，立意颇好，但改善到什么程度，顾客满意到什么程度，没有明确的说明，没有检验的标准，所以一般不把非量化的内容设为目标。

(3) 要说明制定目标的依据和可行性。制定目标要有一定的挑战性，但应陈述清为什么要制定和达到这种水平。目标经过努力应是可实现的，实现的依据又是什么。这些都要用事实和数据加以说明，要避免用豪言壮语、口号式的内容作为制定目标的依据。

设定目标常用的方法是水平对比法和简易图表，此外调查表、系统图、质量功能展开(质量屋)也可以使用。

4. 分析原因

分析原因，旨在明晰是什么原因造成的这个问题。问题是由因素构成的，要解决问题，就要分析影响问题的原因都有哪些。在分析原因时，要注意以下几个问题。

(1) 分析原因要有针对性。分析原因必须针对所存在的问题，如有的小组在解决课题过程中，明确了所存在的问题是"服务质量差"，然而在分析原因时，却针对"怎样与顾客交朋友"来分析，这就犯了逻辑性错误。

(2) 分析原因要展示问题的全貌。分析原因要从各种角度，把凡是可能有影响的原因都找出来，尽量避免遗漏。

(3) 分析原因要透彻。在分析原因时，先提出的往往是大原因，针对它再问问为什么，于是找出了第二层次的原因，再循着为什么的思路问下去，于是又会出现第三层次、第四层次的原因。所谓分析透彻就是展开的层次不限，直到再问一句为什么，措施就呼之欲出时为止。

分析原因常用的方法有因果图、关联图、系统图和头脑风暴法，此外矩阵图和流程图也可用于原因分析。

5. 确定主要原因

确定主要原因，旨在对诸多原因进行鉴别，把主要原因找出来，以便为制定对策提供依据。确定主要原因可按以下几个步骤进行。

(1) 收集末端因素。把通过因果图、系统图或关联图分析后得到的末端因素提取出来，因为末端因素是问题的根源，所以主要原因要在末端因素中去确定。

(2) 在末端因素中看是否有不可抗拒的因素。所谓不可抗拒因素，是指以本 QC 小组甚至企业都无法采取对策加以解决的因素，如自然灾害、城市限电等，属于不可抗拒的因素，可把它剔除出去，不作为确定主要原因的对象。

(3) 对末端因素逐条确认，以找出真正影响问题的主要原因。确认，就是要找出影响该问题的证据，要以客观事实为依据，用数据说话。若数据表明该因素确实对问题有重要影响，就"承认"它是主要原因；若数据表明该因素对问题影响不大，就"不承认"该因素为主要原因，可予以排除。

确认时，一般采用以下几种方法：

● 现场验证。即到现场通过试验，取得数据来证明。常用于对方法类的因素进行确认。如对某一参数定得不合适的影响因素进行确认时，就需要到现场做一些试验，变动一下参数，看它的结果有无明显的差异，来确定它是不是真正影响问题的主要原因。

- 现场测试、测量。这是到现场通过亲自测试、测量取得数据，然后与标准进行比较，看其符合程度来证明。这在对机器材料、环境类因素进行确认时往往是有效的。例如，对机器某一部位精度差、环境某项指标未达标，可借助仪器、仪表到现场实测，取得数据与标准来进行比较。

- 调查、分析。对于一些人为的因素，不能用试验或测量的方法取得数据，则可设计调查表到现场进行调查、分析，取得数据予以确认。

对主要原因进行确认，不能只凭印象、感觉或经验，即便采取诸如举手表决、01 评分法或按重要度评分法等，也因依据不足而不可取。对末端因素要逐条确认，且应根据它对所分析问题的影响程度来确定，不能按它是否容易解决来确定。

确定主要原因时，常用的方法主要是简易图表和调查表，此外排列图、控制图、散布图、矩阵数据分析法、假设检验、方差分析、正交试验设计等方法也可使用。

6. 制定对策

制定对策，旨在针对每条经确定的主要原因制定出拟解决的措施和方法。制定对策，要分三个步骤进行。

(1) 提出对策。针对每一条主要原因，让小组成员开动脑筋，敞开思想，畅所欲言，相互启发，从多个角度提出改进的想法。对策提得越多、越具体越好，可先不考虑提出的对策是否可行，只要把可能解决这条主要原因的对策都提出来，才能尽量做到不遗漏真正有效的对策。

(2) 研究、确定所采取的对策。从针对每一条主要原因所提出的若干个对策中分析研究，究竟选用什么样的对策和解决到什么程度。为此需要分析研究对策的有效性；分析研究对策的可实施性；尽量不采用临时性的应急对策；尽量采用依靠本小组的力量就能实现的对策；对策不应只罗列空洞口号，应便于实施和检查。

(3) 编制对策表。对策表是整个改进措施的计划，是实施对策的依据。将所有的对策选定后，要把对策的内容填写到对策表中去，做到对策清楚、目标明确、方法具体、责任落实。

制定对策时常用的方法是对策表、头脑风暴法、过程决策程序图法，此外分层法、矩阵图、矢线图、简易图表、正交试验设计、优选法和质量功能展开(质量屋)也可应用。

7. 实施对策

实施对策，旨在按照对策表列出的改进措施计划加以落实。实施对策是 QC 小组活动能否取得成功的关键程序，应注意以下几点。

(1) 严格按照对策计划行事。因为对策计划是经过分析找出的主要原因和对策的结果，严格按照对策计划行事，有利于活动趋向目标，有的放矢地取得好的效果。

(2) 保持经常性和全员性。实施对策的有些活动，需保持一定的连续性，不可断断续续；另外还需要全员配合，不能只有部分组员参加，一定要保持全员参与。

(3) 必要时应修改对策。有时实施中会发现新问题，或者对策计划中所列的对策无法实施，这时应及时修改对策，经小组成员讨论通过后，再实施。

(4) 注意记录和检查。把实施时间、地点、参加人员和结果等项记录在册，以便为整理成果提供依据。同时，在实施过程中，每月应对活动进展情况检查，以便发现问题再进行协调。

在实施对策时常用的方法有矢线图、过程决策程序图法，还可使用直方图、矩阵图、简易图表、正交试验设计、优选法、流程图、计数抽样检验及价值工程等方法。

8. 检查效果

检查效果，旨在收集数据，用以检查所取得的效果。检查效果的步骤如下。

(1) 与对策实施前的现状比较。把对策实施后的数据与对策实施前的现状及小组制定的目标进行比较，以明确改善的程度。可能出现两种情况：一种是经检查已经达到了小组制定的目标；另一种是未达到预定的目标，说明问题没有彻底解决，可能是主要原因尚未完全找到，也可能是对策制定得不妥。这样就应回到 QC 小组活动的问题解决类第四个程序，重新从分析原因开始，再往下进行，直至达到目标。这说明这个 PDCA 循环没有转完，在 C 阶段中还要进行一个小 PDCA 循环。

(2) 计算经济效果。即计算由于解决了问题、实现了小组活动目标后所产生的经济效果，这样能更好地鼓舞士气，增加员工工作的自豪感，调动其积极性。经济效果包括因提高产量、质量、设备效率而产生的经济效益，也包括因降低原材料、设备消耗、节约工时、人力而创造的价值。不论计算哪方面的效果都应实事求是，计算的时间一般不超过活动期，但可包括巩固期。计算的结果应得到有关部门的认可。

检查效果时主要使用各种简易图表和水平对比法，此外排列图、直方图、控制图、调查表、假设检验、方差分析等也可以运用。

9. 制定巩固措施

制定巩固措施，旨在把效果维持下去，并防止问题的再发生。制定巩固措施时应注意以下几点。

(1) 把对策表中通过实施业已证明了的有效措施 (如变更的工作方法、操作规程、有关标准，变更的有关参数、图纸、资料、规章制度等)纳入有关技术文件或管理文件，报领导批准。

(2) 再到现场确认，是否按新的文件操作或执行了新的标准、办法、制度。

(3) 在取得效果后的巩固期内要做好记录，进行统计，用数据说明成果的巩固状况。巩固期的时间长短根据实际需要确定，只要能在实际运行中证明效果是稳定的就可以。

制定巩固措施阶段常用的方法是简易图表和流程图，此外头脑风暴法、调查表、控制图和矢线图也可以使用。

10. 总结及今后打算

该程序的目的在于把一阶段 QC 小组活动得到的经验、体会，作出有指导性的结论，并对今后的活动提出设想。该程序的主要内容如下。

(1) 总结活动程序。总结在活动程序方面，在以事实为依据、用数据说话方面，在方法的应用方面，有哪些是成功的，哪些尚有不足需要改进，有哪些心得体会。

(2) 总结无形成果。除有形成果外，还应总结无形成果，可从质量意识、问题意识、改进意识、参与意识这四个意识的提高，人的素质的提高，质量管理知识的掌握，团队精神的增强等方面来总结。这些效果虽然不直接产生经济效益，但也是非常宝贵的精神财富。

(3) 提出下一步打算。小组本次活动可能尚有遗留问题，或者由本次活动又引发了新的改进机会，可提出下一次活动要解决的问题，以便把 QC 小组活动持续地开展下去。

该程序主要使用各种简易图表。

(二)创新类 QC 小组活动程序

QC 小组选择创新型课题开展活动的具体程序，如图 12.2 所示。

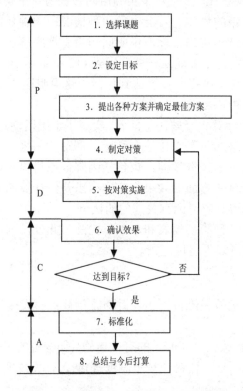

图 12.2　创新型课题 QC 小组活动程序

由图 12.2 可以看出，创新类与问题解决类 QC 小组活动程序略有不同，少了现状调查、原因分析和确定主要原因三个程序，多了一个提出各种方案并确定最佳方案的程序。这是因为创新型课题着眼于研制新产品、新服务项目、新业务和新方法等方面，是过去没遇到过的问题，所以没有现状可以调查，也没有原因分析，因此也不必进行主要原因确定。然而，一个新生事物的出现，为实现预定的目标，需要多设想几个可行的方案，并通过技术上和经济上的可行性分析，选择出最理想的方案。有了方案就可以制定对策，按对策实施……一步步地做下去，从第四个程序开始，与问题解决类 QC 小组的活动程序是完全一致的，所运用的方法也大致相同。

第四节　QC 小组活动成果的总结与评价

一、QC 小组活动成果

(一)成果类型

QC 小组活动取得的成果可以分为两类：一类是有形成果；一类是无形成果。

1. 有形成果

有形成果是指那些可以用物质或价值形式表现出来，往往能直接计算其经济效益的成果，如提高产品质量，提高劳动效率，降低成本，减少设备故障停机时间，缩短工期、交货期等。

2. 无形成果

无形成果是难以用物质或价值形式表现出来，无法直接计算其经济效益的成果，如提高小组人员素质，加强小组自主管理，改进小组活动方法，改善生产或工作环境，改善人际关系等。无形成果往往是伴随有形成果而产生的，虽然不易直接计算经济效益，但却在开发 QC 小组成员的智力，调动人们的积极性，提高素质、培养人才，增强集体凝聚力等方面发挥着重要的作用。

(二)成果报告

QC 小组成果报告是 QC 小组活动全过程的总结和真实写照，是成果发表的依据材料。QC 小组成员应了解成果报告的主要内容、编写技巧和一般要求。

1. 成果报告的主要内容

(1) 企业简介或工程、项目简介。

(2) 小组概况，包括组长、顾问、组员及他们的职务、分工等。

(3) 选题理由和依据。

(4) 现状调查和依据。

(5) 设定目标值及对其进行可行性分析。

(6) 明确主要问题和原因。

(7) 确定主要原因并对其予以验证。

(8) 制定对策，编制对策表。

(9) 按对策实施，要描述全部的实施环节和内容。

(10) 检查确认实施的效果。

(11) 制定巩固措施。

(12) 总结、体会，明确遗留问题和今后活动的大体安排。

2. 成果报告的编写

(1) 成果报告的编写准备。①由 QC 小组组长制定成果报告编写计划和进度表，亲自或责成某小组成员拟定编写提纲。②收集和整理小组活动的原始记录和资料。③确定成果报告执笔人。④小组全体成员回顾本课题活动的全过程，总结分析活动的经验教训，经讨论统一看法后，由执笔人开始编写。

(2) 成果报告的编写要求。①严格按活动程序进行总结；②文字精练，描述条理清楚、逻辑性强；③根据选题，抓住重点，切忌节外生枝；④内容真实可靠，避免虚假；⑤以图表、数据为主，配以少量文字说明，使成果报告清晰、醒目；⑥不要用专业技术性太强的名词术语，必要时其计量单位要规范化、标准化。

(3) 成果报告的编写技巧。成果报告是 QC 小组活动全过程的书面表现形式，编写得成功，既对本小组成员是一种鼓舞，对参与交流的其他小组成员也是一种启示。为此，需运用以下技巧：①课题名称要短小、鲜明、易懂；②开头要引人入胜，结尾要令人回味；③成果的中心问题应该明确并富有挑战性；④活动的程序和时间顺序能连贯地体现 PDCA 循环；⑤要认真总结出特色。所谓特色是指在 PDCA 循环运用方面，在以事实为依据、用数据说话方面，在方法的应用方面的成功之处、创新之处、有推广价值之处。

(三)成果发表

成果发表是指在一定的场合和规定的时间内(一般是 15 分钟)，由 QC 小组的某个或几个成员对本小组的成果报告当众发布。

1. 成果发表的形式

(1) 现场发表型，是指在车间、工厂或公司范围内进行成果发表交流。因为都是"熟人"，所以比较简化，通常采用实物对比、重点活动阶段的介绍或集体共同发表的方式。

(2) 会议发表型，是指很多 QC 小组按一定程序在大会上发表自己的成果，以便交流和评比。根据会议组织者的级别不同，有全国 QC 小组成果发表会议，省、市级，局、系统级，公司、厂级和行业级 QC 小组成果发表会。按发表目的的不同，有评选表彰式、发表分析式和经验交流式等。评选表彰式出于评选表彰优秀 QC 小组并向上级推荐的目的，由评委现场打分决定名次；发表分析式的目的是提高小组活动的有效性和总结编写成果报告的水平，发表结束，由评委分析其优缺点，指出不足，找出原因，以利提高；经验交流式发表的目的是学习交流，沟通信息，在发表之后进行现场提问答疑，探讨一些共同关心的问题。

(3) 文娱发表型，是指把成果内容用小品、演讲或其他文娱形式来表现的一种发表形式。可由一人介绍，多人表演成果内容，或者配以道具、漫画、连环画及音响等丰富多彩的表现形式进行成果发表。这种形式生动活泼，引人入胜。

2. 成果发表的作用

QC 小组的成果发表不是为了走形式，也不是仅仅为了评出几个优秀 QC 小组，它的作用主要在于以下几点。

(1) 交流经验，相互启发，共同提高。

(2) 鼓舞士气，满足小组成员自我实现的需要。

(3) 现身说法，吸引更多的员工参加 QC 小组活动。

(4) 使评选优秀 QC 小组和优秀成果具有广泛的群众基础。

(5) 提高 QC 小组成员科学总结成果的能力。

(6) 培养和发现基层质量管理工作的人才。

我国自 1979—2009 年共举办全国 QC 小组代表会议 31 次，命名了国家级优秀 QC 小组 20 000 余个，累计创造直接经济效益超过 4000 亿元。

二、对 QC 小组活动成果的评审

对 QC 小组活动成果的评审，就是与评审标准对比，衡量小组活动达到标准的程度，审查小组活动成果是否完整、正确、真实、有效。评审的目的是为肯定取得的成绩，总结成功的经验和不足之处，不断提高 QC 小组的活动水平，同时为表彰先进、落实奖励，使 QC 小组活动获得可持续发展。

(一)评审原则

1. 从大处着眼，抓主要问题

在评审 QC 小组活动成果时，除帮助总结成功的经验之外，还要与评审标准相对照，找出其中的主要问题，而不要在细枝末节上做文章。

所谓的主要问题如下。

(1) 成果所展示的活动全过程是否符合 PDCA 的活动程序。

(2) 各个环节是否做到以客观事实为依据，用数据"说话"，以及所用数据是否完整、正确、有效。

(3) 统计方法的运用是否正确、恰当。统计方法应用不恰当、不正确是主要问题，要给予提出。例如，亲和图，在采用头脑风暴法后将其用于归纳问题最为恰当，而有的小组把它用来直接分析问题的原因，显然是应用不恰当；又如，因果图应是一个问题做一张因果图来分析原因，而有的成果中，两个以上问题(或质量特性)用一个因果图来分析，显然是属于应用不正确。

2. 要客观并有依据

所谓客观，就是要依照事物的本来面目去考察，不带个人偏见。为此，对提出的每一条不足，都要有依据。例如，是不符合 QC 小组活动程序的哪一个步骤的什么要求，或者是不符合评审标准中的哪一条款，这样才能避免把个人的偏见带入评审意见中。

3. 避免在专业技术上钻牛角尖

每一个 QC 小组的活动成果，其应用的专业技术是各不相同的。同一个专业，各组织之间也由于设备条件、工艺、操作习惯、环境等方面不尽相同，所采用的技术会有很大差异，有的甚至关系到专业技术的秘密。而在管理技术方面则有较多的共性和交流，可以互相启发。因此，应主要对其管理技术方面进行评审，避免在专业技术上钻牛角尖。当然在组织

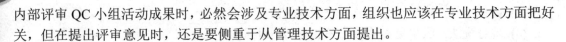

内部评审 QC 小组活动成果时，必然会涉及专业技术方面，组织也应该在专业技术方面把好关，但在提出评审意见时，还是要侧重于从管理技术方面提出。

4. 不要单纯以经济效益为依据评选优秀 QC 小组

开展 QC 小组活动就是要解决存在的问题，取得成果。获得的经济效益越大，该 QC 小组的成绩就越大，这是很自然的。然而大多数 QC 小组，特别是生产现场的员工组织起来的 QC 小组，他们身边需要改进的大都是一些小课题，取得成果后，所产生的经济效益与那些大型的攻关型课题成果所产生的经济效益是无法相比的，甚至可以说是"微不足道"。但是，广泛开展 QC 小组活动，就有着更深远的意义。广大员工通过参加 QC 小组活动，学到了更多的质量管理知识，掌握了科学的思维方式，增强了解决问题的能力，提高了职工的素质，培养和造就了人才，开发了人力和智力资源，实现了自身价值，激发了积极性和创造性，这些是开展 QC 小组活动第一位的任务。如果组织中的员工都能够自主组织起来，成立 QC 小组，围绕着经营战略、方针目标和身边存在的问题不断进行改进、创新，组织的精神文明和物质文明建设就会发生可喜的变化。

如果在评审 QC 小组成果时，经济效益越大打分就越高，则那些小课题，非常有实用价值的现场型、服务型的成果，就无法进入各级优秀 QC 小组的行列，这必然会挫伤广大现场职工参加 QC 小组的积极性。为此，在评审和评选 QC 小组活动成果时，不能单纯以创造经济效益的大小论高低，不仅要看经济效益，也要看社会效益；不仅要重视有形成果，也要重视无形成果；不仅要鼓励创大成果，也要鼓励创小成果。

(二)评审标准

中国质量管理协会组织制定并颁布了 QC 小组活动成果的评审标准(试行)，评审标准由现场评审和发表评审两个部分组成。

1. QC 小组活动成果的现场评审

QC 小组活动开展得如何，最真实的体现是活动现场。因此，对现场的评审是 QC 小组活动成果评审的重要方面。现场评审的项目及内容如表 12.2 所示。

表 12.2　QC 小组活动成果现场评审表

序　号	评审项目	评审内容	配　分	得　分
1	QC 小组的组织	(1) 要按有关规定进行小组登记和课题登记 (2) 小组活动时，小组成员的出勤情况 (3) 小组成员参与分担组内工作的情况	7～15	
2	活动情况与活动记录	(1) 活动过程需按 QC 小组活动程序进行 (2) 取得数据的各项原始记录要妥善保存 (3) 活动记录要完整、真实，并能反映活动的全过程 (4) 每一阶段的活动能否按计划完成 (5) 活动记录的内容与发表资料的一致性	20～40	

续表

序　号	评审项目	评审内容	配　分	得　分
3	活动成果及成果的维持、巩固	(1) 对成果内容进行核实和确认，并已达到所制定的目标 (2) 取得的经济效益已得到财务部门的认可 (3) 改进的有效措施已纳入有关标准 (4) 现场已按新的标准作业，并把成果巩固在较好的水准上	15～30	
4	QC 小组教育	(1) QC 小组成员对 QC 小组活动程序的了解情况 (2) QC 小组成员对方法、工具的了解情况	7～15	
总体评价			总得分	

2. QC 小组活动成果的发表评审

在 QC 小组活动成果发表时，为了互相启发，学习交流，肯定成绩，指出不足，以及评选优秀 QC 小组，还要对成果进行发表评审。发表评审的项目及内容如表 12.3 所示。

表 12.3　QC 小组活动成果发表评审表(修订版)

小组名称：_____　　　　　　　　　　　　课题名称：_____

序号	评审项目	评审内容	配分	得分
1	选题	(1) 所选课题应与上级方针目标相结合，或者是本小组现场急需解决的问题 (2) 课题名称要简洁明确地直接针对所存在的问题 (3) 现状已清楚掌握，数据充分，并通过分析已明确问题的症结所在 (4) 现状已为制定目标提供了依据 (5) 目标设定不要过多，并有量化的目标值和有一定依据 (6) 工具运用正确、适宜	8～15	
2	原因分析	(1) 应针对问题的症结来分析原因，因果关系要明确、清楚 (2) 原因分析透彻，一直分析到可直接采取对策的程度 (3) 主要原因要从末端因素中选取 (4) 应对所有末端因素都进行要因确认，并且是用数据、事实客观地证明确实是主要原因 (5) 工具运用正确、适宜	13～20	
3	对策与实施	(1) 应针对所确定的主要原因，逐条制定对策 (2) 对策应按"5W1H"的原则制定，每条对策在实施后都能检查是否已完成(达到目标)及有无效果 (3) 要按对策表逐条实施，且实施后的结果都有所交代 (4) 大部分的对策是由本组成员来实施的，遇到困难能努力克服 (5) 工具运用正确、适宜	13～20	

序号	评审项目	评审内容	配分	得分
4	效果	(1) 取得效果后与原状比较，确认其改进的有效性，与所制定的目标比较，看其是否达到 (2) 取得经济效益的计算实事求是、无夸大 (3) 已注意了对无形效果的评价 (4) 改进后的有效方法和措施已纳入有关标准，并按新标准实施 (5) 改进后的效果能维持、巩固在良好的水准，并用图表表示出巩固期的数据 (6) 工具运用正确、适宜	13～20	
5	发表	(1) 发表资料要系统分明，前后连贯，逻辑性好 (2) 发表资料要通俗易懂，应以图、表、数据为主，避免通篇文字、照本宣读	5～10	
6	特点	统计方法运用突出，有特色，具有启发性	8～15	
总体评价			总得分	

上述标准适用于问题解决类的现场型、攻关型、服务型和管理型的 QC 小组活动成果的评审。在评审 QC 小组活动成果时可直接采用。有的单位却因行业的特殊性，不适合直接采用时，可自行修订后采用，但需要遵循上述标准的原则及内涵。

创新型的小组成果发表评审标准如表 12.4 所示。

表 12.4 创新型课题 QC 小组活动成果发表评审表

小组名称：＿＿＿＿＿＿＿＿＿   课题名称：＿＿＿＿＿＿＿＿＿

序　号	评审项目	评审内容	配　分	得　分
1	选题	(1) 选题是否有创新的含义 (2) 选题的理由、必要性要具体充分 (3) 目标要具挑战性，并要有量化的目标和分析	13～20	
2	提出方案确定最佳方案	(1) 应充分、广泛地提出方案 (2) 确定最佳方案要分析透彻、事先评价、科学决策，必要时要做模拟实验 (3) 工具运用正确、适宜	20～30	
3	对策与实施	(1) 按 5W1H 的原则制定对策表 (2) 按对策表逐条实施，每条对策实施后的结果都有交代 (3) 工具运用正确、适宜	13～20	

序　号	评审项目	评审内容	配　分	得　分
4	效果	(1) 确认效果并与目标比较 (2) 经济效益的计算实事求是、无夸大 (3) 注意了活动过程及对无形效果的评价 (4) 成果已发挥作用并纳入有关标准及管理规范	8～15	
5	发表	(1) 发表资料要系统分明、前后连贯、逻辑性好 (2) 发表资料应以图表、数据为主，通俗易懂，不用专业性较强的词句和内容 (3) 发表时要从容大方，有礼貌地讲成果 (4) 回答问题时诚恳、简要、不强辩	6～10	
6	特点	(1) 课题具体务实 (2) 充分体现小组成员的创造性	0～5	
总体评价				总得分

评审表中要求的"工具运用正确、适宜"，这里运用正确是指方法应用符合该方法的用途、应用步骤和使用时的注意事项；运用适宜是指方法应用符合 QC 小组活动程序各步骤的需要。

案例 23　从失败中寻找成功之路
——QC 小组活动中 5 个常见的失败案例分析

QC 小组活动的成功，缘于正确的目标、恰当的方法、必要的能力和高度的热情。在某一环节上出现不足就会影响效果，甚至全盘皆输。失败不要紧，但必须找出原因，吸取教训，不可重复同一种错误。这样，就能找到成功之路。

凡是人，都会犯这样或那样的错误。QC 小组是由普通人群组成的，所以也不可能不犯错误。他们所从事的改进活动都是前所未有的，所以屡遭失败也不足为奇。但是，一而再、再而三地犯同样的错误，这是不能允许的。那么，怎样才能不重复同一种失败，怎样可以确保成功而避免失败，怎样将失败转化为成功，这些都是 QC 小组必须面对的现实问题。为此，本文针对 QC 小组活动中屡屡发生的 5 个典型的失败案例，从吸取教训的角度进行了分析和解说。

一、"新叶小组"的失败案例
组长包揽选题，组员不予配合，小组活动成了"独角戏"。
1. 案例概述："新叶小组"成立

不久，组长虽经培训但缺乏实际经验，组员积极性没有调动起来，选题迟迟确定不了。为了打响"第一炮"，组长苦思冥想，灵机一动选了一个措施明确且比较容易实现的题目。他立即召集全组会议作了布置，指定日期开始活动。对组长的这一独断专行，组员们当场未有异议，但事后不无抵触情绪。到了实施的那一天，组长一个人在前面"干"，组员们在后面"看"，小组活动成了组长唱"独角戏"。结果，此次活动开展不久即告半途而废。令他百思不得其解的是，自己特意选了一个容易完成的题目，专门开会作了具体安排，还明确指定了活动日期，应该说万事俱备，为什么得不到大家的配合呢？

2. 专家解说

该案例反映的是组长因组员对小组活动不予配合而伤脑筋的情况。先是因选题困难而烦恼，后来灵机一动想出了一个"大家都能投入的课题"。然而，结果是大失所望，即使选择了措施明确且容易实现的课题，也未能获得组员们的应有配合。

3. 原因分析

该组长究竟失败在哪里？其实，就失败在他的"独断独行"上。为了让小组全体成员都能积极投入活动，自以为是地选择了毫无挑战性的所谓"措施明确且容易实现的课题"。对这种做法稍加分析，即可发现存在着两个方面的错误。

错误之一：组长独自决定选题，未经组员充分讨论。

改进活动在 QC 小组活动中处于主要地位，必须慎重对待。实施改进活动前，选题和措施必须预先召集全组会议充分讨论，不能由组长一个人独自决定。否则，将得不到组员们应有的配合而无法正常实施。

错误之二：选了一个"措施明确且容易实现的课题"。

该组长在选题方向上还错误地认为"能够获得大家积极配合的课题""容易开展和完成的课题""措施明确的课题"。这种选题毫无挑战性，激发不了斗志。

4. 改进建议

"题目的选定"乃是开展改进活动的重要一环。选题是否适当，将直接影响小组活动的开展效果(可能很活跃，也可能相反)。如何激活小组活动的方法，可从本案例的两个错误中作探讨。

(1) 备选课题的提出。选题不是组长一个人的事情，而是需要全体组员共同考虑的问题。组长要发动全体组员从不同的视角全面思考小组的改进课题。组员们要从实施中的课题、操作上的难点、质量方面的问题等视角出发提出一定数量的备选题目。为此，要建立"课题库"制度，每当察觉到可以作为课题的东西时立即登记入库，这才是可靠的、行之有效的方法。

(2) 课题内容的选定。由全体组员提出备选题目后，下一步就是从中选出急需实施的课题。运用矩阵图等工具从多个视角对课题进行评估的方法固然有效，但事先了解组员们对各项课题的想法也同样重要。为此，最好要求组员将自己的想法写成书面材料。通过写作思考，将解决问题的措施进一步明朗化。在选题内容上重要的是要选择那些"值得一试"、充满挑战欲望的题目。另外，通过此案例，还要进一步认识到充分重视联络沟通及正确理解领导地位的重要性。与此同时，不要忘记同上级之间的沟通。

二、"百花园小组"的失败案例

错误理解"课题组长责任制"，主攻目标不明，活动成了"一场混战"。

1. 案例概述：作为设备维护和技术保证部门的"百花园小组"，有待改进的问题很多，为此多年来以问题解决型方式开展了不少活动。大家提出问题，由组长汇总，按轻重缓急编制成"备选问题一览表"。为了提高改进效率，按问题设立了课题组长，分工负责。由于人手有限，有的组员同时参与两个课题组，穿插活动。同时组长将课题逐一分配妥当，以为就此万事俱备，年末必将硕果累累。不料数月后，反馈情况大为不妙，听到的不是进展捷报，而是实施中的种种困难。有的"因人手不足，问题分析不透"，有的则"没有时间收集数据，现状掌握不了"。由于工作不到位，多数课题陷入僵局，未能按时实现预定目标。

2. 专家解说：该组长根据大家意见，选出了多个急需改进的问题，为了提高效率，盲目地选取了"课题组长责任制"。他将选定的课题分给属下组员，本以为只要随时进行跟踪(进展管理)即可万事大吉，想不到数月后跟踪的结果使他大为失望。

3. 原因分析：对这一案例的做法稍加分析即可看出，这位组长并没有正确理解"课题组长责任制"的本意，也没有恰当地认识组长自身的作用。他只是将矛盾下放，而且几乎撒手不管，使小组活动失控，变成了"一场混战"。其原因主要是成果主义作怪。最近，相信成果主义的企业越来越多，甚至发生了这样的现象：员工个人的收入根据所负责的问题(解决)或课题(完成)目标的实现程度出现很大区别。在这样的背景下，工厂的管理者不得不同属下的每一个人正式谈话来决定责任。随之，QC小组采用课题组长的形式将问题或课题分派给组员分别负责的做法也日益盛行。而QC组长因此松了一口气，认为把任务分派定当后只要定期地对各课题组实施进度管理就行了。

4. 改进建议：众所周知，所谓"课题组长责任制"，本来的意图是按课题设立负责人，在QC小组范围内，以课题组长为核心更为有效地开展活动。与此同时，通过QC小组这一集体的运营实践，负责课题的组长们将得到实际锻炼而迅速成长。所以，这也是人才培养的一个重要方法。从本来意义上的"课题组长责任制"考虑，组长应该起到以下两个作用。

(1) 要充分理解"课题组长责任制"的本意，清楚地告诉组员：这不是分小组活动，而是为了"在课题组长的带领下，小组全体成员一起努力，更有效地解决某一问题"的一种活动方式。

(2) 要认识到自己应是课题组长最直接的活动支持者和咨询提供者。不管哪个部门的QC小组，业务繁忙时，召集全组会议很难到齐。在这种情况下，可布置课题组长作预案准备，从问题的整理和分析、提出对策到最后拟写报告，全部由他一人负责。在这一阶段，课题组长作用尤为突出，压力确实很大。但是投入活动后，通过沟通可以获得全体组员的配合，作为一个统一的团队发挥出更大的力量。在改进方法上，则应考虑多样化，从每个个人进行的"个别改进"，到QC小组集体进行的"整体改进"，不拘一格。

三、"挑战者小组"的失败案例

盲目追求"课题完成型"，引起设备事故屡发，致使活动目标落空。

1. 案例概述："挑战者小组"多年来通过问题解决型方式有效地攻克了许多难关，"问题库"中留下的难题越来越少。于是组长开始考虑，现在正流行课题完成型，不妨尝试一下新的挑战，从上级要课题。向科长请示中得知，Y工序中的A部件明年要求节约成本10%，为了达到这一目标，需要减员 2 人。科长出题，组长欣然接受，当场一拍即合。根据课题完成型的实施步骤，目标既定，只要提出措施即可，与问题解决型相比，似乎解决起来更快。3 个月后，不料按课题完成型重新配置的那些设备连连出现故障。Y 工序出现了混乱，A 部件不合格率上升，产量下降，挑战目标落了空。

2. 专家解说：该小组突然改用课题完成型方式，从上级要课题开展活动。由科长指定目标后，小组立即研究了措施方案。虽然很快确立了"Y 工序减员 2 人"的课题目标，但为此而配置的设备却故障频发，使 Y 工序陷入了空前混乱。

3. 原因分析：课题完成型活动的开展，不是为了打破现状，就是考虑将来发展，说起来好听，干起来带劲。可能正因为这一点，最近课题完成型的案例日益增多，在学术交流中也频有发表。本案例或许也是为了赶时髦，盲目挑战课题完成型。但是，不管在哪个部门，实际上还有很多没有解决好的问题。对 QC 活动来说，问题解决型仍然大有用武之地。

两种方式的选择，应根据具体情况而定。选题前就决定采用何种方式，这是本末倒置。选择解决问题的方法，最重要的是要查明真正原因，采取适当措施以防止再次发生。本案例中，"减少 Y 工序中 A 部件的不合格率"之类的问题本来应该通过问题解决型程序查明真正原因，采取有效措施防止再次发生就行了。但该小组在不清楚真正原因的情况下想当然地采取错误对策，结果适得其反，麻烦接踵而来。究其原因，应从两个方面考虑。

(1) 从小组的角度考虑。要知道，所谓课题完成型，乃是在列举多种构想或创意的基础上分多个阶段进行筛选后实施的"设计性改进手段"。但是，该小组却受了"现在正流行""干起来更带劲"等时髦观念的影响，盲目地选择了这种方式。必须指出，作为问题和课题的解决手段，虽然有问题解决型、课题完成型和对策实行型等多种类型，但是不能随意乱用，必须很好地学习掌握"在何种情况下采用何种手段才最有效"。

(2) 从科长的角度考虑。在本案例中，科长也未能谨慎履行自己的职责，对 QC 小组进行正确的指导。下级认为"课题应由上级决定"， 而那位科长也随意地把自己的想法作为课题布置给下级。这是因为，现任的科长和组长们在他们从事 QC 小组活动的时候，课题完成型还没有出现，他们没有进行过这种实践，所以无法给下属进行恰当的指导。因此，对管理和监督人员来说，也需要补上这一课才行。

4. 改进建议：QC 小组选题时，不要以为课题完成型现在正流行，干起来更带劲，从而盲目地投入此项活动。要知道，这是一种误解。为了吸取这一教训，建议大家将自己公司内以前的课题完成型案例全部汇总起来进行一次分析，哪里效果差，哪里有错误，把调查结果整理起来，可以作为今后的教材。

专家认为，对 QC 小组来说，问题解决型仍然是最基本的手段。首先要扎扎实实地掌握好问题解决型，在这一基础上再学习课题完成型。

为此，要举办一些正规的课题完成型的学习会和研讨会。培训时，不要仅以讲课的形式泛泛而谈，而是要通过一些实际案例一边体会一边学习，效果会更好。

四、"阿尔法小组"的失败案例

原为成功案例，由于成果主义占了上风，在成果发表会上意外"翻船"。

1. 案例概述：D 公司销售部门的"阿尔法小组"成立多年，由于正副组长能力都很强，业绩卓著，曾受到总部的多次表扬。但是，他们在成果总结时却发了愁，苦于发表的内容尤其是经验"标准化"部分不好处理。他们认为，销售技巧属于商业秘密，不能公开。最后决定，从过去的案例中再次引用了"专攻对象公司业务窗口，拿下关键人"的说法。历年来，经验总结靠组长，组员没意见。此次发表在组内预讲时，大家一致通过。但在全国 QC 小组大会上正式发表时，想不到却翻了船。会议评审员当场指出，"专攻关键人"之说纯属老调重弹。与会者则认为，业绩如此突出，必定"留有一手"。整个会场一片哗然，成果发表归于惨败。

2. 专家解说：该案例出自销售部门的 QC 小组，正副组长都很优秀，营业成绩突出，受到公司内外的瞩目。小组成员因而对他们两人深信不疑，处于全盘依赖的状态。出席 QC 小组代表大会前夕，两人商量决定，引用在公司销售业务会议上发表过的内容写成公开成果报告，但在"标准化"环节上却伤了不少脑筋。最后，不得已从过去案例中照搬了似乎仍然可用的老经验(专攻关键人)搪塞过去。他们认为，光凭小组活动成果突出，想必会得到外部高度评价甚至全场鼓掌喝彩，于是在会议上大模大样地发表了"老经验"。然而，想不到会场内却是一片哗然，本来是成功案例的成果发表，就这样遭到了惨败。

3. 原因分析：此案例成果发表失败的原因很多，主要可从以下几个方面考虑。

(1) 故意把成果突出的业务选为改进课题，并编造了"马后炮"式的 QC 改进方案。

(2) 在改进活动中，成果主义的想法占了上风。缺乏通过改进活动来掌握技巧和知识，进而培养人才的眼光。

(3) 通过改进活动获取的技能和诀窍等新的知识没有很好积累起来。缺乏"标准化"是改进技能和诀窍的"储蓄罐"的思想。

(4) 存在组织体质上的弱点。销售部门独占销售技巧并听之任之；在成果发表之前的全过程中始终未能发现背离 QC 小组活动目的的问题。

(5)缺少能识别并指出事后编造的"成果一边倒"的 QC 改进方案，从而追究改进责任的监督管理人员。片面理解了尊重自主性的原则，在"自主性"的名义下出现了放任主义。

4. 改进建议：以上列举了导致失败的 5 条主要原因。这些原因有的在于 QC 小组，有的在于管理部门。从小组方面来看，必须认识到以下三点。

(1) 改进活动的目的。必须认识到，改进活动并不是成果的竞赛，而是为了学习掌握知识和技能，锻炼提高自身的"核心业务"，从而提高工作质量的一种方法手段。它的成果应该由整个组织共享。

(2) 改进活动的标准化。必须懂得，活动成果的"标准化"乃是通过建立知识和技能的数据库，以避免重犯同样错误所需的"储蓄罐"，是一种由前辈向后辈，再由后辈向新人传承下去的有效机制。因此，必须实现标准化，通过教育培训让全员理解，共享成果，共同执行，共作评估。这就是所谓 SDCA 循环。

(3) 改进技巧的共享化。销售的诀窍一般不愿告诉他人。但是不要忘记，自己也曾向前辈或上司请教过他们的经验。可以说正是那些传承来的经验成就了"今天的我"。即使是销售部门，也需要发挥团队力量来提高销售业绩，而团队能力的加强将有助于个人能力的发挥。另外，组织必须重视和坚持培养人才的原则，这一点尤为重要。

五、"樱花小组"的失败案例

本属优秀小组，被成就感冲昏了头脑，致使活动出现了"休眠期"。

1. 案例概述："樱花小组"苦战一年，战果显赫。先是在外部 QC 大会上获得了"大会奖"。紧接着又在全公司的成果发表会上荣获了社长奖。大家情绪高涨，长期以来的辛劳一扫而光，充满了成就感。后来，他们还出席了石川馨奖授奖仪式，外加北海道全程观光，一路上吃得好玩得欢，感到十分满足。回到公司，QC负责人突然发问："下一步是日比谷全国选拔大会，你们有何打算？"组长语塞，回答说："回工作场所后听听大家意见再说。"不料久未召集的小组会议竟然缺席过半，新的目标确定不了，措施当然提不出来。看来组员们想的都是：大奖也拿了，观光也去了，需要休息一下了。小组活动就此陷于停顿，进入了"休眠期"。

2. 专家解说：该案例的QC小组很有理想和活力，自己设定了当年的目标(在全公司大会上获得社长奖。因为此目标有一定难度，他们考虑通过先期召开的外部大会来积累经验，从而更有效地开展活动。共同努力的结果是，不仅出色地实现了目标，而且还获得了享有很高荣誉的QC石川馨奖，风光地出席了在札幌举行的授奖仪式，游览了北海道，饱尝了成就感。然而，回公司后却没有了下文。尽管受到了QC推进部门负责人的督促，QC小组活动还是无声无息地进入了休眠状态。

3. 原因分析：QC小组活动需要梦想和目标课题，有了这些，大家才会充满热情和干劲。实际上，该小组不也是因为有了"全公司大会社长奖"这一目标才充满了干劲的吗？那么，为何本来生机勃勃的小组一下子陷入了休眠状态呢？不是他们不想干了，而是因为他们已满足于眼前的成果，未能及时地去寻找下一个梦想和目标的缘故。

4. 改进建议：一个容器如果满了(满足了)就要换成更大的容器(新的目标)。为此需要一定的能量——动机和动力。个人也好，小组活动也好，如果没有强烈的动机，就不可能产生足够的热情和干劲。在感到满足的瞬间，动机和动力就会松动，甚至消失。那么，动机和动力怎样才能产生呢？

(1) 接受来自外部的刺激

开展QC小组活动时，往往需要接受外部刺激。其途径主要有：参加公司内部QC成果发表会和外部大会接受刺激；通过同公司内部的其他小组或其他公司的优秀小组之间进行交流接受刺激；阅读有关刊物和书籍(如《QC小组》杂志等)接受刺激，等等。此外，还有不少其他方法。不管哪一种，只要自身不想，就无法从外部接受刺激。实际上，即使在日常生活中也能接受刺激。

(2) 设定一个挑战性强的高目标

这里所谓的"高目标"，应理解为需要下定决心奋起迎战的那种高难度目标。高目标的设定，不限于改进过程中的"目标设定"，在小组活动运营上以中长期眼光设定的高目标(如今年目标和3年展望等)也同样重要。这些目标可由小组全体成员讨论决定，并务必写成书面计划。另外，建立QC活动的体制和机制也是QC推进部门的重要责任。由小组成员一起商量，按照自己的意思选定目标，全体人员都能接受并共享这种共同的目标。

通过上述方法，就能形成动机，产生动力，就能为实现新的目标而奋斗不止。

(资料来源：李堃. 从失败中寻找成功之路——QC小组活动中5个常见的失败案例分析[J]. 上海质量，2012.)

案例 24　统计技术在 QC 小组活动中的应用

统计技术是QC小组活动中必不可少的工具。应用统计方法进行QC小组活动时，存在数据不全面、不充分，来源渠道多、纷乱，搜集、整理、分析不系统等问题，受项目周期影响，应用效果不明显。下面仅就以上问题进行分析和总结。

一、健全管理体系，完善管理制度

虽然多数企业都建立了自己的质量管理体系，在程序文件、手册中规定了主控部门、管理职责和运行操作的具体方法，但还应加强第三层次文件体系的建立和完善，详细地制定实施方案或工作制度、工作标准，对各级各部门的应用效果分级汇总分析，以作业文件形式下发执行。

各级各部门在自己的范围内进行管理，并形成一体化体系，逐级传递其数据，逐级传递其 QC 小组成果，为上一级部门提供信息，最后由企业的主控职能部门做综合汇总分析，得出质量改进的成果，反馈到各部门各单位，进行推广应用。

相关部门负责对应用效果检查、验证、总结，按 PDCA 循环运行，达到持续改进的目的。

二、加强培训教育，正确理解应用目的

企业的培训部门应建立培训台账和企业年度培训计划，各下属单位制订详细的培训计划。要针对企业特点，培训对象、内容、形式应多样化。除授课方式外，还应加强应用技能的案例分析培训。

对优秀 QC 小组成果，剖开分析，从措施与实施效果应用方面入手，验证统计技术应用是否正确，是否还有更合适的统计方法，更得力的改进措施，起到举一反三、融会贯通的作用，理论结合实际，收到事半功倍的效果。

企业要有计划地投入人力、财力，进行师资队伍建设，选送一批优秀骨干参加省级、国家级专业培训，他们业务素质的提高，会带动各层面人员水平的全面提高。还可采取走出去的方式，学习外部经验，找出本企业的不足，达到改进提高的目的。

三、结合实际特点，合理使用统计技术

QC 小组活动应根据行业、产品特点及企业具体情况，使用不同类型的统计技术去分析、应用，克服单纯强调数据充分性和片面追求应用理论较深的统计技术方法等弊病，同时又要摈弃一味认为数据少，无法应用的思想。

两图一表是在 QC 小组活动中必不可少的统计方法，其中因果图常用于原因分析。但当一个问题有多种原因，各个原因又相互关联时，因果图就不再适用，这时，使用关联图进行分析，更能反映出数据特征，结论与实际更相符，措施更充分。与此相反，如产生原因比较明确、单一，却选用关联图进行分析，造成原因分析时没有抓住主要矛盾，失去改进提高的机会，应用效果不明显。

控制图往往忽视分析应用，在开展 QC 小组活动时，应积累数据绘制控制图，在阶段生产完成后，按控制界限去控制分析，得出控制界限以外的点和在界限内有缺陷的点，标明异常原因的状态，进而找出人、机、料、法、环等方面的影响因素。

直方图因为分析绘制需要的数据相对较多、绘制烦琐，实际上对工程量大的项目，可以通过直方图了解质量波动状态，对后期工程质量状况的相关信息进行分析，进而有目的地去改进质量。QC 小组活动中，可用直方图来了解后期质量波动情况。

经过应用统计方法进行数据分析，总结得出改进措施，取得一定的效果，再实施 PDCA 循环得以不断提高，这样，实行系统管理效果会更明显。

四、总结

QC 小组应用统计技术进行数据分析，既要克服一味地追求数据充分或使用新方法的弊端，又要结合实际情况正确选用与其特点相符的统计方法。此外，还应形成自己的一套完善的管理制度、工作标准。加大培训力度，不断提高人员素质，就能够全面正确地使用统计技术，使其在 QC 小组活动中起到应有的作用。

(资料来源：段志国. 统计技术在 QC 小组活动中的应用[J]. 质量春秋，2008.)

模拟试卷 12

一、名词解释(18 分，每题 6 分)

(1) 创新型 QC 小组

(2) 无形成果

(3) 成果发表

二、填空题(20 分，每空 2 分)

(1) QC 小组的宗旨之一是激发员工的_____和_____，开发无限的人力资源。

(2) QC 小组课题的名称应_____、_____，切忌_____。

(3) QC 小组活动取得的成果可分为两类，一类是_____，一类是_____。

(4) 制定对策应针对每条经确定的_____制定出拟解决的_____和_____。

三、单项选择题(12 分，每题 3 分)

(1) "三结合"的 QC 小组适合于_____的组建程序。

    A. 自上而下   B. 自下而上

    C. 上下结合   D. 自由结合

(2) 在检查效果阶段最常用的工具技法就是_____。

    A. 控制图   B. 简易图表

    C. 矢线图   D. 矩阵图

(3) 创新型 QC 小组的活动程序有_____。

    A. 6 个   B. 8 个

    C. 9 个   D. 10 个

(4) 对策表表头的设计应按照_____进行。

    A. PDCA   B. 5M1E

    C. PDPC   D. 5W1H

四、多项选择题(20 分,每题 5 分)

(1) 在现状调查阶段常用的工具技法有_____。

    A. 分层法   B. 调查表

    C. 排列图   D. 亲和图

    E. 简易图表

(2) 问题解决类 QC 小组包括的类型有_____。

A. 管理型   B. 创新型

C. 现场型   D. 攻关型

E. 服务型

(3) 对策表的填制应做到_____。

A. 对策清楚   B. 目标明确

C. 方法具体   D. 责任落实

E. 重点突出

(4) 分析原因常用的方法有_____。

A. 散布图   B. 因果图

C. 关联图   D. 系统图

E. 头脑风暴法

五、判断题(10分，每题2分)

(1) 只有登记注册后，才可参加各级优秀 QC 小组的评选。   ( )

(2) 现状调查，旨在明确要把问题解决到什么程度。   ( )

(3) 分析原因时到第三个层次即可终止了。   ( )

(4) 确定要因，应对末端因素逐条确认。   ( )

(5) 在评审 QC 小组成果时，对方法的应用主要看是否具有多样性。   ( )

六、简答题(20分，每题10分)

(1) QC 小组的概念与特点是什么？

(2) 对 QC 小组成员的要求有哪些？

参 考 文 献

[1] 威廉·爱德华兹·戴明，乔伊斯·尼尔森·奥尔西尼. 戴明管理思想精要[M]. 北京：西苑出版社，2014.

[2] 约瑟夫·朱兰，约瑟夫·A. 德费欧. 朱兰质量手册：通向卓越绩效的全面指南[M]. 6 版. 北京：中国人民大学出版社，2014.

[3] 谭洪华. ISO 9001：2015 新版质量管理体系详解与案例文件汇编[M]. 北京：中华工商联合出版社，2016.

[4] 赵成杰. ISO 9001：2015 新思维+新模式：新版质量管理体系应用指南[M]. 北京：企业管理出版社，2016.

[5] 龙辉，方敬丰. 2015 版 ISO 9001 转换实务[M]. 北京：中国质检出版社，中国标准出版社，2016.

[6] 韩之俊，许前，钟晓芳. 质量管理[M]. 北京：科学出版社，2016.

[7] 黄卫伟. 以客户为中心：华为公司业务管理纲要[M]. 北京：中信出版社，2016.

[8] 中国认证认可协会. 中国认证和质量管理体系审核员 2015 版标准转换培训教材[M]. 北京：中国质检出版社，中国标准出版社，2015.

[9] 何桢. 六西格玛管理[M]. 3 版. 北京：中国人民大学出版社，2014.

[10] 陈国华，贝金兰. 质量管理[M]. 2 版. 北京：北京大学出版社，2014.

[11] 郭彬. 创造价值的质量管理[M]. 北京：机械工业出版社，2014.

[12] 杨鑫，刘文长. 质量控制过程中的统计技术[M]. 北京：化学工业出版社，2014.

[13] 马风才. 质量管理[M]. 2 版. 北京：机械工业出版社，2013.

[14] 丁宁. 质量管理[M]. 北京：清华大学出版社，北京交通大学出版社，2013.

[15] 苏秦. 现代质量管理学[M]. 北京：清华大学出版社，2013.

[16] 中国质量协会. 质量管理小组理论与方法[M]. 北京：中国质检出版社，中国标准出版社，2013.

[17] 韩耀斌. GB/T 19580-2012《卓越绩效评价准则》运作指导[M]. 北京：中国质检出版社，中国标准出版社，2013.

[18] 韩耀斌. GB/T 19580-2012《卓越绩效评价准则》内部评审培训教程[M]. 北京：中国质检出版社，中国标准出版社，2013.

[19] 洪生伟，质量管理. 6 版. 北京：中国质检出版社，2012.

[20] 韩福荣. 现代质量管理学[M]. 3 版. 北京：机械工业出版社，2012.

[21] 龚益鸣. 现代质量管理学[M]. 3 版. 北京：清华大学出版社，2012.

[22] 于晓霖，陈仕华. 质量管理[M]. 上海：上海交通大学出版社，2011.

[23] 戢运丽. 常用统计技术[M]. 北京：中国农业出版社，2011.

[24] 张凤荣. 质量管理与控制[M]. 北京：机械工业出版社，2011.

[25] 梁工谦. 质量管理学[M]. 3 版. 北京：中国人民大学出版社，2010.

[26] 董文尧. 质量管理学[M]. 2 版. 北京：清华大学出版社，2010.